L'Argent dans le sport

Philippe Verneaux

L'Argent dans le sport

Flammarion

ISBN : 2-08-068812-X

Prologue

Janvier 1913 : le décathlonien américain Jim Thorpe doit rendre ses deux médailles d'or acquises au pentathlon et au décathlon quelques mois plus tôt lors des Jeux olympiques de Stockholm. En Suède, cet athlète d'origine indienne, descendant en ligne directe du grand chef de tribu « Aigle noir », a écrasé les deux disciplines et passe tout près d'engranger deux médailles de plus aux concours de hauteur et longueur. Le roi Gustave V invite alors Thorpe dans la loge royale, lui dépose une couronne de lauriers sur la tête et lui lance : « Monsieur, vous êtes le plus grand athlète du monde. » « Merci, Roi », lui répond timidement le nouveau héros qui reçoit à son retour au pays un accueil de général romain. Le président américain Taft ne fait pas dans la demi-mesure : « Vos exploits sont de ceux dont on peut être fier. Ils constituent un précieux encouragement pour tous ceux qui seront tentés de s'inspirer de l'exemple du plus valeureux des citoyens américains [1]. » La louange est d'autant plus significative que l'époque est marquée par la ségrégation raciale. La gloire et les honneurs durent quelques semaines. Un journaliste du Massachusetts est contacté par un ancien coéquipier du lauréat olympique, membre comme lui du club de base-ball de Rocky Mount à Fayetteville, qui lui transmet, sans en mesurer les conséquences, une banale photo montrant Thorpe en pleine action au cours d'un match. Le base-ball est alors professionnel et Thorpe, en plurisportif accompli, a, pour arrondir ses fins de mois, effectué plusieurs piges batte en main, et été rémunéré pendant un an par des salaires de 60 à 100 dollars par mois. Le grand Jim avait négligé de se conformer à l'usage de l'époque chez ceux qui baignaient dans les eaux dangereuses de « l'amateurisme professionnel » : jouer sous une fausse identité. La photo et son commentaire (« Thorpe a joué pour de l'argent, il n'aurait pas dû être sélectionné pour les Jeux olympiques, puisqu'il n'était plus amateur ») font le tour des États-Unis et la une de toute la presse. Les termes de la lettre d'excuse de l'accusé à sa fédération tutrice, l'Amateur Athletic Union (AAU), relèvent d'une impossible candeur certainement guidée par un entourage qui croit encore au miracle : « J'ignorais que je risquais la disqualification en jouant au base-ball ; je n'avais pas eu connaissance des règlements régissant l'amateurisme[2]. » Mais l'athlète est radié à vie par l'AAU puis par le CIO le 26 mai 1913, est sommé de retourner ses deux médailles, est déchu de ses records, et devient le premier pestiféré de l'histoire des Jeux modernes. Il profitera néanmoins largement de sa sulfureuse célébrité en s'offrant une longue et fructueuse carrière, d'abord dans le sport qui l'avait trahi, le base-ball, puis dans le football américain jusqu'à l'âge de quarante et un ans. Insouciant, prodigue, il dilapide ensuite ses gains et dégringole progressivement de son piédestal. Quelques années avant sa mort, alors qu'il survit avec 4 dollars la semaine en ramassant des fruits, il est sauvé de la déchéance par la Warner Bros qui lui octroie 25 000 dollars de droits pour tourner un film retraçant ses exploits et qui sortira en Europe sous le nom de *Chevalier du stade*. Tourné pour célébrer le titre de champion du demi-siècle 1900-1950 que lui décerne un jury de quatre cents journalistes, ce film dont le titre aux États-Unis est *The Man of Bronze, Jim Thorpe All American* est un premier pas vers la réhabilitation. Mais qui ne suffit pas à l'Indien humilié quarante ans plus tôt. Thorpe disparaît dans l'indifférence en 1953, miné par l'alcool et le douloureux souvenir des breloques envolées, seules fiertés en somme d'un homme devenu inconsolable. Les Mémoires de Pierre de Coubertin[3] publiés en 1931 avaient livré un premier semblant de début de pardon : « Des faits reprochés à Jim Thorpe, je n'ai rien à dire. Il y avait en ce temps-là, aux États-Unis, des étudiants peu fortunés et passionnés de sport qui, l'été, entraient dans des équipes professionnelles de base-ball, et souvent sous des noms d'emprunt. Thorpe, en 1909 et 1910, l'avait fait, mais sans réaliser la légèreté de son geste et de ses conséquences. En lisant sa lettre si franche, sincèrement émue, comment ne pas évoquer certains joueurs de tennis qui en avaient fait d'autres sans être inquiétés. Mais il n'y avait pas à hésiter et Thorpe, disqualifié, dut rendre les prix qu'il avait gagnés à Stockholm. » Dans les années 1960, Robert Wheeler, un journaliste historien, entame un combat qui va durer vingt ans dans l'espoir de blanchir le damné. Ses innombrables démarches, y compris devant le sénat américain, se révèlent vaines. Jusqu'à un jour de 1982 où le président Samaranch, soudain conscient de l'anachronisme et de l'acharnement si stupide à laisser dans le néant de l'olympisme officiel un symbole tel que Thorpe, lui rend une justice posthume en restituant ses médailles à sa fille et en le faisant à nouveau figurer au palmarès des Jeux. Robert Parienté, dans l'éloge prononcé en son honneur, donne une jolie leçon à plusieurs générations d'hypocrites censeurs : « Ce qui compte, en définitive, quand on a survolé ce destin magnifique et tragique, c'est ce qui nous reste quand on a débarrassé la peau de l'athlète de la caricature de l'amateurisme et que l'on découvre sous cette enveloppe le modèle de l'homme. On a beau jeu de critiquer ceux qui songent à monnayer leur talent. Nul n'ignore qu'il faut vivre et que plus une nécessité nous assaille, plus elle est terre à terre. Mozart, Modigliani, et bien d'autres génies ont connu cette angoisse. Ils n'ont pu s'y soustraire, pas plus que Thorpe. »

L'olympisme, disparu depuis quinze siècles, avait retrouvé son esprit et un guide depuis 1896. La volonté farouche du Français Pierre de Coubertin avait conduit à la rénovation des compétitions de l'Antiquité. L'histoire du jeune baron, inspiré par des voyages dans les écoles de l'Angleterre victorienne, commençait par une idée toute simple : révolutionner les méthodes d'éducation dans l'Hexagone. Contre le courant de l'époque, il tentait d'imposer dès 1886, par des écrits diffusés tous azimuts, son obsédante vision d'une jeunesse guidée par les exercices physiques : l'esprit sain dans un corps sain. Critiqué, vilipendé par l'intelligentsia réactionnaire, le jeune Coubertin, âgé de vingt-trois ans, construisait sa croisade contre les « bien-pensants » et tissait sa toile. Le sport devait devenir selon lui un vecteur de paix et le garant d'un avenir qui s'annonçait bien sombre. En

1892, le concept a fait son chemin et les barrières tombent. À la tête de l'Union des sociétés françaises de sports athlétiques (USFSA), et à l'occasion du 5e congrès de l'association, Coubertin franchit le pas décisif et lâche, pour la première fois en public, les mots qui ne vont pas tarder à changer le cours de l'Histoire : « Réaliser cette œuvre grandiose et bienfaisante : le rétablissement des Jeux olympiques ». Il faudra quatre ans pour que les mots se transforment en actes et que le 4 avril 1896 le roi Georges Ier proclame l'ouverture des Jeux d'Athènes, premiers de l'époque moderne. Pendant près de quatre-vingt-dix ans, aucun athlète qui concourra aux Jeux olympiques ne pourra, d'après les principes de la charte édictée en 1894, et sous peine, comme Thorpe, d'en être disqualifié, contrevenir aux principes de l'amateurisme. Autrement dit, et dans le but déclaré « d'ennoblir et fortifier les sportifs » et de leur faire « remplir le rôle éducatif qui leur incombe », il faudra, à ceux qui veulent devenir les exemples pour toute la planète d'une jeunesse pure et humaniste, ne jamais toucher où même frôler de l'argent, ni presque même y penser tant qu'ils baigneront dans l'olympisme.

L'idéal de Pierre de Coubertin emporte presque d'emblée l'adhésion. Le XXe siècle va consacrer, sans autre rétribution (officielle) qu'une gloire éternelle, une légion de champions à jamais inscrits au faite de l'Olympe, Paavo Nurmi, Johnny Weissmuller, Jesse Owens, Jean-Claude Killy, Mark Spitz, Nadia Comaneci, Eric Heiden et quantité d'autres. Les Jeux engendreront aussi, à l'image du tragique prélude constitué par le cas Thorpe puis à travers le cas symptomatique de Jules Ladoumègue, une cascade d'affaires liées au fric nauséabond. Nombre d'athlètes, coupables d'avoir maladroitement dissimulé de misérables cachets de survie, tomberont sous les coups de l'impitoyable Comité international olympique (CIO) qui, bien plus tard, consentira, contraint et forcé, à réviser les règles poussiéreuses d'un amateurisme désuet.

Mais en Europe, le cyclisme et le football, en Amérique le base-ball, la boxe, le golf et plus tard le basket, font leur route à l'écart des grand-messes quadriennales. Après la Seconde Guerre mondiale, les efforts des sportifs dans les stades vont se monnayer de mieux en mieux. Des nouveaux concepts bouleverseront les schémas lentement établis. La télévision, petite-fille de la presse écrite, fille de la radio, ouvre une voie immense aux marchands du sport. Le champion, à l'image de plus en plus rentable, entrera progressivement dans une sphère qui va se révéler presque incontrôlable. Les dérives et les scandales défileront à un rythme effréné. La guerre froide entre l'Est et l'Ouest sera côté sportif presque aussi dure que celle de l'affrontement politique. Incroyablement amplifiés par l'image cathodique, les exploits des sportifs leur octroieront un pouvoir médiatique sans précédent, largement utilisé par les gouvernements ou les financiers de tous bords.

Le but de cet ouvrage n'est pas une tentative sociologique. Nous essaierons d'expliquer clairement au lecteur la succession des faits qui, depuis deux siècles, ont jalonné l'histoire de l'argent dans le sport, en nous focalisant sur les enchaînements les plus significatifs, sur la prépondérance de certaines personnalités qui ont fait passer le sport d'une ère à une autre. Nous analyserons comment cet argent, que les promoteurs de l'amateurisme ont toujours identifié au vice en l'opposant aux vertus intrinsèques du sport, s'est engouffré dans la machine. Nous tenterons également de faire ressortir chaque grande étape de l'évolution des relations entre les sportifs et leur environnement à travers les époques. Nous parlerons enfin de la volonté longtemps contrariée de ces acteurs parfois maudits dans la quête des fruits de leur labeur.

Il nous a semblé essentiel de nouer les fils de cette saga. Nous la ferons partir des années 1800, époque de la naissance, plus ou moins déclarée, du sport moderne, pour l'achever aujourd'hui. En laissant aux historiens de l'Antiquité les demi-dieux hellènes, statufiés ou immortalisés par les chants d'Homère, qui en lointains précurseurs des « professionnels » d'aujourd'hui, accumulaient gloire et fortune, égratignant déjà l'idéal olympique[4].

Naturellement nous tâcherons le plus possible de situer les événements dans leur contexte, politique, social, ou même religieux, sans tomber dans un ésotérisme obscur. Pour éclairer les faits autant qu'il est possible nous y mêlerons les récits ou les anecdotes les plus révélatrices.

QUAND LE SPORT N'ÉTAIT PAS NOTRE SPORT : EXPLICATIONS SUR UNE ÉVOLUTION

Pour bien comprendre ce que le fut le sport, ou plus exactement l'activité corporelle utile, du lendemain de la Révolution française jusqu'à son essor moderne, c'est-à-dire le tout commencement de sa reconnaissance quasi universelle au moment de la reprise de l'ère olympique en 1896, il est impératif de se replacer dans les contextes historiques successifs. Nous l'avons dit, il ne sera pas question ici de verser dans la sociologie compliquée. Il s'agira simplement de se placer dans la réalité des faits, malheureusement peu décrits par les historiens, eux-mêmes peu aidés par des écrivains d'un XIXe siècle à l'âme romantique ou romanesque. Parler par exemple de sport à propos de la gymnastique (Turnkunst) alors prônée par Friedrich Ludwig Jahn à l'époque des victoires de Napoléon sur les Prussiens n'a probablement aucun sens. Car les exercices nouveaux pratiqués par les jeunes allemands n'avaient pour seul objectif que de renforcer une puissance militaire nationale. Pas de place aucune pour le loisir où on l'entend de nos jours. Il est de même absurde de considérer que les épreuves des Jeux olympiques de l'Antiquité peuvent être mises en absolu parallèle avec celles des Jeux modernes. Alors pourquoi remonter si loin ? Tout effet a des causes et celles-ci sont fondatrices dans la perspective d'une explication des phénomènes actuels. Coubertin qui va tant compter dans la construction du sport, celui qui existe aujourd'hui et pour sûrement un long moment, n'a d'ailleurs cessé de se référer aux penseurs d'antan. Pour en tirer à sa guise sa propre philosophie qu'il appliquera à sa grande idée. Coubertin, qui est tout sauf idiot, se base donc sur un passé qu'il réaménage de façon à aboutir à un sport directement issu des âges révolus. Ses Jeux, son sport, il en fait une brusque résurrection des épreuves grecques. Pour lui, la transition est évidente, éclatante : lors de son discours de la Sorbonne au Congrès de Paris en 1894, le baron se fait lyrique. « Dans le temple de la science, les délégués ont entendu retentir à leurs oreilles une mélodie vieille de deux mille ans, reconstituée par une savante archéologie faite des labeurs successifs de plusieurs générations. Et le soir, l'électricité a transmis partout la nouvelle que l'olympisme hellénique était rentré dans le monde après une éclipse de plusieurs siècles [5]. »

Le sport était-il du sport au temps de nos arrière-arrière-grands-parents ? Essayons d'être un peu plus clair et de remonter dans la chronologie. Précisons en premier lieu que, d'après Pierre Arnaud, professeur à l'université de Lyon et directeur du Centre de recherche et d'innovation sur le sport, le mot *sport* est d'origine française et provient de mots anciens de notre langue, *desport* (divertir) et *desporter* (s'ébattre) datant environ des XIIe et XIIIe siècles, et dont les Anglais reprendront pour leur usage les cinq dernières lettres. Pan pour les Anglais ! Au moins les Gaulois ont inventé le mot. D'après Raymond Thomas [6] : « À son origine, l'idée de sport semble allier compétition et pari, symbolisant la conjonction *agôn-alea* chère à Caillois. En Angleterre, dès le début du XVIIe siècle, on parie sur les performances [7]. »

Évoquons les trois grands courants de pensée concernant l'évolution du sport que nous connaissons. Ils tentent de répondent à la double question existentielle : qu'est-ce que le sport, d'où vient-il ?

Les passéistes comme Coubertin, Georges Hébert ou Roger Caillois défendent la thèse de la continuité historique. Le sport est une « donnée permanente de l'histoire » et n'a jamais connu de vraie rupture : le discobole de Myron (la statue du lanceur de disque, 460-450 av. J.-C.) est l'ancêtre en droite ligne de Carl Lewis. Pour la deuxième catégorie de penseurs, la filiation est plus hybride : les sports s'inspirent des jeux traditionnels mais le temps fait son œuvre et la ressemblance s'estompe au fil des ans et des siècles. Pour les partisans du dernier courant, le lien entre passé et présent est à peu près inexistant. Selon Heinz Risse qui s'exprimait déjà avec un certain recul en 1921 « le sport peut englober l'ensemble de la culture corporelle d'un peuple ; au sens large, le concept de sport inclut alors tous les jeux, entre autres les échecs, les quilles ; au sens étroit, il exclut les exercices corporels tels le Turnen (gymnastique spécifique à Jahn) et la gymnastique[8]. » On aperçoit le distinguo entre le sport ancien et le récent : le jeu pur, en quelque sorte une distraction intellectuelle ou un divertissement de plein air, a précédé une autre forme de passe-temps. Risse poursuit en tuant le déterminisme : « Il est cependant douteux que la culture corporelle grecque possédât même de très loin la moindre ressemblance avec la nôtre[9]. » Et plus les décennies s'écoulent, plus Risse trouve de disciples. Les spécialistes de nos jours ont carrément tendance à se gausser des grandes phrases de Coubertin ou Hébert. Pour Norbert Elias, « considérer le mouvement sportif moderne comme l'héritier de l'Antiquité [est] une de ces légendes idéologiques qui servent à renforcer l'unité d'un mouvement plein de tensions et de tendances conflictuelles ainsi qu'à rehausser son attrait et son prestige[10] ». Avis encore plus tranché de la bouche de Jean-Marie Brohm qui relègue le sport, celui il est vrai de compétition, au rang d'un pur sous-produit de la politique avec sa logique propre, son rendement, son efficacité, n'ayant nul trait commun avec le jeu ancien : « Le sport n'est pas simplement du sport, c'est un moyen de gouvernement, un moyen de pression vis-à-vis de l'opinion publique et une manière d'encadrement idéologique des populations et d'une partie de la jeunesse, et ceci dans tous les pays du monde, dans les pays totalitaires comme dans les pays dits démocratiques. » Brohm assène encore en 1998 : « Le sport est devenu un secteur d'accumulation de richesse, d'argent, et donc de capital. Le sport draine des sommes considérables, je dirais même qu'aujourd'hui c'est la vitrine la plus spectaculaire de la société marchande mondialisée. Le sport est devenu une marchandise-clé de cette société. »

Le mot est lâché : l'argent. Pour nombre d'observateurs avisés, il constitue au moins indirectement l'étincelle du big-bang sportif qui se produit – beaucoup plus lentement – vers les années 1850 en Grande-Bretagne. On commence bien à parler de champions dès le règne Louis XIV. C'est pourtant dans le pays du monde au développement industriel le plus avancé, l'Angleterre victorienne, que le sport « d'élite » vient se greffer à Rugby sous l'autorité morale de Thomas Arnold. Enseigné aux élèves promis aux plus hautes responsabilités, ce sport collectif de collège, à fin puissamment éducative, aux règles de plus en plus strictes, incluant fortement la notion de victoire ou de résultat, va servir de modèle au reste du monde. Sur cette première pierre posée par Arnold (mort en 1842) vont s'appuyer les bases de l'édifice du sport populaire et ses corollaires, l'organisation, l'enjeu, le spectacle, le pouvoir. Et donc ses premières lézardes. Car l'inévitable propagation du football-rugby, du cricket, de l'athlétisme, et même de l'aviron aux couches sociales les plus défavorisées provoque le grand schisme du professionnalisme, prégnant depuis la nuit des temps. De là, chacun s'essaie à une définition du sport, mot que le philosophe Michel Bernard s'abstient, lui, de résumer : « Le sport a l'apparence d'un paradoxe, c'est un mot et un phénomène compris par tous, mais que personne même les plus savants spécialistes ne peut correctement définir [11]. » Ce que le dictionnaire Littré est bien obligé de faire un siècle auparavant, en 1873 : « Mot anglais employé pour désigner tout exercice de plein air, tel que course de chevaux, canotage, chasse à courre, pêche, tir à l'arc, gymnastique, escrime. » Dans cette définition et les disciplines décrites, Raymond Thomas retient les « pratiquants [qui] semblent plutôt appartenir à une aristocratie oisive et fortunée ». Tout caractère autre que ludique du jeu-sport est absent ou presque jusqu'à Coubertin. Pour Georges Hébert, le grand prêtre de la méthode naturelle d'éducation, qui a perçu très tôt les déviances de l'olympisme, il faut se cantonner aux exercices de base, aux gestes « non pervertis par la civilisation ». Pour cet adepte des thèses de Rousseau, il faut retrouver le mode de vie en plein air du « bon sauvage ». Le sport tel qu'il prend forme à l'aube du XXe siècle n'est pas selon lui l'avenir de l'homme : « Alors que le sport est à tous, on en arrive à croire qu'il n'existe pas en dehors des groupements fédératifs qui se sont créés pour le régir. » Nous y sommes, Hébert voit un sport dévoyé par les intérêts humains. D'autres ne s'extasient que sur ses vertus. N'allons pas plus loin et commençons l'extraordinaire conte du sport et de l'argent.

1800

Courir pour quelque chose ou pour rien

À l'image du football et des autres sports, l'athlétisme moderne, et avec lui la notion de performance, prend vie en Angleterre dans un pays enfin débarrassé des chaînes du puritanisme. Une catégorie de sans-grade, des valets de pied dont le rôle se limite devant les carrosses de leurs maîtres à celui d'éclaireur ou d'aboyeur à distance, sort de l'anonymat. Ces coureurs à pied, les *footmen*, de mieux en mieux préparés physiquement, possèdent l'avantage sur les coursiers à cheval de passer partout, surtout par mauvais temps. À l'image des messagers pédestres de l'Antiquité, cette corporation va devenir l'objet d'un véritable marché entre puissants, les meilleurs devenant serviteurs du roi. Leurs extraordinaires performances de vitesse et d'endurance poussent leurs suzerains à les mettre en compétition sur des pistes en anneau dans des enceintes fermées. Sur le plus huppé des hippodromes du royaume, à Newmarket, les *footmen* sont l'enjeu de paris parfois considérables (allant jusqu'à 2 000 ou 3 000 livres). En parallèle de ces manifestations organisées, de simples particuliers prennent seulement plaisir à tenter de battre des records de vitesse à la course entre deux villes ou dans des parcs.

Quelques coureurs prennent alors une dimension supérieure et font vite figure de champions imbattables dans leur contrée. Ils se produisent dans des fêtes de village et Robert Parienté, dans sa *Fabuleuse Histoire de l'athlétisme* [12], cite une série d'exemples pittoresques et significatifs d'une époque qui n'est pas encore celle des professionnels actuels mais dont les acteurs peuvent être à juste titre considérés comme les grands ancêtres des stars actuelles de l'athlétisme. En voici quelques extraits : « 1750 : Un match sur quatre miles (un mile équivaut à 1 609,32 m) a lieu entre deux *footmen* célèbres, Abron et Temple. L'enjeu est de 100 guinées. Abron l'emporte sur son rival » ; « 1787 : Walpole, un boucher de Newmarket, court un mile contre un célèbre professionnel Pope. Il le bat en 4'30'' » ; « 1788 : Un autre "pro", Evans, couvre dix miles en 55'18'' ; les paris engagés en cette occasion atteignent 10 000 livres sterling ! »

On le voit, ces athlètes savent maintenant tirer plus ou moins profit de leurs jambes infatigables. De véritables champions comme Foster Powell puis Barclay Allardice réalisent successivement, à la charnière des XVII et XVIIIe siècles, ce que l'on peut désormais appeler des « carrières » sportives. Le second notamment, en se produisant des courtes (440 yards) aux très longues (un véritable périple de 1 000 miles en mille heures !) distances, fait le plein de toutes les récompenses qui se présentent. Il empoche, en 1800, 5 000 guinées après avoir parcouru 90 miles (150 km) en vingt et une heures.

Deux mondes, amateur et professionnel, se fréquentent avec respect mutuel et sans haine. Les amateurs se frottent par défi aux *peds* (*the pedestrians*) qui se font valoir en adoptant des surnoms vendeurs : « Le daim d'Amérique », « L'étoile du nord » ou « L'homme qui jaillit ». Cette tranquille mixité ne durera pas. Un homme, le clergyman Thomas Arnold, installe à partir de 1828, lorsqu'il prend la direction du collège de Rugby, un système de pensée qui va influencer de nombreuses générations. Arnold prône les valeurs morales du sport dans l'éducation et encourage les jeunes à s'accomplir à la fois mentalement et physiquement. Dans le sillage de leur mentor, les milieux étudiants vont animer à partir de 1850 des rencontres (meetings) entre collèges puis entre clubs, rassemblant exclusivement des gentlemen à l'esprit amateur. En 1866, à la même période où se déroule le premier championnat d'Angleterre (courses, sauts, lancers), est fondé l'Amateur Athletic Club qui exprime clairement sa différence – on dirait aujourd'hui son ostracisme. Seuls les aristocrates sont les bienvenus. Sont bannis, dans les statuts même de l'organisation, les « ouvriers, artisans ou journaliers ». C'est vraiment à ce moment précis que naît la première grande scission entre amateurs et professionnels. Le texte ne laisse plus place à la confusion des genres. Pour longtemps, il établit la frontière, en l'espèce une muraille infranchissable, entre deux religions : « Est amateur tout gentleman qui n'a jamais pris part à un concours public ouvert à tous venants ; ou qui n'a jamais pris part à des compétitions avec des professionnels pour un prix ou pour de l'argent ; ou qui n'a jamais été, à aucune période de sa vie, professeur ou moniteur d'exercices ; ou qui n'a jamais essayé de tirer de l'athlétisme un moyen d'existence ; qui n'est ni ouvrier, ni artisan, ni journalier [13]. »

De l'autre côté de l'Atlantique, l'athlétisme avait fait d'emblée son lit dans le professionnalisme. À partir du milieu du XIXe siècle, des coureurs et des marcheurs parcourent les routes contre monnaie sonnante et trébuchante (les bourses montent à 1 000 dollars). Répondant à une réelle demande d'*entertainment* que les journaux aiguisent, des *pedestrians* s'affrontent sur toutes sortes de parcours et de distances devant des foules de fidèles. En 1835, 100 dollars sont offerts à celui qui serait capable de parcourir 10 miles en moins d'une heure à la seule force de ses jambes. Pour 700 dollars, le « Spirit of the Times » jette à nouveau le gant en 1844 et un Anglais, John Barlow, devant un public nombreux et échauffé, le ramasse brillamment avec un temps de 55 minutes et 21 secondes. Dix ans plus tard, Luke Bennett, surnommé « Deer Foot » (Pied de daim), sort de sa tribu des Senequas et impressionne par un rythme inconnu jusque-là, train lent puis irrésistible accélération terminale. Sa tenue exotique de chef sioux et sa détonante façon de courir sont pain béni pour l'Angleterre qui le fait venir en 1861 pour une tournée où on lui oppose de « vrais » professionnels. À l'exception du premier défi perdu sur 6 miles contre Edward Mills, Bennett, vite pris en main par un manager anglais, déborde ses adversaires les uns après les autres et fait pendant près de deux ans le bonheur des parieurs qui engagent sur lui jusqu'à 500 livres sterling. Plus prudent, le jeune prince de Galles et futur roi d'Angleterre Édouard VII se risque à parier une somme de 10 livres sur le membre de la tribu des Hasagadonis. Mais primes, records et gloire font tourner la tête de Bennett qui tombe dans le tourbillon d'une vie dissolue. Les soupçons pèsent alors sur un coureur diminué par les excès de l'alcool et que l'on accuse de demander à ses adversaires de lever le pied. Le soufflet de la renommée retombe et ses dernières exhibitions ne lui ramènent qu'une poignée de livres. Son retour en Amérique marque le terme de l'aventure. Bennett s'éteindra dans sa réserve en 1897, à l'âge de soixante-neuf ans.

La guerre de Sécession (1861-1865) ramène l'athlétisme à ses sources, au même moment qu'en Angleterre. Un vent d'effort gratuit souffle sur le Nouveau Continent. Avec des moyens parfois substantiels, les universités et collèges se dotent d'infrastructures, stades, pistes et de personnel d'entraînement pour insuffler à leurs étudiants l'esprit de compétition. Les premiers championnats universitaires en 1874 déchaînent les passions au sein des bandes de jeunes amateurs de Harvard, Yale ou Princeton.

Dans la Russie encore tsariste, les ardeurs sont nettement plus confinées. Quelques grappes d'étudiants se piquent au jeu dans les seules grandes villes, mais n'ont pas les moyens de se hisser au plus haut niveau. La révolution de 1917 et la guerre intestine entre Rouges et Blancs relègue encore un peu plus le rang du sport dans la vie du pays. Les athlètes russes attendront 1925 et la proclamation officielle de la part du régime bolchevique, considérant l'éducation physique comme une « méthode de l'éducation des masses », pour trouver leur place. La politique internationale soviétique les fera patienter jusqu'en 1952. Date d'une tardive irruption dans le giron olympique, où la faucille et le marteau feront pâlir les autres drapeaux pendant près d'un demi-siècle.

1850-1900
Sport et dollar font connaissance

La boxe supplante le *prize-money*

Le *prize-ring*, successeur du *prize-fight* (le « combat pour un prix »), est en vogue en Angleterre depuis l'avènement à Londres d'un certain James Figg s'étant lui-même ceint en 1717 de la couronne de champion de la spécialité après avoir mis à terre, par la foudre de ses poings nus, dix-neuf opposants de rang. Figg est déjà réputé pour son enseignement de l'escrime, de la canne et de l'équitation. Sa propre réussite sur les estrades de foire l'amène à ouvrir, exclusivement pour ceux qui veulent l'imiter dans le *prize-ring*, une salle à Oxford Road puis une seconde dans le quartier plus déshérité de Tottenham. Figg avait compris que les combats hybrides et manigancés, en cours depuis la fin du XVIe siècle, et encouragés par la nouvelle noblesse britannique à l'immoralité sans bornes, pouvaient être plus intelligemment montés. Pendant dix ans, il planifie sa propre carrière avec soin en sélectionnant ses adversaires qu'il vient invariablement battre chez eux sous les yeux de personnalités devant chacune débourser deux shillings. Quand il n'est pas la propre vedette de l'événement, il en est le promoteur. C'est dans son Figg's Amphithéâtre, où un millier de membres de la gentry laissent au guichet jusqu'à 150 livres, que deux *prize-fighters* se défient et à qui il verse les deux tiers de la recette. L'un de ces pugilistes, Jack Broughton, prend les pas de son mentor qui disparaît prématurément, riche comme Crésus et en pleine gloire à l'âge de trente-neuf ans en 1734, foudroyé par une pneumonie. Le jeune homme simple gravit les marches de la célébrité tout en s'imprégnant des méthodes de Figg. Le concours amical puis pécuniaire du duc de Cumberland, frère du roi d'Angleterre Georges II, se traduit par l'ouverture de l'Académie de Tottenham Court Road en mars 1743. Quasiment dans le même temps, le Parlement britannique interdit toutes les rencontres pugilistiques. Elles troublent l'ordre public à tous égards. Broughton, pour asseoir la pérennité de son entreprise et ramener les parieurs dans des enceintes légalement autorisées, imagine de nouvelles règles de joute susceptibles de sortir du champ de l'acte parlementaire : « The Ring Rules » (Les lois du ring). L'apparition d'un rectangle délimité fait place aux estrades informes. Un repos implicite est accordé à celui qui est projeté en dehors de la surface de lutte. La bourse du vainqueur se découple des paris engagés pour correspondre « aux deux tiers de la recette, à moins qu'un arrangement ne soit intervenu ». Des moufles aux mains sont préconisées. Mais les parieurs empêchent à la hâte la promulgation de ce semblant d'humanisation qu'ils voient comme une tromperie sur la vérité des coups. Le lieu attire les foules de toutes origines de classe et octroie sept ans durant une rente financière considérable à son propriétaire. À quarante-six ans, Broughton cède en 1750 à la pression de son mécène, joueur invétéré, qui l'exhorte à affronter le nouvel homme fort des rings, Jack Slack, boucher de son état. Alors que ses affaires l'ont monopolisé, Broughton n'a pas combattu pendant de longues années. On lui attribue cependant toujours le sceptre de meilleur boxeur du royaume. Broughton est dominé tant par la puissance de Slack que par le poids des ans. Le duc qui a misé sur lui un tas faramineux de 10 000 livres a beau lui lancer du bord du ring : « Qu'avez-vous, vous boxez ou vous voulez perdre notre argent ? », Broughton est corrigé et on le met un très long temps à l'index des largesses royales. Son vainqueur, lui, poursuit une carrière traversée par plus d'entourloupes et d'irrégularités que de batailles licites. Il fait par exemple le désespoir de l'intenable duc de Cumberland qui y laisse encore un matelas de plumes en 1760. Le match entre le « tenant du titre », soutenu par le régent, et Bill Stephens est également à distance un affrontement entre princes, le challenger étant sous la protection du duc d'York. Celui-ci s'assure avec un gros paquet de livres, rivalité et jalousie de haut rang obligent, la complicité de Slack qui s'écroule volontairement sur un coup anodin de Stephens. Slack perd mais encaisse l'argent de la corruption, une façon nouvelle d'agir qui perdure depuis dans ce qui sera appelé plus tard le... noble art.

Aux États-Unis, terre nouvelle de liberté et d'entreprise, l'esclavage est pourtant une notion loin d'être périmée au début du XIXe siècle. Dans les plantations de coton du Sud, les Noirs n'ont que de rarissimes occasions pour s'extraire de leur condition. La boxe, qui ne l'est pas encore et s'apparente à des assauts entre fauves, offre aux plus guerriers de ces gladiateurs – spécialement choyés, nourris et logés – l'occasion unique de briser leurs chaînes. Ils se produisent, à la vie à la mort, devant des maîtres cupides, pariant sans la moindre humanité sur leur « meilleure bête ». Dénuées de tout esprit de respect mutuel, ces bagarres sanglantes n'ont pour unique règle que celle de la victoire à tout prix.

On est là, reconnaissons-le, très loin du sport tel qu'il est entendu au sens actuel. Mais nous l'avons dit plus tôt, il est capital de retracer, dans la spirale des événements de l'histoire « récente », les grandes étapes de ce qui a trait à « l'activité sportive » pour mieux en dégager la composante qui nous attache, celle de l'argent. Si les penseurs de toutes sortes et de tout temps ne se sont jamais réellement accordés sur une définition exacte du sport, nous pouvons dans le domaine que nous traitons nous arrêter à de nombreux faits historiquement reconnus et qui sont liés par l'écoulement du temps. Qui peut contester par exemple la relation qui s'établit entre les scènes décrites plus haut et la boxe d'aujourd'hui ? Chacun comprendra les différences mais aussi la permanence qui relie les deux mondes.

Le premier enchaîné à sortir du lot, Bill Richmond, âgé de seulement quatorze ans, gagne par ses exploits le droit de suivre l'armée britannique qui retourne en Angleterre en 1777, un an après l'indépendance américaine. L'esclave a été affranchi par le général anglais Percy, qui deviendra le duc de Northumberland. Percy prend Richmond sous son aile et le confie à l'un des hommes les plus influents du *prize-ring*, lord Camelford.

Richmond fait une longue et fructueuse carrière malgré sa couleur de peau qui le prive de toute chance de briguer le titre de champion du monde, qui n'est toutefois pas encore une reconnaissance officielle. Une chance au plus haut niveau saisie trente-trois ans plus tard par un autre ancien esclave noir américain, Tom Molineux, lui aussi émancipé par la force de ses poings nus. En 1810, à Copthall Common dans le Sussex, l'affrontement entre Tom Cribb, l'Anglais blanc tenant du titre, et Molineux, l'ancien esclave « nègre », est si cocasse et *shocking* que la fièvre gagne les parieurs, et les bookmakers sont tout près d'exploser devant la masse des enjeux. Battu à l'issue d'un hallucinant pugilat de trente-trois rounds faussé par la ruse de l'entraîneur adverse, Molineux obtiendra en 1811 une revanche qu'il perdra dans des conditions plus régulières. Enivré, autant par son affranchissement mal assimilé que par l'alcool, il mourra – refrain récurrent de ce sport – dans la misère et la solitude en 1818.

Longtemps, le noble art souffre en Amérique d'une anarchie préjudiciable à sa crédibilité. Alors que ce sport est plus ou moins « protégé » en Angleterre par l'aristocratie, il est tenu par la pègre sur le Nouveau Continent. Des bandes rivales comme la « Tamany », puissante organisation de malfrats irlando-américains, règnent en maître sur l'organisation des combats. Beaucoup d'États refusent d'accueillir ces tripots ambulants et il faut très souvent s'expatrier. Au Canada, à Long Point en 1858, contre une bourse de 5 000 dollars, John Camel Heenan se révèle, bien que battu, en étant opposé à John Morrissey, futur sénateur des États-Unis. L'officiel premier championnat du monde qu'il va livrer en 1860 en Angleterre, toujours en proie au veto gouvernemental de la pratique pugilistique, face au champion britannique Tom Sayers, est entouré d'un immense tapage journalistique des deux côtés de l'Atlantique. Jamais auparavant un sportif n'avait été accompagné lors d'un semblable périple par une cohorte de reporters spécialisés. Le match ne peut aller à son terme, interrompu par l'irruption orchestrée de la police autour du ring. Dans la cohue, on décrète le match nul entre les deux boxeurs – la ceinture mondiale restant propriété de Sayers – ainsi que pour les parieurs qui reprennent, sans gagner ni perdre, l'intégralité de leurs énormes enjeux. S'il ne couronne pas l'Américain, ce *no contest* assure la gloire à Heenan et marque à distance le véritable départ du noble art aux États-Unis.

Le 7 février 1882, John Lawrence Sullivan s'empare à Mississipi City du titre américain des poids lourds aux dépens de son compatriote Paddy Ryan contre une récompense de 5 000 dollars. Irlandais d'origine et pur produit de l'immigration *White Anglo Saxon Protestant* (WASP), Sullivan est un joueur invétéré en même temps qu'un intelligent précurseur du *boxing business*. Entre ses grands combats, le « Boston Strong Boy » sillonne le pays par de longues et gratifiantes tournées annoncées à grands titres par le premier journal sportif américain, la *National Police Gazette*. L'Amérique tient dans le domaine sportif le premier héros de son histoire.

Spalding « lance » et achète le base-ball

De New York à San Francisco, le virus de ce que l'on commence juste à appeler sport se dissémine. Le base-ball, actif cousin du ramolli jeu de cricket anglais, est reconnu comme tel depuis un match de référence disputé le 19 juin 1846 près de New York sur un terrain appelé Champs-Élysées (*Elysian Fields*). Les secousses de la guerre de Sécession ont bouleversé le pays mais en ont amélioré les communications et ont libéré les énergies. Les résultats de plus en plus attendus des matches parviennent par la ligne du télégraphe aux rédactions des journaux qui, comme l'*American Turf Register and Sport Magazine* ou la *National Police Gazette*, se vendent en nombre croissant. Sans le poussiéreux héritage culturel qui sclérose le royaume britannique, le sport US se jette sans complexe dans le professionnalisme. Cependant, les joueurs, toujours amateurs, s'étaient en premier lieu regroupés autour de la National Association of Baseball Players en 1860. C'était la première fois dans le monde que des sportifs se réunissaient pour la sauvegarde de leur statut[14]. Une équipe sort du lot en 1869 en se forgeant une réputation d'invincibilité à travers le pays. Les Cincinnati Red

Stockings sont l'élément déclencheur. Fondée par Harry Wright, l'équipe entourée par un staff de juristes frappe les imaginations autant par ses résultats (aucune défaite sur soixante-cinq matches disputés entre 1869 et 1870) que par les tenues soignées qu'elle arbore. Wright recrute de jeunes espoirs, principalement venus de New York et, fait inédit, les rémunère. Le frère d'Harry, George, est le mieux loti avec des émoluments de 1 400 dollars annuels, qui représentent sept fois la somme gagnée par un ouvrier.

L'impact sur les foules des Red Stockings, bientôt installés à Boston, déclenche un mouvement d'accélération dont découle en 1876 la constitution de l'American Baseball League, qui prend en charge les destinées du base-ball US professionnel. Ses dirigeants, tous propriétaires de clubs, ont pour souci de contrôler l'éparpillement géographique et les dérives d'un jeu qui est de plus gangrené par une corruption galopante. Le président de la Ligue et des White Stockings de Chicago, William Hulbert, remet d'emblée de l'ordre. Cet homme à poigne, enrichi dans l'industrie du charbon, prend les mesures nécessaires : interdiction faite aux joueurs de boire de l'alcool qui disparaît à l'intérieur des stades, pas de match le dimanche, interdiction des paris, homogénéisation du prix des billets d'entrée fixé à 50 cents, clause de « réserve » pour les cinq joueurs les plus payés de chaque formation – un joueur ne peut appartenir qu'à une seule équipe pendant la saison et prendre une option de transfert pour la suivante. Le premier effet produit va dans le sens inverse de celui escompté. Un scandale monstre éclate l'année suivante : quatre joueurs des Grays de Louisville sont exclus à vie pour avoir accepté de fausser le résultat d'un match contre de l'argent versé par des parieurs clandestins. La rigueur de la Ligue fait le lit d'une large frange de déçus. Les dissidents se rassemblent sous le drapeau de l'Association américaine de base-ball immédiatement connue sous le joyeux qualificatif de Ligue « Bière et Whisky ». Les rencontres y sont disputées dans une ambiance de carnaval, à prix aux guichets réduits de moitié, sans respect du *sunday closed*, et avec pour mot d'ordre principal de se rincer le gosier, sur le terrain et tout autour, avec toutes sortes de liquides pourvu que l'eau n'en fasse pas partie. Dans ces stades bouillonnants, un public d'origine populaire afflue tandis que la ligue concurrente accueille de son côté des parterres *middle class* beaucoup plus sages. Les deux instances, fatiguées de cette guerre fratricide, doivent se résoudre à la paix et fusionnent le temps d'une petite saison au moment où s'éteint en 1882 William Hulbert. Entre alors en scène son bras droit, Albert Goodwill Spalding, qui lui succède à la tête des White Stockings de Chicago.

Spalding est déjà le personnage incontournable du base-ball. Il avait exercé ses talents dans la première troupe professionnelle des Red Stockings à Cincinnati puis à Boston. Son exceptionnelle habileté au lancer lui avait valu une reconnaissance particulière de ses dirigeants qui lui versaient annuellement 1 500 dollars. Une somme qu'il était parvenu, lors de son passage aux White Stockings de W. Hulbert, à augmenter d'un tiers et avec, en supplément non négligeable, l'attribution d'un pourcentage sur les recettes.

Spalding a de l'or au bout de son bâton mais possède également un nez assez creux pour humer l'air du temps et les bonnes affaires. Il comprend avant les autres que le marché des articles sportifs n'est pas structuré. Il abandonne soudain, à vingt-sept ans, sa carrière de lanceur et, en lui empruntant 800 dollars, met sa mère à contribution afin d'ouvrir au public en 1876 un premier magasin à Chicago. En peu de temps, le commerce de Spalding prospère. Il investit dans une usine de fabrication d'équipements de bâtons et de tenues dont il a réussi à imposer la spécificité variable selon le poste occupé. La ligue lui assure l'exclusivité de la fourniture de ses balles. Il réduit en miettes ses concurrents pour mieux les avaler et devient le leader absolu du marché du base-ball dans le pays. La marque Spalding® s'imprime sur tout ce qui touche au base-ball, balles, maillots, casques, gants, culottes ou bâtons. En 1885, la A. G. Spalding & Brothers au capital de trois millions de dollars ouvre une filiale à New York puis en 1891 une deuxième à Philadelphie. L'activité industrielle du magnat s'étend, à travers quatorze branches, à tous les domaines liés aux activités sportives, balles et polos de tennis, articles de pêche, chaussures légères, vêtements pour l'athlétisme et bicyclettes. Spalding sera nommé à l'unanimité en janvier 1895 président du Bureau national des fabricants de cycles dont le capital cumulé des firmes affiliées se monte à 100 millions de dollars.

La pieuvre Spalding déploie ses tentacules en étoile et attaque le monde de l'édition. Il obtient, encore de la ligue, de faire paraître un *Official League Book*, catalogue sec mais indispensable des règlements de plus en plus touffus du jeu. Dans la foulée, il édite un *Spalding's Official Baseball Guide* qui, cette fois, n'a d'officiel que le nom puisqu'il ne reflète que la philosophie de son inspirateur. Intelligemment présenté, le recueil fournit toutes sortes d'informations pratiques sur la saison. Mais la publication au large succès de librairie est en réalité un instrument publicitaire hors pair pour les produits Spalding et un outil idéal de propagande des idées du grand timonier. Les éditoriaux, souvent écrits de la main du directeur, et pour le moins à son instigation, instillent une pédagogie maison qui va être renforcée par une entreprise de grande envergure. La Spalding's Athletic Library, rachitique bibliothèque d'une dizaine de volumes en 1885, achève quelques années plus tard, en pas moins de trois cent publications sur le sport et l'activité physique, de circonvenir l'influence de Spalding sur son époque.

Un Spalding qui, dans son autre main, tient toujours les rênes du base-ball professionnel qu'il veut maintenir propre. Un joueur des Giants de New York, John Montgomery Ward, imité par beaucoup de collègues, lui tient la dragée haute. Ward, diplôme en droit, remet en cause la « clause de réserve » et le *salary cap* (plafond des salaires) qui subordonne désormais complètement les joueurs aux desiderata de leurs propriétaires. En deux temps, constitution d'une Fondation de la fraternité des joueurs pros et création d'une Ligue des joueurs, Ward défie personnellement Spalding et son système. Spalding répond brutalement par un train de mesures drastiques qui au bout de deux ans finissent par mettre à genoux les deux organisations. En 1890, la fronde a vécu et les joueurs matés restent sous le joug de la ligue toute-puissante de Spalding.

Dans sa quête effrénée du profit, Spalding ne sacrifie pas ses grandes idées. Il affirme une tenace volonté d'expansion du base-ball. Premier grand mécène américain du sport, il finance personnellement en dépensant 50 000 dollars une tournée promotionnelle mondiale du base-ball en 1888. Deux équipes présentées sous le nom de « Chicago and All American Baseball Teams » embarquent vers les cinq continents et jouent pendant six mois devant les publics éblouis de quatorze pays différents. C'est sa trop tendue fibre du patriotisme qui lui fera commettre son seul faux pas. Quelques années avant sa mort en 1915, il fait réécrire de toutes pièces les origines[15] du base-ball dont il ne peut supporter l'évidente racine britannique. Mais tel quel, Spalding, dont l'empire fait beaucoup mieux que survivre quatre-vingts ans après la disparition de son fondateur (1915), occupe aujourd'hui une place de choix au panthéon, le « Hall of Fame », des grands hommes américains. Aucun autre argentier du sport, aux États-Unis ou dans le monde, ne pourra marcher dans ses pas de titan et jouer un rôle aussi complet. Ce qui fera dire de lui à l'écrivain Henry Chadwick : « Il est le brillant exemple de ce que l'intégrité du caractère, la saine conduite des affaires, le vrai courage américain et l'énergie peuvent accomplir dans notre grande république. »

Europe : de l'intérêt de deux ballons

Profession footballeur, l'Angleterre innove

La légende dit, ou plutôt n'a jamais contredit, que William Webb Ellis, en s'emparant avec les mains d'une balle sur un champ de jeu, dans la ville de Rugby, a inventé le sport du même nom en 1823. Par ce geste, l'étudiant a également mis un terme à une distraction hybride, le *ball play* ou *playing at ball*, où les participants, indifféremment, portaient l'objet dans le camp adverse ou le frappaient du pied. Il appartenait dès lors aux joueurs de faire un choix et le football moderne naissait. Les règles apparaissent en 1848, la Football Association se crée en 1863 en même temps que se forment les premiers clubs à Londres. Le premier match amical international se dispute sur les bords de la Tamise en 1871 entre l'Angleterre et l'Écosse. Les premiers sont en réalité une émanation de l'équipe de Sheffield à laquelle sont ajoutés pour la forme deux ou trois autres joueurs. Les seconds demeurent à Londres, le coût du déplacement d'une équipe *scottish* étant trop élevé. La même année, quatorze clubs anglais et un écossais prennent part à une nouvelle compétition par élimination, la Cup. La crise économique, conséquence de l'arrêt des exportations de coton américain pendant la guerre civile des années 1860 puis de celle purement anglaise dans le début des années 1870, prend fin aussi vite qu'elle avait commencé. Les effets du boom industriel se font sentir dans le nord comme dans le sud du pays. En 1874, aux portes du stade d'Aston Villa de la très industrieuse Birmingham, dans les Midlands, les spectateurs voient devant les portes d'entrée, et pour la première fois de l'histoire du sport, des *ticket office*, autrement dit des guichets. Il faut désormais payer pour accéder au spectacle sportif. Mais c'est dans le Nord que la rage du sport qui distrait de la dure vie ouvrière est la plus forte. Dans le Yorkshire ou le Lancashire, les clubs instaurent un professionnalisme rampant : pas de salaire mais des primes de la main à la main assez conséquentes pour que les joueurs passent plus de temps sur le terrain qu'à l'usine. À Darwen dans le Lancashire, la petite équipe locale se fait remarquer à trois reprises en mettant d'abord deux fois en échec puis en battant celle des Old Etonians réputée imbattable. Au sein de cette formation les Écossais James Love et Fergus Suter sont probablement les deux premiers footballeurs de l'histoire à retirer un revenu régulier de leurs dribblings. En 1884, un honorable industriel du coton, dénommé William Suddell, a l'ambition de donner à sa ville de Preston une équipe digne de sa florissante entreprise. Il renforce son team, de sa poche débordant de livres sterling, par la venue de plusieurs joueurs de valeur et réalise les premiers transferts monnayés de l'histoire du foot. Ses adversaires y voient dans l'instant une manœuvre antisportive. Mais le mouvement est lancé.

Il faut ici ouvrir une parenthèse nécessaire à la compréhension des mentalités de ce temps. Le sport et le football en particulier ont une forte connotation sociale. Une équipe ou un club appartiennent exclusivement à l'une ou l'autre des deux classes sociales britanniques, aristocrate ou ouvrière. La première catégorie impose son idéologie élitiste et discriminatoire envers l'autre, prolétaire et incapable d'élévation morale. Les ouvriers anglais disposent d'un avantage par rapport à ceux du continent, un temps de travail réduit dû à l'institution d'une journée supplémentaire de liberté dans la semaine, le samedi. Ils en profitent allégrement pour s'adonner, selon l'expression de l'historien Eric J. Hobsbawm, à leur « religion laïque », bien avant les autres travailleurs européens.

Le football est pris très au sérieux dans les années 1880. À ce point que dans le nord de l'Angleterre, à Blackburn Olympic, un homme seul, une sorte de manager-entraîneur-taxi payé par le club, est chargé de bichonner les joueurs. Il va les chercher à la sortie de l'usine et leur évite tout problème de contingence. Il est temps de mettre les points sur les i, comme le crient plusieurs dirigeants du Lancashire et des Midlands : « Jamais nous ne pourrons soutenir la comparaison avec le Sud si nous devons maintenir de strictes pratiques amateurs. » Car dans la partie australe du royaume les clubs ne sont pas plus riches mais les « gentlemen-amateurs » pratiquent le sport sans que leur train de vie n'en soit altéré. Comme on le verra plus loin au sujet du rugby, la querelle du fameux « manque à gagner » oppose le Nord au Sud. Preston, dénoncé par les Londoniens d'Upton Park, subit les foudres de la Football Association en étant exclu de la Coupe en 1884 pour rémunérations occultes. Le ton monte. M. Suddell envisage de quitter la FA et d'emmener avec lui tous les clubs du Nord dans une nouvelle fédération à vocation exclusivement professionnelle. Charles W. Alcock, président de la FA, comprend qu'un virage en douceur vaut mieux qu'un tournant en épingle à cheveux. Il prend exemple sur les méthodes de salariat appliquées au cricket dont il est un membre éminent de la fédération, pour les dupliquer au football. Le professionnalisme est autorisé au seuil de la saison 1885-1886, les joueurs rémunérés pouvant évoluer dans toutes les compétitions nationales. Preston et sa légion de mercenaires remportent les deux premiers championnats d'Angleterre en 1888 et 1889. Un demi-siècle avant le continent, la Perfide Albion a fabriqué le foot-business. Cependant, les Anglais, jamais fous, encadrent et plafonnent prudemment les salaires en 1900. Les trisaïeuls de David Beckham voient leurs émoluments hebdomadaires limités à 4 livres... Ce qui n'atténuera en rien l'évolution engagée. Le nombre de joueurs au royaume de sa Très Gracieuse Majesté s'élèvera en 1914 à six mille répartis dans quatre cents clubs.

Le Rugby n'aimera que les amateurs

Des spécialistes s'étripent pour faire du rugby le descendant du « follis » de l'Antiquité grecque, du « Tsu » chinois, du « Demeri » japonais, de l'« Haspartum » romain ou de la « soule » du Moyen Âge. Pourquoi pas du « Pas d'en-avant » joué avec une pomme par Adam et Ève. Il est, c'est vrai, difficile de remonter le temps. Ce temps est revisité en 1897 par la société des anciens de l'école de la ville de Rugby (Angleterre) qui souhaite une fois pour toutes imprimer l'histoire du jeu et surtout fixer définitivement son origine. La légende de William Webb Ellis est créée. De toutes pièces ou pas, on prête dans le rapport de la commission à ce jeune étudiant boursier de la ville du comté de Warwickshire la naissance officielle de ce sport : « Lorsqu'il jouait au football un garçon de la ville, Ellis, prit la balle dans ses bras et courut avec, ce qui donna naissance à la caractéristique distinctive du jeu de Rugby. » Bien sûr, on ne demanda pas son avis au sieur Ellis, mort entre-temps (en 1872) et qui faisait un beau géniteur. Ni journaliste, ni photographe, ni probablement personne de présent en ce jour de 1823. Le malheureux William est rétrospectivement responsable pour cent soixante-dix ans d'un malheur bien plus grand. Si on ne lui avait rien mis sur le dos, le football ne serait pas devenu rugby et ce chapitre n'aurait pas retracé les misères des futurs rugbymen. Aucun manieur de ce ballon si baroque et capricieux ne recevra pendant près de deux siècles le moindre retour financier officiel en contrepartie de la sueur de ses exploits, exception faite du remboursement des frais occasionnés lors d'un match international. Cherchons à savoir pourquoi ou tout au moins comment.

On s'amuse – sérieusement quand même puisque l'on évolue sur les sacro-saintes pelouses d'Angleterre – avec le ballon dans les paumes jusqu'en 1846. On rigole moins à partir du 26 juillet 1871. Leonard Maton conçoit des règles précises et il les écrit. Elles sont celles, dans l'esprit, du rugby moderne. Apparaît alors en concomitance la Rugby Football Union, en d'autres termes la première Fédération anglaise de rugby. Cette même année, un match entre nations, Angleterre et Écosse, marque le commencement d'une ère. Très vite, les Britanniques débarquent en Normandie et le jeu se déploie sur les côtes françaises, au Havre. En Australie, toute nouvelle colonie anglaise, les fils du directeur de l'école de Rugby, Dick et Montague Arnold, popularisent le sport éponyme autour de Sydney. Les Australiens rencontrent la Nouvelle-Zélande en 1884 dans le premier match entre pays de l'hémisphère sud. Les Anglais éprouvent, comme à l'accoutumée, le besoin de contrôler les choses. L'International Board, maison mère du rugby mondial, est formée en 1890 afin de maîtriser plus particulièrement les frictions entre les quatre nations britanniques et de constitutionnaliser le jeu.

Il est temps de recadrer – si l'on peut dire – l'image. Comme nous l'avons décrit précédemment, les couches les plus modestes de la population bénéficient enfin d'un certain temps libre après le Factory Act qui leur accorde le samedi après-midi comme demi-journée supplémentaire de détente. Cet espace-temps est rapidement utilisé à la pratique du football ou du rugby. Les joueurs et les spectateurs affluent sur les terrains autour desquels des tribunes sont construites. Dans le Nord pauvre de l'Angleterre, le Yorkshire, les pratiquants mordent sur leur samedi matin, transports oblige, pour s'adonner à leur passion. Ils attirent les foules. Démunis, ils demandent à être dédommagés de leurs frais de déplacement quand ce n'est pas plus. On l'a dit et répété, avant de le ressasser encore plus loin, le sport à cette époque est un divertissement ludique qui ne doit à aucun prix tomber dans la vulgarité. C'est un moyen d'éducation, de détente, d'élévation de l'âme par l'effort. La Rugby Union traque tout pourfendeur de cet axiome. Des joueurs sont surpris dans le vestiaire à ranger des chaussettes pleines d'enveloppes de billets. Les transferts s'effectuent de manière bizarre. Tel ou tel joueur en vue change de club les poches bien pleines. Pas question de troubler la pureté du sport. Preston, un club du Yorkshire, est dans le collimateur des officiels de la Rugby Union pour une offre illégale de transfert. L'enquête conclut à un manquement grave à l'amateurisme. Preston est suspendu. L'heure est grave. La scission est imminente entre formations du Nord, qui veulent s'ouvrir au professionnalisme, et du Sud, conservatrices. Elle ne se produit pas. Le principe du « manque à gagner », défendu par les Nordistes, est tué dans l'œuf le 20 septembre 1893 lors d'une assemblée générale historique de la Rugby Union : « Le manque à gagner est contraire au véritable intérêt du jeu et à son esprit », clament les puristes. Les battus du Nord se renfrognent et vont noyer leur rancœur en créant deux ans après une Ligue professionnelle de rugby à XIII. Un ultime soubresaut se produit en 1896. Arthur Gould, un trois quart-aile du pays de Galles, fait les beaux jours du club de Newport. Son talent est si éclatant qu'un pool de supporters, pour le conserver sous ses couleurs, lui fait d'abord cadeau d'une somme de 50 livres qui ne lui est pas remise en raison de l'impitoyable règlement. Ses admirateurs ne reculent pas et lui remettent discrètement les clés d'un joli cottage d'une valeur de 400 livres. L'affaire est dévoilée par la presse et prend de l'ampleur. Newport est pestiféré et les clubs qui le rencontrent sont punis. Finalement, la Rugby Union, déjà affaiblie par les remous de la dissidence du Nord, met de l'eau dans son vin en réintégrant Gould. Plus aucun cas de rébellion n'est signalé. Au pays de sa Majesté, le calme est rétabli pour longtemps.

1891
Un marquis pour marquer les enjeux de la boxe

Bien avant l'instauration en 1891 des règles du marquis de Queensberry qui vont en humaniser la pratique, la boxe était pratiquée de manière sauvage depuis près de deux cents ans. En Angleterre, puis aux États-Unis, les adversaires combattaient à poings nus et sans aucune limite de temps. Totalement anarchique, la boxe, encore loin du noble art, est d'ailleurs prohibée un peu partout et les pugilistes s'affrontent dans des caves ou des tavernes. En avril 1743, le Parlement britannique avait interdit toute réunion sur l'ensemble de son territoire. Non en raison de l'extraordinaire violence des affrontements et des risques de désordre public mais à la suite de plaintes de parieurs s'étant déclarés lésés par des organisateurs sans scrupule. Paradoxalement, c'est la haute société anglaise, friande de ces spectacles virils, qui va permettre à ce sport de perdurer jusqu'à sa légalisation. Ducs, comtes et autres barons accueilleront boxeurs, organisateurs et spectateurs sur leurs terres, avec la bénédiction d'autorités complaisantes. De l'autre côté de l'Atlantique, dès le début du XIXe siècle, la boxe avait très vite attiré les milieux populaires. Les caïds de la pègre, souvent menés par des immigrés irlandais (la « Tamany »), s'accaparent les revenus des réunions clandestines. Les sommes en jeu et les récompenses promises se font de plus en plus coquettes. Elles justifient l'intérêt des gangs qui n'hésitent pas à inviter le champion d'Angleterre, Jem Mace, le 10 mai 1870 à La Nouvelle-Orléans, et l'opposer à leur champion d'Amérique, Tom Allen. Mace, qui s'empare de l'officieux titre de champion du monde, récolte

10 000 dollars pour sa victoire. Le centre de gravité financier du monde pugilistique se déplace aux États-Unis. D'autant plus aisément que la bienveillance accordée par le gouvernement britannique à l'égard de sa haute société se mue en stricte répression. Un grand nombre de combats ne va pas à son terme, la maréchaussée mettant la main sur les recettes et infligeant des amendes colossales aux perturbateurs, boxeurs inclus.

Aux quatre coins du Nouveau Continent, les réputations de durs se créent dans les bagarres de rue où rôdent des managers douteux en quête de talents synonymes de poules aux œufs d'or. Ces combats font la fortune d'organisateurs dénués de moralité et qui tondent les parieurs les plus crédules. L'absence d'unité supérieure ou de fédération entraîne une confusion préjudiciable à la crédibilité d'un sport où les titres sont surfaits et les mouvements d'argent incontrôlés. Les matches sont également la cible des lois de plusieurs États de l'Union. Les policiers interrompent donc ces réunions. Comme en 1883 lors d'un pseudo championnat mondial à New York entre l'Américain John Sullivan et l'Anglais Charly Mitchell qui voit un commissaire monter sur le ring et arrêter les hostilités. Quelques mois plus tard la France et le baron Rothschild, dans sa propriété de Chantilly, hébergent les deux frustrés pour une « revanche ». Le baron offre 500 livres au vainqueur. Sullivan parie sur lui-même 200 livres de plus et perd tout... comme son adversaire. Car, une nouvelle fois, aucun ne triomphe. Après trois heures de lutte, un match nul est décrété et des hirondelles à képi surgissent pour emmener les mauvais garçons en cellule.

Quelque temps après, un membre de la gentry britannique, le marquis de Queensberry, fait passer en 1891 à la postérité le texte de nouveaux règlements qu'un certain John Graham Chambers tentait vainement de faire appliquer depuis 1867. Le rang du marquis apporte le crédit qui manquait à Chambers. La bénédiction est donnée par le roi en personne à ce code de bonne conduite qui fixe des catégories de poids, limite à trois minutes la durée des reprises – entrecoupées de repos d'une minute – autorise dix secondes de récupération au boxeur tombé, et impose le port des gants. La boxe, vidée de ses violences les plus extrêmes, s'autorise une relative universalisation sans pour autant se départir d'un environnement malsain ni d'une philosophie sportive contestable. Ce qui n'échappe pas au ministre de l'Intérieur britannique qui, en 1910, réaffirme l'illégalité d'une discipline dont l'objectif avoué est de « mettre en présence deux hommes dont l'objet est d'essayer de mettre (l'autre) hors de combat en portant des coups violents ». L'Angleterre ne va d'ailleurs pas adhérer, cette même année 1910, à l'International Boxing Union (IBU), première fédération mondiale de la boxe, qui précédera la Fédération française des sociétés de boxe (FFSB). Ces organismes ne règlent pas pour autant l'intégralité des problèmes inhérents au noble art. Ils en font naître de supplémentaires. L'apparition des matches nuls (*no decision*) entraîne à cet égard des conséquences inattendues. Deux boxeurs peuvent théoriquement s'affronter indéfiniment sans vainqueur. Au bénéfice des organisateurs qui reproduisent à l'envi des duels alléchants et surtout leurs recettes.

Le 2 juillet 1921, le premier « combat du siècle » met aux prises à Jersey City devant cent mille spectateurs le Français Georges Carpentier au champion américain le plus populaire tous sports confondus, Jack Dempsey. L'intérêt suscité des deux côtés de l'océan par ce championnat du monde des poids lourds est énorme et préfigure à tous points de vue le déroulement des grands duels du siècle. Les deux hommes sont déjà de véritables légendes dans leur pays. L'un et l'autre ont su largement profiter de leurs succès. Le Français, qui avait débuté en 1909 à l'âge de quinze ans avec des récompenses de 50 francs par apparition entre les cordes, a vu son compte en banque s'étoffer au fil des victoires. 30 000 francs (81 600 euros d'aujourd'hui) lui sont versés après le titre européen en février 1912 à Monaco devant Jim Sullivan, 47 000 en octobre suivant au Cirque de Paris malgré une défaite contre un autre américain Billy Papke, 77 000 francs pour le match revanche victorieux à Londres face au Britannique « Bombardier Wells » en décembre 1913, et 100 000 francs (4 000 livres sterling), de nouveau à Londres contre l'Américain Gunboat Smith à l'occasion d'un extravagant « championnat du monde de la race blanche » (au cœur d'une période où la domination des poids lourds noirs américains gênait tant de monde aux États-Unis et surtout en Europe !). Carpentier, qui aurait pu jouir tranquillement de son statut d'enfant chéri des rings et plus encore de star tout court, s'est engagé volontairement dans l'aviation française dès les débuts du conflit en 1914. Il en est revenu avec l'aura d'un véritable héros de la guerre. Idolâtré, comblé d'honneurs et de présents – le baron de Rothschild lui avait fait cadeau d'une automobile –, Carpentier, qui est en fait un poids mi-lourd, vient défier sur ses terres un Dempsey lui-même au faîte de sa gloire, et à qui il rend plus d'une dizaine de kilos. Les accords financiers officiels entre les deux clans stipulent que le Français touchera 20 % de la recette, alors que son adversaire en percevra trente-cinq. En fait, les managers signent confidentiellement un contrat qui réserve 200 000 dollars (2 310 000 euros d'aujourd'hui) au challenger et 300 000 dollars (3 465 000 euros d'aujourd'hui) au tenant du titre, qui conserve sa ceinture au terme d'un combat terni par la blessure à une main de Carpentier pourtant superbe de vaillance. Pour la première fois, une rencontre sportive est retransmise à la radio à travers tout le territoire américain. L'immense écho qu'elle suscitera, jusqu'en Europe, met le feu aux poudres chez les organisateurs qui n'attendent plus pour multiplier ces matches aux recettes fabuleuses. Le 23 septembre 1926, Jack Dempsey et son compatriote Gene Tunney montent sur le ring du Stadium de Philadelphie devant une foule record de cent vingt mille personnes qui laissent aux guichets une recette faramineuse de 2 millions de dollars. Dempsey récolte 700 868 dollars de plus, Tunney 204 000. Celui-ci détrône le roi et, nanti de sa couronne, réclame près d'un million de dollars (contre 447 500 au champion déchu) pour une revanche à Chicago où il confirme sa supériorité. Gene Tunney, aux antipodes de l'archétype du boxeur miséreux et au maigre bagage intellectuel, provient d'un milieu aisé. Les valises de billets verts ne lui tournent pas la tête et il prospérera dans les affaires à la direction de nombreuses entreprises.

Le match Carpentier-Dempsey est le chant du cygne sportif pour le Français. Mais le fantastique tempérament dont il a témoigné lors du combat lui assure pour le restant de ses jours une aura qu'aucun autre sportif en France ne connaîtra jamais plus. Même son grossier faux pas [16] l'année suivante n'obscurcit que momentanément la gloire de « L'homme à l'orchidée », comme le surnomment les Américains. Sa carrière sur le ring terminée, il ne peut refuser les millions que lui proposent les financiers d'Hollywood ou les directeurs de music-hall. Carpentier ne saura jamais faire fructifier son trésor : « Si étrange que cela puisse paraître, moi qui en ai tant gagné, je n'ai jamais été un homme d'argent et, au-delà d'un certain minimum – dont j'ai toujours pu bénéficier jusqu'à présent [17] – je n'ai jamais eu besoin d'argent. »

1896
Pierre de Coubertin : de l'idéal à... l'or et l'argent

Pour l'éternité, on ne retiendra de lui dans le monde que trois choses : qu'il était français, qu'il a rénové les Jeux olympiques et qu'il a dit un jour que « l'essentiel est de participer ». Un bout de phrase resté dans l'histoire mais qui a été déformé. Prononçant un discours au soir du marathon dramatique des Jeux de Londres en 1908, Coubertin avait en réalité pris en pitié le malheureux Italien Dorando Pietri, qui avait franchi la ligne d'arrivée en vainqueur puis avait été disqualifié quelques heures plus tard car un juge et un journaliste l'avaient quasiment réanimé puis porté dans les quinze derniers mètres. Coubertin s'était exclamé : « L'important dans ces concours, c'est moins d'y gagner que d'y prendre part. » Les Jeux en étaient à leur quatrième édition (et leur troisième olympiade [18]) et Coubertin devait encore lutter avec toute son énergie pour maintenir la flamme d'un idéal olympique pas encore tout à fait établi. Une inextinguible foi l'entraîne à s'investir personnellement et progressivement jusqu'à disparition complète de ses biens. Gaston Meyer dit de lui en 1960 : « Cet homme va consacrer l'essentiel de sa vie à la réalisation de son idéal. Il réussira au-delà de ce qu'il espérait, y laissant sa fortune : 450 000 francs-or [19] ! »

Ses nombreux écrits ont l'immense avantage pour les littérateurs d'être d'une richesse presque infinie. Pierre de Coubertin n'a cessé durant toute sa vie de coucher sur le papier ses réflexions, ses rêves, ses certitudes, ses doutes, ses colères ou ses joies. Avec des contradictions inhérentes à un homme passionné, obsédé, souvent torturé par un idéal qu'il sait, comme tout idéal, impossible à atteindre. Étonnant personnage qui affirmera en 1936 : « Primo, il n'y a pas, il n'y a jamais eu d'amateurisme. Secundo, il n'y a pas un mot dans le serment (olympique[20]), soigneusement rédigé par moi, qui fasse allusion à l'amateurisme[21]. » Le baron s'emporte la même année dans une autre interview et alors qu'il n'a plus qu'un an à vivre. Il brûle manifestement de se défaire d'une légende qu'on lui accole et qui lui pèse. Il tempête en reprécisant : « Ah, quelle vieille et stupide histoire que celle de l'amateurisme olympique ! Mais lisez-le, ce fameux serment dont je suis l'auteur heureux et fier. Où voyez-vous qu'il exige des athlètes descendus sur le stade olympique un amateurisme absolu que je suis le premier à reconnaître comme impossible ? Je ne demande, par ce serment qu'une seule chose : la loyauté sportive qui n'est pas l'apanage des seuls amateurs. C'est l'esprit sportif qui m'intéresse et non le respect de cette ridicule conception anglaise qui permet aux seuls millionnaires de sacrifier au sport. [...] Cet amateurisme-là, ce n'est pas moi qui l'ai voulu, ce sont les fédérations internationales qui l'ont imposé. Ce n'est donc plus un problème olympique[22]. » Soit. Mais Coubertin, même s'il avait plaint la personne de Jim Thorpe, n'en félicitait pas moins le Comité olympique américain qui décapitait son champion en 1913 pour fait de professionnalisme. Dans ses *Mémoires*, le rénovateur des Jeux se justifie encore une fois : « Je ne me suis jamais passionné pour cette question-là [...] Voyant l'importance qu'on lui attribuait dans les milieux sportifs, j'y apportai le zèle désirable, mais c'était un zèle sans conviction réelle [...] Il me paraissait aussi enfantin de relier la religion du sport au fait d'avoir touché une pièce de cent sous que de proclamer d'emblée que le bedeau de la paroisse est nécessairement un incroyant parce qu'il a un traitement pour assurer le service du sanctuaire[23]. »

Si le baron tente de mettre les choses au point sur un sujet qui continuera longtemps à alimenter la chronique, il ne reviendra pas sur un avis qui trouble encore ses admirateurs : une incroyable misogynie chez un homme pas franchement tourné vers l'ostracisme ou le mépris d'une quelconque partie du genre humain. Deux illustrations : en 1912 le baron livre qu'« une

Olympiade femelle serait impraticable, inintéressante, inesthétique et incorrecte. » Puis en 1935, il réitère : « Aux Jeux olympiques le rôle des femmes devrait être surtout, comme aux anciens tournois, de couronner les vainqueurs. » Enfin le plus insupportable, ces propos rapportés par André Lang après les Jeux de Berlin : « Il [M. de Coubertin] m'a dit pourtant avoir craint que les Jeux entre les mains des Allemands ne devinssent un instrument de propagande. Mais il félicite hautement M. Hitler, en qui il salue un des plus grands esprits constructeurs de ce temps, d'avoir su éviter le danger et d'avoir magnifiquement servi, sans le défigurer, l'idéal olympique. »

Le plus inouï, c'est que Pierre Fredy, baron de Coubertin pèlerin infatigable des valeurs de l'humanisme, de la fraternité, de la paix par le sport, a fait des Jeux olympiques modernes le plus gigantesque, le plus universel des événements organisés par l'homme, mais aussi le plus dévoyé et le plus mercantile de l'histoire de l'humanité.

Dès la première édition des Jeux à Athènes en 1896, Pierre de Coubertin, premier secrétaire général du bureau du Comité international olympique, sollicite ou pactise avec les grands argentiers [24]. Un ami du baron, l'industriel et écrivain Demétrius Bikelas [25], francophile et proche du roi de Grèce George Ier, s'implique ardemment dans le montage financier de ces Jeux de l'ère nouvelle. Bikelas, à qui Coubertin offre la présidence du CIO jusqu'à la fin de 1896. Un autre ami du baron, le milliardaire George Averoff, donne un million de drachmes à son gouvernement qui pourra restaurer le stade en ruines du Panathénaïque, édifié dans la Grèce antique près de deux mille cinq cents ans plus tôt sous le règne de Lycurgue. Ces Jeux ont lieu dans un contexte économique difficile, le pays payant les conséquences de la reconquête d'une indépendance arrachée à l'Empire ottoman. Le geste d'Averoff comblera in extremis le trou béant du budget de ces Jeux. Ceux qui suivront, à Paris en 1900, seront les plus bizarres de l'histoire. Sans cérémonie d'ouverture ni de clôture, ils sont organisés – ou plutôt désorganisés – dans le cadre de l'Exposition universelle, laquelle éclipsera presque totalement ces Jeux du n'importe quoi. Étalées sur six mois, les épreuves sont censées se fondre parmi les spectacles ou théâtres vivants et bigarrés de cette foire géante. Car Coubertin, devenu entre-temps président du CIO et qui voulait plus que tout « ses » Jeux de Paris, s'était heurté aux commissaires de l'Exposition. À la présentation de son programme initial, bâti sur les courses, les sauts ou les lancers, bref un académisme pur et dur, on lui avait même répliqué de fort désagréable manière : « Trop mince votre projet. Vous allez ennuyer le monde avec votre pureté, mon cher ; il faut du jamais vu, des épreuves populaires. Vos amateurs ne nous intéressent pas. Nous voulons de vrais sportifs : des professionnels[26]. » Coubertin est sur le point d'abandonner avant de se rabattre sur une solution hybride. Il ôte l'organisation au Comité olympique et on adjoint à la tête de l'Exposition une direction des « concours d'exercices physiques et des sports ». De fait, on assistera, certes, à quelques belles compétitions dignes de ce nom et de l'esprit « coubertinien » mais aussi, en marge des Jeux, ou à ce qu'il en reste, beaucoup à des simulacres de rencontres sportives. Comme de la pêche à la ligne, du cerf-volant, des courses à la grenouille ou même – suprême humiliation infligée au baron – à des tournois entre professionnels en cyclisme, escrime et tir. Chaque matin, Pierre de Coubertin découvrira en s'étouffant de rage dans les pages de *La Vie au grand air*[27] les prix attribués aux vainqueurs des championnats du monde professionnels (100 m : 250 francs au premier, 80 francs au deuxième, etc.).

Pas plus que dans la ville lumière, Coubertin n'aura l'occasion de se raccrocher à ses valeurs lors des Jeux de 1904 à Saint-Louis. Il ne se rendra pas dans cette cité de Louisiane, pourtant ancien territoire français. Les raisons ne manquaient pas pour justifier cette désertion. La principale étant peut-être pour le baron de n'avoir pas pu tenir une promesse – la tenue des Jeux à Chicago – faite à l'un de ses plus fidèles compagnons de route, l'historien américain William Sloane, lequel l'avait grandement épaulé sur l'épineux chemin de la renaissance des Jeux. Car un puissant lobby d'hommes d'affaires de Saint-Louis avait fait pencher la balance en faveur de leur ville auprès du nouveau président Theodore Roosevelt. Le revers était d'autant plus humiliant pour Coubertin que le CIO avait en 1901 désigné Chicago à l'unanimité pour l'organisation des troisièmes Jeux olympiques. À nouveau, c'est une foire, commémorant le centenaire de l'achat de la Louisiane à la France[28], qui servira de décor principal aux Jeux dans une ville déjà peuplée de six cent mille habitants, en plein essor économique, comptant sur les Jeux pour en accentuer l'effet. Pendant quatre mois, on verra encore quantité d'épreuves étrangères au sport et touchant à la pantalonnade, parfois au mauvais goût. À Londres en 1908, et pour la troisième fois consécutive, c'est une manifestation internationale, l'exposition franco-britannique, qui chapeaute les Jeux et célèbre « l'entente cordiale » entre les deux nations. S'ils s'allongent sur six mois, ces Jeux ressemblent enfin à ceux dont rêve Coubertin. Les principales épreuves se concentrent sur le seul mois de juillet, l'organisation anglaise est à la hauteur (alors qu'elle n'avait eu que deux ans de préparation, Rome s'étant désistée après l'éruption du Vésuve) et les athlètes de vingt-deux nations sont au rendez-vous dont, enfin, un nombre respectable de Français pour qui le président du Conseil Georges Clemenceau a fait voter au dernier instant les crédits nécessaires à leur participation (50 000 francs). Des subsides qui n'arriveront pas dans le portefeuille du trésorier de la délégation française en 1912 à Stockholm. Les 100 000 francs prévus resteront dans les coffres forts de la Banque de France. Et il faudra la générosité d'un banquier, M. Minvielle, pour que les athlètes tricolores se rendent en Suède. Le roi Gustave V, sportif passionné et méritant, jouera le rôle d'homme-orchestre, organisant et finançant les Jeux sur sa propre cassette. Les Jeux acquièrent à partir de cette date une véritable audience dans le monde par les exploits retentissants de champions dans des disciplines que le public n'était pas habitué à suivre. C'est à Stockholm que se révèlent aux yeux du monde Jim Thorpe dont on a déjà évoqué le cas, l'athlète finlandais Hannes Kolehmainen et son grand rival français Jean Bouin sur 5 000 m, en natation l'Américain d'origine hawaïenne Duke Kahanamoku et, au grand dam de Pierre de Coubertin, l'ondine australienne Fanny Durack. À Stockholm, l'argent fait son apparition dans les discussions de couloir. En dehors du scandale concernant Jim Thorpe, Jean Bouin est pointé du doigt par les Anglais qui le taxent de faux amateur pour avoir couru contre un professionnel.

Pour des raisons compréhensibles, les difficultés économiques sont incommensurables au lendemain de la guerre de 1914-1918. Les Jeux n'échappent pas au marasme ambiant. Désignée ville olympique en 1920, Anvers, comme tant d'autres cités européennes, est ruinée. Les célèbres diamantaires locaux sont mis à contribution pour soutenir le comité organisateur belge qui s'est fourvoyé en mettant en vente des billets d'accès aux enceintes à des prix si élevés que le public se détournera des compétitions. Malgré ce fiasco populaire, dû entièrement à la conjoncture déprimée de l'après-guerre, le sport intéresse les masses mais pose problème aux institutions étatiques, aux régions ou aux villes susceptibles d'être le théâtre de grands événements sportifs. À Paris, qui a été désignée en 1921 pour la deuxième fois ville organisatrice des VIIe Jeux de 1924, ce symptôme est particulièrement criant. Le Comité olympique français (COF) est victime de la folie des grandeurs. Un complexe comprenant un stade colossal de cent mille places à façade géante de trois cents mètres et un village olympique capable d'accueillir vingt mille athlètes est sérieusement mis à l'étude. Mais l'argent manque et les promesses de crédits s'évanouissent. Le président de la République, M. Millerand, intervient en sollicitant son gouvernement avant que la menace du remplacement de Paris par Los Angeles soit mise à exécution. Même sous la pression morale de cette haute influence, les autorités publiques françaises rabattent impitoyablement les visées du COF à qui ils ne consentent à allouer qu'une subvention de 4 millions de francs. La ville de Paris se saigne aux quatre veines en offrant en sus le stade Pershing de Vincennes mais doit encore débourser 10 millions et trouver un stade olympique. Le Racing Club de France (RCF), très select et privé club parisien, entre en scène en proposant son concours « intéressé ». Il met à disposition du COF le terrain de son champ de courses sur lequel s'édifieront l'enceinte de Colombes d'une capacité de « seulement » soixante mille places et un village olympique aux allures de favela, sans rapport avec le somptueux écrin d'accueil escompté. Le RCF obtient en retour de ce service éminent la moitié des recettes aux guichets pendant les Jeux.

Comme à Londres vingt ans auparavant, Amsterdam, qui n'a pourtant pas souffert des ravages du conflit mondial, n'a d'autre choix en 1928 que de faire appel à une souscription publique. Car le Parlement hollandais, arc-bouté sur ses principes « piétistes » excluant bien entendu le paganisme olympique, a fermement refusé les crédits réclamés par son gouvernement. Ces Jeux dans la « Venise du Nord » voient la disparition dans leur programme de l'un des sports majeurs de l'olympisme. En effet, le tennis n'a plus les faveurs du CIO. L'amateurisme n'y est plus garanti, comme on l'a expliqué ailleurs dans cet ouvrage. C'est aussi à Amsterdam qu'une firme américaine de boissons gazeuses, inconnue par les Européens pointe le bout de son nez. Coca-Cola fait embarquer sur le bateau qui emmène la délégation US un millier de caisses de petites bouteilles de soda pétillant que les spectateurs découvriront sur le bord des pistes ou dans les mains des athlètes. Ce premier soutien sera le point de départ d'une longue et fructueuse histoire – excepté aux Jeux de Berlin en 1936 – entre les Jeux et la firme d'Atlanta avec pour point d'orgue les Jeux... d'Atlanta où Coca-Cola, chez elle, réussira probablement le plus beau coup marketing de l'histoire. Cette entrée, alors une goutte d'eau, des intérêts commerciaux dans l'océan des Jeux ne feront pas réagir leur inspirateur, Pierre de Coubertin. Malade et quelque peu las, il s'est mis de lui même « hors jeux » à l'âge de soixante et un ans à la veille de l'olympiade précédente en transmettant la présidence du CIO au Belge Henri de Baillet-Latour, comte de son état. Mais le baron, qui coule une retraite méritée en Suisse, n'en perd pas pour autant le fil de ses pensées. Il croit toujours en ses idées mais n'entretient plus tout à fait les illusions de sa jeunesse et met en garde sur les dangers qu'il sent poindre : « L'athlétisme peut mettre en jeu les passions les plus nobles comme les plus viles. Il peut développer le désintéressement et le sentiment de l'honneur comme l'amour du gain. Il peut être chevaleresque ou corrompu. Enfin on peut l'employer à consolider la paix aussi bien qu'à préparer la guerre. »

Plus que jamais, les Jeux de Los Angeles en 1932 vont symboliser l'inéluctable montée de l'affairisme dans la machine olympique. La constante obstination d'un homme, William May

Garland, président du comité d'organisation et directeur d'un journal de la mégalopole californienne, a cristallisé les énergies et surtout les dollars sur sa personne depuis huit ans. Garland, qui souhaite catalyser l'industrie touristique en Californie, s'est montré si persuasif qu'une montagne de billets verts s'est formée autour de la candidature de sa ville en dépit de la ravageuse crise de Wall Street en 1929. Le Coliseum de LA est agrandi et modernisé pour attirer cent cinq mille spectateurs aux frais de la municipalité. Toutes les autres et nombreuses constructions ou améliorations d'infrastructures, dont la piscine, le stade de football à Pasadena transformé en vélodrome, l'auditorium, sont financés par des capitaux privés et un emprunt d'un million de dollars. Le plus célèbre athlète de l'époque est présent à Los Angeles mais en tant que journaliste. Le chapitre consacré plus loin dans ce livre à Jules Ladoumègue explique pourquoi le recordman du monde français du 1 500 m est reconverti pour l'occasion en plumitif de luxe et suit les épreuves des tribunes. Le scandale Ladoumègue, qui s'est conclu en mars 1932 par sa disqualification à vie, a fait rapidement place à une autre affaire qui provoque autant de bruit. Comme son collègue français, le Finlandais Paavo Nurmi est depuis trois mois dans le collimateur des dirigeants de la Fédération internationale d'athlétisme (IAAF) qui cherche à faire s'expliquer le plurimédaillé olympique [29] sur des importantes sommes reçues lors de courses amateurs. On a parlé dans la presse suédoise, entre autres dénonciations, de 60 000 francs touchés pour battre un record du monde des deux miles en 1930 et de 25 000 dollars de gains pour l'année 1927. Nurmi, en fin de carrière, a effectué le long voyage transatlantique et est inscrit pour le marathon olympique par sa fédération, qui le défend bec et ongles en niant farouchement toute culpabilité de son champion. Cette attitude noble mais peu conciliante irrite une IAAF sûre d'elle et qui interdit bien au héros finlandais de se présenter au départ, malgré une dernière réunion quelques heures avant l'épreuve. Nurmi sera plus tard radié à vie. Contrairement à Ladoumègue, il restera silencieux au sujet de cet épisode malheureux tout le reste de sa vie jusqu'à sa disparition en 1973. Les dirigeants finlandais n'oublieront jamais l'affront fait à leur proscrit et plus encore à leur nation tout entière. Ils feront de quelques minutes d'une après-midi de juillet 1952 un grand moment de douce mais éclatante réparation devant les édiles du sport mondial responsables selon eux d'une affreuse et humiliante injustice. Tous les habitants de la petite et si fière Finlande pleureront d'émotion en 1952 lors de la cérémonie d'ouverture des Jeux d'Helsinki quand sera confié à « l'homme qui tuait le temps », aux cheveux grisonnants mais plus digne que jamais, le dernier relais de la torche qui embrasera la vasque olympique.

Les Jeux de Berlin sont en 1936 l'occasion de la plus effarante et sinistre surenchère de l'histoire sportive. Prêt à tout pour donner au monde une image de respectabilité, le régime hitlérien ne recule devant aucun sacrifice financier. Les nazis accordent des crédits illimités à leurs plus grands artistes, architectes, sculpteurs, cinéastes ou metteurs en scène afin, comme l'éructe le docteur Goebbels, le ministre de la Propagande, de « montrer aux peuples de la Terre ce dont est capable le peuple allemand ». On est obligé de mettre un frein aux ardeurs du Führer lui-même qui envisage l'érection d'une ahurissante enceinte à la contenance d'un demi-million de personnes. C'est quand même un ensemble d'installations d'une taille et d'un prix jamais vus qui voit le jour dans la banlieue de la ville : le Reichsportfeld, à lui seul d'une surface presque équivalente à celle de la capitale du IIIe Reich, au milieu duquel trône son joyau le monumental stade olympique au coût faramineux pour l'époque de 77 millions de marks. Curiosité sans rapport avec l'indécente gabegie de moyens opérée par l'Allemagne, les Américains goûtent peu à ces Jeux qu'ils pressentent à juste titre comme racistes. En conséquence, le comité américain n'est que modestement doté et court vainement derrière 25 000 dollars pour l'envoi de ses athlètes parmi lesquels figure un certain Jesse Owens. Le futur champion olympique du 100 m, du 200 m, du saut en longueur et du relais 4 x 100 m ne peut compter sur le fournisseur de son équipe pour remplacer ses chaussures usagées et, muni de son propre porte-monnaie, a la désagréable obligation de se livrer à un surprenant shopping dans Berlin pour y acquérir des pointes neuves. Une image qui aurait certainement fait de nos jours le tour du monde avec la télévision. Eh bien, cette télévision existe en 1936 ! Il n'y a pas évidemment de caméras légères mais c'est la première fois que des spectateurs assistent à des épreuves en direct sans être présents dans les stades. Les ressources illimitées des organisateurs leur avaient permis de faire mettre au point en 1935 par la société Telefunken un système entièrement nouveau de retransmission électronique de l'image en circuit fermé. Le ministère de la Propagande offrira à cent soixante mille personnes, les premiers téléspectateurs de l'histoire, le privilège inédit d'admirer devant des postes de télévision les exploits des athlètes dans des salons réservés.

À l'issue de ces Jeux qui sont les derniers avant la nuit noire de la guerre mondiale et ses cinquante millions de morts, le bilan de ces quarante ans de sport olympique est contrasté. Pierre de Coubertin a d'un côté largement remporté son pari d'un « rétablissement des Jeux olympiques » lancé crânement en 1892 à la tribune de l'amphithéâtre de la Sorbonne. De l'autre côté, les Jeux ont été sans exception la proie des intérêts financiers, ballottés au gré des puissances de l'argent et de la politique. Leur soi-disant indépendance n'est qu'un leurre. Les trois olympiades suivantes redonneront un peu d'espoir aux blanches colombes de l'olympisme mais la seconde partie du siècle ne sera qu'une suite ininterrompue de déceptions.

1900-1940
L'ARGENT TABOU

FOOTBALL : TIRER LES « MARRONS » DU FEU

La religion du football va se propager en quelques années en franchissant mers et océans. Au-delà du Channel, en Belgique, au Portugal, en Hollande, en Italie, en Suisse, en Allemagne et en Hongrie, les résidents, les groupes ou émigrés anglais, font œuvre d'évangélisation. Les clubs ou les fédérations nationales naissent et se multiplient comme des petits pains.

En France c'est logiquement au Havre que le tout premier club voit le jour dès 1872 : Le Havre Football Club (qui deviendra le HAC, Havre Athletic Club, en 1894), dirigé par un chapelain anglais, le révérend George Washington. Il n'y est alors pas question de compétition, mais de détente et de récréation. Les membres empiètent sur leurs heures de déjeuner pour se rendre au stade, en l'occurrence un terrain vague. Encore hésitant entre rugby et football, le jeu pratiqué par ces purs amateurs ressemble alors de très loin aux matches modernes, les règles variant selon les saisons. Les joyeux lurons, outre leurs cotisations, doivent débourser les frais de transport, participer à l'achat d'une tenue blanche pour trois ou quatre francs et à la location d'un vestiaire de « fortune » mis à disposition par un commerçant local impitoyable, pour un franc par tête.

Le football rugby est le divertissement en vogue dans l'hexagone. Curieusement, on l'appelle plutôt football (jeu de pied) alors qu'il est pratiqué avec les mains. Le « football association », communément appelé « association », et bizarrement pas football alors qu'on le joue au pied, n'attire, à l'aune des années 1900, que quelques dizaines de fondus. Inscrits comme leurs collègues du ballon ovale à l'Union des sociétés françaises de sports athlétiques (USFSA), née en 1887. Ce ne sont que des jeunes gens, collégiens ou écoliers qui s'étaient déjà regroupés en sociétés sportives à Paris, essentiellement dédiées aux jeux athlétiques, d'abord au Racing Club de France en 1882, puis au Stade Français en 1883. Ceux qui travaillent n'ont ni le temps ni le goût de s'adonner à de telles activités. Le premier club en France exclusivement voué au football voit le jour en 1891 : les White Rovers (Blancs Routiers) qui comme son nom l'indique est constitué d'anglophones, Anglais et Américains. Plusieurs équipes, nettement plus francophones, se forment à leur tour et l'USFSA, à la condition qu'elles conservent un esprit intégralement amateur comme au rugby, daigne leur reconnaître des prémices d'intérêt. Sous l'égide de Pierre de Coubertin, son secrétaire général qui a tout juste lancé son appel officiel à la rénovation des Jeux olympiques, et de Franz Reichel, l'un de ses membres les plus bouillants, plumitif de talent et excellent sportif, l'USFSA crée une commission spécialisée pour la Football Association en 1894. Un championnat, en réalité une coupe, est organisé par l'Union, disputé par six clubs, tous parisiens.

Par une froide après-midi du mois de février 1895, un match opposant une sélection de Paris et le club anglais de Folkestone attire tout de même au vélodrome de Levallois mille cinq cents personnes. Pour la première fois en France, des spectateurs passent à la caisse pour admirer les joueurs. Ils doivent laisser entre un et cinq francs à l'entrée pour s'installer dans la tribune ou accéder à la pelouse. Dans *La Vie au grand air*, en mars 1895, l'éditorialiste demande pourtant déjà un ajustement des prix d'accession aux stades : « Il serait bon, croyons-nous, pour les grands matches d'Association, de créer des places à 50 centimes comme au Rugby et peut-être même à 20 centimes. Les organisateurs ne se rendent pas assez compte qu'avant d'arriver sur le terrain, la plupart des spectateurs ont déjà eu à payer un chemin de fer et un omnibus. L'Association est pratiquée par beaucoup de jeunes gens peu fortunés, qui sont obligés de regarder à une pièce de quarante sous... » Ces ressources nouvelles sont bien squelettiques en comparaison de celles revenues au club anglais d'Aston Villa (l'équivalent de 375 075 francs) en 1901 pour ses seuls matches à domicile.

À l'instar du trophée remis aux vainqueurs de la coupe d'Angleterre, la Challenge Cup, celui qui récompensera les vainqueurs du championnat de France à partir de 1895 a été offert par le directeur du New York Herald, James Gordon Bennett. Le prix de l'objet est de 1 250 francs-or et M. Bennett souhaite bien sûr par ce « cadeau » donner un supplément d'écho à son journal. La loi du 1er juillet 1901 qui autorise la libre création d'associations à but non lucratif va donner le véritable coup d'envoi du sport en France. Vingt ans après l'Angleterre, le divertissement de plein air s'ouvre aux couches moyennes et ouvrières de la population. Jusqu'au conflit mondial, le football et le sport tricolore en général restent amateurs. Contre la volonté des clubs, celle des Parisiens notamment qui commencent à prendre de l'ampleur, l'USFSA privilégie toujours de son côté l'aspect ludique du sport. Elle refuse catégoriquement par exemple aux professeurs de gymnastique, considérés comme des professionnels, de participer à ses compétitions. En réaction au sport spectacle pratiqué en Angleterre, l'Union s'obstine également à limiter le nombre de spectateurs autour des rencontres pour en conserver le caractère amical. Ces spectateurs se réunissent depuis déjà plusieurs années, à l'occasion des désormais fameuses courses vélocipédiques, dans des vélodromes. Ces stades maintenant au nombre de trois cents attirent également les amateurs de football qui, sans encore prendre le nom de supporters, s'identifient à leur équipe. Mais l'USFSA va progressivement devoir coexister avec une nouvelle organisation. L'Union, qui on le rappelle chapeaute et administre à cette époque pratiquement tous les sports, se heurte à la très catholique FGSPF (Fédération de gymnastique sportive des patronages de France). Cette fédération, dès son apparition en 1898, veut réactiver le courant religieux pour contrer la menace d'un retour de l'esprit laïque ou républicain. Elle utilise pour cela les franges les plus déshéritées de la population à qui elle offre l'accès aux terrains de jeu. Fondée par le Dr Michaux, la Fédération française de football association (FFSA) deviendra officiellement l'organisme de référence en 1919.

Le ballon rond a alors pris le pas sur l'ovale. Après le tournant de 1904 (premier match officiel de l'équipe de France contre la Belgique, création de la Fédération internationale par le Français Robert Guérin), les licenciés du foot en France, pour l'une ou l'autre fédération, sont en 1905-1906 maintenant au nombre de trois mille huit cent cinquante (plus de trois cents équipes) contre deux mille cent quinze pour le rugby (cent quarante et une équipes). Et au jour de la conflagration mondiale il y aura deux cent mille pratiquants dans plus de deux mille clubs ventilés sur pratiquement tout le territoire. Le football aimante les spectateurs et dans toutes les régions l'on s'affaire pour agrémenter leur venue. L'après-guerre verra sortir de terre des enceintes dans des villes et communes de faible population, comme à Sélestat qui compte moins de dix mille habitants. La plupart des industriels du Bas-Rhin se regroupent et font édifier un stade doté d'une tribune de cinq cents places assises. Le retard en équipements, stades, terrains et infrastructures diverses (vestiaires, bureaux), est cependant important en regard des pays étrangers où les subventions étatiques ont permis une réelle amélioration en Belgique, Allemagne, Suisse, Hollande et Italie.

La guerre de 1914-1918 n'empêchera pas un homme de conviction d'aller au bout d'une grande idée. Henri Delaunay croit dur comme fer, depuis qu'il a assisté à une finale de coupe d'Angleterre en 1902, à l'espoir de dupliquer cette épreuve dans son pays. Le projet, la coupe de France, qui sera appelée la coupe Charles Simon, en hommage au président-fondateur du CFI (mort au front en 1915), ne peut passer que par le parrainage de solides appuis financiers. La société Hachette offre son concours et s'engage pendant au moins cinq ans pour une somme annuelle de 5 000 francs[30], débloquée huit jours avant le début des éliminatoires. Hachette se lance financièrement avec l'intention ferme de ne pas se voir doublé : l'éditeur interdit à tout autre sponsor (le mot n'existe pas encore) de créer une autre compétition nationale pendant au moins dix ans. Le trophée, à lui seul d'une valeur de 2 000 francs, est remis le 5 mai 1918 au stade de la Légion Saint-Michel dans le 15e arrondissement à Paris et tandis que la guerre n'est pas terminée – on entend au loin les canonnades des dernières offensives allemandes dans l'Oise – au capitaine de l'Olympique de Pantin qui a disposé en finale de la première édition du Football Club de Lyon (3-0). Il a fallu aux spectateurs faire un effort conséquent pour assister à cette première et tirer de leur poche 3,50 francs (4,6 euros d'aujourd'hui) en tribune, 2,50 francs en première et 1,50 franc en populaire, c'est-à-dire pas loin l'équivalent d'une journée de salaire d'ouvrier non spécialisé.

La coupe de France lance définitivement l'intérêt et la passion nationale pour le sport. Toutes les autres compétitions en Europe, y compris en Angleterre, souffrent de la comparaison avec la nouvelle étoile. Les journaux comme le bihebdomadaire *Football et sports athlétiques* ou le quotidien *L'Auto,* ancêtre de *L'Équipe*, augmentent leurs tirages. Ces organes de presse titrent toujours malgré tout prioritairement sur le rugby, la boxe ou le cyclisme alors que le football est devenu, on l'a vu, le sport le plus pratiqué. Les grandes entreprises privées ou publiques observent d'abord avec neutralité la montée du phénomène puis, au lendemain de la guerre, prennent conscience de l'intérêt à en retirer. À la recherche d'un effet de propagande et pour resserrer le tissu social local, les grandes banques (comme la Société générale avec les cercles athlétiques de la Société générale, les CASG, un peu partout dans l'hexagone) ou les compagnies de chemins de fer (comme la Compagnie d'Orléans avec le Railway de Châteauroux) soutiennent activement de leurs deniers les clubs où jouent leurs employés. Ce football corporatif, où chaque équipe arbore ostensiblement son sigle ou sa dénomination commerciale propre, agace la FFSA qui voit d'un mauvais œil cette immersion du monde patronal et industriel dans ses affaires. La FFSA fait cesser cette réclame insidieuse et toute association portant le nom de son bienfaiteur est reléguée dans un championnat « corpo ». Le coup porte et les brebis égarées rentrent dans le rang : le mot « usines » disparaît du groupe sportif des usines de Neuves-Maisons, l'AS Casino de Saint-Étienne se mue en Amical Sporting Club. Parfois malicieusement et avec calcul, certains jouent adroitement du changement : les clubs athlétiques de la Société générale se transforment en clubs athlétiques des sports généraux.

De grandes entreprises viennent donc au secours des clubs mais aucun joueur ne peut toujours vivre décemment de son activité sportive. La fraction populaire ou ouvrière a tendance à s'accroître encore dans les années 1920 au sein de toutes les formations. Un club comme le Stade Français fait figure d'exception en se reposant toujours sur un gardien de but dentiste, deux industriels et un polytechnicien dans ses lignes arrière, un centralien, un chef de service et un commerçant au milieu de terrain, et enfin deux étudiants en attaque.

La FFSA a fait d'emblée la chasse aux « amateurs marron » et, dans un combat d'arrière-garde, veille jalousement à conserver leur statut amateur à des joueurs qui sont de plus en plus convoités. Elle ne consent dans un premier temps qu'à une indemnisation par les clubs aux joueurs, qui exercent par ailleurs toujours un métier de base, correspondant au « manque à gagner » engendré. Il est également accordé des remboursements de frais que certains ne vont pas hésiter à méchamment gonfler ou purement et simplement inventer. Le sémillant gardien de but du Red Star et de l'équipe de France des années 1910 et 1920, Pierre Chayriguès, n'a jamais caché les astuces déployées afin de gratter quelques subsides. Et en premier lieu à sa propre fédération, où il se présente un beau jour aidé par des béquilles de circonstance, et à laquelle il arrache sans scrupule au complaisant trésorier fédéral Armand Pillaudin le joli pécule de 1 500 francs en contrepartie de frais de médecin tout à fait imaginaires. Ce même Chayriguès qui s'était offert le luxe en 1913 de ne pas répondre à l'offre mirifique du club anglais de Tottenham (25 000 francs, soit 68 000 euros d'aujourd'hui), le Red Star ayant très probablement trouvé les « moyens » de ne pas le laisser partir. Ses collègues ne font pas non plus dans la dentelle et brandissent à leurs trésoriers affolés mais finalement conciliants des notes somptuaires de déplacement ou de soins. Des sanctions viennent intimider ici ou là quelques auteurs d'abus. Comme la suspension du Strasbourgeois Paul Bloch, coupable d'exiger

240 francs à sa fédération à la fin d'un match international qui lui avait fait manquer la signature d'un contrat.

Le professionnalisme anglais commence à irriter certains. Les tenants d'un sport pur montent au créneau et mettent le débat sur la place publique. Dans *Tous les sports* en juin 1913, l'un des porte-drapeaux de l'amateurisme, Frantz Reichel, avec un sectarisme non voilé, n'y va pas par quatre chemins : « [...] Ce n'est certes pas pour fournir à quelques jeunes hommes, exceptionnellement doués physiquement, l'occasion peu noble de devoir à leurs muscles une situation que leur défendaient une intelligence insuffisante, une instruction négligée [...] j'éprouve une révolte à ce qu'il y a de déloyal d'accepter sous une forme avouée ou détournée une rétribution pécuniaire de son effort athlétique, alors qu'on s'est déclaré amateur, et engagé à rester amateur. »

Les retombées d'un bon parcours ou mieux encore d'un succès, en coupe de France par exemple, sont maintenant telles qu'elles poussent l'Olympique de Marseille à faire venir sur la Canebière en 1924 quatre stars parisiennes, Boyer, Crut, Devaquez et Gallay. Le président et mécène de l'OM, M. Le Cesne, n'a de mieux à proposer au quatuor, en échange de ses talents, que des emplois de... courtiers en légumes secs. C'est bien pour uniquement marquer des buts que les quatre hommes, qui ne négocieront jamais sur les marchés du Vieux Port, gagnent 1 000 francs par mois (soit 730 euros d'aujourd'hui).

La prospection s'opère à l'aide de méthodes de plus en plus contestées. Les clubs les plus riches font appel à des « racoleurs » chargés de dénicher les talents chez les rivaux moins aisés. Contre monnaie ou avantages divers (costumes, primes mensuelles), ces intermédiaires arrachent leur signature à des joueurs assurés d'un avenir plus confortable. Pour éradiquer ces pratiques occultes, la FFFA, lors de son conseil national du 20 octobre 1923, s'était essayée à ce qu'elle pensait constituer un obstacle aux transferts sauvages. L'institution d'une licence B attribuée aux joueurs mutés en début de saison, synonyme pour ceux-ci d'obligation, mais sous certaines réserves (il ne peut être question de fermer totalement la porte au système général des libertés), à évoluer le reste de l'année dans l'équipe seconde de leur nouveau club. Tentative avortée, la fédération étant incapable d'endiguer la pression des dirigeants qui demandent et obtiennent quasiment à tout coup la réintégration en licence A des « dégradés ». Mais le principe en gêne beaucoup. Emmenée par Georges Bayrou, un des membres du bureau de la FFFA, et accessoirement président du huppé FC Sète, une frange de « libéraux » parvient à faire reculer l'instance fédérale. En avril 1925, la licence A est conservée à tout joueur obtenant l'accord du club qu'il a déserté. L'occasion est trop belle pour la formation sollicitée de faire payer cet estimable service.

L'hypocrisie ambiante est à son comble. Même si les transferts se paient quasiment à ciel ouvert et que l'argent circule dans tous les sens, les yeux se ferment. Les attaqucs dcs Anglais, qui font régulièrement leurs choux gras d'une situation française hybride, n'y font rien, les dirigeants tricolores par la bouche de leur président Jules Rimet réfutent tout, le football gaulois est propre ! Des Anglais qui n'ont du reste pas envoyé d'équipe au tournoi olympique de 1924, arguant, au sujet de la plupart des nations participantes, dont la France, d'un amateurisme de façade. Les sélectionnés de plusieurs grands clubs (Autriche, Hongrie, Tchécoslovaquie) sont en effet gratifiés de repas offerts lors de matches, et certains obtiennent parfois de plus substantiels avantages allant jusqu'à l'octroi de véritables fonds de commerces, cafés ou tabacs.

Henri Desgrange, directeur de *L'Auto*, avait peu auparavant dénoncé sans ambages une situation connue de tous : « Nous savons que tous les petits vauriens qui vivent du football comme d'une profession ne se sont pas bornés à tondre leurs clubs, à quitter l'un pour se vendre à l'autre. Nous savons pertinemment que tous ont trouvé des revenus appréciables dans la présentation de notes de frais dont le payant n'a jamais pu avoir le moindre doute qu'il soldait là un acte de professionnalisme [31]. » De son côté, le respectable Gabriel Hanot avance une opinion en forme de prophétie : « Vous ne pouvez pas empêcher des gens qui gagnent difficilement leur vie d'augmenter leurs revenus au moyen de l'un des dons que la nature leur a dispensé. » Dans *France-Football* du 28 septembre 1923, le jeune journaliste plein de verve Gautier-Chaumet, à la manière d'un futur dialoguiste de cinéma nommé Audiard, fait le point avec clairvoyance : « Le sacro-saint amateurisme de notre jeunesse s'en est allé rejoindre les vieilles lunes au magasin des accessoires. Je n'apprécie pas, j'enregistre. » Quant à Jules Rimet, sa religion est faite : « Ce qui importe, c'est que ce puissant moyen [le football], progrès physique et moral, dispensateur de joies saines, propagateur de compréhension et de réconciliation entre les races, fasse son plein de partisans et de pratiquants. Ses grandes rencontres internationales lui attirent ceux-ci comme ceux-là, cependant que ses stades – tant pis s'ils nous valent d'être traités d'"entrepreneurs de spectacles" ! – lui procurent un peu de cet indispensable argent qu'on appelait jadis le "nerf de la guerre" et dont nous essayons de faire le "nerf de la paix". »

Lors des conseils de décembre 1926 puis d'avril 1927, la fédération lâche encore du lest en s'inspirant des statuts de la FIFA. Le salaire du footballeur est reconnu en filigrane sous un masque à peine opaque. Il y a officiellement deux catégories de joueurs, évidemment toutes deux encore amateurs. Les « olympiques », qui ne « peuvent accepter aucun remboursement de manque à gagner ou de salaire perdu » et les « non olympiques » qui pourront « accepter le patronage d'un club pour consolider [leur] position dans [leur] profession, et accepter en outre, le remboursement de [leurs] salaires perdus à l'occasion de la pratique du football. » L'amateurisme est sauf. Le couvercle tient toujours au-dessus de la marmite du professionnalisme bouillonnant. S'il sautait, les ravages, selon ce qu'affirment les tenants de la version apocalyptique de la fédération, lui exploseraient en pleine figure. Les clubs, en premier lieu, n'auraient-ils pas les reins brisés par les charges écrasantes des dépenses de salaires ou le trop lourd fardeau que feraient peser sur eux une fiscalité et des taxes qui seraient alors celles du monde du spectacle ?

La coupe de France a, depuis le conseil national de la FFFA du 23 janvier 1926, un petit frère, le championnat de France. Bridées jusque-là dans leur étroitesse, les ligues régionales, dans une timide volonté de progression, ont cédé aux responsables nationaux pour rassembler une élite qui disputera une compétition régulière. Ce n'est pas encore un championnat professionnel et la formule n'en est qu'à ses balbutiements : le premier lauréat, le CA Paris en 1927, dispute sans perdre ses quatre rencontres dans une épreuve à cinq équipes. Une figure comme celle d'Henri Jooris symbolise cette époque d'entre deux eaux. À la fois président de l'Olympique Lillois, et sous cette casquette partisan farouche et « pratiquant » de la rétribution des joueurs, mais aussi président de la ligue du Nord et vice-président de la fédération, et donc sous ces deux vertus défenseur de l'amateurisme, Jooris navigue avec une double boussole. L'homme est multiple mais obstiné. Brasseur de bière et d'affaires, il ira au bout de ses idées trente ans durant. Il est suspendu deux ans après la Grande Guerre de toute fonction sportive à la suite d'un scandale qui éclate entre lui et son directeur administratif. Celuici ne supporte pas son licenciement et, en partant du club, livre à la presse le carnet secret des sommes versées à l'un des joueurs lillois, le Britannique Buzza.

Les conditions commencent à se réunir pour la refonte d'un régime qui ne peut plus survivre à ses contradictions. Outre l'Angleterre, plusieurs pays ont franchi le pas du professionnalisme : Hongrie, Autriche et Tchécoslovaquie. La révolution est en marche et va se déclencher en deux temps quasiment simultanés. D'abord dans le Doubs, où le président des automobiles Peugeot, Jean-Pierre Peugeot, a créé le FC Sochaux en 1928 avec de hautes ambitions. Bientôt la firme recrute et, sans en faire mystère, paie plusieurs joueurs français et étrangers d'envergure internationale, Lozes, Mattler, Maschinot, Lehmann et Boros. Au printemps 1930, M. Peugeot, qui veut aller vite, prend l'initiative de se confronter aux meilleurs et invite huit clubs, dont le sien, à participer, à une « coupe Sochaux » que tout le monde connaîtra sous le nom de coupe Peugeot. L'épreuve, validée bon gré mal gré par la FFFA, connaît un éphémère mais franc succès. La seconde et ultime édition réunit vingt clubs, dont la plupart des grands noms de l'époque qui se sont déjà distingués en coupe de France (Montpellier, US Valenciennes, FC Mulhouse, CA Paris, FC Rouen, Stade Français, Racing Club de France, Havre AC, Excelsior de Roubaix, AS Cannes, OGC Nice, US Tourcoing, Amiens). Aucun détail n'est ignoré, arbitres, répartition des recettes, déplacements, règlement de fonctionnement... Plus de place à l'improvisation ni aux faux semblants, une page est en train de se tourner.

Un second événement va contribuer à sceller le sort d'une comédie qui s'apparente plutôt à une tartufferie. Une poignée de joueurs du CA Mantes refuse de rentrer sur le terrain le 7 septembre 1930. Les rebelles, en menaçant de ne plus jouer, entendent faire plier leur club qui n'a pas daigné se soumettre à trois de leurs requêtes : 30 % des recettes brutes au guichet doivent revenir à l'équipe première, 1 500 francs pour chaque joueur lors de la signature du contrat, 100 francs par match versés à tout joueur n'habitant pas dans la localité. Certains, dont M. Viel de la ligue de Paris, crient au loup. D'autres, comme les représentants des clubs phares, voient là l'occasion de donner le dernier grand coup de pied dans la fourmilière. Leur intérêt réside en effet dans un déblocage généralisé. Les patrons du foot n'ont pas alors la mainmise sur le marché, encore moins la possibilité de garder une vedette contre son gré.

Une page se tourne. Un comité d'étude de la FFFA, créé depuis près d'un an, accouche laborieusement le 8 décembre 1929 d'un statut du « joueur rétribué » sans toutefois que le salaire mensuel puisse dépasser 1 500 francs. Le processus s'accélère et l'instance nationale vote tour à tour, en janvier puis juin 1931, l'instauration du professionnalisme et le projet de statut du joueur professionnel. Dès avant que l'encre du premier document, conçu par Georges Bayrou, ne soit sèche, l'Olympique d'Antibes a envoyé sa candidature. Le club du Fort Carré a tout intérêt à se « régulariser » : au moins deux de ses joueurs, Villaplane et Cazals, sont grassement payés depuis déjà longue date et largement hors la loi. Derrière la formation azuréenne vont suivre dix-neuf autres postulants qui, après validation de la fédération, disputeront (deux groupes puis finale entre les deux lauréats), en 1932-1933, le premier championnat professionnel : SC Nîmes, FC Sète, FC Sochaux, SC Fives, Ol. Lillois (premier champion), CA Paris, RC Paris, Ol. Marseille, SO Montpellier,

AS Cannes, OGC Nice, Ol. Alès, Red Star, Stade Rennais, DCA Messin, Hyères FC, FC Mulhouse, Club Français et AC Roubaix-Tourcoing. Trois conditions parmi d'autres sont nécessaires à l'affiliation : faire évoluer au moins huit joueurs professionnels, ne pas quitter le régime de la loi de 1901 et – la FFFA ne perd pas le nord – accepter d'être contrôlé sur ses comptes par la fédération. Les joueurs de leur côté n'accèdent à leur nouveau statut qu'en signant, s'ils ont au moins dix-huit ans, un contrat d'une année renouvelable (si homologation de la fédération) les liant au club. Sur le document doivent figurer le montant du salaire mensuel (cette fois 2 000 francs maximum[32]), les primes de présence et de résultat, ainsi que les conditions de résiliation.

Le bouleversement tant attendu provoque toutes sortes de réactions. Pas forcément les plus prévisibles. À l'exemple du comportement des joueurs de l'Olympique de Marseille, qui refusent d'abord tout net d'adhérer au statut professionnel. Prétextant du temps trop long passé à un entraînement devenu obligatoire, ils invoquent l'impossibilité de continuer à profiter de leur autre activité. Le plafonnement des revenus incite déjà des présidents à l'irrespect de la charte. Et certains, qui en font implicitement ressortir les limites, commencent à évoquer des rémunérations plus substantielles. L'aventure professionnelle fait aussi quelquefois peur, ou au contraire électrise, et les vingt élus du premier championnat de la nouvelle ère ne sont pas exactement ceux qui étaient escomptés. Affolés par les surenchères, les fiers RC Roubaix ou Amiens AC se dégonflent. À l'inverse, le petit Fives-Lille se sent l'âme du conquérant et embarque dans le grand bateau. L'atmosphère vire globalement à l'optimisme. Les perspectives d'une vague grandissante de spectateurs pousse d'ailleurs à étoffer les capacités d'accueil et même la mise en chantier de stades comme à Nîmes.

Cette ambiance de kermesse est amplement ternie par les effets dévastateurs de la grande crise américaine de 1929 qui se propagent partout en Europe dans les années 1930. Et les spectateurs justement ont le blues du portefeuille. De plus, les disparités s'amplifient : le FC Antibes n'encaisse que 21 800 francs

(12 540 euros d'aujourd'hui) de moyenne par rencontre lors de la saison 1933-1934 alors que l'Olympique de Marseille s'enrichit de 54 800 francs (31 530 euros d'aujourd'hui) à chaque match. Pour le FC Rouen, cette saison 1933-1934 se traduit par une sévère diminution des salaires. En fait, les ressources du football ne proviennent, en dehors de quelques mécènes, que des entrées aux guichets. Le football attire en réalité nettement moins de monde qu'en Angleterre.

Il survit avec peine ce football professionnel français arraché en 1932 aux conservateurs, voire aux intégristes de l'amateurisme. À Metz, on accepte des modestes salaires de 500 francs mais on poursuit le partage des activités. À Sochaux, on retient les joueurs en faisant miroiter primes et avantages conséquents si la victoire est au bout de l'effort et du sacrifice. Lorsqu'ils gagnent la coupe de France en 1937 les joueurs sont chacun gratifiés d'un coupé 201 par leur protecteur Peugeot. La scène qui se déroule dans le vestiaire du Parc des Princes en 1939 pourrait sans peine s'ajouter à celles du « Kid de Cincinnati ». L'extraordinaire autant que fantasque gardien de but du Racing Club de Paris, Rudi Hiden, n'arrive dans le vestiaire qu'à quelques minutes du coup d'envoi de la finale de coupe de France 1939 qui va opposer son club à Lille. Hiden, dont la performance en demi-finale a été prodigieuse, lance très tranquillement : « Je ne joue pas. » Son président mécène, Jean-Bernard Lévy, comprend immédiatement : « Combien veux-tu pour jouer ? » D'une voix claire et posée, le portier autrichien, plus tard naturalisé français, sort de sa bouche un chiffre si vertigineux qu'un silence intégral se fait. Comme au dernier coup d'une partie de poker, les regards se tournent vers celui dont on attend qu'il accepte ou se couche. Lévy : « C'est d'accord. » Hiden et ses coéquipiers battent le LOSC 3 buts à 1 et conquièrent leur deuxième coupe de France.

La déclaration des hostilités en septembre 1939, suivie de la « drôle de guerre » sans combats, ne trouble pourtant pas démesurément le train-train du système. C'est la période de l'occupation allemande qui va indirectement contraindre le professionnalisme à se mettre entre parenthèses. Le sport, comme toutes les autres activités, passe sous la coupe de l'État en juillet 1940. Le régime de Vichy nomme le 7 août l'ancien tennisman Jean Borotra, six fois vainqueur de la coupe Davis de 1927 à 1932, commissaire général à l'Éducation générale et aux Sports. Le « Basque bondissant » fait dégager le 13 novembre 1,9 milliard[33] de francs de crédits pour la construction ou la rénovation d'équipements sportifs. L'absence de contrôle parlementaire permet toutes les manipulations. Les autorités sportives privées ou associatives sont démembrées puis contrôlées ou embrigadées. Place à l'activité physique comme vecteur dynamique d'éducation et aux chantiers de jeunesse, symboles du renouveau de la révolution nationale. Haro sur le sport et son cancer : l'argent. Le football est le premier visé et une chasse aux sorcières s'opère contre les dirigeants du football pro qui, de fait, disparaît quasiment de la scène nationale. La FFFA, sans son président Jules Rimet qui a dans un geste courageux renoncé à ses fonctions, continue vaille que vaille de subsister et échappe par miracle à sa dislocation. Contrairement à la Fédération de rugby à XIII (Ligue française de rugby à XIII), aux pratiques ouvertement avouées de professionnalisme, qui est purement et simplement dissoute en décembre 1941 et dont certains dirigeants sont même emprisonnés. Le football professionnel est mis au pas sinon à l'index. Borotra demande fermement aux anciens joueurs professionnels d'« exercer un métier en dehors du football ». Ceux qui comme Diagne et Zatelli ne peuvent ou ne veulent s'exécuter seront écartés des (rares) rencontres internationales disputées durant ces années noires. Un football digne de ce nom ne subsiste qu'en zone sud, et encore, avec des moyens de fortune. En juillet 1942, le successeur de Borotra au Commissariat, le colonel Pascot, assouplit légèrement le système dans un premier temps. Un championnat de seize clubs redémarre dans chaque zone, libre et occupée, sans toutefois que la liberté de transfert soit possible. En outre, Pascot autorise sept joueurs au maximum par équipe à exercer leur métier de footballeur. Ces exemptés ont dans le même temps pour obligation de dispenser des cours d'éducation physique. Le 15 juin 1943, le haut commissaire est insatisfait de la formule et on repart de zéro. Les trente-deux clubs de l'élite sont mis en pièces et font place à seize équipes régionales, les « sélections Pascot », qui ne peuvent plus accueillir de professionnels. C'est un Pascot sous lequel perce le militaire à l'idéologie maréchaliste pure et dure qui parle alors d'« assainir le football français en rendant aux clubs une activité amateur et en donnant à la fonction de joueur rétribué la dignité et la sécurité ». C'est un véritable spectacle d'État qui apparaît avec des joueurs totalement fonctionnarisés évoluant au sein de formations fédérales dans lesquelles ils sont inclus arbitrairement. L'équipe de Paris-Capitale, la plus prestigieuse avec ses internationaux Aston, Simonyi, Jordan ou Dupuis, est dotée d'un budget mensuel de 25 000 francs (4 710 euros d'aujourd'hui) que le trésorier Marcel Galey a bien du mal à boucler. Le débarquement allié en Normandie, en même temps qu'il sonne le glas des forces d'occupation, empêche la conclusion de cette compétition et délivre enfin le sport tricolore des bottes crottées du colonel.

Cyclisme : La roue de la fortune

Aux années de l'âge d'or de la draisienne puis du vélocipède, succède en 1879, en Angleterre, un phénomène nommé bicyclette. L'engin démontre de manière foudroyante sa fonctionnalité révolutionnaire et sa commercialisation débute en 1885. En plus de la reconnaissance de son utilité dans les déplacements, elle est en un rien de temps la proie de passionnés, les *velocemen*, qui s'y adonnent avec frénésie. Les courses cyclistes fleurissent et la presse relate avec délice et intérêt les efforts de ceux qui sont surnommés les fous de la « petite reine ». Ces passionnés sont majoritaires parmi la masse des utilisateurs qui verront seulement quelque temps plus tard le vélo comme un véhicule touristique.

L'industrie s'empare opportunément de l'effet vélo. La France a pourtant du mal depuis 1889 à fournir un nombre suffisant de machines qui proviennent pour les deux tiers d'outre-manche. La maison Peugeot tire de substantiels bénéfices en s'engouffrant dans la fabrication en série des deux-roues dont les formes et les mécanismes se standardisent au fil des ans.

Pour la première fois, le sport est utilisé comme vecteur de vente. Les fabricants de machines, Peugeot, Gladiator ou Diamant, associent leur marque aux vedettes dans d'énormes bandeaux de réclame au sein des journaux : « Si Morin et Bourillon sont considérés comme les meilleurs coureurs du monde, c'est qu'ils n'ont jamais monté que la bicyclette Peugeot. » Ces derniers sont parfois cannibalisés par leurs bienfaiteurs qui en prennent carrément le contrôle où « encouragent » ouvertement la naissance. C'est ainsi que voient le jour *Le Sport vélocipédique* en 1880, *La Revue vélocipédique* en 1882, *Le Véloce Sport* en 1885 ou *L'Écho des sports* en 1890.

En 1889, la Manufacture d'armes et cycles de Saint-Étienne rachète la société qui fabrique la fameuse Hirondelle et dont elle va démocratiser l'usage à une échelle jamais vue. Le modèle de cette bicyclette, exclusivement « routière », est décliné en plusieurs versions et autant de prix de vente destinés à toutes les catégories socio-professionnelles : 185 francs pour les artisans, ouvriers, employés ; 240 francs pour les facteurs, huissiers, agents-voyers, commissionnaires ; de 300 à 380 francs pour les voyageurs de commerce, vétérinaires, médecins ; 385 francs pour les militaires, les touristes, les chasseurs. L'apparition en 1891 du pneumatique, inventé par le vétérinaire irlandais Dunlop, fait à la même époque la fortune du Français Adolphe Clément qui s'en approprie la licence dans l'hexagone. Clément regroupe à lui les marques Gladiator et Humber et se retrouve à la tête d'un puissant conglomérat qui emploie deux mille ouvriers.

Un nouveau sport prend forme. Les amateurs se font coureurs puis chasseurs de primes. Car organisateurs, constructeurs et journaux commencent à laisser miroiter de belles sommes aux vainqueurs des courses : dans la même année 1897, 10 000 francs au Grand Prix de l'Union vélocipédique de France (UVF) et au Grand Prix de Berlin, et 8 000 francs au Grand Prix de l'Exposition de Bruxelles. Les exemples de réussite fourmillent. Comme Paul Bourrillon, fils d'un serrurier ardéchois, qui s'adjuge les gains fort appréciables des deux premières épreuves précitées. Ou Constant Huret qui encaisse des sommes équivalentes en battant des records de distance en 24 heures quelques mois seulement après s'être vu gratifié de paies de 5 à 6 francs par nuit à faire du pain. Et Edmond Jacquelin, lui aussi élevé en 1896 au rang de vedette avec un traitement de « ministre » alors qu'il avait connu des journées de 14 heures lui aussi dans une boulangerie contre 4 francs. Jacquelin, exemple avant l'heure du professionnel modèle, saura à l'issue d'une carrière sportive parfaitement négociée, se reconvertir dans le commerce des cycles, avec notamment l'armée.

Dès sa naissance en 1890, l'Union des sociétés françaises de sports athlétiques qui avait aperçu la dérive d'un mauvais œil, s'était prémunie en créant l'Association vélocipédique d'amateurs. Cette « filiale » prépare clairement son futur combat puisqu'elle « laisse à d'autres la vaine réclame et les honneurs d'une publicité intéressée ». L'avertissement est lancé. Pour entrer dans la nouvelle chapelle, il est intimé aux « paroissiens » d'abandonner les « luttes entourées de vaines glorioles et de réclames, et rompre à jamais [...] avec tous ceux qui ne pratiquent pas le sport irréprochablement ».

En une dizaine d'années, à partir de 1890 jusqu'à la fin du siècle, le fabuleux succès du cyclisme sportif fait surgir de terre trois cents vélodromes (dont quatre à Paris) aux quatre coins de France. Les coureurs sur piste appartiennent désormais presque exclusivement au monde ouvrier ou prolétaire. Les classes moyennes et supérieures de la population se détournent d'une activité qu'elle considère sombrer dans une vulgarité dégradante. La bourgeoisie opte pour l'automobile, beaucoup plus noble, ou pour le vélo touristique qui prend alors son essor autour de clubs très chics à l'image du Touring Club de France et du Rally-Vélo.

Rickard flambe mais le ring retrouve ses vieux démons

La boxe internationale de l'entre-deux-guerres mondiales avait commencé en 1921 par l'énorme Dempsey-Carpentier de Jersey-City, sa fabuleuse recette d'1,7 million de dollars et les bourses phénoménales accordées aux deux acteurs. Elle s'était poursuivie, toujours dans la mythique catégorie des poids lourds, avec la même folie du gigantisme par le règne de James Joseph « Gene » Tunney. « Gentleman Gene » détrône l'empereur Dempsey en 1926 puis enfonce le clou l'année suivante dans un combat mémorable (celui du « long compte ») où pleuvent coups et surtout billets verts. Le premier duel fait tomber le record – qui tient jusqu'à aujourd'hui – du nombre de spectateurs (cent vingt mille sept cent cinquante-sept), le second celui de la recette (2 658 660 dollars) et de la récompense individuelle (990 445 dollars pour Tunney).

George Lewis « Tex » Rickard, le génial « inventeur » de ces affrontements, mérite très certainement le titre de champion du monde du siècle et toutes catégories de l'organisation. Joueur de casino, organisateur de combats de saloons et même chercheur d'or à ses débuts, il sent ensuite l'odeur des bénéfices autour des vrais rings. Il ne sera rejoint dans la rente et la roublardise du boxing-business que de longues années plus tard par un autre inimitable matchmaker, Don King. Mais à la différence du très controversé Afro-Américain, Rickard peut se targuer de garder les mains propres. Vingt ans durant jusqu'à sa mort brutale en 1929, Rickard a eu le don pour attirer les spectateurs qu'il entassait dans des arènes immenses montées de toutes pièces et au prix de revient bon marché. Le prix des places est élevé mais la qualité et la « vérité » des manifestations est au rendez-vous. Les grands pugilistes viennent à lui tels des papillons de nuit vers la lumière. Comme pour son premier coup de maître en 1910[34], il leur promet, et donne, Dempsey et ses 3,5 millions de dollars en carrière en est le plus bel exemple, gloire et argent. Avec ruse parfois. En éliminant intelligemment des concurrents. Lors du Carpentier-Dempsey, il reste seul après avoir découragé deux promoteurs pusillanimes qui refusaient de céder aux managers réclamant des garanties fixes et non pas les habituels pourcentages sur la recette. Rickard, dès le contrat signé, dit tout bas : « J'ai réalisé la meilleure affaire de ma vie. » Il la fait en effet[35] en augmentant le prix des places, en négociant au plus haut le droit des retransmissions avec les naissants cinéma et radio. Pour la revanche Tunney-Dempsey à Chicago, la somme amassée aux guichets ne sera dépassée que... cinquante et un ans après pour

Ali-Spinks en 1978 à La Nouvelle-Orléans. Le chèque d'un million de dollars remis à Tunney ne sera égalé que trois décennies après lorsque la source de la télévision déversera sa manne. La seule part de Rickard se monte à 55 134,57 dollars. Elle s'étoffe d'un remboursement de frais de... 150 000 dollars !

Le successeur de Rickard, Mike Jacobs, un fils d'émigrés juifs, marche dans ses traces en reprenant la salle du Madison Square Garden de New York et, sans la fertile imagination du petit homme aux cheveux gominés, entassera néanmoins encore plus de gains que lui. Un sacré mérite dans la disette des années 1930, conséquence de la crise économique et boursière de Wall Street. Dans cette période trouble caractérisée par un chômage jamais vu et la ruine de beaucoup – dont celle d'un certain Jack Dempsey –, c'est le retour des intrigues de vestiaires, des combines de caïds et des paris clandestins. La carrière du géant et naïf italo-américain Primo Carnera est – au moins dans sa première partie – totalement fabriquée par la mafia qui lui oppose des adversaires-pantins. Entre arrangements et truquages innombrables qui se font par dessus son large dos, Carnera devient pendant deux ans (1933-1934) le champion du monde des lourds le plus « bidonné » de l'histoire. Les énormes cachets rapportés par le colosse (3,5 millions de dollars au total sur le territoire américain) sont à l'image de son effrayant physique (deux mètres et cent vingt kilos). Ses « managers » peu regardants sur les moyens dévorent ses revenus et son image est largement reprise au compte du régime mussolinien.

Les poids lourds monopolisent toujours l'attention et génèrent les plus gros remous d'argent sur le continent nord-américain. La crise barre d'ailleurs la route aux autres catégories de poids. Quelques rares et graciles étoiles des rings surnagent. Mais, carrière fructueuse impossible aux États-Unis, ils sont amenés à se monnayer en Europe où des fenêtres sont ouvertes à leur talent. Comme celui du longiligne et élégant poids coq panaméen Al Brown, dont le souvenir hante encore à Paris les couloirs du Palais des Sports. Phénomène gants aux poings, Brown l'est autant à la ville où il brûle en une nuit les grosses enveloppes de billets remis la veille au soir par l'organisateur. Pour le malheur de Brown, ce sont des valises qui passent d'abord aux mains de son manager, Dave Lumiansky, qui lui prélèvera 80 % de ses gains et qui finira sous les verrous.

L'arrivée sur les rings du sublime Joe Louis est mise en scène par Mike Jacobs. Le petit promoteur agit auprès de la presse pour qu'elle magnifie l'art de Joe Louis Barrow. Ce qui n'est pas si difficile, le jeune poids lourd noir ayant visiblement hérité de tous les dons réunis de ses illustres prédécesseurs. Louis est déjà une vedette, parce qu'il est aussi un Noir « acceptable » dans l'opinion américaine, quand il bat en 1935 Primo Carnera puis Max Baer pour deux matches sans titre à la clé, qui surpassent tous deux respectivement le record de journalistes présents pour un combat (quatre cents) puis du nombre de spectateurs pour une rencontre sans enjeu (quatre-vingt-huit mille). Accessoirement Jacobs a permis à son champion d'encaisser 300 000 dollars en deux matches. Louis a gagné sans difficulté le droit d'affronter, en 1936 au Yankee Stadium de New York, l'ex-champion du monde allemand Max Schmeling, jouet du régime hitlérien. Louis est archifavori. Le vainqueur sera opposé au champion du monde James J. Braddock. Le match dépasse par son caractère suprasportif le cadre habituel d'un tel événement. Jacobs subit un double échec par procuration quand Louis est battu. Lui, le juif assimilé à l'Amérique, ressent douloureusement cette défaite face au représentant d'un État qui a déjà commencé à appliquer sa politique d'exclusion raciale. Le manager sait aussi parfaitement que la route du titre de champion du monde est bloquée. Car, pense-t-il avec raison, Schmeling n'accordera pas de revanche à son poulain, après une victoire que tous les témoins ont attribué à un heureux coup du sort, avant d'avoir d'abord défié le champion du monde James Braddock. Il faut au promoteur à tout prix empêcher ce Schmeling-Braddock. En effet, en cas de victoire de l'Allemand, le nouveau champion du monde, soutenu par le numéro deux nazi Goering et le chef de la propagande Goebbels, pourrait défendre son titre à domicile dans un pays où Jacobs ne se sent pas vraiment d'affinités. Et où surtout les nazis auraient tout loisir, comme tenants du titre, de ne jamais inviter Louis. Jacobs réussit alors un coup de génie. Il connaît le manager de Braddock, Joe Gould, qui est également juif et bien sûr sensible aux arguments anti-hitlériens. Avec sa science des affaires et une roublardise consommée, Jacobs trouve d'abord un argument de poids pour convaincre Gould que le match Louis-Braddock ait lieu en premier : 500 000 dollars garantis au vainqueur, qu'il dégote auprès d'un financier de ses connaissances, Herman Taylor. Deuxième argument, définitif : 10 % pour Gould et Braddock sur les gains de Louis, champion du monde, dans les dix ans à venir. Le match est signé et Louis, à vingt-deux ans, s'adjuge la ceinture mondiale le 13 mai 1937. Il prend sa revanche avec maestria sur Schmeling l'année suivante, et sans avoir à voyager au pays des croix gammées. La carrière du phénomène est lancée et sera la plus longue dans la pourtant pléthorique histoire des poids lourds. « Uncle Mike », qui a créé la « Twentieth Century Sporting Club », sa société de promotion, en profitera pour amasser une fortune proportionnelle (50 % de ses gains) au talent de son boxeur. Qu'il guidera pendant ses triomphes dix ans durant. Jusqu'à ce que Louis tombe après la guerre dans la fameuse spirale infernale des boxeurs forcés de monter sur le ring pour payer, histoire éternelle, au fisc leurs arriérés d'impôts, à leurs ex-femmes des pensions alimentaires, à des débiteurs variés (Jacob en fera partie) leurs emprunts... Jacobs vendra grassement sa société et mourra en 1953. Son successeur à la tête du Twentieth Century Sporting Club et de son bail au Madison Square Garden, Jim Norris, marchera un temps dans ses traces avant de frayer avec la pègre et de se laisser aller aux bénéfices faciles. Bref, sans le savoir-faire et sans le brio de Jacobs, l'homme qui avait façonné le grand Joe, peut-être le boxeur du siècle.

Goddet ouvre son coffre

La plus populaire épreuve sportive du monde moderne prend corps en novembre 1902 à Paris dans une brasserie des grands boulevards, le Zimmer. Henri Desgrange, lui-même ancien champion (recordman de l'heure dix ans plus tôt avec 35,325 km) et patron de *L'Auto-Vélo*[36], déjeune avec son tout jeune chef de la rubrique cycliste, Géo Lefèvre, à qui il lance entre la poire et le fromage :

« Tu m'as dit tout à l'heure, pourquoi pas le Tour de France ?

— Ben oui...

— Y as-tu bien réfléchi ?

— Ben non... Pas trop... C'est une idée qui m'est venue comme ça, comme une autre. Vous me répétez depuis des mois que vous voulez faire quelque chose de mieux que Paris-Brest et retour, et que vous voulez trouver une épreuve qui éclipse *Le Vélo*[37]. Alors pourquoi pas le Tour de France ?

— Tu te rends compte... Des milliers de kilomètres... Combien d'étapes faudra-t-il prévoir ?

— Ça dépendra du trajet.

— Naturellement... Mais as-tu pensé aux frais ?

— Mon Dieu, non...

— Qu'est-ce que Goddet[38] va dire ? Pour lui faire ouvrir son coffre-fort... Ça va être dur. »

Dans le bureau de Victor Goddet, Desgrange n'en croit ni ses yeux ni ses oreilles. À peine son argumentaire terminé, le directeur voit l'administrateur se diriger vers son coffre et l'ouvrir : « Pour un Tour de France cycliste, il est à votre disposition, mon cher Desgrange. Votre Tour de France me permettra d'en acheter un plus grand[39]. » Cette bonne humeur ne peut masquer une certaine anxiété. Les deux hommes savent qu'ils jouent leur va-tout sur ce pari. Desgrange pour « battre » Giffard et Goddet pour sauver son journal. Les risques sont gros. La crédibilité de *L'Auto* est engagée sur une épreuve qui n'aura pas de moyens efficaces de contrôle sur les coureurs. Il est raisonnablement impossible de vérifier systématiquement les passages des compétiteurs sur les 2 248 km du parcours et les six étapes qui se déroulent pour une grande part la nuit. Les prix distribués sont énormes, 20 000 francs (62 800 euros d'aujourd'hui) au total dont 3 000 francs (9 420 euros d'aujourd'hui) au vainqueur. L'ancien mineur de Lens Maurice Garin s'impose le premier en 1903, mais l'appât du gain le perd l'année suivante. Il est déclassé comme ses trois suivants au classement général pour fraude. Sans lampions ni lumière artificielle, les cyclistes, au bénéfice de l'obscurité, se font longuement tirer par les voitures de leur constructeur. Des clous sont mystérieusement jetés sous les roues. Quelques coureurs arrivent dans un état de fraîcheur surprenant pendant que des témoins affirment qu'ils ont croisé tel ou tel vainqueur d'étape dans le train du soir. Les critiques font vaciller Desgrange qui est à deux doigts d'annuler le Tour 1904. Le monde fou qui s'amasse dans les villes-étapes (Lyon-Marseille-Toulouse-Bordeaux-Nantes-Paris) et l'onde de choc qui traverse le pays au rythme de ces nouveaux géants du sport ramènent Desgrange à l'enthousiasme. Le Tour s'épaissit harmonieusement. Les étapes sont raccourcies et deviennent diurnes. La montagne, hantise des coureurs (le « petit » Ballon d'Alsace créait déjà des écarts d'une heure), apparaît contre toute logique en 1910. C'est encore le coffre-fort de *L'Auto*, vainqueur par abandon du *Vélo* (qui disparaît en novembre 1904), qui en est à l'origine. Alphonse Steines, le cartographe et logisticien du Tour, prépare alors le parcours comprenant le passage des Pyrénées et le présente à Desgrange qui le valide avec crainte et réserve : « Vous allez me les tuer. On m'a dit que pour monter jusqu'à vos cols il n'y a même pas de route ! Partez-moi reconnaître ça. Si ça ne colle pas, on cherchera autre chose [40]. » Steines se rend sur place à Pau et interroge l'ingénieur des Ponts et Chaussées qui lui rétorque :

« L'Aubisque ? Vous n'êtes pas un peu fous à *L'Auto* ? Voyons ! Connaissez-vous l'Aubisque ?

— Eh oui, j'y suis monté. Il est bien évident que dans l'état où se trouve le col on ne peut pas y faire passer le Tour... Mais vous allez l'arranger.

— Moi ? Mais je n'ai pas de sous pour ça.

— Pas de sous ?... Diable... Eh bien, tant pis, je vous ferai donner ce qui sera nécessaire. Combien estimez-vous que ça puisse coûter ?

— Oh... À peu près 5 000 francs.

— Bigre ! On va téléphoner à Desgrange... Vous prendrez l'écouteur. »

Desgrange consent finalement à sortir 2 000 francs de sa cassette et les Pyrénées seront traversées quelques mois plus tard par le peloton du Tour qui ne s'en écartera plus que très rarement. La Grande Boucle est alors la référence-étalon du cyclisme mondial. En 1908, les Italiens avaient copié leurs amis français. Jaloux de son alter ego transalpin, le journal *La Gazzetta dello sport* avait poussé à la roue trois journalistes afin de lancer le Tour d'Italie. Les grands coureurs professionnels commencent à gagner grassement leur vie. François Faber, vedette des épreuves classiques (Bordeaux-Paris, Paris-Roubaix), se fait octroyer en 1911 un salaire mensuel de 3 000 francs (8 170 euros d'aujourd'hui) par son employeur Alcyon. L'année suivante, Faber se fait promettre une prime de 6 000 francs en cas de victoire dans Bordeaux-Paris. Les émoluments d'un ouvrier-maçon sont cette année-là de 120 francs par mois ! L'exemple de Faber est cependant exceptionnel. Un coureur comme Eugène Christophe, pas encore passé au rang de héros du Tour, fait état dans ses Mémoires parues en 1922 d'une prime de victoire de 300 francs (942 euros d'aujourd'hui) pour sa première place dans Milan-San Remo en 1910.

On a vu comment Henri Desgrange a joué et gagné son incroyable pari de mettre sur pied le Tour de France. Celui dont les initiales orneront longtemps le mythique maillot jaune a en outre inventé une extraordinaire machine à faire rentrer de l'argent. *L'Auto* triple ses tirages dès le premier Tour et passe de 20 000 à 60 000 exemplaires vendus chaque jour. En 1913, ce sont 200 000 *Auto* qui s'arrachent dans les kiosques et 700 000 en 1933. Naturellement, les constructeurs comme Peugeot ou Alcyon se battent pour faire figurer leurs encarts publicitaires dans le journal et ce dès la première édition en 1903. Plus jamais jusqu'à aujourd'hui, un journal, qui deviendra *L'Équipe* après la Seconde Guerre mondiale, ne connaîtra aussi continûment en France un semblable succès commercial.

France-Angleterre, pot de terre *versus* pot de fer

L'Angleterre de la reine Victoria, son hégémonie sur la diplomatie et le commerce mondial font régner la crainte sur le reste de la planète. En sport, l'influence et la mainmise britanniques sur le monde sont tout aussi manifestes. La Rugby Union fixe à quinze le nombre de joueurs de chaque équipe en 1877, impose les dimensions maximales du terrain en 1879, décrète la taille et le poids du ballon en 1892, et confie en 1890 à son émanation, l'International Rugby Football Board, l'élaboration de strictes règles du jeu. Tous les autres pays se plieront dans le temps au diktat anglais. On le sait et on l'a déjà vu pour le football-association, les autorités sportives du royaume ne badinent pas avec l'amateurisme qu'elles tiennent en pilier de leur action. Pourtant la Rugby Union avait fermé finalement les yeux sur l'écart à la discipline commis en 1888 par ses propres joueurs en tournée chez les « coloniaux » d'Afrique du Sud. Le voyage avait d'abord été jugé comme une entreprise « commerciale », contraire à l'éthique amateur, mais les sanctions n'étaient pas tombées, le déplacement ayant été considéré a posteriori comme pédagogique. Les inconnus néo-zélandais qui effectuent leur première tournée en Europe en 1905-1906 passent également à travers les mailles du filet. Ceux qui commencent à être dénommés All Blacks touchent pendant leur voyage quelques shillings par jour en guise de dédommagement, à l'aide des subsides d'une marque de cigarette, BDV. La venue des joueurs des antipodes à Paris est un événement, c'est la première apparition de l'équipe de France en même temps que la première venue des Blacks dans l'hexagone. Aux guichets du Parc des Princes, les prix d'entrée battent tous les records, 20 francs par exemple sur les chaises (68 euros d'aujourd'hui), et la recette du match (38-8 pour la Nouvelle-Zélande) qui se monte à 10 000 francs (34 000 euros d'aujourd'hui) aussi. Un argent qui bien évidemment ne revient, pas même en petite partie, aux acteurs. Pis, les internationaux français de ce début de siècle en sont de leur poche, devant régler eux-mêmes leur frais de déplacement. Certains sélectionnés ne peuvent se rendre aux rassemblements, y compris à l'occasion du Tournoi des Cinq Nations naissant, qu'en sollicitant le portefeuille plus garni de certains de leurs camarades de club.

La toute-puissante USFSA régit la totalité du sport français. Le rugby n'y échappe pas. La chasse aux professionnels bat son plein. Un entraîneur gallois, rémunéré, qui officie au sein du club champion de France 1909, le SBUC (Stade Bordelais Université Club), est disqualifié en 1910. L'Union a longtemps cherché puis trouvé l'aiguille dans la botte de foin (le salaire de William Priest). Le SBUC n'est décidément pas dans la bonne ligne.

Deux ans plus tard, deux dirigeants de la formation girondine sont châtiés (suspendus) pour avoir passé une annonce dans un journal anglais qui proposait à tout intéressé une « bonne situation » dans la région en échange de sa venue au SBUC. Le rugby conquiert, après la région parisienne, la province et surtout le Sud-Ouest. L'équipe de France attire, un peu plus d'un an après la conflagration de 1914-1918, trente mille spectateurs en février 1920 à Colombes pour un match du Tournoi face aux Gallois. Il est établi une nouvelle recette record de 117 000 francs[41] (90 090 euros d'aujourd'hui). Un chiffre qui attise chez beaucoup, dont le comité des Pyrénées, une volonté d'indépendance par rapport à l'USFSA. La Fédération française de rugby est créée le 11 octobre de la même année. L'argent demeurera dans la famille. Mais la guerre commence avec l'Angleterre.

La France est en effet dans le viseur de l'Albion. Les clubs fleurissent des Alpes au pays Basque et les recettes augmentent en proportion. Les petites affaires, les magouilles souterraines, dénoncées de l'intérieur même[42], déplaisent souverainement à ces messieurs de la Rugby Union. Jean Bourrel, un homme de tête – il est fabricant de chapeaux –, bafoue les règles les plus élémentaires de l'amateurisme en montant une équipe de mercenaires à Quillan. Bourrel fournit argent de poche et emploi à de nombreuses vedettes qui affluent dans le petit bourg des environs de Toulouse. L'US Quillan se hisse en finale du championnat puis le gagne en 1929 – les joueurs ne le regrettent pas. L'un d'entre eux, Jean Bonnet, racontera qu'il lisait beaucoup mieux l'heure après le match : un chronomètre à gousset en or (trois ou quatre mois de salaire selon lui) avait été glissé dans son sac – et provoque un beau remue-ménage. Déjà, les Français sont montrés du doigt pour leurs agissements hors du terrain, pour la violence sur le terrain aussi. Tout cela énerve prodigieusement l'Union qui adresse des lettres d'avertissement explicites mais non publiques à la FFR. Des missives qui en substance ont la teneur suivante : « Attention, messieurs les Frenchies, votre rugby n'est pas propre. Si vous continuez, nous Anglais, nous allons vous bouter hors des instances internationales. » La tension va monter d'un cran. Une douzaine de grands clubs font dissidence à la FFR : l'Union française de rugby amateur. La

FFR est tenaillée, piégée entre deux feux par l'Angleterre et l'UFRA. La première coupe définitivement les ponts en mars 1931. Des faits « avérés » d'amateurisme marron, dûment contestés par la FFR, conduisent à un train impitoyable de sanctions, dont l'exclusion du Tournoi qui durera seize ans. L'UFRA de son côté n'accepte pas un plan de rapprochement et, malgré sa dénomination, préfère continuer son chemin vers le professionnalisme. En fin de compte, les durs de l'UFRA se lancent dans le rugby à XIII, professionnel, sans non-dits. Les plus souples reviennent dans le giron de la FFR. Pendant longtemps celle-ci ne cède pas devant la Rugby Union qui veut purement et simplement faire annuler le championnat de France, source de tous les maux. Et, de guerre lasse, minée par les conflits d'amateurisme qui lui portent les pires torts – dont une désaffection grandissante des stades –, affligée par sa disparition du concert international, la FFR enterre le championnat à l'aube de la guerre.

Jules Ladoumègue, sans profession !

Depuis la rénovation des Jeux olympiques en 1896, le sport a pris une mesure que plus personne ne peut considérer comme négligeable. Et le fameux esprit olympique est désormais ancré dans les mœurs. Comme l'affirme l'historien du sport, l'Anglais Richard Holt : « L'objet du sport était d'améliorer le caractère et non pas de gagner de l'argent. » L'athlétisme, par la pureté de ses gestes et ses références à l'Antiquité, incarne parfaitement ce principe. Un athlète se doit de respecter la sacro-sainte loi de l'amateurisme, et on l'a vu, le candide Jim Thorpe qui s'en est si peu écarté, l'a appris à ses dépens.

En France, Jules Ladoumègue est devenu la nouvelle étoile du demi-fond. Une médaille d'argent sur 1 500 m aux Jeux d'Amsterdam, à l'âge de vingt-deux ans, le propulse dans l'arène. Puis sur cette distance, de 1929 à 1931, aucun rival ne peut accrocher sa longue et majestueuse foulée. « Julot », au sommet de son art, aligne en un an une série fantastique de six records du monde, du 1 000 m au 2 000 yards, et s'installe en monarque absolu du demi-fond. Quatre mois avant les Jeux de Los Angeles, et après une suite d'épisodes largement rapportés par l'ensemble de la presse française, Ladoumègue est radié à vie par sa propre fédération pour fait de professionnalisme. C'est « l'affaire Ladoumègue ». Qui met tout à coup à elle seule le feu aux poudres dans une guerre larvée entre deux camps qui n'attendaient que ce *casus belli* pour en découdre. On l'a déjà évoqué, ces années 1930 constituent le paroxysme de l'affrontement qui oppose les tenants d'un sport professionnel à ceux d'un sport « propre » seulement mû par son idéal. Le football, le tennis et le rugby sont en train de faire, avec plus ou moins de réussite, leur révolution. L'athlétisme, lui, marqué au fer rouge par son rang de premier sport olympique, est prisonnier de ses chaînes[43]. Dix ans avant Ladoumègue, la FFA s'était attaquée à Joseph Guillemot, double médaillé aux Jeux olympiques d'Anvers (or au 5 000 m et argent au 10 000 m). Pour une indemnité de déplacement, révélée dans la presse, et supposée de 2 000 francs (1 800 euros d'aujourd'hui) lors d'une réunion en Espagne, Guillemot s'était vu retirer sa licence pour trois mois et empêché de courir aux championnats de France. Le champion olympique avait parfaitement su se défendre, subtilement est le terme. Jouant avec les non-dits, il avait évoqué, sans la produire, une lettre d'un haut dirigeant français le priant de se rendre à la fameuse réunion espagnole. Prise au piège, la Fédération française autorisa Guillemot à courir aux championnats de France puis le suspendit pour la forme et pendant un court laps de temps quelques semaines plus tard.

Pour Ladoumègue, intelligent et lucide, mais aussi probablement plus fragile et moins souple de l'échine que Guillemot, la situation ne se tassera pas. Prenant le parti de la sincérité, il montera une défense, basée sur la réalité des pratiques de l'époque, que le tout-puissant CIO et ses sicaires, l'IAAF et la FFA, vont méthodiquement briser. Ladoumègue a couché plus tard beaucoup de ses sentiments sur le papier dans des recueils d'impressions personnelles ou dans son livre *Dans ma foulée*[44] en 1955. Dès 1930 d'ailleurs, dans son premier livre (*Comment j'ai battu deux records du monde*), le coureur confiait le rapport singulier qu'il entretenait avec l'argent au temps de ses premiers pas à l'Union Athlétique Bordelaise (UAB) dans le début des années 1920 : « Cependant j'ignorais à cette époque que professionnel et amateur étaient deux choses différentes [...] J'étais professionnel ! Et chaque tour de ville rapportait au gagnant la petite fortune de cinq francs [...] » Il complète alors ses modestes appointements d'apprenti jardinier par des revenus de plus en plus réguliers lors de ces courses de village. C'est que le jeune prodige surfait sur les vagues d'une incroyable hypocrisie. Il est, pour ne pas végéter à un échelon trop bas, dans l'obligation de repasser au statut amateur pour intégrer en 1925 le grand club local du Stade Bordelais Université Club (SBUC) qui lui fait les yeux doux. Ladoumègue doit donc « racheter » sa nouvelle condition, par le biais du remboursement de ses gains passés, soit 500 francs, une somme d'ailleurs nettement supérieure à ceux-ci. Le Stade Français de Paris l'enrôle en 1928 et c'est la deuxième marche du podium à Amsterdam.

Ladoumègue, entre-temps une nouvelle fois transféré, au Club Athlétique des Sports Généraux (CASG), est en 1931 une cible de premier choix. Au mois de janvier, une banderille est plantée par le journal *L'Auto*. Une correspondance entre un dirigeant du CASG et les responsables d'un meeting à Francfort en Allemagne, est publiée : Ladoumègue a demandé 6 000 francs (2 940 euros d'aujourd'hui) pour y participer. La FFA inflige un simple avertissement au recordman du monde. Le ver est dans le fruit. La FFA ne veut à aucun prix être taxée de laxisme par la Fédération internationale et pousse plus loin ses investigations. Elle interroge minutieusement tous les clubs qui ont vu Ladoumègue se présenter dans leurs réunions. Le Havre Athletic Club (HAC) reconnaît que le champion a bien couru le 23 août en Normandie contre 6 000 francs. Ladoumègue doit s'expliquer. Plusieurs confrontations sont organisées durant lesquelles il s'emmêle tant et si bien, avouant puis se rétractant, que le bureau de la FFA finit par prononcer le 4 mars 1932, en l'absence du fautif, sa radiation définitive.

Dans l'opinion, le bruit provoqué par la sentence est énorme. De manière générale, la personne de Ladoumègue, icône nationale, est relativement épargnée. Le système, notamment incarné par son club, ne l'est pas. Intéressée au premier chef, la presse sportive est pour une fois unie en bloc, et fond à boulets rouges sur le CASG. Un club dont le sigle, on le rappelle, se cache à peine derrière les intérêts d'une banque (la Société générale), pure représentante du commerce et de ses maux. Le patron de *L'Auto*, Henri Desgrange, attaque dès le lendemain du scandale : « Qu'ils le veuillent ou non, ils ont transplanté Ladoumègue, ils lui ont donné une profession pour laquelle il est si peu fait qu'il ne l'exerce pas. ». *L'Écho des sports* renchérit le 12 mai 1932 : « La Société générale ne le comptait sur ses registres qu'au temps où il galopait sur la piste du CASG. C'est avouer qu'on l'avait transformé [Ladoumègue] en professionnel depuis longtemps. C'est avouer que Ladoumègue servait uniquement à la publicité de l'entreprise financière. » Dans cette presse, qui sait ce qu'elle doit au travers de ses ventes à un tel champion, personne n'en veut cependant directement au malheureux banni. Les flèches, comme dans *L'Écho des sports*, sont décochées vers les prétendus coupables : « Vous [le président de la FFA] avez cloué avant la lutte [le 1 500 m des JO de 1932] les trois couleurs qui eussent majestueusement monté jusqu'au sommet du mât symbolique[45]. »

Le débat déborde très largement du cadre sportif. Il s'inscrit même dans la sphère sociale et politique. L'écrivain Jean Giraudoux, qui s'était érigé quelques années auparavant en pourfendeur du professionnalisme, s'outrage le 14 mars dans le journal *L'Intransigeant* : « Si son club s'est substitué à l'État défaillant pour fournir une atmosphère morale de tranquillité et d'admiration nécessaire au champion pour sa condition physique [...] est-ce là un crime ? » L'auteur d'*Amphytrion* s'en prend encore à l'État français : « S'il lui [Ladoumègue] avait alloué une bourse d'études semblable à celle qu'acceptent les savants dont le nom est synonyme de désintéressement, le Comité l'aurait-il considéré comme professionnel[46] ? »

Ladoumègue, qui sent l'immense vague de sympathie venue du peuple monter vers lui, ne se décourage pas. Il joue son propre rôle dans un film de Jean Lods *Le Mile* qui sort le 9 juillet 1932 et fait le récit de l'un de ses records du monde. Sa renommée, sa connaissance du sport et un talent certain d'écriture le font engager par *L'Intransigeant* pour couvrir comme pigiste de luxe... les Jeux de Los Angeles. Le régime de Vichy, pour des raisons éminemment politiques et idéologiques, requalifiera Ladoumègue en 1943. Beaucoup trop tard pour permettre de redémarrer une glorieuse carrière chez un athlète de trente-sept ans.

Qu'a révélé en son temps ce chapitre houleux de l'histoire du sport et de l'argent ? Le 4 mars 1932 est clairement l'un des grands tournants du débat amateurisme-professionnalisme. On est maintenant aux antipodes de la méthode naturaliste pour le sport prônée par Georges Hébert (1875-1957), grand admirateur de Jean-Jacques Rousseau, ou de la tendance hygiéniste du Dr Philippe Tissié (1852-1935). Autant de doctrines refusant toutes formes de dévoiement de l'activité physique. La radiation de l'athlète Ladoumègue cristallise au plus haut point la polémique. Faut-il que tous les sportifs, à l'image des footballeurs, soient reconnus, et payés, comme des salariés ou simplement comme des artistes ? Les réponses fusent de toutes parts pendant les années suivantes. Un argument semble s'imposer : le statut d'un sportif complètement professionnel réduirait à un rôle mineur l'amateurisme marron et ses combines. Pour Lucien Dubech, chroniqueur à *L'Action française*, le doute n'est plus permis : « Pourquoi n'y aurait-il pas des athlètes professionnels à côté des amateurs ? Quel mal font-ils ? » A priori ultra-conservateur, Dubech affiche des idées qui dépassent largement son camp politique. Une transgression à la mesure d'une affaire qui remue tous les schémas et va au-delà de l'individu Ladoumègue. Le président de la FIFA, Jules Rimet, que l'on retrouvera plus loin, fait également partie des « modernes ». Il se range derrière la bannière de ceux pour qui le « statut d'amateur doit être modifié sinon bouleversé ». Une inclination toujours sans véritable fondement selon Gaston Meyer, rédacteur de la revue *Athletic* et journaliste à *L'Auto* : « Si l'amateurisme n'est pas toujours logique, ni juste, ni complètement moral, il est indispensable à la survie du sport. »

Mais l'athlétisme gouverné en sous-main par le CIO ne veut presque rien savoir. Cependant, l'attitude courageuse et la popularité de Ladoumègue, qui poursuit sa carrière en s'exhibant, presque toujours seul, devant parfois des foules immenses (quatre cent mille personnes entre la Concorde et la porte Maillot en 1935), font fléchir un moment la FFA. Le banni est autorisé à rejoindre la fédération en tant qu'entraîneur ou démonstrateur. Mais ses rebuffades et plusieurs voyages en URSS, vus comme un acte politique outrepassant ses attributions, enterrent une collaboration mort-née et la possibilité de requalification.

L'affaire Ladoumègue, si elle n'a pas à court terme brisé des verrous, aura eu le mérite de précipiter et éclaircir un débat qui menaçait de s'ancrer éternellement dans l'obscurantisme. La question essentielle, comme en football, était enfin posée : un sportif récolterait-il enfin régulièrement, et comme d'autres (productifs, intellectuels ou artistes), les fruits de son labeur ? L'incroyable foulée de Ladoumègue, comme la foudre sortant des poings de Georges Carpentier ou les parades magiques de Pierre Chayriguès attirent comme des lucioles dans les projecteurs les curieux dans les stades. D'où la réflexion reproduite dans *Match-L'Intran* le 16 août 1932 : « Le sport a changé d'esprit dès qu'il a triomphé. Aujourd'hui le sport a fait naître le spectacle, l'un des plus beaux spectacles qui soient. Et l'ouverture des guichets a creusé la tombe de l'amateurisme. »

Des mots qui ne freinent pas la machine à détruire toute forme de professionnalisme. Pratiquement au même moment, un autre athlète, peut-être le plus grand de tous les temps, le coureur de fond finlandais Paavo Nurmi, tombe sous les coups de l'IAAF pour des motifs identiques que ceux reprochés à Ladoumègue. Nurmi, qui porte déjà autour du cou neuf médailles olympiques, est interdit de marathon à Los Angeles, coupable d'avoir encaissé plusieurs cachets en Allemagne. Les censeurs poussent la logique à son comble. La morale, leur morale, ne les fait pas hésiter, au nom d'un sport conçu comme un modèle de désintéressement et une référence éducative, à faire la peau d'un Ladoumègue ou d'un Nurmi.

Le major Wingfield, selon des sources apocryphes, « invente » en 1874 un nouveau loisir, le *lawn tennis*, qu'il codifie puis commercialise. En Angleterre, le jeu est d'abord conçu comme un passe-temps de luxe qui séduit la gentry, ravie d'y trouver une occupation supplémentaire sur les légendaires pelouses du royaume. L'état préoccupant des finances d'un pourtant respectable club de croquet de la grande banlieue londonienne situé à Wimbledon, le All England Croquet Club, pousse l'un de ses fondateurs, Henry Jones, à y tracer quelques courts en vue d'attirer de nouveaux membres[47]. Le résultat n'est pas probant et l'idée naît en 1877 de faire disputer dans l'enceinte de Worple Road un championnat qui, espère Henry Jones, « serait l'occasion de donner à notre Société le second souffle qui lui fait défaut[48] ». Un souffle prenant l'aspect d'un vent de fièvre chez les spectateurs qui se rendent en masse au désormais All England Croquet and Lawn Tennis Club pour suivre les matches année après année. L'intensité des rencontres, la personnalité des champions et la permanence d'une tradition toute britannique, vont confectionner une atmosphère particulière et inimitable faisant de l'épreuve le plus extraordinaire événement sportif de la planète. Le tournoi connaît un succès à nul autre pareil. Il aimante chaque première quinzaine de juillet, par un grand soleil ou sous une pluie *made in England*, une foule passionnée de spectateurs à ses guichets. Tant et si bien que, pendant plus de cent vingt ans, les organisateurs de Wimbledon ne ressentiront nullement le besoin de recourir à la publicité disposée si vulgairement le long des travées ou sur les bâches dans beaucoup de grands tournois à travers le monde. Ils accepteront bien volontiers en revanche, les premiers, la venue de la télévision qui mettra beaucoup de *butter* dans leurs *spinach*. Et à qui ils se résoudront en 1982 à consentir la seule compromission de leur histoire : déplacer le jour de la finale du simple messieurs, disputée un siècle durant le second samedi, au lendemain dimanche. L'auteur de cet impensable exploit n'est autre que l'un des pionniers du sport-business, l'Américain Mark McCormack. Introduit, mais pas admis, dans le cénacle du All England Club par l'entremise de Buzzer Hadinghon, un de ses membres influents et accessoirement directeur de Slazenger (fournisseur des balles du tournoi), McCormack réussira l'un des plus beaux coups du siècle. Il aura l'insigne honneur de convaincre, attaché-case de billets verts en main, les vénérables dirigeants du plus prestigieux club du monde d'ajourner l'ultime match qui sera joué et retransmis le jour où les téléspectateurs US sont le plus nombreux devant leur poste.

Mais bien avant l'aventure des images cathodiques en couleur, restons à celles en noir et blanc du tennis de grand-papa au tournant des deux siècles précédents. Le jeu rencontre un fort écho à partir de 1880, surtout dans la haute société comme en Angleterre, mais aussi chez les couches moins aisées un peu partout ailleurs, exceptées en Afrique et en Amérique du Sud. Wimbledon ne tarde pas à faire des émules et les tournois se développent, un peu anarchiquement mais avec succès, obligeant par exemple les États-Unis à instaurer dès 1881 un organisme régulateur, l'United States Lawn Tennis Association (USLTA). Chez nous, le *lawn tennis* (tennis, ou jeu de paume, sur pelouse) se pratique en société très fermée. dans des cadres idylliques. Comme le décrit avec une douce nostalgie Antoine « Coco » Gentien, longtemps dans les dix premiers joueurs français dans les années d'entre-deux guerres : « Le tennis français naquit en 1881 dans le parc de l'hôtel Beau Site à Cannes, quand les frères Renshaw, tenants cette année-là du titre de Wimbledon en simple et en double, construisirent deux terrains qui furent les premiers du continent. C'est sur les courts du Beau Site que lord Balfour, qui joua au tennis presque aussi vieux que le roi de Suède, descendait le matin faire quelques balles contre Wilding avant son petit déjeuner[49]. » Gentien puise aussi dans les histoires transmises par ses parents ou à l'aide de ses propres souvenirs d'enfant de grands bourgeois parisiens pour nous faire humer le parfum du tennis de jadis : « On jouait surtout dans l'île de Puteaux entre deux parties de canotage. [...] On gardait une indifférence de bon ton sur les résultats et la renommée ne dépassait pas les limites de la petite île. [...] Les rivalités étaient surtout d'ordre vestimentaire. Les femmes portaient de grands chapeaux qu'elles retenaient d'une main, leurs jupes qui balayaient le court se relevaient parfois et laissaient apparaître une haute bottine de cuir blanc. Mme Girod, qui fut championne de France en 1901, mettait des gants de peau pour ne pas se hâler les mains[50]. » Sur les terrains du Racing Club de France sortis de terre en 1898 dans le Bois de Boulogne, « l'usage des vestiaires était inconnu. Des coupés ramenaient chez elle des dames congestionnées, impatientes de délacer leurs corsets [...] Les parties se disputaient dans le faux jour de même que la qualité des balles ne comptait guère. On en jetait deux ou trois douzaines sur le court au début de la saison et elles servaient jusqu'à l'automne [...] Les raquettes Driva qui coûtaient 37,50 francs étaient très peu tendues[51]. »

Tout joueur, ou joueuse, comme sur tous les autres terrains de sport, est évidemment tenu de respecter les règles de l'amateurisme. C'est l'ère des champions philanthropes, les récompenses des vainqueurs se bornant à des coupes ou breloques qui s'entassent dans leurs armoires. Pratiquer le tennis à haut niveau revient à posséder une fortune personnelle ou exercer une activité professionnelle suffisamment lucrative pour subvenir aux dépenses de déplacement mais aussi pouvoir s'entraîner. Ceux qui vivaient de leur raquette n'étaient que quelques poignées. N'étant pas ou plus autorisés à participer aux grandes compétitions, ces sortes de dandys professaient leur art dans des clubs chics à Paris, au Touquet ou sur la Côte d'Azur. Et sur cette dernière, comme à Cannes quand arrive la belle saison, ils se rassemblent pour des championnats leur étant exclusivement réservés et où ils peuvent enfin encaisser retour de leur activité en monnaie sonnante et trébuchante. Souvent organisées par les grands hôtels, ces épreuves attirent chaque été la grande foule et remplissent joliment les caisses de ces établissements, à l'image du prestigieux Carlton sur la Croisette. À Deauville, des promoteurs n'hésitent pas à faire de leur tournoi le « championnat du monde des professionnels de tennis ». Dans les années 1920, Henri Darsonval, qui donnera ses premières leçons à René Lacoste, ou le Tchécoslovaque Karl Kozeluh, précepteur tennistique de la grande aristocratie d'Europe centrale en villégiature sur la Riviera, sont les plus grandes vedettes de ces joutes entre précurseurs du tennis-exhibition.

Le premier rebelle au système amateur est le Français Max Decugis. Écœuré de ne récolter que monnaie de singe en échange de ses chapelets de titres – il remportera quarante-neuf championnats de France, trois médailles d'or olympiques, sera le premier au côté d'André Gobert à remporter Wimbledon pour la France, et sera membre pendant quinze ans de l'équipe française de coupe Davis –, il montre son ras le bol en 1910. Decugis demande aux patrons de tournoi de faire transformer les objets d'art ou timbales de valeur reçus en bons d'achat avec lesquels il s'offre une automobile. Accusé de professionnalisme, il est interdit d'activité pendant un an. Il est réintégré dans la sphère amateur en livrant des explications qui apaisent les autorités. Jusqu'à l'apparition du tennis open, les grands de la balle, soucieux de prolonger une carrière amateur seule à leur procurer une vraie reconnaissance, promèneront leur manche en dehors des tournois officiels partout où on les appelait. Contre des avantages conséquents dont les édiles de la Fédération internationale leur tiendront au fil du temps de moins en moins rigueur. « Le champion qui a son voyage payé et qu'on invite à l'hôtel peut vivre gratuitement une partie de l'année », avoue clairement Coco Gentien dans son livre, ajoutant que « certains bouclent même la boucle avec un bénéfice appréciable. Ce sont les bêtes noires de la Fédération internationale dont les organisateurs de tournois ont le tort de se faire les complices. » À Monte-Carlo, les « charmes » d'un nanab américain, M. P. G. Butler, grand amateur de tennis et rénovateur du tournoi monégasque, étaient particulièrement appréciés par les joueurs qui couraient vers la Principauté. Le débordant compte en banque de Butler servait à couvrir toutes sortes de dépenses plus ou moins courantes des participants de l'épreuve. Et parfois à combler les trous béants que certains avaient creusés à la roulette du casino. Le bruit avait circulé que l'un de ces malheureux au jeu, dépité par sa prestation nocturne, avait préparé ses valises. Une réflexion fusa des salons de l'hôtel : « Mauvais pour les prochains tournois. » La réaction de Butler fut entendue en écho : « Et bon pour mon portefeuille. »

À la veille de la Grande Guerre, le tennis, s'il ne connaît pas encore un éclat universel, est lancé sur un rythme qu'il ne quittera plus guère jusqu'à nos jours. Les quatre tournois, qui n'ont pas encore pris le nom de tournoi du Grand Chelem[52], sous l'égide de la nouvelle Fédération internationale de lawn tennis (FFLT) née en 1913, jalonnent la saison amateur de mai à octobre, à Paris, à Londres, à New York et à Melbourne. La paix revenue, deux figures émergent sur chaque rive de l'Atlantique. En France, Suzanne Lenglen et, en Amérique, Bill Tilden mystifient leurs adversaires et magnétisent les foules. L'une et l'autre ont une personnalité hors du commun. À leur manière, ils révolutionnent, en le débridant, un sport qu'ils font entrer dans un monde nouveau.

Suzanne Lenglen accède au statut de vedette quand les jeunes filles de son âge jouent encore à la poupée. Elle parvient en finale des championnats de France en 1914 puis décroche trois semaines plus tard le titre alors utilisé, un peu pompeusement, de « championne du monde sur terre battue » à Saint-Cloud le jour de ses quinze ans. Après le drame de la mort prématurée de son fils, le cadet de deux ans de Suzanne, Charles Lenglen, industriel aisé du Nord, couve sa fille désormais unique. Gianni Clerici, auteur de la biographie *La Diva du tennis*[53], raconte que Charles comprit très rapidement les dons de sa fille pour tout ce qui touchait à l'adresse et aux jeux de plein air. Tel un Richard Williams avant l'heure, il voit en Suzanne une future étoile. Et certainement le parti qu'il pourrait en tirer. Coco Gentien, l'un des grands amis et confident de Suzanne, réfutera cette idée du père-tyran dans son livre : « Tilden prétend avoir entendu M. Lenglen crier à sa fille : [...] "Si tu perds encore un jeu, je te déshérite !" Cela paraît risible à ceux qui ont connu cette famille dans l'intimité[54]. » L'ambition du géniteur par sa fille interposée ressort pourtant quelques lignes plus loin : « Au lendemain de sa victoire, M. Lenglen lui dit : "Tu as gagné un championnat du monde, ce n'est rien."[55] »

Charles peste contre les conservateurs voulant maintenir les jeunes filles dans leur unique condition de mammifère reproductif. Sa divine protégée doit prouver que les femmes « peuvent faire exactement ce que font les hommes dans la limite de leurs forces, qui sont moindres bien sûr, et ma fille le démontrera[56] ! »

Il l'entraîne lui-même en innovant par des exercices physiques impensables jusque-là pour le beau sexe. La légende rapporte que la jeune fille devait viser des pièces d'argent placées sur le court et qu'elle ne les empochait qu'après les avoir atteintes avec les balles. Et puisque ce sont les hommes que la petite fille se doit d'imiter, Charles confie la progression technique de Suzanne au très coté, et très cher, professeur de tennis de la grande aristocratie russe, Joseph Negro. Cet Italien de naissance, aux origines modestes, lui apprend à servir « par-dessus », un coup très rarement employé chez les *ladies* qui préfèrent le service « à la cuillère » bien mieux adapté à l'engoncement de leurs robes couturées et brodées. Dans le but de la rôder à la réalité des matches, Charles fait disputer à Suzanne des parties contre les frères Burke, deux des fils de Thomas Patrick, l'un des premiers grands professionnels du jeu. Edmond et Albert sont eux amateurs et Charles n'ignore pas que leur combativité ne peut que déteindre sur le comportement de Suzanne. Charles court après tout ce qui peut amener Suzanne au pinacle. Il prie, oblige presque, Max Decugis ou le playboy et ultra mondain comte Ludi Salm à croiser aussi la raquette avec le bébé champion. « Monsieur Lenglen, vous êtes un vrai maquereau [57] », lui lance un jour le beau mais féroce comte Salm. La surdouée écume et remporte tous les tournois qu'elle dispute sur la Côte d'Azur, où elle réside six mois de l'année avec son père et sa mère. Tout chez le petit prodige suscite la curiosité, l'intérêt et bientôt la douce folie qui vont l'entourer à chacune de ses sorties. Sur le court, où elle n'est battue par aucune adversaire de son âge ni même par les adultes qu'on lui oppose, Suzanne tranche totalement avec les habitudes de l'époque. Elle est vêtue de robes légères et chics découvrant ses genoux et – *shocking* ! – ses cuisses à chaque bond, porte autour de sa tête un éternel bandeau, se maquille avant les matches, accentue sans retenue ses fins de geste, faisant le régal des photographes et des premiers reportages cinématographiques d'actualité. Des champions lui demandent maintenant d'être leur partenaire d'entraînement et M. Lenglen reçoit de toute l'Europe des sollicitations pour inscrire sa protégée dans des tournois professionnels. Des mauvaises langues ont affirmé que des organisateurs « pariaient » gentiment 1 000 francs avec papa Lenglen, tablant sur l'absence à leur épreuve de son rejeton. Naturellement, Melle Lenglen faisait le déplacement et son père récupérait l'enjeu, qui serait de nos jours taxé de « garantie ». La mère de Suzanne, Anaïs, tout le contraire d'une femme du monde, n'est pas néanmoins aussi ambitieuse. Elle freine à tout va la propension de sa fille à l'amusement, aux sorties, au dilettantisme, même à ses envies de fonder trop vite un foyer et lui dira plus tard quand la lassitude l'effleurera : « Tu as la renommée, l'admiration des gens. Tu connais les personnalités les plus célèbres. Tu vis dans les grands hôtels, tu t'habilles chez les plus grands couturiers. [...] Que pourrait t'offrir de plus un mari ? Tu préférerais rater une fois Wimbledon et allaiter un marmot ? Tu es jeune Suzanne, attends. Le monde est plein de beaux jeunes gens[58]. »

Le tournoi de Wimbledon est depuis longtemps le plus prestigieux du monde. Ses organisateurs ont fait dès 1914 une cour pressante à Charles pour faire traverser la Manche à Suzanne, selon lui trop jeune pour y céder. Mais à partir du jour où elle foulera son gazon légendaire, elle fera les plus beaux jours du tournoi, sa fortune et aussi son plus grand drame. Son effigie couvre les bus londoniens, la presse du monde entier l'épie en permanence, la reine d'Angleterre prend place dans la tribune royale pour admirer la seule femme dans le monde à la dépasser en célébrité.

Elle remporte l'épreuve mythique six fois de 1919 à 1925, et on lui réserve là-bas tous les ans un accueil qu'aucun autre champion ne connaîtra plus jamais. Le 5 juillet 1919, jour où elle détruit l'invincibilité de la reine des lieux, Mrs Lambert-Chambers, la ferveur autour de la Française draine un extraordinaire afflux supplémentaire de spectateurs à Wimbledon. Pour la première fois, on prend conscience que le All England aurait tout intérêt à s'adapter au phénomène. Ses dirigeants décident fin 1921, à une courte majorité car nombre d'entre eux redoutent la faillite d'une telle entreprise, de construire à proximité de l'ancien un nouveau central pouvant contenir dix mille spectateurs assis et sept mille debout, ce qui triplait la capacité d'accueil du public. C'est le vrai début de la folie à Church Road. On patiente longuement à l'entrée du stade dans les Leng-len (jeu de mot prisé par les Britanniques : *long lanes*, longues files d'attente) avant d'entrer au stade. Le tournoi devient l'événement sportif, et de très loin, le plus rentable de tous. Il l'est d'autant plus que ce sont les fédérations nationales, comme la Fédération française de law tennis, qui règlent en Angleterre les frais de déplacement ou de séjour de leurs plus grands joueurs. Et ces dépenses avec Suzanne sont en proportion du personnage, elle qui, luxe inouï, ne circule qu'en voiture avec chauffeur, ne descend que dans les cinq étoiles avec un aréopage de président de la République ou ne dîne au restaurant qu'en maniant des couverts en argent. La FFLT qui se plaindra souvent de ces excès ne peut paradoxalement sévir contre celle qui vide ses caisses d'un côté et les inonde de l'autre. Dans tout l'hexagone, les recettes sont énormes à chaque apparition de la joueuse. À Nice où elle est comme chez elle – la famille réside en face du Lawn Tennis Club à la luxueuse Villa Ariem, mise gracieusement à son entière disposition – le tournoi local enregistre en 1920 un surplus record de 80 000 francs (62 000 euros d'aujourd'hui) et un mécène membre du club se fend de 100 000 francs pour moderniser l'endroit à des fins « dignes de la reine du tennis ».

Il est utile encore une fois de décrire le système hybride et parfaitement hypocrite du tennis. Suzanne est amateur et possède évidemment en tant que tel sa licence et dépend comme n'importe quel joueur ou joueuse de la FLLT. Mais la championne dans ces années 1920 transgresse de manière flagrante les lois de l'amateurisme qui ne tolèrent aucun écart. Sauf pour Suzanne. Elle signe ouvertement des articles rémunérés pour un journal anglais pendant les tournois de Wimbledon où elle pose en photo (dont la légende est à peine maquillée : « Len-Glen », avec un tiret) pour une marque de chaussures. Le grand couturier Patou l'habille de pied en cap : « Elle avait un bon contrat avec nous. Elle n'était pas la seule "jockey", comme nous appelions celles qui portaient nos couleurs. Il y avait la reine de Roumanie, Elsa Maxwell, Gaby Morlay. [...] Suzanne pouvait prendre tout ce qu'elle voulait. C'est avec elle que nous commençâmes à créer une ligne sport[59]. »

Reine du tennis, elle l'est devenue certes par ses dons mais grâce aussi à la condition aisée de son père et celle plus aisée encore de son parrain, le riche Alexandre Hugot. Par la suite, son train de vie de reine tout court est assuré par le simple fait qu'elle ne règle strictement rien à aucun endroit où elle passe. À l'hôtel Carlton par exemple, comme se le remémore Cosette Saint Omer Roy, ses passages en compagnie d'une pléthore d'amis ne lui coûtaient que du temps : « En réalité elle ne payait pas les notes, elles allaient directement à la direction qui les prenait à son compte [60]. »

Le 16 février 1926, le Tennis Carlton de Cannes se transforme en parterre de têtes couronnées qui viennent non pas assister au sacre d'un prince ou à un enterrement royal mais à un simple match de tennis, féminin de surcroît. En effet, le défi que vient lancer la jeune Américaine Helen Wills – dite « Poker Face » –, vingt ans et déjà trois fois vainqueur des championnats des États-Unis, à la « divine » Lenglen, se pare pour la première fois dans l'histoire du tennis du titre de « match du siècle ». Au préalable, comme deux fauves avant un grand duel, les deux déesses s'étaient évité, jaugées à distance, quelques semaines avant de trouver le terrain propice. On hésite entre Nice, Cannes, Monte-Carlo, à la recherche de la proposition la plus juteuse. C'est l'offre du fabricant de balles FMB Fischer, très lié à lady Sophie Wavertree, grande amie et souvent l'hôtesse de Suzanne dans son château à Londres, qui emporte la décision des deux parties. Le chroniqueur américain John R. Tunis, dépêché sur la Riviera depuis quelque temps par son journal uniquement en raison de la célébrité de Suzanne, rapporte que la firme, prête à se saigner dans le but de lancer la commercialisation de ses nouvelles balles Dunlop, déboursa 300 000 dollars pour mettre le spectacle en scène. La presse du monde entier se déchaîne à l'approche de l'événement. Le cinéma y voit l'occasion rêvée de remplir ses actualités. Une société de production dirigée par le couple Blümenthal – Odette est une proche de Suzanne –, propose aux deux joueuses une exclusivité sur les droits cinématographiques pour 100 000 dollars. Mais Helen ne l'accepte pas, bientôt imitée par Suzanne forcée par le fait de s'y résigner. Les bruits les plus fous sont colportés, la fuite d'Helen Wills, une maladie de Suzanne. Les photographes et reporters n'offrent pas un instant de répit à la Française qui ne peut ni s'entraîner ou se reposer en paix. On questionne Helen sur ses robes Patou nouvellement acquises d'une valeur de 25 000 francs. De riches Américains paient une fortune le droit de se presser le jour J dans l'étroite enceinte du Carlton. L'écrivain espagnol Blasco Ibanez, auteur des *Arènes sanglantes*[61], reçoit 40 000 francs-or d'un journal d'Amérique du Sud pour faire le récit de ce happening. On tremble à l'idée – la rencontre doit avoir lieu à l'issue d'un vrai tournoi – que l'une ou l'autre ne parvienne en finale. Les paris des bookmakers venus en grand nombre de Paris fluctuent en fonction des bruits recueillis par les sources les plus fantaisistes. Helen est d'abord donnée à dix contre un. Puis sa côte s'améliore progressivement et rejoint quasiment celle de son adversaire après les rumeurs sur la nervosité et les insomnies de Suzanne. Celle-ci subit aussi la pression d'une fédération qui supporte de moins en moins la scandaleuse foire commerciale qui entoure le match. Fisher, qui est associé aux frères Burke directeurs du Carlton, tente lors d'une houleuse conférence de presse de minimiser les futurs bénéfices que J. R. Tunis, feuilles de comptes en mains, estime à 400 000 francs (200 000 euros d'aujourd'hui). La rencontre tient ses promesses et Suzanne contient de justesse la fougue de sa cadette qui s'incline (6-3, 8-6).

La tension du match et tout ce qui a précédé ont tant mis à vif les nerfs si fragiles de la diva qu'elle en perd toute raison. Coco Gentien raconte : « Mais notre championne ne voit rien, n'entend rien. Évitant les centaines de mains qui se tendent vers elle, elle part en courant les traits bouleversés vers le petit bureau du club, fermé à clé qu'on lui ouvre en hâte. Quelques minutes plus tard, nous y pénétrions à la suite de Mme Lenglen (mère de Suzanne) pour y trouver quel spectacle : la pauvre Suzanne en proie à une crise de nerfs se roule par terre au milieu de la recette qu'on n'a pas eu le temps de ranger ; son turban dénoué l'étrangle presque, ses joues sont collées de larmes et de sueur, elle crie, gesticule et froisse à pleine poignée les billets de banque[62]. »

Pour un simple quiproquo, à l'origine une erreur dans l'horaire d'un de ses matches lors de l'édition 1926 de Wimbledon, la diva se retire de l'épreuve et, quelques semaines plus tard, de la compétition. Un homme d'affaires américain, C. C. Pyle, qui s'intéresse et promeut depuis plusieurs années des « spectacles » sportifs plus ou moins excentriques, propose à la jeune retraitée d'être la vedette d'une grande tournée professionnelle à travers les États-Unis[63]. Même si elle n'a franchi l'Atlantique qu'une seule fois, Suzanne est extrêmement populaire sur le Nouveau Continent. Réticente au départ[64], la Française se range aux arguments de Pyle qui la convainc avec un chèque d'avance de 100 000 dollars. Commencé en octobre 1926 au Madison Square Garden, le « Lenglen Tour » (trente-huit matches et trente-huit victoires pour Suzanne devant sa sparring-partner, l'Américaine Mary K. Browne, qui n'est pas vraiment un faire-valoir puisqu'elle a atteint, devant Lenglen, la finale de Roland-Garros quelques mois plus tôt) prend fin quatre mois plus tard. La réussite est appréciable dans un premier temps : la recette se monte à la satisfaction de son organisateur à 83 000 dollars au bout de seulement six représentations (quarante et un mille spectateurs). La conclusion est plus douteuse, le public manque parfois à l'appel et Pyle décide de jeter l'éponge sur le sol américain puis d'annuler la tournée en Europe pourtant prévue au programme. Il invoque également les soi-disant prétentions financières à la hausse de Suzanne, argument peu crédible au regard de la mentalité de sa vedette. La Divine repart immédiatement en Europe et se désintéresse alors définitivement du tennis. Elle croit trouver enfin la paix dans sa vie amoureuse en épousant un Américain à la fortune colossale, Charles Baldwyn. Mais l'instabilité la reprend et le mariage ne dure que deux ans. Un an avant sa brutale disparition des suites d'une anémie pernicieuse qui l'empêchera d'atteindre sa quarantième année, elle fonde en 1937 une école de tennis « non par intérêt car la question d'argent n'existait pas pour elle, rapporte Coco Gentien, mais par besoin de se dépenser et de faire profiter les jeunes de son expérience[65] ».

Cette première grande incursion, en demi-teinte, des gros sous dans le tennis va se poursuivre à partir de 1930 mais avec un casting différent. Dans le rôle titre, William Tatem Tilden, alter ego masculin de la super star Suzanne Lenglen. « Big Bill » Tilden, comme la *lady champion*, dont il est l'aîné de six ans, est un champion d'exception. De 1920 à 1925, il est l'intouchable, comme on ne le disait pas alors, numéro 1 mondial, s'impose six fois de suite aux Internationaux des États-Unis, remporte deux Wimbledon en 1920 et 1921, ne perd aucun match en 1923. Tilden a vingt ans d'avance sur ses congénères. Plus grand, plus fort, plus complet que les autres joueurs, il semble même de temps en temps en balade, se laisse volontairement dominer avant de croquer ses victimes avec d'autant plus de délectation. Vainqueur avec son pays sept fois consécutives de la coupe Davis, l'empereur Tilden est stoppé en finale – alors *challenge round* – de l'édition 1927 à Philadelphie par les Mousquetaires français qui en viennent à bout collectivement. Jean Borotra, René Lacoste, Henri Cochet, et à un degré moindre, Jacques « Toto » Brugnon, commencent dès lors à faire de l'ombre au roi-soleil qu'ils empêchent tour à tour de compléter au même rythme qu'auparavant sa collection de grands trophées. Les trois premiers font l'objet de toutes les sollicitudes. Un membre de la Fédération, Paul Champ, celui même qui leur a collé le surnom de Mousquetaires, affirme qu'on leur a proposé – sans succès – de rejoindre les rangs professionnels pour 15 000 livres sterling (environ un million d'euros d'aujourd'hui) chacun.

Redevenu un athlète – presque – comme les autres, Tilden n'est plus un « intouchable ». Alors qu'il collaborait depuis longtemps avec nombre de journaux, sa fédération le disqualifie en 1928, à une semaine du deuxième *challenge round* de la coupe Davis contre la France, pour avoir accordé une série d'articles au *San Francisco Chronicle* contre une somme de 25 000 dollars. L'ambassadeur US, Myron T. Herrick, soutenu par la Fédération française de tennis, intervient et évite au héros de faire défaut lors du grand événement prévu dans le stade flambant neuf de Roland-Garros. Mais Tilden s'incline à deux reprises, en double et dans son deuxième simple contre Cochet, et les Mousquetaires conservent le Saladier d'argent[66]. C'est un nouveau coup de corne porté à l'orgueil du champion qui, à trente-cinq ans, songe à profiter de son image dans le cinéma et à céder aux sirènes du professionnalisme. La fédération américaine reprend sa chasse contre un Tilden vraiment trop dérangeant pour la pureté de son sport. Le champion, toujours en 1928, vante dans une publicité les « mérites » de la cigarette Lucky Strike à laquelle il prête sans vergogne la vertu de « protéger sa gorge ». Ses dirigeants lui infligent six mois de suspension.

Après un dernier titre à Wimbledon en 1930, il annonce, avant de perdre en demi-finale aux Internationaux des États-Unis, qu'il signe un contrat de 50 000 dollars avec la Metro Goldwyn Mayer. Ruiné par le krach de 1929, il succombe aux prières des producteurs qui misent sur son physique et sa renommée pour en faire une star du grand écran. L'acteur Tilden ne fera pas recette dans les salles obscures. Le joueur, qui se sent toujours aussi vert, retourne à ses amours et s'engage dans la voie du professionnalisme. D'abord accompagné dans ses tournées-exhibition aux États-Unis pendant trois ans par d'honnêtes joueurs de plusieurs nationalités, Tilden franchit une étape en 1933. Il engage, pour une série de soixante-douze affrontements à un contre un, un authentique champion, son compatriote Ellsworth Vines, numéro 1 mondial l'année précédente chez les amateurs. Les spectateurs, sevrés de ce type de grands matches qui se produisaient tout au plus deux ou trois fois par an sur leur continent, mordent à l'hameçon. Les salles, louées pour un soir, sont combles en permanence et le triomphe est autant populaire que financier. Les joueurs amateurs se laissent alors de plus en plus tenter par cette manne. Henri Cochet, gavé à trente-trois ans de sept titres majeurs et six coupes Davis chez les amateurs, rejoint en 1934 la troupe itinérante de Tilden qui va se produire dans tous les pays du monde.

Le spectacle s'élargit avec des matches par équipes nationales censées ressembler à la coupe Davis. Beaucoup imiteront Cochet avant la guerre, comme l'Anglais Fred Perry ou Donald Budge. Moins usés physiquement que les forçats d'aujourd'hui, les joueurs-mercenaires sont encore à leur meilleur jusqu'à un âge avancé, à l'exemple de Tilden qui en 1941, à quarante-huit ans, se permettra ainsi de battre Donald Budge premier vainqueur en 1958 des quatre tournois du Grand Chelem dans la même année et de vingt-deux ans son cadet. L'entrée en guerre des États-

Unis mettra un terme provisoire au tennis « régulier » comme à la dissidence. Mais jusqu'en 1941, le Madison Square Garden accueillera quantité de rencontres entre professionnels. Ils se décernent d'ailleurs chaque année un titre de champion du monde dont bien entendu leurs frères ennemis de la Fédération internationale ne voudront jamais entendre parler.

Moins reluisant fut le crépuscule de la vie de Bill Tilden qui préféra toujours la compagnie de jeunes garçons à celle des femmes dont il était pourtant l'idole. Au temps de sa splendeur, cette manière de vivre qu'il ne cherchait pas spécialement à cacher ni à protéger ne lui avait coûté qu'une certaine forme de réprobation de la part des représentants de la vertu puritaine et conservatrice. Dès les années 1930, le professionnel Tilden ne défend que sa propre bannière. Plus celle de son pays qui le voue aux gémonies. Après la guerre, il connaît les affres de la prison à deux reprises en 1947 et 1949, la première fois pour « obscénité et comportement lascif avec un mineur », la seconde pour des avances immorales à un auto-stoppeur de seize ans. Flambeur et généreux, Tilden n'a plus un train de vie en rapport avec des ressources sportives en décrépitude. Les portes de la vie civile se ferment et il exerce, là où l'on veut bien de lui, une activité de professeur de tennis à la petite semaine. Il doit recourir pour survivre à la publicité, et promeut des mousses à raser, des céréales ou des sous-vêtements. En 1953, le plus grand tennisman de la première moitié du XXe siècle s'éteint officiellement d'une embolie cérébrale, à l'âge de soixante ans, avec en tout et pour tout moins de 300 dollars retrouvés dans un de ses revers de veste. Ses gains accumulés durant sa seule carrière professionnelle sont estimés à 500 000 dollars.

Les moyens justifient la fin : les débuts de la Coupe du monde de football

La première édition de la Coupe du monde de football, disputée en 1930 en Uruguay, a, elle aussi, provoqué à distance une secousse sur le Vieux Continent. Il faut ici s'étendre un moment sur les origines d'une idée dont les effets, nous y reviendrons, bouleverseront la planète sportive, et bien évidemment sur le plan économique. Sans se perdre dans les nombreux écueils qui ont jalonné la longue marche vers la fameuse compétition entre nations, disons en substance que les germes d'une fédération internationale du football sont nés en 1902 dans le cerveau d'un Français, le journaliste Robert Guérin du *Matin*. Deux ans après et sans le concours des Anglais, huit associations nationales (France, Hollande, Suède, Danemark, Allemagne, Belgique, Suisse, Espagne) adhèrent à la nouvelle Fédération internationale de football association (FIFA). Les édiles de l'organisation prévoient de faire disputer en 1906 un tournoi regroupant les clubs champions de leur pays respectif. Certainement rebutées par une idée trop neuve et hardie, et apeurées par l'incertitude planant sur les retombées financières, aucune des instances conviées ne répond favorablement et le projet retombe en soufflé. Il est remis au placard un demi-siècle durant et reprendra vie, tel Hibernatus, sous le qualificatif de coupe des Clubs champions, elle-même grande sœur de l'actuelle Ligue des champions.

On pense alors à faire se confronter, au lieu des clubs, les équipes. Le nombre croissant des fédérations aux quatre coins de l'Europe et en Amérique du Sud (vingt et un en 1912, trente-six en 1925, quarante et un en 1930) et par là même le gonflement de la caisse commune, combinée au succès du tournoi olympique de Paris en 1924 gagné par les Uruguayens, fera dire, longtemps après, en mai 1954, au grand artisan du futur Mondial et premier président de la FIFA, un autre Français, Jules Rimet, dans son livre *L'Histoire merveilleuse de la Coupe du monde*[67] : « Nous avions des chiffres éloquents pour soutenir, les quelques audacieux de la première heure et moi, qu'un championnat du monde susciterait partout un intérêt exceptionnel. Nous étions fondés à prétendre qu'il assurerait à l'association qui accepterait de l'organiser des bénéfices suffisants pour équilibrer le budget tel que nous le concevions, c'est-à-dire avec le remboursement intégral aux équipes participantes de leurs frais de voyage et de séjour. La nation uruguayenne éprouvait après la victoire olympique, un sentiment de fierté joyeuse. Dès lors la pensée s'imposa à moi qu'il pourrait favoriser la réalisation en Amérique du Sud du grand projet dont nous rêvions depuis 1905. » On note ici avec délectation la superbe assurance rétrospective affichée par M. Rimet. Car en réalité pas grand monde, si ce n'est lui-même et c'est alors tout à son honneur, ne croit à ce doux rêve. Le tournoi olympique semble suffire à beaucoup, pas à Jules Rimet qui ne démord pas de rassembler, sans exclusivité, les plus beaux fleurons de la balle ronde. Le premier président de la FIFA se trouve dans l'obligation de dénicher un pays organisateur qui aura la lourde responsabilité de non seulement effectuer un sans faute au niveau de l'organisation mais aussi et surtout de se sortir financièrement de l'aventure, sous peine que cette édition initiale soit bel et bien la dernière. Il avouera, toujours dans son livre de souvenirs, qu'une rencontre fortuite et miraculeuse sur les bords du lac de Genève en 1925, avec le diplomate uruguayen, le Dr Enrique Buero l'avait tiré d'un pas bien peu engageant : « En le quittant, j'emportais l'espoir que l'association uruguayenne, si elle était sollicitée, accepterait d'organiser le premier championnat du monde en prenant à sa charge les frais de voyage et de séjour des équipes européennes. La Coupe du monde est enfin née de cette rencontre que je qualifierais volontiers de providentielle[68]. » Muni de cet indispensable viatique, et renforcé par le gage des « frais de voyage et de séjour », Rimet, soutenu par le persévérant Henry Delaunay – qui soumet lui-même la proposition –, fait publier au congrès annuel de la FIFA, le 26 mai 1928, le certificat de naissance de la Coupe du monde « ouverte aux équipes de toutes les fédérations affiliées ».

Une phrase du CIO avait néanmoins quelques jours auparavant jeté un fort vent de panique. Le Comité olympique s'était prononcé en faveur d'un versement aux participants de leur tournoi de football en compensation du « manque à gagner ». Le message, implicitement destiné à favoriser le retour des Britanniques, peut alors enrayer la mécanique enclenchée par Rimet et Delaunay. Devant la brusque menace, le premier réagit sans panique et affirme sa « tranquillité ». Le feu est circonscrit et c'est à Barcelone, les 17 et 18 mai de l'année suivante, qu'est solennellement célébré le baptême : « La FIFA organisera tous les quatre ans, pour la première fois en 1930, une compétition dénommée Coupe du monde[69]. » Henri Delaunay explique dans la brochure de la FIFA : « L'initiative que nous avons prise d'instituer une compétition nouvelle n'est pas en opposition avec le tournoi des Jeux olympiques. Nous avons constaté que le football international ne tenait plus tout entier dans le cadre du statut olympique et que nombre de pays ne pouvaient plus se faire représenter par leurs meilleurs joueurs au tournoi. » Le règlement et les conditions financières de l'épreuve sont fixés. Ils ne varieront que peu et restent aujourd'hui pratiquement complètement de mise. Le gros œuvre et les fondations sont achevés, reste à conclure l'ouvrage.

La distance et le temps de voyage, trente jours aller-retour obligatoirement à effectuer en bateau, font soudain prendre peur aux équipes européennes C'est aussi et plus prosaïquement un problème pécuniaire qui décourage les fédérations. Ces dernières prennent conscience qu'elles devront assumer pendant deux mois (tenant compte du mois de la compétition) la charge des salaires de leurs quinze ou seize joueurs respectifs. Autriche, Tchécoslovaquie et Hongrie, qui viennent de passer au professionnalisme, refusent cette trop lourde contrainte et font connaître une fin de non-recevoir à la FIFA. En fin de compte elles ne seront que quatre délégations, sur un total de treize, à traverser l'Atlantique, celles de Belgique, de Roumanie, de Yougoslavie et de... France. Oui la France, dont l'engagement n'est pourtant bouclé qu'à l'ultime instant alors que le bureau fédéral de la FFFA du président... Jules Rimet avait voté l'abstention. Rimet, qui ne peut se permettre de partir sans « ses » Tricolores, entame une tournée des popotes dans l'hexagone pour convaincre un à un, dirigeants, patrons, joueurs et bonnes âmes de tous acabits. Un membre influent du ministère des Affaires étrangères est sollicité pour créer de toutes pièces et dans l'urgence un poste d'envoyé extraordinaire auprès du ministre de France en Uruguay dont hérite comme par enchantement le milieu de terrain du Red Star, Marcel Pinel. Il n'y a pas encore, comme on l'a vu, de professionnels français à plein temps. Lucien Laurent, pur « amateur » et qui deviendra le premier buteur de l'histoire de la Coupe du monde, est lui autorisé à s'exiler par son employeur : « J'étais à la fabrication de la 201 chez Peugeot Sochaux. On pointait pour aller à l'entraînement, à l'aller comme au retour. Toutefois, nos patrons ne nous ont pas mis de bâtons dans les roues pour nous libérer, Mattler, Maschinot, mon frangin et moi. D'autres présélectionnés n'avaient pas eu la même chance. Nous sommes partis deux mois sans être payés et on avait dû toucher une petite prime de dédommagement de la part de la fédération. Mais on s'en fichait : on était si heureux de porter le costume de l'équipe de France [...] La FFFA nous donnait des socquettes, un survêtement, une culotte mais on était obligés de venir avec nos crampons [70]. » Les barrières à surmonter ne sont pas moins élevées pour les autres délégations européennes. Chez les Roumains, on a recours aux bonnes grâces de la plus haute autorité du pays, celle du roi Carol, afin de persuader la compagnie pétrolière anglaise, qui paie la plupart des joueurs des Carpates, de délivrer un bon de sortie généralisée.

L'Uruguay, l'année du centenaire de sa constitution, ne décevra pas les attentes de Jules Rimet. Un petit accroc, heureusement sans conséquences fâcheuses, ternira les trente jours d'une fête par ailleurs grandiose et ultra-patriotique. Le stade spécialement construit pour l'occasion en huit mois à Montevideo et pouvant contenir cent six mille places, le Centenario, ne sera prêt que le 18 juillet, date de la demi-finale Uruguay-Yougoslavie, remportée par les locaux (6-1). Le pays organisateur gagnera ensuite le trophée, la fameuse petite statuette de 1 800 grammes d'or fabriquée par le Français Abel Lafleur, en venant à bout en finale du grand rival argentin (4-2). Le triomphe est total car les caisses sont pleines, le tournoi s'étant soldé par une recette globale de 225 000 dollars et de substantiels bénéfices.

Après-guerre

Des Jeux sans pain ni cirque !

Côté Jeux olympiques, nous en étions restés à la démentielle démonstration de force orchestrée à Berlin par les chefs du IIIe Reich. À grands flots de marks, le régime nazi s'était démené, derrière son rideau de honte, pour faire de l'événement un miroir de ses fausses vertus. Six mois après cette immense parodie de fête sportive, Pierre de Coubertin meurt d'une crise cardiaque chez lui à Genève au début de 1937. Peu avant sa disparition le baron avait enfin semblé synthétiser sa pensée profonde. Dans ce qui serait un ultime message, il avait clamé en réglant ses comptes avec la gentry britannique : « C'est l'esprit sportif qui m'intéresse et non pas le respect de cette ridicule conception anglaise qui ne permet qu'aux seuls millionnaires de sacrifier au sport sans faire d'entorse à un dogme périmé[71]. » Cet « esprit sportif » que son successeur, de 1925 à 1942 à la tête du CIO, le Belge Henri de Baillet-Latour, et qui fut peut-être le plus scrupuleux du respect de la Charte olympique, a crânement tenté de sauvegarder. Il avait, autant qu'il l'avait pu, tenu tête, devant Hitler lui-même, aux projets démesurés des nazis en Allemagne. Préoccupé par l'incessante propension à la démesure des Jeux, il proposa de les faire se dérouler dans des pays aux moyens plus modestes. Sa croisade sincère en faveur d'un amateurisme intégral lui valut l'inimitié des dirigeants soviétiques qui ne reviendront dans le giron olympique qu'en 1952. Les trois villes-hôtes des Jeux qui suivent la guerre de 1939-1945 vont tour à tour laisser penser que l'esprit olympique peut se régénérer. Le bref bail du Suédois Sigfried Edström (1946-1952) aux commandes du CIO emmène la colonie olympique à Londres puis à Helsinki avant qu'un homme aux mains de fer, l'Américain Avery Brundage, ne débute son très long mandat à Melbourne.

Quarante ans après, Londres est en 1948 l'amphitryon des Jeux. Pas de tape à l'œil dans cette fête de l'espoir privée néanmoins des délégations allemande – pas de gouvernement, c'est la raison officielle – et nippone – le Japon n'a pas répondu à l'invitation des organisateurs –, mais avec celle de l'Italie. Les dons sont multiples pour aider la capitale anglaise qui a souffert cinq ans durant des attaques meurtrières de l'aviation allemande dans un pays qui vit la plus grave crise financière de son histoire. Les installations existantes sont utilisées au mieux. Wembley, temple du football britannique, se maquille en enceinte d'athlétisme, et l'Empire Pool est alternativement piscine et enceinte polydisciplinaire. La population se rend très nombreuse dans les stades aux guichets desquels elle laisse beaucoup de ses économies (5 millions de livres sterling) qui permettent au comité d'organisation d'équilibrer ses comptes et même de dégager des bénéfices substantiels (l'équivalent de 354 000 dollars[72]). Les organisateurs peuvent en outre compter pour la première fois sur des revenus d'un genre nouveau. En 1936, de mystérieuses ondes électroniques provenant des caméras des stades s'étaient transportées par câble à de non moins surprenants bocaux à images installés dans des salons dits de « télévision ». Avantage décisif par rapport au cinématographe, c'est en simultané que ces images réelles reproduisaient des actions qui se déroulaient ailleurs. Le CIO profite de l'amélioration du procédé par la BBC qui fait découvrir ces images à cinq cent mille spectateurs situés à l'intérieur d'un périmètre de 80 km autour de Londres. Les droits d'utilisation de ces retransmissions sont fixés à 1 000 guinées (3 000 dollars). Cette intrusion de la télévision dans le monde olympique est anecdotique en 1948. Le système de circuit fermé n'a alors aucune retombée au niveau commercial, les postes de télévision n'existant pas dans les foyers. Nous nous intéresserons plus loin à l'extraordinaire évolution de ce medium qui s'installera dans le sport jusqu'à en modifier, changer et enfin radicalement transformer sa dimension.

C'est un petit pays de quatre millions d'habitants mais épris d'un véritable amour pour le sport qui organise une superbe et authentique fête olympique en 1952. Comme à Londres, les moyens sont limités et les dons, surtout de la nourriture, viennent en aide au comité d'organisation finnois. Helsinki, dont les plans d'organisation étaient prêts depuis longtemps – la ville devait organiser les Jeux en 1940 à la place de Tokyo –, fait fabriquer par sa banque nationale une monnaie spéciale destinée à financer l'événement. Des pièces de 500 marks au nombre de cinq cent mille viennent gonfler la masse monétaire du pays. À l'image d'Helsinki, Melbourne en 1956 s'investit économiquement mais sans excès. C'est la première fois que le CIO se décide à envoyer les délégations dans l'hémisphère sud réputé moins riche. Malgré l'aide du Commonwealth, de l'État australien, et de la mise en vente de cent trente-huit millions de timbres spéciaux, ces Jeux sont déficitaires comme quatre ans plus tôt (d'1 million de dollars à Melbourne, d'1,3 million à Helsinki).

La complainte des footballeurs

Dès la fin du conflit de 1939-1945 sur le territoire français, le professionnalisme du ballon rond est à nouveau de mise avec le retour d'un « vrai » championnat de division 1. Jules Rimet qui a recouvré ses fonctions, délibérément abandonnées en pleine tourmente de Vichy, au sommet de la désormais FFF (ancienne FFFA), instaure un Groupement des clubs autorisés. L'organisation est chargée de réglementer les affaires pas trop florissantes du football professionnel, mais sa véritable puissance ne se fera sentir que bien plus en avant dans le siècle. Il y a encore deux catégories de joueurs : les professionnels à temps complet et les semi-professionnels qui partagent leur activité sportive avec une autre. Les footballeurs dans les années d'après-guerre vivent mieux de leur métier qu'avant mais ce n'est toujours pas le Pérou. À compter de la saison 1947-1948, le salaire de base mensuel se situe entre un plancher de 4 200 francs (188 euros d'aujourd'hui) et un plafond de 9 000 francs (403 euros d'aujourd'hui). On est en fait revenu en arrière au niveau de la rémunération de base par rapport à l'avant-guerre si l'on compare ces montants avec les gains d'un ouvrier de province qui ramène tous les mois 7 500 francs à la maison.

En fait, les primes de victoire sont souvent aussi importantes que le salaire de base. En décortiquant les fiches de paie successives du Rémois Armand Penverne, on perçoit clairement l'avantage que tirent les joueurs dont le club tient le haut du pavé. Le Stade de Reims n'est alors que très rarement absent du podium final du championnat. Penverne remporte quatre fois le titre de 1949 à 1958 et accumule ainsi les victoires. Sur l'une de ses fiches de paie en 1949, il lui est comptabilisé un salaire net de 67 280 francs[73] (dont 21 000 francs de fixe, 14 000 francs de prime de valeur – qui correspond à sa « valeur marchande » en cas de transfert –, et 31 600 francs de prime de résultat). En début 1952, il attend encore sa première sélection en équipe de France, et l'un de ses salaires s'établit à 93 200 francs net (dont 38 000 francs de prime de résultat), mais ce qui, compte tenu de l'évolution du pouvoir d'achat, n'est pas meilleur que trois ans plus tôt et n'atteint que cinq fois les revenus d'un travailleur du bas de l'échelle. En fin 1958, le milieu de terrain champenois est devenu l'un des piliers de la formation tricolore qui a pris la troisième place de la Coupe du monde. Son salaire grimpe à 272 000 francs[74] (dont un fixe important de 190 000 francs) ce qui équivaut à sept salaires d'un ouvrier et à celui d'un cadre supérieur. Marceau Sommerlinck, cinq fois vainqueur – et recordman du genre – de la coupe de France avec Lille entre 1946 et 1955, a en chacune de ces occasions largement doublé ses émoluments avec des primes de 75 000 puis 100 000 francs. Cet argent est rapidement investi dans l'achat d'un café-bar. Un type de commerce souvent symbole chez les joueurs d'alors, enfermés dans la logique de leur modeste condition sociale et ayant rarement l'opportunité de poursuivre leurs études, d'une certaine réussite. Quant à l'histoire du coéquipier de Sommerlinck, Boleck Tempowski, elle tient un peu d'un film de Pagnol mais résume bien ce que le sport à cette époque doit au rêve ou simplement à la réalité. Le joueur est exploitant agricole dans le « civil » et se bat dans le sport pour un objectif précis qu'il résume en 1947 dans *Miroir-Sprint* avec une désarmante simplicité : « Je voudrais "bin" gagner la Coupe ou le championnat... ou les deux. Avec les primes supplémentaires, je pourrais m'acheter une nouvelle vache[75] » Dans l'article, il est fait du joueur un tableau touchant mais visiblement teinté, au second degré, d'une certaine ironie : « Ainsi s'exprime Boleck Tempowski quand vous lui demandez quels sont ses désirs les plus chers. [...] Car Boleck, ce remarquable manieur de la balle ronde, préfère son travail à la ferme aux joies du football, qu'il trouve plus fatigantes que les dures besognes de la terre. Son ambition est de faire prospérer son entreprise, de multiplier son cheptel et de se servir du sport qui lui donna un nom, pour atteindre son but. L'atmosphère fiévreuse d'un match, les applaudissements de la foule, la popularité, plaisirs factices qui ne valent pas une existence quiète au milieu des siens et... de deux vaches, de veaux, de sa fidèle jument, de cochons[76]... »

Plus sérieusement, les cas de Sommerlinck, de Penverne ou des joueurs cotés[77] restent somme toute isolés. S'ils ne sont pas internationaux ou s'ils se blessent longuement, la situation des joueurs est précaire et l'après-football est incertain. Voire triste ou sordide chez les plus volages et imprévoyants. Significatifs à cet égard sont les exemples, parmi beaucoup, de René Vignal qui passe du statut de célèbre gardien de but à « vedette » de la pègre, du buteur Thadée Cisowski à la carrière brisée par les blessures et finissant sans ressources, ou de Julien Da Rui reconverti dans... le cirque.

Le club est alors maître du jeu en matière de circulation. Rappelons qu'un transfert ne s'exécute qu'entre dirigeants, l'avis du joueur n'étant pris que par convenance, lorsqu'il est pris. Pieds et poings liés durant au minimum un an avec son employeur, un joueur n'a de possibilité pour changer d'air que d'être remercié par celui-ci ou se voir offrir par un autre club un salaire plus intéressant. L'indemnité de transfert, sans limite, est versée au club qui « vend », le principal intéressé ne récoltant que la queue de la cerise dans l'opération (10 % du montant depuis 1937). Un facteur supplémentaire complique la donne. Depuis le début des années 1950, les joueurs étrangers de talent, surtout des attaquants à l'image de l'extraordinaire Larbi Ben Barek, viennent grossir les rangs professionnels. Ils proviennent essentiellement des colonies d'Afrique du Nord, Algérie ou Maroc. Souvent instables, ils peuvent éblouir puis décevoir et ne répondent pas toujours aux attentes de clubs qui regrettent leur investissement. Les joueurs français, moins spectaculaires, en font les frais et ce constat conduira à la fermeture des frontières en 1955.

Pendant une grosse décennie les joueurs, même si les meilleurs d'entre eux parviennent à arracher quelques avantages, se sentent les jouets de leurs propriétaires. À partir de 1950, le Groupement des présidents tolère bien leur présence, quelquefois leur voix, mais ne leur octroie pas une once de décision. En 1954, à l'heure où l'irresponsabilité financière de certains clubs nantis finit par exaspérer ceux qui se comportent en bons pères de famille, un nouveau statut des joueurs professionnels est mis en vigueur par le Groupement. Il les enfonce un peu plus dans le servage : sauf conditions spéciales (comme celles exprimées ci-dessus), le salarié est lié à son club jusqu'à l'âge de trente-cinq ans ; si, dans un souci d'avancée sociale, on fixe un salaire minimum de 30 000 francs par mois, on le plafonne en revanche à 65 000 francs (80 000 pour un international B et 90 000 pour un A) ; l'indemnité de transfert (appelé désormais résiliation de contrat) est encadrée, elle dépend du salaire de celui qui est concerné et de son âge ; enfin, est maintenu le système de la liste libre des transferts sur laquelle un club peut inscrire, selon son bon vouloir, le nom des joueurs qui ne lui conviennent plus, ces derniers pointant au chômage s'ils ne trouvent pas de formation intéressée.

Dans cette ambiance où les clubs tirent tout bénéfice, les professionnels rechignent mais leur poids est trop léger, ils n'osent pas se regrouper. L'arrière international Roger Marche, fidèle au Stade de Reims depuis sept ans, raconte comment son départ vers le Racing Club de Paris est négocié : « Je n'oublierai jamais la façon dont il fut réglé. À Reims, on m'avait pris pour un gars fini. J'avais pourtant resigné mon contrat pour 1954-1955. Le dimanche, j'avais joué à Vichy contre le Rapid. J'étais rentré le lundi à midi. [...] lorsque le téléphone a sonné. C'était M. Germain [le président du Stade de Reims] : il m'annonça que j'étais transféré au Racing. [...] J'ai alors manqué de souffle. Je lui fis remarquer qu'il aurait pu m'en parler avant et qu'on ne pouvait pas me transférer comme on vend une bête. [...] Finalement [...] je tombai d'accord avec les dirigeants parisiens[78]. » Dix ans plus tard, l'attaquant du Racing Club de Paris, François Heutte, apprend un beau matin son transfert à Saint-Étienne dans le journal *L'Équipe*[79] !

Une affaire défraie la chronique fin 1954 et synthétise les coutumes du moment. Un joueur de Troyes, Georges Cesari, se rebelle depuis le début de saison contre son club à qui il reproche de ne pas vouloir le libérer après avoir pourtant tenté de racheter lui-même son contrat pour 5 millions de francs. En fait, Cesari, qui vient de décrocher une sélection dans l'équipe de France B, ne s'entend pas avec son capitaine. Il crie à l'injustice : « Personne n'a le droit d'empêcher un travailleur d'aller s'installer où il lui plaît. Je ne vois pas pourquoi on m'empêcherait d'exercer mon métier de footballeur sous prétexte que je ne veux plus jouer à Troyes parce que je ne suis pas satisfait des conditions qui me sont faites. [...] C'est à Troyes que je n'hésiterais pas à réclamer des dommages et intérêts[80]. » Le Groupement arbitre le conflit et offre trois portes de sortie à Cesari, rester à Troyes, patienter jusqu'à la période des transferts ou trouver un club capable de payer 8 millions de francs d'indemnité. C'est la dernière option qui prime et le RC Paris débourse la somme pour Cesari qui satisfait le temps d'un match son nouvel employeur en marquant deux buts puis en se faisant oublier le reste de la saison. Un ancien joueur, le gardien international Julien Da Rui, entraîneur à Vichy, réussit lui à soutirer la coquette somme de 5 millions en dommages et intérêts à son précédent club du SO Montpellier pour rupture abusive de contrat. Cette saison 1954 est décidément un tournant dans l'hexagone. La fédération décide de rendre publiques les primes individuelles de victoire pour les joueurs en match de sélection : 20 000 francs pour un match gagné sur le sol français et 30 000 francs à l'étranger.

Le football dans les années 1950 et 1960 est bien devenu le sport roi. Il a désormais une histoire. En Europe, les championnats nationaux sont parfaitement organisés. Les stades immenses font souvent le plein chaque week-end en Espagne, en Angleterre ou en Italie. Les chiffres de fréquentation sont bien moins élevés en France où la moyenne des entrées par match de D1 n'est, par exemple, environ que du tiers de celle enregistrée outre-Manche [81]. S'il ne se traduit pas par des déplacements massifs vers le stade, il existe malgré tout dans le pays un engouement pour le football. Les passions, très locales et exclusivement masculines, ne sont pas celles d'aujourd'hui. On ne va pas au match en famille, on discute, au travail ou accoudé au comptoir des zincs devant le compte rendu de la rencontre de la veille dans la presse. La régularité nouvelle des calendriers régale cette presse sportive qui titre maintenant sur le football à part supérieure au cyclisme ou au rugby. La télévision n'en est qu'à ses balbutiements, la radio ne traite que des très grands événements et les journaux détiennent le quasi monopole de l'information sportive. En dépit de l'existence de la confidentielle Coupe latine, il manque une compétition suprême au ballon rond en Europe. Le journal *L'Équipe*, qui cherche à amplifier son lectorat, comble le trou en lançant en 1955 la coupe d'Europe des clubs champions. Les présidents des grands clubs du continent, ravis à l'idée de recettes supplémentaires, acquiescent sans réserve. Le succès est immédiat. Lors de la première édition en 1956, l'écho reçu par la victoire en finale du Real Madrid qui bat le Stade de Reims en finale est énorme. Le meneur de jeu madrilène Alfredo Di Stefano devient une star mondiale. Les joueurs rémois, malgré leur défaite, rentrent dans le vedettariat international. Raymond Kopa est courtisé par toutes les « cours » d'Europe qui lui font des ponts d'or. Le richissime Real Madrid, en mettant 52 millions de francs sur la table, décroche la timbale et s'offre le « Napoléon du football ». Par une simple signature, Kopa multiplie son salaire [82] mensuel par dix (de 250 000 francs [83] à 2,5 millions [84]). Le marché du football est tout entier catalysé. Certains perdent la tête. En 1957, les compteurs explosent. Les transactions d'échange dépassent 10 millions de francs [85] dès qu'un inconnu doué d'un joli dribble sort du lot.

Les habitudes ne changent pas, les clubs font ce qu'ils veulent et toujours au-dessus des têtes des principaux intéressés.

L'idée trotte dans l'esprit d'un certain nombre de réagir. Dès 1958, Just Fontaine, que Reims n'a pas voulu céder aux Italiens de la Fiorentina pour 60 millions, songe à fédérer en communauté ceux que Raymond Kopa désignera en 1963 comme des « esclaves ». C'est en 1961 que le meilleur buteur de la Coupe du monde 1958 entre en rébellion. Il raconte le coup d'envoi de l'aventure : « Nous étions quelques-uns à vouloir dénoncer le contrat léonin et pas le moins du monde légal sur lequel reposait toute l'organisation du football français à l'époque. Les dirigeants avaient tous les droits et les joueurs un seul : celui de se taire ! Alors quand Eugène N'Jo Lea[86] est venu me trouver et m'a expliqué son idée, quand il m'a dit que si nous voulions mener cette lutte à terme il fallait nous organiser, j'ai trouvé son combat juste. Et j'ai foncé[87]. » Fontaine est bombardé président de l'Union nationale des footballeurs professionnels (UNFP). Beaucoup de joueurs prennent le train en marche d'une organisation dont l'existence ne réjouit pas franchement les pontes du Groupement. Toujours selon Fontaine, ces derniers « n'ont pas sauté de joie. Il y avait quelques réactionnaires dans la bande. Certains du côté de Sedan avaient même inventé le concept du footballeur-ouvrier avec lever à 6 heures du matin et tout ce qui va avec. Vous voyez le décor. [...] Alors que Just Fontaine en soit le président [de l'UNFP], ça n'a pas soulevé l'enthousiasme[88]. » Contre le potentat des caciques, la jeune UNFP est d'abord observée de haut. Lors du premier entretien qu'il obtient au Groupement, « Justo » est fraîchement accueilli : « Les attaques ont fusé... Ils croyaient qu'ils allaient m'impressionner parce que j'étais seul face à eux. Je ne me suis pas affolé. J'ai embrayé sur le contrat et demandé que l'on fasse appliquer la loi. C'est à ce moment-là qu'ils ont commencé à m'écouter[89]. » Le combat pour l'abolition du contrat à vie va durer huit ans. Les joueurs français seront les pionniers, d'ailleurs plus ou moins mal imités, de ce type de lutte syndicale en Europe. Un autre membre à personnalité du syndicat, Kopa, décoche un violent tacle à l'encontre du système en 1963. L'ancien mineur, fils d'immigré polonais, devenu petit génie de la balle ronde et premier multimillionnaire du jeu en France lance un gigantesque pavé dans la mare dans une interview donnée délibérément à un hebdomadaire à scandale *France-Dimanche*. Quarante ans après son coup de gueule, il explique : « À l'époque de la création de l'UNFP, je jouais à Reims. Sans être un membre actif du syndicat, il a toujours été important pour moi de défendre la profession. Qu'un joueur puisse être ainsi lié à son club jusqu'à l'âge de trente-cinq ans avait, notamment, quelque chose de réellement choquant... Ce n'était pas pour rien si j'avais opté pour le Real Madrid quelques années plus tôt [...] les Espagnols m'offraient au terme de mon contrat de trois ans une liberté totale. [...] En revenant du Real, c'est donc librement que j'ai pu négocier le dernier contrat de ma carrière avec le Stade de Reims. Mais cette liberté, dont j'étais le seul à jouir en France, ne m'a pas empêché de dénoncer, par voie de presse en 1963, ce que j'appelais le contrat esclavagiste. [...] J'étais un joueur connu et reconnu, j'avais déjà effectué le plus gros de ma carrière, mais je me devais de faire le maximum pour les autres. L'affaire a fait grand bruit et j'ai écopé de six mois de suspension avec sursis mais les choses ne pouvaient pas durer ainsi. Oui, les footballeurs étaient réellement des esclaves. Ils n'avaient jamais leur mot à dire et les dirigeants s'entendaient à merveille, dans leur dos, pour les transférer notamment. Il fallait donc que les joueurs puissent enfin être écoutés et entendus. Il fallait que les augmentations de salaire soient négociées [...] il fallait que les footballeurs soient partie prenante des choix effectués [...] il fallait un nouveau contrat pour que les dirigeants ne puissent plus utiliser, en toute illégalité, tous les moyens de pression possibles – à commencer par la baisse de salaire – pour faire plier un joueur. Lorsqu'en 1995, la Cour européenne de justice a reconnu qu'un joueur était totalement libre à la fin de son contrat, je ne sais pas si les anciens, ceux des premières heures de l'UNFP, ont eu la même idée que moi, mais j'ai alors pensé que le travail commencé dès 1961 [...] venait de se terminer. Enfin[90]... »

Repéré un jour qu'il inscrit treize buts en catégorie cadets avec son petit club normand, François Heutte est engagé en 1956 par le FC Rouen (division 2) où il dispute à Robert-Diochon son premier match professionnel à seize ans et demi. Il est payé

35 francs par mois (525 euros d'aujourd'hui). Lille, qui vient de remonter en D1, recrute l'année suivante le jeune attaquant pour 16 millions de francs (240 000 euros d'aujourd'hui). Heutte triple son salaire qui grimpe à 100 000 francs (1 400 euros d'aujourd'hui). Le club nordiste ne flambe pas, descend même en division 2 fin 1959, mais l'avant-centre marque vingt et un buts en deux saisons. Il intéresse le Racing Club de Paris qui l'achète contre une indemnité de transfert de 35 millions de francs. Tout fraîchement auréolé de ses galons d'international, sa feuille de paie émarge à 220 000 francs (2 860 euros d'aujourd'hui) sur laquelle s'ajoutent les primes de victoire de 16 000 francs (le RC Paris remporte soixante-trois matches de championnat de D1 en trois saisons de 1960 à 1962, seul Reims fera un peu mieux). Au bout de cinq saisons ponctuées par un joli bilan de quarante-sept buts, Heutte lors de la saison 1964-1965 quitte Colombes pour Geoffroy-Guichard – 35 millions de francs de transfert ; la commission de 10 % pour le joueur ne sera pas déclarée par l'ASSE et Heutte se souvient bien ne pas avoir payé d'impôts sur ce revenu précis – où le président Rocher lui alloue des émoluments de 3 000 nouveaux francs par mois (3 210 euros d'aujourd'hui). Le changement d'air ne sera pas vivifiant. Heutte témoigne[91] : « Le président Rocher était un mauvais perdant. Et malheureusement, on a fait une mauvaise saison. Les jours de victoire, il nous aurait embrassés sur la bouche et d'ailleurs en ces occasions il n'était pas chiche, il était le premier à ma connaissance à régler des primes "hors tarif" c'est-à-dire supérieures à celles figurant sur les contrats. Dans le cas contraire, il se refermait comme une huître. Les soirs de défaite à l'extérieur, il s'isolait dans son coin et on n'entendait pas un mot sortir de sa bouche pendant tout le voyage de retour. Une fois que l'on jouait à Paris, je lui ai demandé si je pouvais rester le soir pour dîner avec mes parents que je n'avais pas vus depuis un certain temps. La réponse fut d'abord négative mais avec beaucoup d'insistance je parvins à mes fins d'autant que je lui assurais d'être présent à l'entraînement le lendemain matin en prenant le train à l'aube. J'ai tenu parole mais j'ai été convoqué l'après-midi dans son bureau et j'ai pris un savon. Je décidais de ne pas rester dans ces conditions et j'ai quitté le Forez à la fin de la saison. J'ai alors été prêté à Lille. L'affaire a fait des remous car

le FC Rouen me voulait et était prêt à régler 40 millions pour mon transfert en bonne et due forme. En fait, dès cette époque, on peut suspecter l'existence de tractations souterraines, probablement pour une somme équivalente mais non déclarée. Cela a paru si suspect au Groupement que j'ai été convoqué par celui-ci. Je me souviens que, lors de mon audition, j'étais en face du président de Toulouse dont je savais qu'il venait de réaliser un transfert dans des conditions semblables aux miennes, c'est-à-dire pas très claires. Je lui ai carrément fait remarquer qu'il était naturellement injuste que je sois sanctionné. Il est rentré dans une colère noire. Je sentais que tout le monde rigolait intérieurement. J'ai écopé d'un mois de suspension mais j'étais content de mon petit effet[92]. »

Ce sont bien les transferts qui minent les comptes des clubs. Le cas du FC Rouen, peu réputé pour ses folies achcteuses, en dit long sur le chapitre. Les recettes totales aux guichets, ressource principale de l'association, se montent lors de la saison 1961-1962 à 746 311 nouveaux francs[93]. Elles compensent à peine la seule ligne des dépenses de transfert (651 634 francs). Les salaires et charges (300 000 francs) alourdissent la colonne des débits et le déficit global atteint 172 848 francs. Comme partout ailleurs, le schéma des opérations de sauvetage est caricatural et récurrent. La municipalité réglera l'addition l'année suivante pour remettre en équilibre les finances du club phare normand, « indispensable » porte-drapeau de la fierté régionale.

Ce déséquilibre d'utilisation des dépenses entre celles des transferts et des salaires est le nœud du problème. Le raisonnement des joueurs tient à un simple principe, celui des vases communicants : moins d'argent pour les transferts, plus pour la feuille de paie. Et la volonté des plus pugnaces se tend pour briser les chaînes. C'est le credo de Michel Hidalgo qui succède en 1964 à Just Fontaine à la présidence de l'UNFP : « Les mots de Kopa ont fait tilt. Et Justo, deux fois blessé, connaissait mieux que personne la fragilité de nos carrières. Elles pouvaient être brisées du jour au lendemain. Il nous fallait donc avoir les moyens de les guider alors qu'elles étaient totalement entre les mains des dirigeants... J'ai négocié, avec d'autres, cette liberté contractuelle [...] Le président du Groupement, Jean Sadoul, était un bon comédien [...] il a pleuré à plusieurs reprises parce qu'il disait que nous voulions la mort des clubs et du football français. Les clubs pensaient perdre ce qui faisait leur principale ressource, la vente des joueurs... Savoir que nous serions libres à vingt-quatre ou vingt-cinq ans – nous devions quatre ou cinq années à notre premier club –, a provoqué chez eux un vrai sentiment de panique. À l'arrivée nous avons obtenu ce fameux contrat à temps [...]. » La fièvre de révolte de mai 1968 se révèle un facteur supplémentaire du bouleversement des idées. Et au bout de longs mois à l'issue de la saison 1968-1969, un monde vieillot s'écroule et les deux parties signent l'avènement du contrat à durée librement déterminée. Désormais, comme le résume Jean Cornu dans *100 ans de football en France*[94], « lorsqu'un jeune joueur signe son premier contrat, il s'engage avec le club pour une durée de quatre ans ; mais tous les contrats suivants seront à durée librement consentie. Les deux parties seront liées pour le temps qu'elles auront convenu [sic] ». Le joueur de football a repris sa liberté. C'est une première dans le monde car théoriquement le transfert, en tout cas l'indemnité de transfert, n'existe plus en France. Sauf, « si le joueur désire quitter le club avant terme, il – ou plutôt le club qui l'engage – sera redevable d'une indemnité de "rupture de contrat" ou d'un transfert. Cette indemnité est calculée à l'aide de trois paramètres : l'âge du joueur, son salaire et le temps de contrat restant à courir[95]. » Les dirigeants et leurs financiers se sentent à leur tour floués. D'autant qu'ils craignent que la libre circulation de la main-d'œuvre au sein de la communauté économique européenne (CEE), principe mis en œuvre en juillet 1968, ne pille leur fonds de commerce, c'est-à-dire leurs travailleurs crampons, sans aucune contrepartie. Le contrat à temps est systématiquement mis à mal. La pression s'intensifie au point que le jeune Marius Trésor, dont les clauses de transfert d'Ajaccio à Marseille sont semble-t-il bafouées par les présidents des deux formations qui ne tiennent en outre absolument pas compte des désirs du joueur[96], est « kidnappé » en 1972 par l'UNFP. Le syndicat « cache » une semaine le défenseur guadeloupéen chez Jean-Jacques Bertrand, l'avocat de l'Union, empêchant toute action d'intimidation sur sa personne. L'UNFP remporte le bras de fer en négociant à la place de l'Ajaccien, son salaire étant finalement revu à la hausse. Mais l'incident n'est pas oublié et Trésor traversera un peu plus tard la Méditerranée pour gagner le Vieux-Port en même temps que le génial attaquant malien Salif Keita, transfuge de Saint-Étienne. Keita se plaint comme Trésor d'avoir été « trahi et exploité[97] » par son club dont il affirme qu'il le « considérait comme un esclave qui n'avait droit à rien et qui devait le servir toute la vie[98] ». Ces deux affaires ne sont que le point d'orgue du malaise qui s'étend. On parle de tout dans le microcosme et en particulier de l'élaboration secrète, sans voix au chapitre des joueurs, d'un nouveau contrat-type. Et le syndicat des joueurs – enfin solidaires – décide une grève totale à son congrès de Versailles des 27 et 28 novembre pour la journée du 3 décembre 1972. Encore une première mondiale de la part d'une instance syndicale représentant des sportifs. Cette journée de championnat de division 1 est la plus abracadabrante de son histoire. Les grévistes sont majoritaires dans dix-sept clubs. Seuls les gros bras, Nice, Nantes et Marseille alignent tous leurs joueurs pros. Les autres ne présentent que des joueurs amateurs au coup d'envoi. Deux matches se déroulent dans des conditions à peu près régulières, trois sont des parodies (Metz bat Paris FC 11 à 0) et cinq sont annulés, faute de combattants. L'évidence conduit le Conseil fédéral à annuler cette journée qui sera rejouée en avril 1973. Entre-temps, les joueurs ont marqué leur empreinte, impressionné les dirigeants et le Groupement qui va céder au fil des semaines à beaucoup de leurs revendications.

Rien n'est pourtant réglé, l'État se doit alors d'intervenir. Et un certain Philippe Séguin est nommé médiateur par le ministre de la Jeunesse et des Sports pour éteindre un incendie qui menace de se généraliser. Le futur ministre revient sur cette période agitée : « À l'arrivée [...] nous avons réglé toute une série de problèmes et, il est possible de le dire au regard de ces dernières années, jeté les bases d'un football moderne. [...] Ainsi la péréquation date de cette époque. Car si la course à l'argent est une chose, si le football était déjà devenu un commerce, la différence entre l'épicier et le président d'un club de foot est énorme : si l'épicier voit son concurrent fermer, il se réjouit. Le président, lui, en revanche, ne peut se satisfaire de la disparition d'un club voisin. [...] Nous avons également mis en place tous les systèmes d'indemnisation pour les interruptions de contrat, de manière à ne pas retrouver la situation contre laquelle les footballeurs s'étaient battus quelques années auparavant. Il fallait que le joueur puisse obtenir sa liberté, mais que le club puisse en tirer une compensation. Il a fallu négocier... surtout avec l'UNFP qui veillait au grain. [...] C'est aussi à cette époque que nous avons jeté les bases de ce qui serait plus tard la DNCG (Direction nationale du contrôle de gestion), dont j'ai moi-même présidé les premières réunions en 1974[99]. »

La crise est passée et aboutit à la fameuse Charte du football professionnel de 1973 et plus généralement à une profonde réforme du sport en France.

Jack Kramer, l'homme aux balles d'or

Nous avions quitté le tennis d'avant-guerre avec son lot de mercenaires de luxe, guidés par le légendaire Bill Tilden. Aucun joueur ne pense toujours en début de carrière à sauter le pas de l'amateurisme. Il n'y a pas d'ailleurs d'autre possibilité. Un professionnel a l'obligation impérieuse de s'être auparavant forgé un solide palmarès dans les seuls tournois qui « comptent », ou, au moins, de s'être illustré en coupe Davis. C'est le cas d'un Américain, Jack Kramer, l'homme qui va, par sa seule volonté et contre les esprits chagrins et poussiéreux, reléguer le tennis amateur aux oubliettes. D'origine modeste – son père est cheminot –, Kramer n'a pas eu les moyens de suivre des études comme ses contemporains Ted Schroeder ou Vic Seixas. Mais son talent et surtout sa rage innée de réussir renversent les montagnes. Avant l'aventure du tennis-dollar, il tire longtemps le diable par la queue et entretient avec peine femme et enfant à l'aide de primes occultes qu'il sait négocier mieux que personne. Businessman établi et fortune faite, il dénoncera, en 1955, les vices et injustices du système. Dans un article, Kramer s'en prenait aux organisateurs d'épreuves qui, sous le prétexte de la tradition sacrée du jeu, se réservaient tous les bénéfices sur le dos de jeunes joueurs naïfs ou mis devant le fait accompli à qui ils dispensaient de dérisoires dessous de table [100]. Il stigmatisait aussi le comportement presque esclavagiste des premiers sponsors, comme le fabricant de raquettes Wilson, coupables selon lui d'exploiter ces mêmes joueurs.

Personnage aussi volubile et fantasque qu'entreprenant et visionnaire, Kramer vient dans la force de l'âge (vingt-cinq ans) de soulever trois coupes de prestige en 1946-1947, deux à Forest-Hills et une à Wimbledon, et de contribuer à ajouter deux coupes Davis dans l'escarcelle de son pays. Façonné par Cliff Roche, un entraîneur aux idées neuves, Kramer met au point une méthode de jeu indépendante de l'adversaire et qui ne s'embarrasse d'aucune variante : agression systématique dès le premier coup de raquette, au service ou en retour, avec prise de filet immédiate sans autre but qu'une volée gagnante ou une erreur de l'adversaire, pris de court ou de vitesse.

Fort de son impressionnante armoire à trophées, Kramer est prêt à se lancer dans une autre galaxie : « Au lendemain de ce doublé [Wimbledon et Forest-Hills], je compris que le tennis était appelé à sortir des sentiers battus, et moi avec lui. » Arrivé au sommet de la hiérarchie, il n'a plus que faire d'une gloire bien peu rentable. Il prend son destin en mains en créant sa propre organisation, la World Tennis Incorporation qu'il dirige avec sa femme et sa mère, respectivement vice-présidente et trésorière, et se borde juridiquement grâce aux conseils d'un avocat, Jack Harris. Il reste à Kramer à s'entourer de quelques très beaux manieurs de raquette – le premier « volontaire » est Bobby Riggs [101] –, eux aussi fatigués d'années de vache maigre. Et à attendre anxieusement dans le vestiaire gelé du Madison Square Garden de New York les trois coups d'une première soirée à risque. Quinze mille spectateurs applaudissent frénétiquement les protagonistes qui évoluent sur un court inhabituel (une moquette plastifiée), acclament Kramer et Riggs qui disputent la dernière rencontre, et laissent 55 730,50 dollars dans les caisses de l'arène, du jamais vu et du jamais engrangé avant ce lendemain de Noël 1947. D'un bout à l'autre du pays, et pendant cinq mois, Kramer et Riggs reproduisent leur duel quatre-vingt-neuf fois. Et ce sont 503 047 billets verts qui emplissent leurs valises, 89 000 à se partager après avoir réglé les dernières factures.

Jack Kramer a désormais les bonnes cartes en main. Une organisation sans faille, un sens aigu du show et des idées plein les poches. Ainsi, il appâte le chaland en défiant tous les ans pour une série de matches le meilleur amateur de l'année précédente. Ces derniers sont parfois réticents à quitter la routine des tournois traditionnels. Il leur faut en effet partir dans d'usants périples autour du monde qui ne font pas une ligne dans les journaux alors que ceux-ci encensent les exploits des vainqueurs de Wimbledon, Roland-Garros, Forest-Hills ou de la coupe Davis. Mais peu le regretteront. Pendant dix-huit ans, pratiquement la totalité des as de la raquette se ralliera derrière la bannière du génial bateleur des courts. À chaque étape du « Kramer Circus », les participants qui s'affrontent en tournantes s'octroient de 1 000 à 4 000 dollars par tête alors que leurs « gains » en tournoi ne leur remboursent qu'à peine leurs frais. Les spectateurs en ont également pour leur argent car Kramer est d'une rare exigence envers ses hommes et encore plus pour lui-même. Pas question de « balancer » un match ni d'éprouver une quelconque pitié pour l'adversaire. Face au patron, le malheureux Franck Parker ne put inscrire un soir qu'un malheureux point dans la partie. En 1955, Kramer délaisse le plus souvent short et raquette. Il endosse alors son costume de chef d'entreprise ou se munit dans les tribunes des stades d'un carnet de notes qu'il noircit de noms de ses futurs protégés. Puis il prendra un peu de champ, en restant néanmoins dans le milieu avec un poste de commentateur pour la BBC anglaise. Repris par le démon de l'action, il se réinvestira dans le tennis « open » dont il aura grandement contribué à l'épanouissement et qui verra le jour en 1968 après un siècle d'amateurisme marron. Kramer concevra, avec le concours du premier grand sponsor Pepsi, le Grand Prix, ancêtre du circuit professionnel actuel, puis sera directement à l'origine de la création de l'Association des joueurs professionnels (ATP).

Années 1960

Avery Brundage : l'image paie

Avery Brundage, déjà âgé de soixante-cinq ans, a pris en 1952 les rênes du CIO. Ancien sportif de très haut niveau – il a terminé sixième du pentathlon des Jeux de 1912 remporté par Jim Thorpe –, cet Américain est tout sauf un novice de l'olympisme et de ses arcanes. Il est président de l'Amateur Athletic Union (AAU) pendant dix ans de 1928 à 1938 et dirige le Comité olympique américain pendant vingt-cinq ans de 1929 à 1953. Il est en outre membre du CIO depuis 1936 et en devient le vice-président à partir de 1945. Parallèlement à ses activités de dirigeant du sport, Brundage a « échafaudé » dans le secteur de la construction et de l'immobilier un empire financier qui s'écroule néanmoins à deux reprises en 1929 (crise de Wall Street) et en 1946 à la suite d'un invraisemblable enchaînement de désastres matériels. Sa volonté et son génie des affaires le font ressusciter chaque fois, plus riche encore qu'avant – à sa mort en 1975, sa collection d'art extrême-oriental, offerte à la ville de San Francisco qui en fera un musée, le Memorial Museum, sera estimée à 50 millions de dollars ! En 1952, l'avisé, athlétique et intransigeant Brundage est l'homme idéal pour mettre les Jeux sur de nouveaux rails. Son élection à la plus haute charge de l'olympisme convenait d'ailleurs très certainement à son prédécesseur, le Suédois Edstrom, qui n'hésitait pas avant le concile olympique de 1952 à proclamer : « Il serait souhaitable d'élire un président jouissant d'une fortune personnelle, afin qu'il puisse consacrer tout son temps à sa tâche [102]. » Le quatrième président du CIO restera longtemps, jusqu'au machiavélique Juan Antonio Samaranch, le plus décrié, le plus controversé. Le plus conservateur et le plus manipulateur aussi. Malgré un discours toujours empreint de valeurs humanistes, Brundage, comme le Belge Baillet-Latour, ne déviera pas de ses idées xénophobes. Et il restera accroché vingt ans sur son trône à défendre sans répit son plus cher trésor, l'amateurisme olympique. Sans jamais, comme ses objets d'art, l'abandonner ni le brader.

Les dossiers chauds s'accumulent sur son bureau. Et le plus brûlant, l'amateurisme, donc, qui continue à faire couler beaucoup d'encre. Brundage sera le plus féroce défenseur de ce pilier de la Charte olympique. Il avait déjà laissé transparaître à deux reprises son intransigeance en tant que dirigeant de l'AAU. En 1928, il s'était érigé en « casseur » d'idoles, participant à la disqualification, pour des peccadilles, deux stars de son pays, Eleanor Holm et Mildred Didrikson – la nageuse s'était rendue « coupable » d'avoir bu du champagne sur le bateau emmenant la délégation américaine à Amsterdam en 1928 ! Puis en 1948 avec la fameuse affaire du hockey sur glace des Jeux à Saint-Moritz. Fait sans précédent, deux équipes américaines s'étaient présentées au tournoi. Brundage avait pris fait et cause pour la « moins » professionnelle des deux, contre l'avis du CIO qui avait finalement accepté la présence de l'autre. Il s'acharnera au long de deux décennies de pouvoir à éradiquer toute forme de professionnalisme dans l'enceinte des Jeux. Son ultime et plus spectaculaire forfait restera dans les annales du sport. En 1972, la star autrichienne du ski alpin Karl Schranz, grand rival malheureux de Jean-Claude Killy aux Jeux d'hiver de 1968, et qui ne fait aucunement mystère de ses revenus [103], est menacé, avec beaucoup d'autres de ses collègues, de disqualification avant les épreuves de Sapporo. L'histoire avait débuté à Grenoble quand Brundage avait tout simplement refusé de remettre leur breloque à plusieurs champions olympiques qu'il rangeait dans la vilaine catégorie de faiseurs d'argent [104]. Car auparavant, les skieurs, à l'unanimité d'entre eux, n'avaient pas cédé à ses exigences. Brundage songeait en effet sérieusement à faire effacer les marques des skis, représentation trop voyante des fabricants soupçonnés de faire vivre les compétiteurs. Une solution bâtarde avait été imaginée à l'initiative de M. Hodler, le président de la Fédération internationale de ski : les skieurs étaient autorisés à concourir avec leurs skis mais avaient pour obligation de les abandonner sur les photos aux arrivées. Depuis, l'atmosphère était glacée entre l'irascible Autrichien et l'inflexible Américain. Elle devient irrespirable lors de l'arrivée au Japon de Schranz qui fulmine : « Si M. Brundage avait été pauvre comme je l'ai été, je me demande s'il n'aurait pas une autre attitude. Si nous suivions jusqu'au bout les recommandations de M. Brundage, les Jeux seraient une compétition réservée aux riches. Cette affaire de pureté d'amateur remonte au XIXe siècle alors que les sportifs amateurs étaient des gentlemen "bien nés" et tous les autres des parias[105]. » Deux jours plus tard, par un communiqué, le CIO fait tomber la guillotine sur le cou du condamné : la commission recommande qu'« étant donné l'activité et l'influence de Karl Schranz dans les compétitions de ski alpin et le fait que son nom et sa photographie servent de "support" publicitaire au cours de ces dernières années, que celui-ci soit déclaré non admissible aux Jeux olympiques d'hiver de Sapporo ». Pas explicitement signé par le président de l'instance olympique, cet arrêt de mort est évidemment et directement inspiré par Avery Brundage lui-même, qui, dans son absolu fanatisme, ne se sera donc jamais écarté d'une virgule de l'article 26 de la Charte olympique.

L'attitude présidentielle sera plus ambiguë à l'égard du professionnalisme déguisé des pays de l'Est dont la présence est essentielle au CIO. Se cachant derrière son petit doigt, Brundage propose trop naïvement pour qu'on le croie que les participants signent des « déclaration qui révéleront s'ils reçoivent des subventions ou non ». Quelque temps avant de quitter son mandat, l'octogénaire s'obstine dans ses certitudes. Dans la foulée des Jeux de Grenoble, il donne son avis sur les Jeux d'hiver, la discipline du ski alpin surtout qui est sa bête noire, et leur évolution qu'il n'apprécie décidément que modérément : « [Ils] ont perdu leur objectif qui est d'être un festival de la jeunesse et de la neige. [...] Sans critiquer les organisateurs français qui ont fourni un travail remarquable [...] à Grenoble, 240 millions de dollars ont été dépensés pour dix jours de sport, c'est trop. L'idée olympique a été exploitée commercialement, nous n'aimons pas cela [106]. » Et dans une adresse à l'inspiration plus coubertinienne que celle de Coubertin lui-même, il délivre la quintessence de son idéologie : « Le sport est une vocation. Il existe deux catégories de sportifs : ceux qui pratiquent le sport pour l'argent et ceux qui s'y adonnent pour le plaisir. Les Jeux sont réservés aux seconds. Nous ne voulons pas former une classe de jeunes qui ne connaîtraient que le sport. L'objet du mouvement olympique est de développer un homme complet [107]. »

L'autre grand dossier qui occupera le maître du CIO est celui de la télévision et de son formidable impact à l'orée des années 1960. Dès son installation dans le fauteuil de président, il s'inquiète de ce que peut devenir l'impact de la télévision sur les Jeux. Manifestement enfermé entre sa croyance presque religieuse en un olympisme exemplaire [108] et l'intérêt d'une ressource nouvelle pour le mouvement olympique, Brundage va composer en affairiste de génie.

L'équation à résoudre au lendemain de Melbourne en 1956 se ramène à l'établissement d'une saine répartition des sommes déjà coquettes proposées par les chaînes principalement américaines qui se pressent pour acquérir les droits des Jeux. Paradoxalement, l'homme qui a fait de Chicago une mégapole en y bâtissant gratte-ciel, ponts et usines, met le plus souvent son poids dans la balance afin de freiner le gigantisme des Jeux. Il ne cesse d'arbitrer, à partir de 1955, date où il identifie clairement l'apport financier potentiel des networks [109], le conflit qui éclate entre les fédérations sportives et les comités olympiques nationaux qui se disputent le futur gâteau. Lors de la cinquante-troisième session du CIO en septembre 1957 à Sofia, il prédit pour les comités nationaux olympiques (CNO) une possible « grande source de profits » par l'entremise de la télévision. Depuis leur création, les Jeux appartiennent au CIO qui en détient tous les droits. Ces droits n'ayant jamais jusque-là constitué une ressource substantielle, aucun président n'en avait réellement étudié la potentialité. Le CIO ne vit alors que sur un très faible train de vie – comme le montre l'exemple de Coubertin qui réglait ses frais de voyage sur ses propres deniers – ne tirant ses subsides que de généreux donateurs ou des cotisations de ses membres fortunés. Curieusement, les Jeux olympiques ne finançaient en aucune façon le Comité qui en était le propriétaire. En effet, de par les statuts originels, il était interdit de tirer profit de la manifestation, CIO compris ! En 1949, Brundage, qui en est le vice-président, crée la première sérieuse ressource du comité en faisant adopter la clause du « versement d'une contribution au fonds du CIO » : les comités organisateurs à qui il est alors accordé toute confiance doivent à l'issue d'une olympiade alimenter ce fonds par leurs éventuels bénéfices. La destination de l'argent est strictement réglementée. Connaissant l'auteur de l'article, son usage est réservé, on s'en doutait, au développement du mouvement olympique et au sport amateur. Le premier montant de cette contribution quadriennale est fixé de manière à ce qu'il représente l'équivalent d'1 ou 2 % des recettes amenées par les spectateurs – les 1 ou 2 % restants allant aux fédérations internationales. Les organisateurs de Londres en 1948 versent donc au CIO – calcul établi un an après les Jeux – une somme de 5 000 livres sterling (20 000 euros d'aujourd'hui), ceux des Jeux d'hiver de Saint-Moritz la même année une somme de 2 000 livres sterling. Il est alors édicté un nouvel article, le n° 22, qui stipule que « le CIO demande au comité chargé de l'organisation des Jeux olympiques et des Jeux d'hiver de lui verser une somme déterminée d'un commun accord, comme contribution administrative du CIO et au développement du mouvement olympique ». En 1956 à Melbourne, pour la première fois, la télévision propose de payer afin de retransmettre les épreuves, ce qui en théorie devrait faire les affaires de tous, CIO, comité d'organisation et fédérations. Mais le comité australien exige des droits supérieurs à ceux de la radio, ce que refuse le diffuseur australien. C'est le black-out, et les Jeux ne seront pas retransmis en images. La situation se complique en vue des Jeux de Rome dont la télévision ne veut plus se passer.

En 1957, lors de la session du CIO, Brundage pensait que l'on allait à la catastrophe. D'autant que le vice-président kenyan Alexander disait que l'argent de la télévision représenterait « le sang du CIO ». Brundage flaire le conflit en gestation entre les parties : CIO, fédérations internationales, comités nationaux olympiques. Car la technologie du satellite implique espoir d'augmentation des droits. C'est le début de la bataille pour remporter la chasse au trésor. Entre 1960 et 1966, Brundage s'échine à éteindre les feux entre les internants et met six ans à établir la « formule de Rome ».

Les chaînes de télévision avaient droit jusque-là à neuf minutes d'images gratuites par jour. Brundage voulait utiliser la télévision à des fins promotionnelles dans le monde entier. La récente expansion de l'industrie des téléviseurs confirmait cette assertion. En 1954, 54 % des foyers américains sont équipés de la télévision, alors que quatre ans plus tôt ils n'étaient que 9 %. Il y avait quatre cent treize chaînes de télévision en juillet 1955. La finale du championnat de football était suivie en 1956 par vingt millions de téléspectateurs sur le territoire américain. Fin 1955, les Britanniques étaient quatre millions à détenir un poste de télévision, le double de 1953. L'Argentine, la Colombie, le Maroc, la Suisse commençaient aussi leur développement. Tout ceci participait selon Brundage à la propagation de l'idéal olympique. Il fallait en même temps protéger cet idéal du mercantilisme. Et donc ne pas faire rentrer officiellement le CIO dans le circuit. Brundage allait donc jusqu'à responsabiliser les comités d'organisation pour la négociation avec les chaînes. Malgré tout, le président poussait en coulisse les comités à maximiser les droits. De son côté, le marquis d'Exeter, vice-président britannique du CIO de 1956 à 1968, ancien président du comité d'organisation des Jeux de Londres et président de l'IAAF, voulait que les fédérations s'arrogent leur part. Brundage est réticent. Il concède d'abord au marquis la prise en compte des Jeux olympiques comme championnats du monde officiels pour quelques sports majeurs. Puis, à partir de 1962, une part de redistribution des droits de télévision plus consistante aux fédérations, comme celles d'athlétisme, de natation, d'équitation ou de boxe. En revanche et dans le même temps, Brundage accroît sa mauvaise humeur sur le football, le patinage, le basket ou le ski, coupables à ses yeux de faire cavalier seul et de se désolidariser des vertus de l'olympisme en se servant de l'argent olympique à des fins dévoyées. Le grand débat tourne alors autour du pourcentage des droits à reverser aux fédérations. Le bouillonnant président de la

Ligue internationale de hockey sur glace, l'Anglais J. F. Ahearne, se heurte à Brundage sur ce point. Ahearne déclame à corps et à cris que le sport amateur génère des millions de dollars et ne comprend pas pourquoi un business honnête ne pourrait en résulter. Les comités nationaux olympiques se mettent de la partie et le Français Armand Massard met en garde le président du CIO. Les CNO selon lui dépendent des gouvernements et cette interférence menacerait l'indépendance des CNO. L'argument porte et Brundage cède en promettant pour les Jeux qui suivraient Innsbruck et Tokyo (1964) des subsides plus conséquents aux CNO. À ce point, le Chicagoan se demande si les prétentions des CNO et des fédérations ne vont pas tout simplement décourager les futures villes organisatrices. Il met en place un revenu minimum sur les droits télévisuels à accorder aux comités d'organisation. Pendant des années, de la création de la commission du CIO chargée de la négociation des droits de télévision jusqu'à l'accord de Rome, des heurts continuels opposeront en interne Avery Brundage à celui qu'il avait installé à sa tête, Giulio Onesti, président du puissant Comité national olympique italien. Les fédérations internationales et les CNO se chamaillent sur une répartition qu'ils veulent chacun de leur côté la plus forte possible. Onesti, Brundage et le marquis d'Exeter parviennent au terme d'interminables palabres à un compromis présentable, la fameuse « formule de Rome » dont les modalités seront fixées en avril 1966 lors d'une commission exécutive tenue dans la capitale italienne. Le schéma de répartition était basé initialement sur un calcul selon lequel le CIO (et les CNO et les fédérations) limite sa part à 1 750 000 dollars, quel que soit le montant des droits – qui pense-t-on ne dépasseront jamais 3 millions de dollars –, le surplus étant encaissé par le comité d'organisation. Arrivent aux oreilles de la Commission, en plein pendant ses travaux, les échos de la signature du contrat de 4,5 millions de dollars signé par la chaîne américaine ABC pour les Jeux de Mexico 1968. Ce pactole laisse entendre que les droits totaux des Jeux de 1968 et des suivants seront bien plus importants – ils seront en effet de plus de 9 millions pour Mexico –, en tout cas bien supérieurs aux 3 ou 5 millions prévus. La Commission, où le vociférant Onesti défend avec acharnement la cause des comités nationaux, décide alors un calcul de répartition progressif, où ne figure aucune limitation. C'est la formule finale. Le CIO se réserve le premier million de dollars engrangé. Pour le deuxième million de dollars, le CIO prend deux tiers (dont il reverse un tiers aux CNO et un tiers aux fédérations) et le comité d'organisation un tiers. Pour le troisième million de dollars et les suivants, le CIO s'octroie un tiers (dont il reversait toujours un tiers aux CNO et aux fédérations) et le comité d'organisation les deux tiers restants. Toutes les parties sont enfin – presque – satisfaites – même si le comité d'organisation est le mieux servi plus les sommes sont élevées. C'est la paix de Rome, elle n'est que de courte durée [110].

Brundage est inquiet : « Si nous n'y prenons garde, cet argent de la télévision peut mener au désastre [111]. » Ce sera en effet le début d'une longue guerre entre les parties. Une extraordinaire lutte d'influences souterraines pour s'accaparer des parts du butin. Après le départ de Brundage, l'affaire des droits sera rondement menée au CIO, qui, en tant que propriétaire des Jeux, est évidemment le centre de gravité du système. En toile de fond, la concurrence entre les télés américaines. Les chiffres donnent le tournis depuis les années 1960. Un an à peine après avoir été nommé en 1983 par Juan Antonio Samaranch représentant pour le CIO des droits télé des JO, le Canadien Dick Pound (également vice-président du CIO, et qui deviendra président de l'Agence mondiale antidopage) finalise avec ABC, à la barbe de ses concurrentes NBC et CBS, un contrat de 309 millions de dollars pour les Jeux d'hiver de Calgary. Plus de trois fois celui que son prédécesseur Roone Arledge avait obtenu pour les Jeux précédents à Sarajevo. Ce fut le grand virage financier des Jeux d'hiver, qui mena directement aux errements de Salt Lake City et de la plus grande affaire de corruption de l'histoire du CIO et du sport tout entier. Pound fera de même avec les Jeux d'été. En amenant notamment l'Europe (via l'UER) à injecter des sommes qui jusque-là étaient dérisoires en comparaison de celles des Américains. Andrew Jennings présente Pound comme celui par qui la vraie richesse est arrivée au CIO : « Sa tâche la plus importante, depuis les années 1980 consistait à soutirer de l'argent aux sponsors et aux réseaux de télévision [112]. » L'avocat Dick Pound était en outre par l'intermédiaire de son cabinet le conseil d'Adidas pour toutes ses affaires juridiques au Canada. Pound a réussi à faire entrer le CIO dans une catégorie tout à fait à part : celle d'une sorte d'intermédiaire financier – alors qu'il ne l'est pas –, qui prend sa commission quel que soit le sens du vent, favorable ou défavorable. Un peu à l'image d'un courtier en Bourse dont les commissions sont les mêmes à l'achat ou à la vente, à la hausse ou à la baisse, puisqu'elles sont aussi nombreuses. Les résultats positifs ou négatifs d'une ville organisatrice importent donc peu au CIO. À la fin des années 1990, les rentrées de la télévision se monteront à plus d'un milliard de dollars pour chaque festival olympique. Pour les trois dernières années du siècle, les Jeux généreront 3,5 milliards de dollars de recettes au total. Le CIO et sa « famille » en dévorent deux et demi. Comme le succès des Jeux ne se dément jamais, il n'y a aucune raison que les membres de la famille ne continuent à prospérer sur le dos de leur fabuleuse progéniture.

Tennis : on ouvre !

Comme quatre-vingts ans plus tôt, un dirigeant du All England Croquet and Lawn Tennis Club, précisément son directeur Herman David, va exprimer en 1967 une opinion amenée à changer le cours des choses. Son tournoi, a-t-il ouvertement jugé, n'a pas atteint un niveau digne de son prestige, les parties ont presque ennuyé les spectateurs. David, âgé de soixante ans et accessoirement diamantaire de profession, estime qu'il est temps que Wimbledon invite tous les joueurs sans exclusive, amateurs ou professionnels. Pas vraiment dans la ligne marbrée ni dans les manières glacées de ses vénérables et réactionnaires prédécesseurs, il compare le tennis à « un mensonge vivant » et à un univers dans lequel « les joueurs professionnels sont les seuls honnêtes gens », car « au moins, eux, paient-ils leurs impôts[113] ». Il est vrai que le tennis vit une situation extrêmement désagréable que beaucoup commencent à vouloir remettre en question. Les champions fleurissent de partout et, en passant professionnels de plus en plus tôt, dévaluent du même coup la crédibilité du circuit amateur. La nouvelle génération de grands talents, emmenée par les Australiens Ken Rosewall et Lewis

Hoad et passée pro sous Kramer, avait décidé après le retrait définitif des affaires du big boss en 1961 de prendre ses intérêts en main. Les quinze professionnels les plus réputés s'étaient regroupés au sein de l'International Professional Tennis Association (IPTA), véritable première coopérative du tennis pro. Chacun des participants était solidaire de l'ensemble, qui ne disposait plus du fonds de roulement de Kramer et, par conséquent, de garanties importantes, notamment pour les nouveaux venus dans l'association. Tous les ans, l'IPTA « invitait » en effet le meilleur amateur à la rejoindre. Et le jeu pour l'élu en valait largement la chandelle. Rod Laver, lauréat en 1962 du deuxième Grand Chelem de l'histoire, signait dans la foulée un contrat pro qui lui assurait 100 000 dollars (500 000 francs, soit 605 000 euros d'aujourd'hui) pour trois ans. Moins tous les douze mois que Hoad (100 000), Trabert (80 000) ou Rosewall (65 000) à leur arrivée dans le club, mais le génial gaucher rouquin ne perdra pas au change. Son emprise sur le circuit se traduira par des gains nettement supérieurs à ses garanties dès la fin de ses deux premières années. Même si la presse, et par conséquent le grand public, n'accordait pas d'importance à leurs joutes, les pros se prenaient au sérieux. Leurs matches, qu'il leur faut gagner pour ramasser les bonus variables, dégageaient une réelle intensité et ce à jet continu tout au long de la saison. Ce qui était beaucoup plus rare chez les amateurs, peu motivés par les breloques et disséminés le plus souvent sur les courts à l'exception de Roland-Garros, Forest-Hills ou Wimbledon.

Laver, Rosewall, Hoad, Trabert, Sedgman, Cooper, et même l'ancien Pancho Gonzalez pèsent donc de plus en plus lourd dans le paysage du tennis de la fin des années 1960. La si intransigeante Fédération internationale est deux fois, en 1960 et en 1965, sur le point de se ranger à l'avis du directeur de Wimbledon qui martèle son message d'un tennis open : « Plus de professionnels ni d'amateurs [...] Des joueurs, et c'est tout. Plus d'hypocrisie, cartes sur table, rassemblement général et aux meilleurs les titres et les prix en espèces. [...] Finis les marchandages qui démolissent les "espoirs" du tennis, les petits dessous-de-table, les petits joueurs, les petites ambitions, les carrières manquées [114]. » Herman David, qui a quand même pour lui de présider au plus grand tournoi du monde, ne manque pourtant pas de courage. Contre vents et marées, il plonge dans le vide : « L'an prochain [1968], Wimbledon accueillera tout le monde même si la Fédération internationale y mettait son veto [115]. »

L'année 1967, marquée par plusieurs salves bruyantes, est décisive dans l'optique du drapeau blanc. Le *Sunday Times* de Londres affirme en mars que l'Australien Roy Emerson a exigé 1 500 dollars (7 500 francs de l'époque soit 7 575 euros d'aujourd'hui) pour s'aligner aux championnats d'Allemagne. L'information est bizarrement venue d'un responsable de la Fédération internationale, M. Heinrich Kleinschroth, qui s'en donne à cœur joie en « balançant » le plus beau fleuron des joueurs « amateurs ». Kleinschroth, comme les Australiens, M. Edwards, président de la Fédération australienne, ou Harry Hopman, président de l'association de l'État de Victoria et capitaine de l'équipe de coupe Davis, fait partie des acharnés de la lutte « à mort » contre le tennis professionnel. Ce dernier en quelques mois a encore évolué, changeant d'organisation (National Tennis League), de président (George McCall, ancien joueur et avocat), abandonnant tout sexisme – quatre femmes adhèrent, Durr, Jones, King et Casals –, et enrôlant Emerson, fatigué à trente et un ans de la lutte contre sa fédération et dégoûté par l'inexistence de relations entre son rachitique compte bancaire et sa pantagruélique armoire à lauriers – douze tournois du Grand Chelem en six ans. Le président du stade de football de La Nouvelle-Orléans, Dave Dixon, en association avec le richissime Texan Lamar Hunt, ajoutent en fin d'année leur pincée de sel en créant la World Championship Tennis (WCT). Huit joueurs amateurs vite surnommés « les huit beaux mecs » (*handsome eights*) répondent à l'appel difficilement contrariant – 50 000 dollars de garantie à l'année pour John Newcombe sans obligation de résultat – d'un Dixon aux idées libérales et cathodiquement correctes : raccourcissement du temps de jeu (apparition du tie-break) et tenues bariolées.

Fin août, six semaines après le « traditionnel » Wimbledon, un tournoi entre professionnels est organisé sous la houlette de David sur les célébrissimes courts londoniens. Devant les caméras de la télévision britannique, les huit hôtes (3 000 livres sterling au vainqueur Rod Laver, professionnel depuis 1963, et 550 livres aux éliminés du premier tour) de l'organisateur Brian Cogwill démontrent leur valeur au très grand jour. De fait, l'absurde réalité saute d'un coup aux yeux. Transpercée depuis belle lurette, la frontière qui sépare l'idéologie surannée du courant moderniste va s'évanouir en quelques mois. La Fédération anglaise se décide en octobre à ouvrir les vannes. Un calendrier d'épreuves « open » est adopté pour l'année suivante en Angleterre. Le 30 mars 1968, la Fédération internationale se « résigne » à son tour. Les « immobilistes », qui bien entendu profitaient du système en ne payant pas officiellement (c'est-à-dire grassement) les joueurs, sont pris dans le tourbillon qu'ils ne peuvent plus arrêter. La Fédération internationale de lawn tennis (FILT) autorise, à quelques réserves de « principe » près, tous les professionnels à goûter leurs épreuves. Le 22 avril 1968, les organisateurs du tournoi de Bournemouth laissent l'honneur à leur ressortissant, John Clifton, et à son adversaire, l'Australien Owen Davidson, de disputer le premier match « open » de l'histoire. C'est à Roland-Garros en mai, dans une capitale en pleine ébullition, que les spectateurs, plus disponibles que jamais dans un contexte de grève et d'« école buissonnière », viennent assister à l'affrontement tant désiré entre amateurs et professionnels. Les « événements » de mai font la joie des organisateurs qui voient leurs allées se gonfler par nombre de salariés dégagés de leurs obligations professionnelles. La recette aux guichets de la quinzaine (900 000 francs) dépasse de trois fois celle de l'édition précédente. Un soulagement pour le trésorier qui doit pour la première fois intégrer à ses dépenses le paiement des prix se montant au total à 100 000 francs. La finale Rosewall-Laver devant 15 000 spectateurs réveille un stade endormi et souvent à moitié désert depuis les exploits des Mousquetaires. Ken Rosewall empoche 15 000 francs (14 700 euros d'aujourd'hui) et son adversaire malheureux en récolte 10 000. Le départ du tennis-business à grande échelle est donné. Jack Kramer va le premier s'y engouffrer en proposant le Grand Prix à la FILT. Les sponsors, la télévision, les agents, les milliardaires vont suivre, et – enfin ! –, les femmes.

Jean-Claude Killy : Le professionnel !

Dans le gotha des très grands noms de l'histoire du sport mondial, il ne se trouve qu'un nombre extrêmement réduit de champions ayant su prolonger leur gloire par une autre. En France, en tout cas, pas au point de Jean-Claude Killy. Par une alchimie rarissime en sport, l'or glané par le skieur aux Jeux de Grenoble s'est transformé en argent. « L'argent, c'est la liberté et l'indépendance. La possibilité de dire "merde" et de partir à tout moment. L'argent n'est pas fait pour être gaspillé. Et ça existe quand même la satisfaction de savoir qu'on peut en gagner [116] », dira Killy bien des années après que son extraordinaire itinéraire a fait figure d'exemple.

Car Killy, dans sa vie « civile », a connu une trajectoire de rêve semblable à celle qui le faisait dévaler les pistes plus vite que ses contemporains. Et la liberté et l'indépendance dont il parle, il a su très tôt les conquérir en faisant systématiquement les choix les plus justes. En acceptant d'abord, deux mois à peine après son fabuleux triplé olympique en février 1968 [117], de signer un contrat aux clauses contraignantes mais aux perspectives juteuses avec un avocat américain, Mark McCormack. Ce pionnier de la gestion d'affaires chez les sportifs a vite senti la pépite constituée par Killy.

On propose en 1967 au nouveau douanier, affecté à la brigade de Chamonix pour un salaire de 570 francs [118] par mois, des contrats fabuleux. Un industriel américain lui offre 170 000 francs [119] pour porter, l'espace d'une course seulement, un anorak de sa marque. JCK fait dire au mécène qu'il en est hors de question, même pour le double, le rêve olympique passe par l'amateurisme. Six mois avant son triomphe olympique, JCK est sur les tablettes de McCormack. Les deux hommes se rencontrent à Genève et parlent longuement de l'après-Grenoble. Le jeune (trente-six ans) *lawyer* de Cleveland veut attaquer, après celui du golf et du tennis, le marché du ski outre-Atlantique avec un emblème qu'il n'a pas encore tout à fait. Il ne manque en effet au palmarès du prodige qu'un sacre olympique puisque Killy est déjà double champion du monde de descente et du combiné et a décroché la première coupe du monde. Un défi si énorme et si aléatoire qu'il en fait presque trembler le skieur, tenté par une sortie prématurée mais sûre en pleine gloire. Mais pour McCormack, qui le lui fait bien comprendre, le jackpot ne peut tomber qu'à cette condition. Car pour le reste, image ou célébrité, Killy a fait le plein. La France des midinettes en jupes courtes n'a d'yeux que pour ce jeune Adonis célibataire de vingt-quatre ans à la personnalité attachante. Les journaux du monde entier remplissent leurs colonnes sportives des prouesses du phénomène qui, comme pour leur assurer des tirages records, mord dans les autres rubriques[120]. De plus, McCormack le sait, l'idéal homme des neiges paraît être familiarisé avec un autre outil que ses planches recourbées. Pas très bien encore il est vrai. Peu avant les Jeux, la fédération, morte de peur à l'idée d'un esclandre dans la presse, avait dû rattraper une grosse bourde de l'imprudent Jean-Claude. Pour 3 000 francs, et sous les spatules, Killy avait paraphé un contrat de représentation avec un fabricant italien de bâtons, moins repérables qu'un anorak. Aux grands maux, les grands remèdes. Honoré Bonnet, patron des skieurs tricolores, M. Joseph, le président du pool des équipes de France, et le colonel Marceau Crespin en charge des sports, directement sous la responsabilité du secrétaire d'État à la Jeunesse et aux Sports, s'étaient rendus incognito et affolés à Courmayeur pour faire disparaître toute trace d'un document qui, dévoilé, aurait été équivalent aux effets d'une bombe H. Le voyage en Italie, rocambolesque, a les traits d'un film de Louis de Funès. Jean-Claude Killy, dont la présence est indispensable, passe la frontière dans le coffre de la voiture du groupe de cette *Grande Vadrouille* bis. Sur place, en position de force, la firme transalpine n'a aucune difficulté à convaincre ses interlocuteurs tremblants de lui remettre un pécule de... 30 000 francs en échange de la destruction du papier. Ouf ! Le fumant président du CIO Avery Brundage, le séant vissé sur l'article 26 de la Charte des Jeux, a un argument et un coupable de moins candidat au billot. Car, à quelques jours de la cérémonie d'ouverture des épreuves de Grenoble, M. Brundage avait une nouvelle fois laissé paraître son éternel mépris pour les pseudo-amateurs de ski qu'il avait publiquement traités de tricheurs et menacés de disqualification.

Quelques jours après son glorieux triplé de Grenoble, Killy est soupçonné, en échange d'une Porsche d'une valeur de 35 000 francs[121], d'avoir offert l'exclusivité des photos de son portrait, médailles d'or autour du cou, à l'hebdomadaire *Paris-Match*. Le bolide est assez voyant et l'affaire fait grand bruit car Killy ne peut, toujours selon l'article 26 de la Charte des Jeux, marchander son image olympique sans, au moins, l'autorisation de sa fédération. Killy ne veut pas se voir retirer ses médailles par le CIO. Il argue que l'automobile, dont il possédait déjà un exemplaire, a été commandée avant les Jeux, payée avec ses deniers et produit des justificatifs sur l'honneur du directeur de *Paris-Match*, de son père et de lui-même. Suffisant pour M. Brundage qui n'aura pas autant de « délicatesse » avec Karl Schranz quatre ans plus tard. La dernière course de JCK avant le grand saut du « gros » business est l'occasion d'une histoire peu banale. Et de « petit » négoce. À Sun Valley, au terme de l'ultime descente de coupe du monde 1967-1968, Killy se voit demander son casque et ses lunettes (les mêmes qu'à Grenoble) par un jeune homme américain qui sait que le champion ne s'en servira plus jamais. Killy raconte la suite : « Je lui avais dit OK contre 50 dollars. Il les avait empruntés, sur-le-champ, à sa mère. Marché conclu. Bien des années après, j'ai voulu récupérer mon matériel et j'ai passé une annonce dans des revues spécialisées. Rien. Un jour, un ami américain me dit, au détour d'une conversation, qu'il avait vu ce casque chez un copain à lui, dans l'État de Washington. J'ai écrit tout de suite au propriétaire : "Vendez-moi mon casque, votre prix sera le mien." Il n'a pas voulu. Il m'a dit : "Votre casque, vos lunettes, je vous les rends gratuitement contre une journée de ski avec moi." Et j'ai accepté, ça s'est passé le 18 mars 1981. Quand il y aura un vrai musée du sport en France, je le donnerai volontiers ce casque, mais il faudra mettre la mention : "Don de M. Untel, Américain." Je l'ai promis[122]. »

L'heure est venue de prendre congé du monde amateur et de ses épiciers. Vive le professionnalisme et les dollars *on the table* de McCormack. Le nouveau dieu du ski fait poireauter son futur agent quelques semaines, jusqu'au 18 avril 1968 où Mark devient l'*exclusive business agent* de Jean-Claude. Sa municipalité d'adoption, Val d'Isère, fait l'affront à l'enfant du pays de ne pas donner suite à sa proposition d'être son ambassadeur itinérant pour un salaire de 50 000 francs par mois. Exit la Savoie et la France, pusillanimes et étriqués royaumes de nains ! Direction l'immense et généreuse Amérique. Avec dans sa main un diamant aussi pur que Jean-Claude Killy, Mark McCormack n'a même pas à forcer son génie du business [123]. Dans son bureau de New York, chaque sonnerie de son téléphone est synonyme pour le patron d'IMG d'un rendez-vous dans les vingt-quatre heures avec ses homologues d'IBM, Ray-Ban, United Airlines, *Time Magazine*, American Express... Et chaque fois l'assurance d'un contrat publicitaire en or dont la vedette est son nouveau poulain. C'est l'Eldorado pour Killy qui devient millionnaire à une vitesse aussi phénoménale que dans un schuss final (2 millions de dollars gagnés en deux ans). On aperçoit le Golden Frenchie chez Henry Ford II, héritier d'Henry Ford, statue du capitalisme mondial. *Money is money*, c'est avec General Motors, l'autre géant mondial de l'auto de Detroit, que Killy fera affaire le premier ! Résultat, le seul spot matraqué sur les grands networks et qui se résume à « Faites comme moi, Jean-Claude Killy, roulez en Chevrolet (la marque la plus connue de GM) » lui ramène 500 000 dollars en trois ans. VRP de la Big Three, Killy écume aussi les salons de l'automobile à travers le pays pour 10 000 dollars la pige. Il partage la vedette de ces journées de bateleur de luxe avec le footballeur O. J. Simpson, dont l'étoile pâlira trente plus tard lors de l'affaire hypermédiatique et non élucidée du meurtre de son ex-femme. La complémentarité entre les prestations, réglées comme des horloges, du skieur blanc et sobre et du footballeur noir et volubile, fait merveille. French lover, sourire ravageur, accent à la Maurice Chevalier, Killy enchaîne les apparitions dans les *commercials* des annonceurs qui se l'arrachent [124]. Les fabricants de matériel de ski ne sont pas en reste. Killy « vend » à la télévision les skis Head (4,50 dollars par paire commercialisée) et les chaussures Lange (150 000 dollars garantis plus pourcentage sur les ventes en Europe). À ce stade, et il ne s'en cache pas à *L'Express* fin 1968, un argument et un seul, le guide dans ses choix : « L'argent. » Pas l'argent facile, mais un argent mérité. JCK a toujours plus travaillé à l'entraînement que ses petits camarades et payé son tribut au risque (blessures à répétition). Son échec aux Jeux d'Innsbruck en 1964 lui a pendant quatre ans fait redoubler de sacrifices, y compris financiers, s'arrêtant aux fameux « manques à gagner » dont la Fédération française de ski n'est pas chiche à l'époque [125]. Il n'a pas cédé aux bruits des sirènes de Dynastar en 1965. Nouvel arrivant sur le marché des planches, le fabricant avait pourtant mis 5 000 francs [126] par mois sur la table pour équiper exclusivement le champion. Guy Périllat et Marielle Goitschel, eux, ne s'étaient pas fait prier. Killy avait préféré son indépendance dans le choix des matériels. Aux États-Unis, Killy fait le choix inverse. L'objectif sportif est atteint et l'argent est sans interdit : « C'est l'efficacité des Américains qui me plaît. La rapidité de leurs décisions. Ils ont besoin de vous et ils vous veulent. Ils le disent, précisent ce qu'ils attendent, et vous proposent un contrat. Terminé, cela prend une demi-journée. En Europe, on tergiversera pendant dix-huit mois avant d'arriver au même résultat [127]. »

Pour « Toutoune », l'ancien gamin boutonneux qui garnissait sa tirelire de quelques centimes en donnant des leçons aux riches touristes sur la face de Bellevarde à Val d'Isère, c'est le temps des grandes rencontres. Durant les week-ends organisés dans les Rocheuses par le magazine *Time*, et sous la caution sportive de JCK, celui-ci côtoie les plus grands patrons US. Killy pressent que les descentes à allure de grand-père devant les présidents d'American Express, de Pan Am ou Rolex, lui servent non seulement le portefeuille mais peut-être un autre avenir que celui de chic moniteur de randonnée. De fait, cette expérience lui ouvrira bien des portes au moment du remplissage des caisses aux Jeux d'Albertville. Les contrats du skieur semblent alors plafonner au début des années 1970. L'image du champion est excellente, il est plus connu et reconnu aux États-Unis qu'en Europe, mais il faut redonner du tonus à son pouvoir marchand qui stagne. D'autant que les retours des premières campagnes sont loin des résultats escomptés. Et JCK a laissé filer des dollars dans des investissements réalisés à la va-vite. McCormack trouve une nouvelle occupation pour son homme-sandwich qu'il voudrait rendre moins potiche. Et le mieux est de le ramener sur le terrain qui l'a rendu célèbre, la neige. Le ballon d'essai, le « Killy Challenge », où le skieur est confronté à des opposants moins huppés dans des courses à handicap, est probant. Ces shows au nombre de huit, tous gagnés par la vedette à l'exception d'un seul face à... la skieuse Cathy Nagel, ont aguiché les sponsors United Airlines et Hertz ainsi que les chaînes de télévision. Le golden boy rechausse officiellement les skis. Objectif le titre mondial 1972-1973 des professionnels, l'unique breloque qui manque sur sa cheminée. Sa présence garantit le succès télévisuel et les networks se battent pour obtenir l'exclusivité. La marque de cigarettes Benson and Hedges allonge 110 000 dollars au départ de la saison sur la simple annonce de la présence de Killy. Un pari de plus et encore un pari de gagné (et 68 625 dollars à la clé). Mais l'effort coûte au « retraité » (vingt-neuf ans !) de sérieux problèmes au dos qui le poussent à définitivement s'éloigner de la compétition.

Dans cette vie de nomade, où il se partage entre le Far West, la France et la Suisse, Killy trouve le temps de se marier avec la belle actrice Danièle Gaubert puis de tourner un film américain dans lequel est engagée son épouse. *Vingt-Huit Secondes pour un hold-up*, dirigé par le réalisateur Georges Englund, enfle le compte en banque du skieur mais pas sa renommée d'acteur. Durant le tournage, Killy qui joue un truand, évidemment doué skis aux pieds, doit effectuer un saut impressionnant de vingt-cinq mètres. Ce qu'il réussit magnifiquement dès la première prise... alors que la caméra est en panne. Les 25 000 francs suisses qu'on lui promet pour recommencer n'y font rien. Killy aime l'argent mais n'est ni fou ni cupide. On ne verra pas JCK s'envoler au-dessus des montagnes.

La nostalgie du pays et une philosophie nouvelle – « J'ai tout appris aux États-Unis en comprenant qu'on ne pouvait pas se satisfaire d'une situation établie » – ramènent l'enfant prodigue dans l'hexagone en 1977. Une affaire ronronnante de vêtements de ski installée à Chaumont-en-Vexin, Veleda (Vêtements Le Dahu), ne demande qu'à rugir. Guidé par son beau-frère, Roger Micol, Killy en prend 35 % des parts, s'en fait nommer administrateur et conseiller technique. Les deux compères mettent au point un concept révolutionnaire de pantalon-guêtre. Le coup est magistral. Tout le monde imite et... paie les royalties à la société entre-temps dénommée Killy en 1978. Un Oscar de l'exportation récompense les auteurs en 1982 pour des ventes hors territoire français qui se montent à 70 millions de francs et représentent 50 % du chiffre d'affaires global (au Japon, la marque est leader du marché). Le triomphe est tel que la demande est trop forte. On ne peut y répondre et des plaintes de refus de vente aboutissent à des actions en justice. Killy n'a pas de diplôme de commerce, il s'est arrêté au certificat d'études, mais dispose de bien mieux. Un instinct sans faille et une expérience-terrain « américaine » du business irremplaçable. On n'augmente pas la production. On paie sans sourciller les dommages et intérêts mais on ne met pas une entreprise en péril en lui faisant faire n'importe quoi même si le bénéfice à court terme a de quoi séduire. Le manque à gagner est mécaniquement compensé par un prix de vente renforcé dû au principe de la rareté des produits. La publicité gratuite engendrée par l'événement termine de conforter l'opération. Rien de ce qui touche au commerce des sports d'hiver en France dans ces années 1970 et 1980 n'échappe à la gueule du grand requin blanc. Sont dévorés une entreprise lyonnaise de bâtons de ski (les bâtons Killy), les lunettes Bollé et les chaussures Trappeur (conseiller technique). Les aléas conjoncturels du marché et une météorologie défavorable aux stations hivernales grèvent ensuite fortement les résultats de Veleda. L'entreprise changera plusieurs fois de mains mais JCK conservera ses parts et cédera son pourcentage (3 %) sur les ventes de produits siglés « Killy ». Car son nom, Killy y tient tellement qu'il ne veut surtout pas qu'on l'accole à de basses opérations ; en 1984, il avait intelligemment permis l'utilisation gracieuse de l'Espace Killy à Tignes et Val d'Isère. Les deux stations, sans droits à payer, lui faisaient alors en retour des tonnes de publicité gratuite en étalant leurs slogans.

Sa situation de champion enrichi [128] lui convient sans lui suffire. Killy est démangé par le besoin de reconnaissance. Et par un juste retour de balancier il accepte de faire don de sa personne à la région qui l'a fait naître à la gloire [129]. Sollicité par le jeune député de Savoie, Michel Barnier, Killy annonce en sa compagnie le 5 décembre 1981 la candidature de la Savoie pour les

Jeux d'hiver de 1992. Le coup est risqué car une région ne peut postuler à l'olympiade. Mais il faut d'emblée fédérer toute une population à un projet si coûteux. Et ensuite choisir la ville quitte à en mécontenter d'autres. C'est la petite commune d'Albertville qui est officiellement retenue. Débute la course à la nomination par le CIO prévue en 1986. Killy enfile son costume de représentant : « Mon métier c'est la vente [130]. » Thierry Dussard dans son *Jean-Claude Killy* ajoute : « Et il faut vendre une sous-préfecture de dix-huit mille habitants comme site des XVIe Jeux olympiques d'hiver. Pas facile [131] ! » Comme d'approcher aux quatre coins du monde les seuls décisionnaires finaux, les quelques dizaines de membres du cénacle olympique et leur guide, le Catalan Juan Antonio Samaranch, prince tout-puissant des Jeux pas encore touché par les scandales de sa présidence. Bichonner, séduire, convaincre, presque forcer la main de ces hommes et quelques femmes (sept), voilà la mission principale du nouveau *lobbying man* Killy. Le but : écarter les concurrents, Falun (Suède), Sofia (Bulgarie), Anchorage (États-Unis), Berchstesgaden (Allemagne), Cortina d'Ampezzo (Italie) et Lillehammer (Norvège). Aucune méthode n'est écartée. En tout cas pas de légale. Les tuyaux d'Horst Dassler, le P-DG d'Adidas, sont à ce sujet bien utiles. Celui qui vient d'obtenir, enfin, le droit de commercialiser les anneaux olympiques, et qui les a tous « travaillés » un à un, donne à Killy les clés d'accès de chaque membre du CIO. Au Japon, en Afrique, en Asie, partout l'ancien champion délivre la bonne parole. Les billets d'avion, remboursables, pour le voyage de visite de la Savoie sont expédiés à la moitié des sociétaires. Rien, absolument rien n'est laissé au hasard : le membre marocain et le Swazilandais sont respectivement pourvus d'une réservation d'école à Paris pour les enfants et de l'exclusivité de vente au pays pour les vêtements Killy. Le futur président du comité d'organisation amadoue le trésorier du CIO, Dick Pound, moyennement chaud à l'idée de confier les Jeux au poulain de McCormack, très mal vu par les pontes de l'olympisme. Killy ne néglige pas de se concilier l'amitié la plus précieuse du moment : celle de sa Majesté JAS. Elle n'est pour le coup pas feinte et chacune de leurs entrevues renforce un rapprochement réel. Les deux hommes s'apprécient au-delà des échanges professionnels. Les offrandes entretiennent l'amitié...

et la candidature d'Albertville : Killy promet de léguer ses trois médailles au musée du CIO, encore en chantier. Ce qu'il fera, après la désignation d'Albertville, le 15 janvier 1987. À l'avant-veille du vote de Lausanne le 17 octobre 1986, Killy est propulsé sur le devant de la scène pour l'ultime oral devant le grand jury olympique. Pour une fois, l'homme d'acier joue dans le sentimental afin de contrer les arguties techniques des cités rivales. Sur fond d'un film-fiction réalisé par Robert Enrico – on n'a pas lésiné sur les moyens – et qui décrit le rêve d'un jeune homme – lui-même évidemment –, il est semble-t-il mieux écouté que les bavards concurrents de Falun ou Sofia. *Alea jacta est.* Dans *Le Monde*, Alain Giraudo dépeint sans concession l'ambiance sous les lambris du palais Beaulieu : « Apparemment donc, à Lausanne, quatre-vingt-six personnages bien sous tous les rapports, ces messieurs du CIO, sont en train de choisir les palaces dans lesquels ils passeront deux semaines de vacances d'hiver et autant d'été en 1992[132]. [...] On leur fait mille grâces pour les convaincre d'aller ici plutôt que là. Ils hésitent. C'est naturel. Mais peut-on se fier aux apparences ? Le Club fondé en 1892, à l'instigation de Pierre de Coubertin, n'est pas un club de vacances pour milliardaires toqués de sport. Et cela même si tous les quatre ans ses membres peuvent assister, aux frais de la princesse, à quelques morceaux choisis d'athlétisme ou de natation par les plus grands champions du moment. En fait, le CIO est l'invention de ce qui est devenu la plus puissante entreprise médiatique moderne : les JO. Et à ce titre, ces quelques dames et ces messieurs ont droit à quelques égards[133]... »

Il faut cinq tours serrés pour qu'Albertville sorte enfin du chapeau. Killy a encore gagné. Il pense alors que le plus dur est fait, que la piste est tracée pour d'autres. JCK sait que sa personne est dépassée par l'enjeu : faire les plus grands et plus beaux JO d'hiver de l'histoire dans ses montagnes bénies. Les dépenses se montent d'après le budget prévisionnel à plus de 3 milliards de francs. Killy a suivi passionnément, deux ans auparavant à Los Angeles, les premiers Jeux entièrement privés de l'histoire, puis assisté à ceux, d'hiver, de Sarajevo (1984) et de Calgary (1988). Leur réussite – tous trois ont été bénéficiaires – inspire Killy. On ne peut copier entièrement L.A. car l'État français n'est pas une nation fédérale. L'idée est donc de laisser aux pouvoirs publics la part la plus ingrate : l'amélioration et la construction du réseau autoroutier (3 milliards de francs) trop étriqué. Et de prendre pour le COJO la part d'organisation pure, la plus belle, celle dont Killy veut être le plus fier. Parce qu'il sait que le peuple savoyard est capable de relever le défi. Tout est là, en Savoie. Sauf le très gros magot. Les droits télévisuels américains vont être limités, le décalage horaire entre les États-Unis et l'Europe est une peau de banane. Solution, s'assurer le concours des argentiers du sport, qui peuvent, doivent s'unir pour optimiser les recettes. En rassembleur obstiné, JCK tente l'impossible rapprochement entre le P-DG d'Adidas Horst Dassler, géant du sport et « ami olympique » avec ISL, et Mark McCormack, manitou d'IMG qui fait la pluie et le beau temps en télévision sportive. Le décès de Dassler fera capoter plus tard le projet mais Killy a repris du poil de la bête. Il prend le 13 janvier 1987 le titre de coprésident – Barnier est l'autre tête –, du comité d'organisation des Jeux d'hiver d'Albertville. À partir de cet instant, Killy se croit, se sent dans l'obligation de mettre fin au malentendu qui a en fait permis de décrocher les Jeux. Toute une région avait été mise à contribution pour présenter une candidature d'union sacrée, complète et crédible. En retour, beaucoup de stations savoyardes s'étaient crues automatiquement portées sur la liste des participants aux épreuves. Un éparpillement impossible à gérer pour une double raison économique, celle du coût trop important dans des compétitions éloignées les unes des autres et le refus annoncé des télévisions américaines déjà près de leurs sous pour cause de retransmissions en dehors des meilleures heures d'écoute. Pour éviter l'éclatement, la décision de resserrer les sites, prise dès juin 1986, n'avait pas été annoncée avant le vote du CIO. Killy, quelques jours après sa prise de fonction, déclare aux élus de Saint-Martin-de-Belleville que Les Menuires et Val Thorens sont écartés des Jeux. Clash. Montée des vieilles rancunes. Les Bellevillois, qui rappellent leur avance de 400 000 francs versée au comité de candidature, crient à la trahison et au favoritisme ancestral encore accordé à Val d'Isère. Marielle Goitschel, qui a quitté Val pour Val Thorens, rue dans les brancards. La plus médaillée des skieuses françaises s'en prend à son ex-faux fiancé et ses intérêts mêlés à ceux de l'Espace Killy. C'est la curée aux Ménuires avec des calicots « Killy démission ». On demande sans détour à Killy de prendre la porte. Dénigré, abandonné par les siens, l'homme de marbre craque. Sa femme atteinte d'un cancer est en phase terminale. Elle décédera le 3 novembre 1987. C'est terminé, il brise ses chaînes et décampe seize jours après le début de son mandat : « [...] Et je ne suis pas non plus parti avec cette idée : je vais employer l'argent des autres, je peux y aller. L'argent de la collectivité, l'argent de l'État, c'est aussi le mien, je dois l'économiser. Les premières estimations nous conduisaient à des dépenses colossales. Il fallait donc resserrer les cordons. Et si j'y suis allé tête baissée, car il fallait faire vite, j'ai voulu trancher dans le vif, un peu rapidement sans doute, et à l'écart de toutes les influences politiciennes. J'ai probablement eu tort, et c'est pourquoi maintenant je préfère rentrer à la maison [134]. »

La Savoie et la France ne pourront se passer de leur plus beau fleuron olympique. Barnier demeuré un peu plus d'un an seul à la barre récupère le 30 mars 1988 un Jean-Claude Killy requinqué par une salutaire plage de repos. Et de réflexion. Le Premier ministre Jacques Chirac a entre-temps promis de couvrir les éventuels déficits. Alors en route mauvaise troupe ! Killy et Barnier entendent faire de ce rassemblement un modèle du genre, et sur le plan financier bien plus que tout : « Que les Jeux paient les Jeux », avaient-ils lancé. Et c'est du côté droit du tableau du budget, celui des recettes, que l'Avallin est mis à contribution. Car pour équilibrer les finances, il faut ramener beaucoup d'argent dans les caisses du COJO [135]. Après un nettoyage dans ses affaires personnelles (« Je suis obligé de revoir mes contrats avec McCormack pour éliminer les risques de conflits d'intérêt [136] »), Killy retrousse ses manches et coche jour après jour les lignes de son épais carnet d'adresses. Bilan : les rentrées font le plein [137] à l'instar du club de Coubertin Savoie 92, groupement de douze sponsors (injectant au total plus d'un milliard de francs) triés sur le volet pour lesquels est délivré un « permis » d'utiliser ses logos en compagnie du label olympique – mais sans pouvoir s'afficher sur les lieux des compétitions, comme le stipule la Charte olympique. L'exemple du bénévolat (8 000 volontaires sur l'ensemble des sites) est donné par le binôme dirigeant Barnier-Killy : « Je ne touche aucun pourcentage ni honoraire d'aucune sorte, c'est la seule façon d'être crédible », confie volontiers JCK qui a calculé sans peine ce que les retombées de ses actions peuvent lui ramener. Très vite, au lendemain de la cérémonie de clôture des Jeux, les louanges affluent pour saluer le déroulement exemplaire de la manifestation. Au premier chef, celles du président du CIO Juan Antonio Samaranch. Les années qui suivent sont assombries par l'arrivée de nuages grisâtres. Dès la dissolution du COJO en 1995, les comptes laissent entrevoir un déficit comptable de 570 millions de francs (sur un budget total de près de 12 milliards, dépassant de 9 celui de départ !) qui est pris en charge à 75 % par l'État et le solde par le département. Dans ce bilan, une ligne isolée fait état d'un versement de 145 millions de francs versé à un certain « Comité olympique américain ». Ce qui excite la curiosité de quelques esprits malveillants ravis de rappeler à la cantonade que l'un des coprésidents est un « grand ami de l'Amérique ». C'est une piqûre de moustique sur un éléphant. Rien ne semble ébranler le mastodonte. Le capitaine de vaisseau Killy a prouvé encore une fois sa capacité à dominer vents et courants, et les plus tourbillonnants, ceux de l'argent. Au-dessus de lui, une bonne fée veille sur son image, jamais obscurcie par aucune affaire, aucun scandale lié à l'argent sale ou la corruption [138]. Plus haut encore, son étoile, au zénith, brille d'un tel éclat que Philippe Amaury, le président du groupe Amaury, propriétaire du journal *L'Équipe*, en est ébloui. Le groupe ASO (Amaury-Sport-Organisation), et son fleuron le Tour de France cycliste, a trouvé son nouveau président directeur général. Surprise, c'est une réussite complète ! On raille bien de droite et de gauche le manque d'ambitions et d'idées du nouveau boss (« Killy c'est une griffe et des relations » ou « depuis qu'il est à la tête d'ASO, qu'a-t-il inventé ? ») mais le chiffre d'affaires d'ASO fait plus que doubler (285 millions de francs en 1993, 650 en 2000 [139]) et la perte se mue en fort bénéfice (de 7 millions de pertes à 200 millions avant impôts) lors des huit ans de règne du P-DG le plus « commercial » du monde. Une seule démonstration du formidable homme d'influence qu'est Killy, relatée par Bruno Roussel, et qui se déroule fin novembre 1995. Les directeurs sportifs des dix premières équipes mondiales sont alors décidés à s'émanciper du « carcan contractuel » imposé par les organisateurs du Tour et à enfin utiliser à plein leurs supports publicitaires (bidons, musettes, voitures). Ils veulent en outre et surtout négocier leur part – inexistante – des droits télévisuels que la Société du Tour de France (STF) s'arroge en totalité. Le groupe de dix s'adresse alors à un directeur d'IMG McCormack Suisse, mandaté par IMG Europe, qui rédige un projet d'accord entre les directeurs sportifs et la STF. Stupeur vingt-quatre heures plus tard, il est signifié au « gruppetto » que le protocole est enterré. Explications de Bruno Roussel qui apprendra plus tard la cause de ce « revirement » : « La STF avait été informée de nos revendications dans les minutes qui suivirent [...] La STF en avait averti Jean-Claude Killy. Ce dernier, qui avait effectué une bonne partie de sa carrière chez McCormack, usa de son influence pour faire avorter le projet. [...] En un coup de fil, nos revendications étaient bâillonnées. Ce coup de massue anesthésia notre combativité. Aucune autre démarche ne fut engagée auprès d'un quelconque groupe de marketing sportif tel qu'ISL [140]. » Vite fait, bien fait, et le Tour conserve sa chasse gardée.

Prenant congé d'ASO en 2000, celui qui se définit comme « non pas un homme d'affaires mais un homme dans les affaires [141] », et qui aurait rapporté avoir désormais besoin plus « d'une occupation que d'un job [142] », se plaît à jouir de la situation. Avenir et fortune assurés – on estime son patrimoine avoisinant les 100 millions de francs –, il ne rentre que dans des coups parfaitement sûrs. Un siège confortable en 1993 au conseil d'administration de Coca-Cola France en est un. Un fauteuil de cuir en 1997 au conseil d'administration de Coca-Cola Enterprise, la maison-mère à Atlanta, en est un autre que l'on imagine aussi agréable qu'un matelas d'or à triple épaisseur. Il est parrainé en 1995 par Samaranch et intègre le cénacle des membres (perpétuels) du CIO, que rejoint bientôt un deuxième Français, Guy Drut. Encore un poste sans revenus – allégrement compensé par de beaux jetons de présence en tant que membre du conseil d'administration de la société Rolex – mais tellement rentable sur le plan du prestige et du lobbying. Recouvert de lauriers sportifs et civils – il est élevé par décret du 31 décembre 1999 au grade de grand-croix de la Légion d'honneur avec pour qualités « triple champion olympique de ski, président de sociétés » –, il rejette poliment mais fermement l'invitation faite par Juan Antonio Samaranch de lui succéder sur le trône du CIO, poste pour lequel on parlera un temps cependant de lui (« Essayez de me croire quand je dis non »). Mais n'oublie pas sa passion de l'olympisme. En effectuant des missions d'organisation ou d'influence. Comme de s'afficher en faveur de la candidature de Sion aux Jeux d'hiver de 2006 dont il a, sans peur des conséquences et en vain, défendu les arguments purement sportifs face à Turin soutenue par les milliards de lires de Giovanni Agnelli, puis, la mort dans l'âme mais devoir oblige, de présider le comité de coordination des Jeux olympiques d'hiver de la cité piémontaise. Ou de militer à nouveau avec Guy Drut (cinq médailles olympiques dont quatre d'or à eux deux) pour les Jeux à Paris en 2012. En pressant une candidature qui a échoué à trois reprises depuis 1924. La dernière, à laquelle il participait, au sein du GIE Paris 2008, n'ayant pas laissé que de bons souvenirs. Toujours ce souci de ne pas rester sur un échec. Killy rêve du retour aux commandes de son puissant ami Claude Bébéar : « En dix coups de téléphone, il règle la partie du financement privé. »

Aujourd'hui, la soixantaine altière, Killy gère ses affaires de son domicile de Genève – où il réside depuis 1969 – en bon père de famille. Il revient parfois en arrière et avoue avoir vécu « plusieurs vies » dans une. Et de conclure : « Si je devais mourir demain, je n'aurais aucun regret. J'ai été bien servi [143]. » Bien servi, certes, mais un cœur peut prendre les formes d'un coffre-fort helvétique.

Cassius Clay, Ali, Allah, à la banque

Si Muhammad Ali n'avait fait que boxer, il est probable que la face du sport aurait été tout autre. Mais Ali à partir du début des années 1960 a aussi changé de religion, refusé d'intégrer l'armée américaine, frayé avec les leaders des mouvements radicaux noirs, insulté sans relâche ses adversaires, bravé la maladie... Jamais un personnage dans l'univers sportif n'avait tant outrepassé les limites de sa sphère. Une alchimie nouvelle est créée. La politique, les tensions raciales, les penseurs, les leaders d'opinion, les anciens combattants s'entremêlent dans le tourbillon permanent qui se crée autour du phénomène. C'est le phénomène Ali. Et il va payer. Ce sera le premier big-bang médiatico-financier du sport. Après lui, plus rien ne sera comme avant.

À Louisville (Kentucky), sa ville natale ni plus ni moins pauvre, ni plus ni moins raciste qu'ailleurs aux États-Unis, le jeune homme avait vite appris la boxe et la vie au contact de son premier entraîneur, blanc, Joe Martin. Martin, agent de police de profession et éducateur sportif à ses heures perdues, avait recueilli dans sa salle par pur hasard le gamin éploré après le vol de sa bicyclette une ruelle plus loin ! Les leçons accélérées de boxe avaient amené le bambin pétri de qualités naturelles à se faire remarquer sur les rings. Martin, sûr de sa trouvaille, avait poussé son poulain devant les caméras de télévision de « Tomorrow's Champions » (4 dollars à l'intéressé par passage) qui retransmettaient chaque semaine les combats des jeunes pousses dignes d'intérêt. Les reporters télé et de la presse spécialisée choyaient ce fier-à-bras de treize ans, habitué des logorrhées verbales d'avant-match pastichées au catcheur Georgeous George. Cassius gagnait ses combats et jouait les devins pour les suivants. Ses augures, pas toujours vérifiés mais déclamés avec force et humour, démultipliaient l'intérêt porté à ce grand jeune homme aux traits d'ange et aux poings de brique. À l'approche de ses dix-huit ans et fort de sa qualification pour les Jeux olympiques de Rome de 1960, Clay s'était nanti d'une appréciable gloriole ne dépassant pas toutefois les frontières du comté. Oisillon, il avait été sur le point de se réfugier sous l'aile protectrice de l'aigle William Reynolds, géant de l'aluminium et subsidiairement soutien de talents prometteurs dans le sport. Problème, Reynolds avait fourni au jouvenceau un travail de larbin dans son immense propriété de Louisville contre l'assurance de le faire passer professionnel après les Jeux. Cassius lave, essuie, récure, bine et balaye quelque temps mais finit par prendre la poudre d'escampette. Dans son livre autobiographique, Clay explique a posteriori son refus d'être rentré dans le « cirque » du hautain milliardaire : « Je trouvais plutôt bizarre que l'homme qui voulait dresser le tigre veuille aussi le garder en laisse chez lui comme domestique [144]. » Avec l'aide modeste de Martin, Clay va conquérir dans la ville éternelle le titre olympique des mi-lourds.

Sa médaille d'or passée autour du cou depuis seulement quelques semaines, Cassius signe un contrat professionnel avec un groupe d'hommes d'affaires, « les milliardaires de Louisville ». Ces onze blancs sudistes pure souche aperçoivent en Clay un investissement propre à faire d'eux d'exemplaires humanistes. Surtout en cette période de dissensions entre communautés pour les droits civils. Clay devient le premier boxeur-société [145] de son sport. Tout en lui imposant l'orientation de sa carrière (choix et lieu des combats, montant des bourses), l'association lui verse 10 000 dollars à la signature et lui garantit un salaire pendant six ans (200 dollars par mois les deux premières années, 500 les quatre années suivantes). Au terme du contrat, la mise aura ramené au Louisville Sponsoring Group un total de gains bruts de 2 376 115 dollars.

Le 25 février 1964, le nouveau champion du monde hurle à la terre entière sur le bord du ring de Miami Beach qu'il est le « plus grand », spectateurs et journalistes encaissent avec stupeur les propos suffisants de Cassius Marcellus Clay. Il vient, avec un style virevoltant jamais vu jusque-là, d'humilier Sonny Liston, qui n'a même pas pu lui décocher un seul coup de poing en six rounds et qui, de dépit, a jeté l'éponge à l'appel du septième.

Le « gros ours » Liston, comme le surnomme Ali, a séjourné depuis sa prime jeunesse une vingtaine de fois en maisons de redressement puis dans divers pénitenciers pour violences, braquages et ports d'armes prohibés. Entre deux séjours à l'ombre, il a défoulé sa force bestiale sur des adversaires apeurés. L'odeur du sang que répand Liston et surtout celle des recettes que génère la brute attire la mafia qui en fait son nouveau jouet. Il est vite tenu en laisse par un quatuor de caïds de la pègre, Frankie Garbo, John Vitale, Binkly Palermo et Pep Barone, qui cumulent à eux seuls autant de crimes et de condamnations que la population d'un État entier. Au point qu'une commission fédérale, la commission Kefauver (du nom du sénateur Estes

Kefauver, président de cette même commission d'enquête), avait mis le nez dans ce milieu glauque où truquages et arrangements étaient monnaie courante, et expulsé ce quarteron de truands sur la touche, des salles de boxe du moins. Liston avait été alors « vendu » en sous-main à un certain Jack Nilon et à sa société Intercontinental Promotions, aux contours à peine plus nets que la structure précédente. En 1962 puis l'année suivante, Sonny Liston étale deux fois sans concession le tenant Floyd Patterson et s'impose comme un indétronable champion du monde des lourds. Dès que Clay est nommé challenger de Liston, le jeune impétrant active les mâchoires de ce que tous les observateurs surnomment sa « grande gueule » et fait monter les enchères. Clay est encore une première mouture de son futur personnage. La version définitive, on en sent poindre les prémices dans ses discours qui se veulent improvisés : « Je suis la plus grande invention depuis l'invention du cinéma parlant. Prenez n'importe quel magazine. Vous trouvez Cassius Clay sur la couverture. Et je ne parle pas des magazines de boxe. Je parle des magazines qui n'intéressent pas les gens de la boxe. Lorsqu'on parle comme cela de vous, vous êtes une vedette. Ça vaut de l'argent [146]. » Le vantard fait mine de ne plus vouloir affronter Liston. L'offre de la bourse de Clay avancée par Nilon est selon lui insuffisante : « Il n'y aura pas de combat tant que la somme proposée ne sera pas correcte. Liston a besoin de moi, je n'ai pas besoin de lui [147]. » La sauce monte, on calcule que la recette pourrait se monter à 8 millions de dollars, record potentiel absolu pour un match de boxe. Nilon cède après avoir lancé : « Combat facile et beaucoup d'argent [148] ».

À sept contre un chez les bookmakers de Floride, Clay fait gagner une petite fortune aux rares parieurs à avoir joué sa victoire.

Clay annonce trois jours plus tard en conférence de presse qu'il s'appelle désormais Cassius X – la lettre X traduisant l'intérim musulman et qui veut dire ex, ex-esclave, ex-pêcheur, ex-chrétien... – et qu'il adopte la religion musulmane après avoir été baptisé dix ans plus tôt dans la religion chrétienne (l'Église baptiste de Louisville) tout juste bonne à « laver le cerveau de l'homme noir ». Il adoptera quelques semaines plus tard un nom purement musulman, Muhammad Ali (littéralement, l'Élu). Le nouveau converti l'avoue officiellement : il ne se reconnaît pas dans le peuple de son pays. Ni naturellement dans la majorité blanche ni non plus dans la minorité noire opprimée qu'il considère totalement soumise au pouvoir blanc. Lui, l'arrière-petit-fils d'esclave, aujourd'hui meilleur boxeur du monde, proclame à la face de la terre qu'il brise ses chaînes. C'est un tollé dans l'Amérique bien-pensante. Quoi, cet enfant (vingt et un ans) noir, à qui son peuple a permis de s'émanciper en allant chercher une médaille d'or à Rome puis de se couvrir d'un matelas de dollars avec une ceinture mondiale, est maintenant le pion d'Elijah Muhammad, le prophète black très contesté, et de son porte-parole, le prédicateur Malcolm X [149], qui l'est tout autant ? Beaucoup de spectateurs vont maintenant payer pour venir voir Ali se faire casser la gueule. Les anciens champions noirs comme Joe Louis et Gene Tunney, ou les actuels comme Floyd Patterson, prennent fait et cause contre lui. « Je boxerai Patterson dans un combat où toute la bourse ira au vainqueur, réplique Ali. J'offrirai cet argent aux Musulmans noirs, et Patterson pourra le donner à l'Église catholique s'il gagne [150]. »

La rumeur enfle autour des pourcentages exorbitants que les Musulmans noirs lui croqueraient au passage. Son propre père, grande gueule lui aussi, s'offusque : « Il a été escroqué. » Cash Clay sait sans doute mieux que personne ce qui s'est réellement tramé durant la période qui a précédé le combat contre Liston. Car c'était plus qu'un championnat du monde qui s'était disputé : une lutte d'influence sauvage en coulisse pour s'approprier la victoire et le magot que le titre rapporterait. D'un côté, la pègre de Garbo & Cie accrochée à conserver la ceinture de Liston lui servant de couverture officielle à ses activités de racket généralisé, de l'autre la NOI (Nation of Islam) d'Elijah Muhammad obsédée à faire à tout prix de Cassius Clay-Muhammad Ali un extraordinaire et exemplaire produit d'appel de ses entreprises. Les hommes de main du NOI – les tueurs, comme n'hésite pas à les qualifier Renaud de Laborderie dans *Millionnaires du sport* – harcèlent verbalement Liston en pleine séance d'entraînement et le gratifient de menaces de mort s'il bat Clay : « Si tu gagnes, tu es mort dans l'heure qui suit[151]. »

On se doute qu'Ali ne fera pas mention de ces techniques particulières de persuasion dans son autobiographie *Le Plus Grand*. Mais il y laissera transparaître, par le biais de l'analyse de Truman Gibson, un célèbre avocat, que leurs effets avaient été efficaces : « Si Ali n'avait pas été musulman ni appartenu à une puissante organisation noire, les chances de voir le titre poids lourds échapper à l'influence et au contrôle du syndicat du crime auraient été minces. L'entrée des Musulmans noirs sur la scène des poids lourds finit par briser les reins aux gangsters. C'est la seule organisation dont la Mafia hésitera longtemps à essayer de s'emparer[152]. »

Ali est l'Américain le plus détesté d'Amérique, celui que tout le monde veut voir se faire remettre à sa place. Bill Gleason, un journaliste du *Sun Times* de Chicago, écrira : « L'opinion réclamait à grands cris le sang d'Ali. »

Ali se joue de Liston lors du match revanche en mai 1965. D'un unique coup de poing parti après une minute et quarante-deux secondes dans le menton de Liston devenu soudain très fragile. Le coup fera beaucoup gloser et on s'interrogera longtemps sur l'efficacité magique du direct d'Ali ou de la sage obéissance de Liston. La deuxième version est elle-même sujette aux questions : Liston aurait-il obéi à ses propres commanditaires pour une histoire de paris ou aux menaces de mort des Blacks Muslims ? Ce qui est certain, c'est que le combat avait eu lieu à Lewiston, une petite bourgade du Maine. Raison de ce choix, les grandes agglomérations américaines ne se disputent pas pour accueillir une seconde guerre des gangs. Les grands networks n'ont de leur côté peur de rien. Télés et radios versent 1 624 190 dollars pour retransmettre l'événement, record pulvérisé. L'ouragan Ali est en passe de balayer tous les standards du sport mondial.

L'ambassadeur noir du Coran voyage, surtout pour remplir ses manques éducationnels, rencontre les grands chefs d'État africains qui le convient à leurs tables, comme l'Égyptien Nasser. La haine qu'il suscite chez lui est décuplée par ses déclarations contre la guerre engagée par son pays au Vietnam.

En novembre 1965, Patterson est battu devant les caméras de la Mondovision qui profitent de l'aubaine pour étrenner la nouvelle technique due au satellite Telstar qui diffuse les images à travers le monde. La cohabitation entre les chaperons d'Ali, le Louisville Sponsoring Group et les Black Muslims, se passe de plus en plus mal. Les hommes d'affaires du Kentucky, et le manager désigné Bill Faversham en tête, se lassent de l'emprise malsaine des frères noirs. Et s'irritent de ce qu'ils prélèvent sur les chiffres d'affaires, via les deux fils d'Elijah Muhammad. L'aîné, Herbert, s'est vite arrogé les pouvoirs de manager bis et se verse généreusement des parts – dit-on – qui avoisinent la moitié des gains du boxeur. Le cadet a lui créé une société affiliée au NOI qui gère les droits télévisuels d'Ali Sports Vision. Une précaution bien utile pour le match Ali-Liston qui a été un fiasco financier pour le Louisville Sponsoring Group. Un cyclone s'est abattu sur la Floride quelques jours auparavant et seulement huit mille spectateurs se sont déplacés. Ce qui écorne de beaucoup la recette prévue. Même si les revenus du *closed circuit* (retransmission payante en direct dans les salles de cinéma à travers le pays), qui attire quand même plus de huit cent mille amateurs, compensent amplement le déficit de spectateurs dans la salle.

D'un coup, les « milliardaires de Louisville » se désolidarisent du fardeau Clay-Ali devenu ingérable et trop encombrant pour eux. Les vétérans de la Première Guerre mondiale associés à l'American Legion font fermer les bureaux de location du *closed circuit* juste avant le championnat disputé à Toronto, titre en jeu, entre leur protégé et le Canadien George Chuvalo. Au lieu des 3 millions de dollars de rentrées prévisionnelles, le trésorier n'en enregistre que 500 000. Autre contrariété de taille : le fisc canadien bloque la bourse du champion du monde (un peu plus de 60 000 dollars, la plus faible depuis quatorze ans dans un tel match) pour la remettre obligeamment à son homologue américain qui attend de se faire payer un arriéré d'impôts. Le contrat liant le groupe de Louisville au champion n'est pas reconduit et le managérat d'Ali-la patate brûlante est refilé en douceur et sans beaucoup de bruit à Herbert Muhammad – qui fut dans un premier temps présenté comme directeur de conscience et *public relations* –, déjà conseiller financier personnel de son père et du mouvement noir. D'autant que pour ses propos antipatriotiques en plein conflit américano-vietnamien – « moi, je n'ai pas de querelle avec le Viêt-cong », avait-il répondu à un journaliste –, puis par son refus résolu de « servir l'armée américaine parce que je sers la nation de l'Islam », Ali est sur le point d'être triplement déchu. En première instance, la cour fédérale de Houston le condamne en 1967 à cinq ans de prison. Son passeport lui est retiré. Puis la World Boxing Association le démet de son titre de champion du monde. Fin du premier acte...

Dispendieux, entretenant grassement un cortège de pique-assiettes, se laissant dévaliser par le clan des Muhammad – que la presse soupçonne de lui avoir prélevé plus de 3 millions de dollars –, les millions de dollars accumulés en quatre ans ont brûlé entre les gants du munificent. Ses économies servent alors, se plaint-il, « à trouver de quoi entretenir une famille et verser une pension alimentaire » d'un montant fixé à 182 000 dollars sur dix ans à sa première femme Sonji qui, refusant de se plier aux obligations de la religion musulmane, avait exigé le divorce : « Elle a été mon plus coriace adversaire », se lamentera le champion quand il lui sera demandé plus tard lequel de ses opposants avait été le plus rude, sans parler « des frais énormes pour porter mon affaire devant la Cour suprême (250 000 dollars de frais judiciaires) [153] ». Il en rajoute à la télévision qui raffole de ses envolées : « Le pouvoir établi désire que je meure de faim. La punition, cinq ans de prison, 10 000 dollars d'amende, n'est pas suffisante. On veut m'empêcher de travailler, non seulement dans ce pays mais partout ailleurs. Je n'ai même pas une licence pour boxer dans une œuvre de charité. Et nous sommes au XXe siècle... Mais je crois en Allah et Allah m'aidera [154] ! »

Le retour à la vie sportive du champion prendra presque quatre ans. Sans évidemment renier ses croyances, en les renforçant au contraire aux côtés de Herbert Muhammad qui l'utilise à fond,

Ali fait bouillir la marmite. À coups de conférences rémunérées 2 000 dollars l'unité par les universités dans lesquelles il est l'Américain le plus demandé après le sénateur Edmund Muskie et Edward Kennedy. Et par des expédients que décrira par la suite son entraîneur Angelo Dundee : « Il ne roulait pas sur l'or mais il a toujours eu de l'argent. Le jour où il fut dépouillé de son titre, il reçut 60 % des parts d'une compagnie d'huile de San Francisco qui lui versait des royalties. À Louisville, 76 000 dollars avaient été déposés par le Groupe de Louisville[155]. » Le boxeur britannique Joe Bugner qui sera battu par Ali en 1973, en tournée aux États-Unis, l'engage comme sparring-partner : « On le payait 1 000 dollars par séance, et il avait l'air d'en être content. Je sais qu'il était sans le sou, car il avait tenté de me vendre un radio téléphone portable pour 1 200 dollars[156]. » Par conviction, il ne donne pas suite aux promoteurs qui voudraient le voir, avec pourtant 400 000 dollars à la clé, tenir le rôle de Jack Johnson au cinéma : « Je ne voudrais pas apparaître dans un film au bras d'une femme blanche[157]. » Il est invité dans nombre de pays arabes mais ne pourra répondre qu'après avoir récupéré son passeport et se rendra notamment à Tripoli chez le nouveau dirigeant libyen Kadhafi qui octroiera, grâce à lui, un prêt de 4 millions de dollars à l'organisation de la Nation musulmane pour la construction d'une mosquée grâce aux revenus du pétrole. Des traquenards lui sont encore très fréquemment tendus. Une moitié des États de l'Union lui interdit radicalement de combattre. Celui de Californie se désiste en dernière seconde, le sénateur Ronald Reagan signifiant son veto. Le Montana serait prêt à agréer mais contre un dessous-de-table conséquent. Les opposants à la guerre du Vietnam, et par conséquent favorables à Ali, gagnent cependant du terrain. Quelques personnalités de renom apportent leur soutien à l'objecteur, comme Bob Kennedy qui glisse à la cantonade qu'il « est criminel d'empêcher un homme d'exercer son métier[158] ».

Le combat mené contre les autorités pour la réhabilitation est usant, cher et sans fin : « Et quand arriva l'été de 1970, je dus me faire à l'idée qu'aucun organisateur d'Amérique ne réussirait à m'obtenir légalement un combat. Mes avocats réclamaient de la Cour suprême qu'on me permette d'aller travailler à l'étranger, pendant que mon affaire passait en appel... Mais le seul prix assez important pour qu'on mette fin à ce qu'un rédacteur sportif a décrit comme "le boycott le plus intransigeant infligé à un boxeur dans l'histoire des États-Unis", c'était la recette éventuelle que rapporterait un combat Ali-Frazier[159]. »

Dans l'optique d'un come-back juteux, d'un come-back tout court, Joe Frazier, en effet, est l'adversaire idéal pour le banni. Tout les oppose, style et personnalité. Frazier fonce tête baissée sur ses adversaires pendant qu'Ali danse autour d'eux. Frazier parle posément, sans emphase ni frime, tandis qu'Ali ne cesse de pérorer. « Smokin Joe », qui étend un à un ses challengers en férocité pure, est l'officiel successeur d'Ali depuis février 1970. Cet éventuel choc entre Alexandre et Darius est le salut pour Ali. Celui-ci sait que la fin de son calvaire passe par cette bataille de titans. Si le combat peut se monter, avec des recettes promises gigantesques, plus personne ne pourrait continuer à lui interdire de boxer.

Durant des mois, il va faire jouer comme jamais sa science consommée de l'art médiatique, en jetant en pâture dans la presse amie des histoires abracadabrantes. Celle, répétée dans le *Chicago Tribune*, qui fait le récit d'une imaginaire querelle entre les deux hommes dans la salle d'entraînement de Frazier et ayant soi-disant failli dégénérer en pugilat public dans le parc voisin, est un parfait exemple de montée de mayonnaise. Ce genre de galéjade est reçu avec délectation par l'opinion publique. Les hommes d'affaires et les promoteurs reniflent, eux, un énorme coup malgré les chausse-trapes. Paradoxalement, c'est un Blanc, Harry Pett, commerçant en épices à Atlanta qui sera indirectement à l'origine du combat du siècle, le vrai combat du siècle. Pett contacte son ami, le sénateur noir Leroy Johnson, pour obtenir l'autorisation de mettre la rencontre sur pied. Le maire israélite de la ville, Sam Massell, avait dû son élection de premier maire blanc de la cité sudiste au coup de main de Johnson. Les votes des électeurs noirs s'étaient du coup tous portés sur lui. Massell, réticent politiquement mais contraint de renvoyer l'ascenseur, donne du bout des lèvres son feu vert à un Ali-Frazier dont personne d'autre ne veut pour le 26 octobre 1970. On monte à très grande vitesse une structure d'organisation « La maison des sports » dont le nom rappelle celui de « La maison de l'épice » de Pett. Frazier, que ses conseillers poussent à gagner du temps afin de tirer un profit maximum, se rétracte. Jerry Quarry, l'éternel « grand espoir blanc » comme le dénigre Ali, se présente au portillon. Il est le remplaçant parfait, on se rappelle à bon escient que les joutes interraciales, du temps où leur interdiction renforçait leur succès, garantissent de fort belles assemblées.

Autant le retour attendu d'Ali que le climat de tension ethnique entretenu à son paroxysme par le gouverneur ségrégationniste de l'État de Georgie Lester Maddox font courir les spectateurs, quinze mille au Municipal Auditorium, dont le gratin des black stars, et cinq cent mille devant les écrans de cinéma en circuit fermé. Ali, pour ce match sans aucun enjeu qu'il gagne sans trop convaincre, s'enrichit de près de 600 000 dollars et fait encore beaucoup mieux lors du suivant. Avant de livrer son grand défi contre Frazier, Ali tient à conforter condition physique et compte en banque. La date prévue du combat contre l'Argentin Oscar Bonavena est le 7 décembre, anniversaire de la destruction de la flotte américaine à Pearl Harbor. Les messages de haine affluent dans le bureau de Teddy Brenner, nouveau patron du Madison Square Garden qui a enfin délivré sa licence à Ali : « Si vous permettez à ce trouillard de Nègre, écrit l'un des auteurs de ces courriers nauséabonds, de gagner de l'argent le 7 décembre, les braves petits gars qui gisent dans l'USS Arizona se retourneront dans leur tombe [160]. » Ce contexte met le feu au Garden qui enregistre la plus grosse recette depuis sa création en 1879. L'indestructible Bonavena est mis KO pour la première fois de sa carrière, mais seulement au quinzième et dernier round après un mano a mano sans merci. Le million de dollars alloué au « trouillard » est bien mérité. Ce n'est qu'un acompte.

Le sport moderne, qui est plus ou moins centenaire en 1970, s'apprête à connaître son plus formidable soubresaut. Deux hommes sans peur, noirs, l'un au charisme sans égal et l'autre au punch de Dempsey, Louis et Marciano réunis, n'ont plus qu'un désir, se mesurer. Ali est demandeur depuis longtemps, Frazier joue les vierges effarouchées avant de céder. Ce jeu médiatique est lucratif. C'est bien un jeu, les deux hommes se connaissent. Bien avant le choc, ils s'étaient rencontrés à plusieurs reprises. Dans son autobiographie, Ali se remémore un de leurs dialogues alors qu'ils finissent une virée incognito dans la Cadillac de Frazier :

Frazier : « Je vais m'arrêter, te déposer.

Ali : – Vaut mieux qu'on nous voie pas trop ensemble, tu sais.

Frazier : – Ouais, ils croiraient qu'on est copains. Ça serait mauvais pour les recettes.

Ali : – Ouais, y a personne qui va payer pour voir deux copains. »

Et le faux duo de foire continue à s'empoigner en public, au téléphone avec des caméras chez l'un et chez l'autre. Ali traite Frazier de gorille. Frazier répond qu'il est le champion et qu'il le restera. Herbert Muhammad, comme à la corbeille de Wall Street, comptabilise les offres qui pleuvent de toutes parts. Pour faire monter le prix de l'action Ali-Frazier, et contrairement à ses habitudes [161], il laisse venir. 400 000 dollars de Londres, 600 000 de Tokyo, un million de Houston, 1,5 million de New York, 2 millions par la chaîne NBC, 4 millions encore de Houston... Fin décembre, un télex crépite un peu plus fort sur le bureau de Muhammad. Une double signature figure en bas du document. Celles de Jerry Perenchio, un homme venu du show-business et sans aucune expérience du sport, et de Jack Kent Cooke, le propriétaire de l'équipe de basket des LA Lakers. Le texte est clair, les chiffres sont carrés, la promotion et la commercialisation du combat sont étudiées au rasoir, les garanties sont coulées dans du béton armé. C'est la proposition la plus fabuleuse de l'histoire du spectacle tout entier. Et la plus réaliste. Les 5 millions de dollars de bourse à partager en deux sont déjà sur des comptes bancaires réservés à chacun des boxeurs. Herbert Muhammad a dès sa réception le sentiment net que, en l'état actuel des choses, ce contrat est un diamant dans un écrin. Il souffle à Ali : « Je sais que je peux obtenir davantage. Mais ça demandera des semaines. Si la Cour suprême décide de t'envoyer en prison [162]... » Ali ne se fait pas prier et intime à son manager de signer. Quelques heures plus tard, l'accord est rendu public, les journaux produisent la photocopie des deux chèques d'Ali et de Frazier. Le challenger ne croit pas lui-même à cette valse de billets verts. Son manager éclaire son incrédulité par un cours d'économie du sport : « Nous devions obtenir la somme, lui dit-il. C'est l'événement le plus rare de l'histoire du sport. Deux champions poids lourds invaincus ne se sont encore jamais affrontés, et ça risque de ne plus se reproduire. Tu es l'artiste le plus connu du monde ; pas un président, pas un roi, pas une vedette de cinéma ne peut attirer les foules comme toi. D'ailleurs tu ne sauras jamais combien tu aurais pu gagner pendant ces trois dernières années. La vie d'un boxeur est courte. Il faut que j'essaie de te compenser ça, et c'est le meilleur moyen [163]. »

Dans la pratique, c'est Perenchio qui a tout mis en scène. Le montage financier est digne d'une « superproduction hollywoodienne [164] », comme le notera le journaliste Milton Gross. Perenchio, impresario à succès de vedettes de l'écran et de la chanson (Liz Taylor, Jane Fonda, les Beatles...), a savamment orchestré son affaire. En précurseur de génie de l'organisation sportive ultramoderne, il jongle avec le marketing, la publicité, la vente, la promotion... Chaque secteur pouvant rapporter le moindre dollar est défriché, étudié puis poussé aux bornes de sa rentabilité. Alors que l'on se limitait jusque-là à « présenter » un spectacle sportif payable à réception, Perenchio le « vend » avant qu'il ne se soit déroulé. La maison ne fait pas crédit, telle est la devise de Perenchio. Deux mois avant le choc du 8 mars 1971, les télévisions ont réglé leurs droits d'avance. Vingt mille quatre cent cinquante-cinq spectateurs ont effectué leur réservation au Madison Square Garden et laissé dans les caisses de la plus prestigieuse salle des États-Unis une recette record de plus d'1,3 million de dollars. La célèbre agence de publicité McCann-Ericksson a acquis un package promotionnel de la rencontre qu'elle se charge de commercialiser ensuite à ses plus gros clients (Coca-Cola, General Motors, Nabisco, Esso...). Le spectacle Ali-Frazier – « Ce que nous avons là, c'est la Joconde [165] », s'exclame Perenchio – se transforme en un produit d'exception, de luxe absolu, avec pour paradoxe d'être « vendu comme des tranches de foie ».

Le jour de la présentation officielle de ce championnat du monde de boxe et de la finance sportive, Perenchio qui ne craint plus rien tant il s'est bordé de toutes parts – y compris si les boxeurs se blessent au dernier moment, ou si le match est écourté ou annulé [166] –, se dresse comme un coq : « C'est le plus grand événement de ma vie. Ça transcende la boxe, C'est phénoménal. Je lui ferai plus de publicité que pour le débarquement en Normandie ! Ce sera le plus gros revenu de l'histoire du monde. Le *Wall Street Journal* prévoit un revenu net de 40 millions de dollars. » Ali, qui assiste médusé à cet exercice d'autosatisfaction, racontera dans son livre que cette dernière phrase l'a fait tiquer : « Tandis qu'il se vante de ce que ça va lui rapporter, je commence à me demander si Joe et moi n'avons pas accepté trop peu [167]. » Il prend le micro et lance avec un sourire à Frazier, deux chaises plus loin : « Joe, on s'est fait avoir. » Ali ravalera amicalement cette plaisanterie après la réplique cinglante de l'impresario qui ne figure pas, on le devine, dans l'autobiographie d'Ali : « Ali, pour 5 millions de dollars, je crois pouvoir parler sans que vous ne m'interrompiez sans cesse [168]. » Le challenger se prend néanmoins de sympathie pour ce Perenchio qui lui ressemble par certains côtés et mettra un point d'honneur à l'aider dans ses démarches pharaoniques de promotion.

Le combat dépasse en intensité dramatique les rêves les plus fous de Perenchio. Comme si les deux protagonistes avaient pris la mesure de l'enjeu et du spectacle qu'ils devaient à tout prix fournir pour respecter ce que le public, les organisateurs et les sponsors en attendaient. Ali, fait inouï, tombe à quelques secondes du gong final sur un crochet du gauche maison de Smokin Joe, et est battu aux points. Dans les heures suivantes, les deux gladiateurs, vidés de toute force, visiteront ensemble de longues heures l'hôpital voisin. Ce come-back plein de courage fait d'Ali dans l'opinion un plus grand battu que vainqueur. Cette nuit révolutionnaire du 8 mars 1971 contredit celle du 4 août 1789, elle rétablit ses privilèges. Le descendant d'esclaves contestataire a puissamment concouru à la découverte de nouveaux territoires, une *terra incognita* jusque-là des marchands de sport. « L'entreprise la plus flamboyante de tous les temps », comme la décrit le journaliste du *New York Times* Red Smith, va faire école. D'abord en influençant les plus hautes autorités judiciaires américaines qui, le 29 juin 1971, sont dans l'obligation de constater l'immense pouvoir qu'exerce Ali sur la société et l'économie du pays. La Cour suprême qui, « suprême » ironie, est composée exclusivement de Blancs, casse le verdict de Houston par huit voix à zéro et rend la totalité de ses droits au serviteur noir d'Allah.

Le Frazier-Ali du Garden a mis le feu aux poudres. Le plus fou est à venir. Ce seront Ali-Frazier II et III entrecoupés par Ali-Foreman.

La brillance de l'étoile d'Ali passe par un sceptre qu'il n'a toujours pas repris. Trois ans vont s'écouler dans cette quête. À la clé une dizaine de combats à moins de 500 000 dollars pièce, des misères quelque peu justifiées par des prestations en dent de scie. Dont une défaite cuisante devant Ken Norton. On apprendra que le vaincu a combattu une heure avec la mâchoire fracturée, ce qui annulera en grande partie les effets du revers. Vient alors la revanche contre Frazier en janvier 1974 qui déclenche encore l'hystérie, toujours au Garden de New York, toujours pour battre de nouveaux records à l'occasion d'une confrontation sans enjeu : meilleures bourses dont celle d'Ali d'1,7 million de dollars, recette de 10 millions de dollars ramenée par le *closed circuit*. Ce re-match des anciennes gloires – Frazier vient d'être dépossédé de sa ceinture par l'atomique George Foreman en une poignée de secondes – sonne un peu faux. Car le sport est passé très loin derrière la magistrale promotion qui en a été faite. Autour il faut bien le dire de la magie médiatique éternelle d'Ali.

Un chef d'État, Mobutu, beaucoup pour sa propre promotion de mégalomane et très peu pour le bien du peuple noir africain, accueille à Kinshasa le championnat du monde des poids lourds le 30 octobre 1974. Le sémillant néo-organisateur Don King, qui côtoie de façon plus qu'intéressée Ali et Herbert Muhammad, se fera magistralement les dents à travers ce combat dont les bourses des deux boxeurs ont été réglées par le dictateur zaïrois : 5 millions de dollars chacun, « un cadeau au peuple de mon pays ». Mobutu Sese Seko, considéré à l'époque comme la septième fortune du monde, a fabriqué son trésor en neuf ans par un pillage impitoyable de « son peuple » au revenu annuel déjà pourtant l'un des plus faibles du monde (70 dollars par habitant). À l'issue de ce rocambolesque « Rumble of the Jungle » (la rixe dans la Jungle) disputé en pleine nuit pour que les télévisions américaines (les droits télé dans le monde se montent à plus de 50 millions de dollars) puissent diffuser le programme à des heures décentes, Ali récupère son titre. George Foreman mettra vingt ans à se remettre de son KO en endossant un costume beaucoup plus pacifique de pasteur. Ali fera de son mieux durant son interminable séjour dans l'ancien Congo (une blessure de Foreman avait retardé le combat de plusieurs semaines) pour ne pas froisser la susceptibilité de Mobutu qui l'avait somptueusement rétribué. Ali ignorait-il que le sanguinaire tyran avait fait assassiner dans les coursives du stade plusieurs dizaines d'opposants au régime deux mois avant l'arrivée du cirque King ? « Big George » retrouvera en 1994 un titre de champion du monde des lourds, pas le titre réunifié il est vrai, à quarante-cinq ans. Définitivement retraité, il deviendra avant l'an 2000 le sportif le mieux payé du XXe siècle... à ne pas faire de sport, en décrochant avec un fabricant de grille-viandes, Salton, un contrat qui l'enrichira de 200 millions de dollars.

À peine revenu d'Afrique, tout juste sorti du bureau ovale à la Maison Blanche, Ali a entamé un stupéfiant périple qu'aucun boxeur ne s'était offert. L'appétit de Don King – maintenant chevillé aux gants d'or du phénix – pour toute forme d'argent digestible transporte Ali sur les cinq continents. « Je boxerai n'importe où, en Chine, en URSS, ou même sur la lune si on me donne de l'argent », mugit Ali. L'argent, non seulement on lui en donne, mais on le lui envoie sur des tapis rouges. Avant Ali, les mécènes, les businessmen, les journaux, les ducs ou barons, la canaille enrichie, piochaient dans leurs caisses pour s'offrir les Sullivan, Dempsey et autres Louis. Maintenant, ce sont les pays, les États, les gouvernements qui traitent avec le dieu de la boxe. « Après le Zaïre, Herbert acceptera des rencontres similaires parrainées par les gouvernements de Malaisie et des Philippines, tandis que six autres nations au moins nous feront des offres », se réjouit Ali. Herbert Muhammad, dans l'ombre de King mais toujours présent et à l'affût de pourcentages, prend son obole. À Kuala Lumpur, à l'occasion de la troisième défense du titre de leur poulain contre Joe Bugner, on butine gentiment un pot de miel d'1,5 million de dollars. King et Herbert Muhammad, qui avaient compris que Foreman, anéanti par son naufrage de Kinshasa, ne voulait pas d'une revanche, organisent une ahurissante conférence de presse une petite demi-heure après le combat de Kuala Lumpur. Joe Frazier a fait le déplacement et s'approche de l'estrade d'Ali qui vient d'annoncer qu'il va se retirer des rings. Le dialogue bien mis au point par les managers s'engage entre les deux hommes :

Ali : « C'est mon dernier combat, Joe, cette fois tu arrives trop tard. Y en a ici qui ont envie de me voir combattre contre Joe Frazier ?

La foule répond : – Ouiiii, Ali-Frazier ! Ali-Frazier !

Frazier : – Pas question que tu te retires. Tu as autant besoin de moi que j'ai besoin de toi.

Ali : – Tu pars battu d'avance. Si on se rencontre, personne n'ira parier sur toi ; personne n'ira parier sur un baptiste pour dérouiller un musulman.

Frazier : – C'est simplement parce que les gens sont bouchés. Ils se laissent avoir par ta grande gueule. Question fric, c'est pareil, t'es une grande gueule !

Ali : – Tu veux qu'on fasse un marché ?

Frazier : – Tout ce que tu veux, c'est d'accord.

Ali : – Je vais te dire ce qu'il y a à la clé de notre combat : pour moi 6 millions de dollars et pour toi 2 millions. Si tu me bats, je te donne un million sur ma bourse, et si c'est moi qui te dérouille...

Frazier : – Je te donne un million de ma poche. D'accord. Et maintenant, va dire à ton manager et à tes avocats de coucher tout ça par écrit, exactement comme on vient de le dire.

Une voix dans la foule : – C'est vraiment décidé ?

Don King : – C'est décidé.

Ali : – Gare au gorille à Manille, cette fois je l'étrille et je le bousille ! »

Le « Thrilla in Manilla » (L'étrille à Manille) du 30 septembre 1975 rejoint dans le délire le « Rumble in the Jungle ». Le plus incroyable est que le match atteint des sommets, Ali et Frazier se donnent à fond et au-delà encore. Les témoins sur place, au Garden de New York par écran géant interposé, ou éparpillés par le *pay per view* (2 millions de dollars de recettes), hurlent leur bonheur ou leur effroi. Ali qui l'emporte après une démentielle guerre de coups dira : « J'ai vu la mort... » Le président despote Ferdinand Marcos copie Mobutu en arrachant les millions de dollars sur les finances nationales. Quatre vont s'empiler sur le compte d'Ali qui devient le sportif le plus riche de l'histoire. Don King ne sait plus ou donner de la tête pour rendre les combats crédibles tant les sommes proposées de tous côtés sont stupéfiantes.

La fin de carrière du « plus grand » s'apparentera à une interminable et souvent pathétique tournée d'adieux. King, sans aucune pitié pour la santé de son faiseur d'or, y accumulera une fortune incomparable, prolongée bien après lui. Ali, rongé par les pilleurs et ces créanciers – Black Muslims, fisc, pensions alimentaires – ne jettera l'éponge qu'après avoir épuisé sa dernière goutte de sève. Alors que sa maladie – un syndrome – de Parkinson est prégnante depuis plusieurs années, il perd son titre, le reconquiert et le cède définitivement en 1978. Les combats de trop il les livre, à trente-huit et trente-neuf ans, le corps enveloppé par des kilos qu'il ne peut plus comprimer. D'abord le 2 octobre 1980 contre Larry Holmes, pour 8 millions de dollars, soit en une apparition le sixième des gains accumulés en vingt ans. Ses problèmes d'élocution et sa difficulté à se mouvoir sont manifestes. Qu'importe. Pour maintenir la pompe à fric en état de marche tant que faire se peut, le machiavélique Don King a enterré le rapport médical qui livrait l'inquiétant diagnostic dès 1977 : un net amoindrissement des réflexes du champion. Son ancien sparring-partner ne l'humilie pas en lui évitant un KO que tout autre lui aurait infligé. Une défaite – la cinquième en soixante et un combats professionnels – contre Trevor Berbick referme le rideau sur la plus légendaire carrière d'un sportif ganté. C'est peut-être sous ces derniers coups encaissés le 11 décembre 1981 que la maladie qui se déclarera sans équivoque en 1984 s'est irrémédiablement propagée dans son corps. Ali combat ce nouvel adversaire par sa volonté coutumière.

L'Amérique, en mal de symboles et oublieuse des flèches qu'elle lui avait plantées aux heures sombres du Vietnam, l'installe sur un piédestal aux Jeux olympiques d'Atlanta en lui faisant allumer la flamme. Le geste du champion secoué par le tremblement, mais debout et digne, soulève une émotion sans égale. Plus fervent que jamais, Ali lutte pour la cause religieuse, l'enfance déshéritée, la recherche médicale. Sans aucune plainte à l'égard de sa souffrance qu'il affecte de réduire au prix de ses fautes. Ali aura certainement au bout du compte revivifié la légende de l'Amérique. Les croisades humanistes de ce Muhammad Ali désintéressé auraient pu faire écrire à Jean-Jacques Rousseau : « On a de tout avec l'argent, hormis des cœurs et des bons citoyens. »

Années 1970

La télé change la donne

Devant leur poste en noir et blanc, les Français qui s'en souviennent gardent un sentiment de frustration intense. Le temps où les finales de Roland-Garros, les matches de football ou les finales olympiques s'interrompaient brusquement. Sans un mot d'explication de la speakerine qui annonçait alors, joviale, le début du journal télévisé ou le trente-quatrième épisode des *Saintes Chéries*. Pour s'enquérir du résultat final, c'était éventuellement la radio, plus sûrement le journal du lendemain. Une furieuse envie de balancer son téléviseur par la fenêtre ! Le sport remplissait les cases vides de la programmation. Pour un directeur d'antenne, l'essentiel était d'en montrer des tranches pour distraire le peuple, peu importait de diffuser un début, un milieu et une fin. Ce n'était pas l'affaire de la télé qui n'avait de comptes à rendre qu'au ministre de l'Information.

Personne, jusqu'à ce que des chaînes ne paient des droits pour acquérir des événements sportifs, ne se plaindra de telles coupures. D'ailleurs se plaindre à qui et pourquoi ? Côté organisateur d'événements sportifs, on ne lorgne pas encore sur les revenus télévisuels car ils n'existent pas, du moins en France. Quant au téléspectateur des temps héroïques, il règle sa redevance (dès le début en 1949 de la Radio-télévision française, la RTF, la redevance est instituée et son prix fixé par la loi) parce qu'il a acquis un poste de télévision par un acte volontariste qui ne lui garantit rien d'autre que ce que le service public veut bien lui donner. Vu leur nombre résiduel, on se fout bien au ministère de l'Information des amateurs lambda de rugby à Lavelanet (ou d'autres contrées) qui ne représentent alors qu'un fragment de l'électorat. Petit rappel : avant 1964, le service public justement se résume à une chaîne. À deux avant 1972. À cette date tout cela est brinquebalant, la couverture hertzienne ne permettant qu'à un quart des Français de capter les images.

Qui donc jusqu'aux années 1970 peut bien décider de programmer ceci ou cela en matière de sport ? On le verra un peu plus loin, des sortes de fondus à l'instar de Georges de Caunes ou Raymond Marcillac inscrivent « service des sports » sur la porte de leur bureau de la rue Cognacq-Jay et « vendent » à leur patron une heure par-ci par-là de Tour de France, de ballon rond ou de catch... Ils décident de temps en temps de programmer un événement qu'ils n'annoncent pas dans la presse, de peur de fâcher telle ou telle fédération morte de trouille à l'idée de travées désertes. Pour eux, les ennuis vont commencer avec la publicité dont les noces avec son futur amant cathodique mettront bien du temps à être officialisées. Les publicitaires sont dans les stades depuis longtemps mais la télévision interdit la réclame sur l'écran. On parlera vite de publicité clandestine quand des cameramen obéissants appuieront leurs plans sur un endroit des terrains où un panneau figurait en pur hasard. Ou quand le coureur vainqueur de l'étape du Tour sera rapidement harcelé par un aimable spectateur lui tendant une petite bouteille ronde d'eau pétillante toujours nommée Perrier. L'affaire se règle partiellement quand en 1968 les spots sont autorisés à heures fixes et en série. Reste que les panneaux au bord des terrains posent toujours problème et un scandale éclatera en 1972 après la mise au jour de circuits parallèles de financement. Un autre débat enflamme les esprits des années 1960 et 1970. Le sport est-il phagocyté par la télévision ? L'écran mange-t-il le stade au point de lui faire perdre ses spectateurs ? Or, selon cette théorie, sans spectateurs pour les encourager les sportifs ne donnent pas leur pleine mesure. C'est l'avis des puristes : *L'Équipe Magazine* se déclare le 24 février 1970 l'ennemi des retransmissions en direct sous la plume de Pierre Lagoutte dans un article qui titre sans complaisance « La télévision en direct est nuisible au football ». On comprend l'ennui d'une presse qui veut conserver son monopole de l'information sportive. La télé insiste car les matches ne lui coûtent toujours pas les yeux de la tête et les audiences sont bonnes même si l'Audimat ne peut encore l'attester. Les programmes sportifs sont attrayants, ils correspondent parfaitement à la notion de « distraction du public » contenue dans la loi de juin 1964 qui donne naissance à l'ORTF (Office de radiodiffusion-télévision française). Les réalisations en direct ont beaucoup progressé depuis la première retransmission du genre de l'arrivée du Tour de France en 1948 au Parc des Princes. Les téléspectateurs commencent à apprécier les moyens techniques de plus en plus sophistiqués. La publicité croît chaque année exponentiellement, on passe de deux minutes d'écrans au total par jour en 1968 à douze minutes trois ans plus tard. L'ORTF est démembrée en 1974 et les chaînes qui en émanent, TF1, A2 et FR3, sont encouragées de facto à la concurrence. Les annonceurs rentrent dans la brèche. Malgré les interminables parties de manivelle entre les lobbies de l'industrie et les politiciens, la pub gagne minute par minute d'antenne. On arrivera à environ deux heures de réclame par jour sur TF1 en 1995. Tout ça ramène beaucoup d'argent, la part de la pub dans le budget de la deuxième chaîne se montera à 50 % au début des années 1990.

Le sport devient l'un des enjeux essentiels du marché télévisuel à l'orée des années 1970. On le verra plus loin en détail, en 1974 la raquette d'un champion exceptionnel surgit du central de Roland-Garros et fait exploser le schéma prépubère du triangle tennis-télé-pub. Dès l'année suivante, on se bouscule dans l'antique stade construit pour les Mousquetaires en 1928 et qui désespérait de retrouver une foule aussi dense. Philippe Chatrier, le premier, renifle l'affaire du siècle. Oh, pas le coup de golden boy à Wall Street, mais l'investissement réfléchi avec retour à long terme. Président de la Fédération française de tennis depuis 1972, l'ancien homme de presse gère les balles de match dans la plus parfaite intelligence. Et, c'est si rare, pour l'intérêt général de son sport en France et ailleurs. Chatrier tranche avec les requins du sport-business. Il privilégie la qualité plutôt que la quantité, le jeu plutôt que l'enjeu. Il avait refusé purement et simplement à Jimmy Connors de pénétrer dans l'enceinte de Roland-Garros en 1974 [169], engageant ensuite victorieusement un bras de fer juridique avec l'Américain sans respect pour les épreuves du Grand Chelem.

Alors que les images de Wimbledon traversaient les méridiens depuis belle lurette, celles des Internationaux de France ne franchissaient que la Seine ou la Loire. Afin de ne pas être en reste, « Sport-Dimanche » dépêchait une ou deux caméras déposées la veille des demi-finales au-dessus du tableau d'affichage qui cadraient en tremblant les petits hommes blancs. En 1975, les droits de diffusion de la quinzaine de la Porte d'Auteuil sont cédés à TF1 pour quelques dizaines de milliers de francs alors que ceux de Wimbledon sont négociés par McCormack pour plus d'un million de livres sterling. Et, détail qui ferait frémir les services juridiques de notre époque, sans contrat écrit, sur simple poignée de mains avec l'ami Christian Quidet. Prudence, attendons de voir. C'est un peu l'inconnue. Jamais un tournoi n'avait été retransmis de bout en bout en France, a fortiori deux semaines durant. On aperçoit Borg à la télé le lundi, on se rue au stade pour le voir en chair et en os le mercredi, etc. La jeune idole gagne encore le tournoi. Le test est probant. Dès 1977, le pari est définitivement remporté, les allées du stade fourmillent de monde, tous les courts font le plein (on passe de soixante-dix mille spectateurs en moyenne à deux cent cinquante mille). Chatrier profite de ce succès populaire et du développement de « son » Grand Chelem pour faciliter son élection à la présidence de la Fédération internationale. Borg et Pecci sont suivis au dernier tour en 1979 par six millions de spectateurs en pantoufles. En 1980, Chatrier signe, cette fois, un contrat avec TF1 pour 150 000 francs la quinzaine. Trop peu pour le projet d'agrandissement et de rénovation du stade qui se réalisera au fil des ans avec la manne apportée par l'incroyable afflux des licenciés (trois cent quatre-vingt mille en 1976, huit cent un mille en 1980, le million est dépassé en 1982, + 20 % environ chaque année) et les recettes publicitaires. Chatrier poursuit son travail de fond. Avec le label Borg, qui en garantit la sincérité sportive, le « French » prend une place totalement à part dans le paysage médiatique national et même international. L'aspect mondain n'est nullement négligé. Les personnalités de tous bords, qui s'invitent le plus souvent et mettent les nerfs du service des relations publiques à très dure épreuve, défilent dans la tribune présidentielle ou posent nonchalamment dans les loges commercialisées à prix d'or. La fameuse minute de repos tous les deux jeux relègue *Paris-Match* au rang de feuille de chou de province. Dans la lucarne on dévisage acteurs, chanteurs ou politiciens qui se promeuvent à peu de frais. L'échange profite à l'audience. Le spectacle ne s'interrompt jamais, sauf pour les écrans de pub. Durant le jeu, les quatre coins du court, les bâches, les chaises d'arbitre, l'horloge, le panneau de score, les bouteilles d'eau, sont siglés BNP, Lacoste, Evian, Seiko... « Roland », comme le surnomment les branchés, se pose en phénomène de société. Noah brise la spirale des losers tricolores en 1983 : une nouvelle aubaine pour Chatrier dont les relations avec Yannick se nourriront parfois de gros mots, la nouvelle star sortant trop souvent à son goût des sentiers battus. *L'Équipe* titre : « Cinquante millions de Noah ». Pour son quart de finale contre le numéro 1 mondial Ivan Lendl, le record de points Audimat en France d'un match de tennis est pulvérisé : 31 points. Soit entre douze et treize millions de téléspectateurs rivés à leur poste, un peu moins évidemment que l'imbattable football, mais quatre millions de plus que le duel au Portugal pour le titre en F1 Prost-Lauda l'année suivante ! Jeu, set et match, Chatrier (et son équipe) ! Roland-Garros est lancé sur satellite. Le tournoi repasse sur la « Deux » (et la Trois) en 1987. Philippe Chatrier a lâché TF1, privatisée le 16 avril, en se permettant le luxe de dédaigner les 20 millions de francs annuels promis par Francis Bouygues en personne. Les 15 du service public lui plaisent davantage, ainsi sûrement que l'interlocuteur Christian Quidet qui a rejoint Antenne 2. Le calcul de l'ancien capitaine de l'équipe de France de coupe Davis s'apparente à la vieille recette du quatrième set perdu pour souffler avant le gain du cinquième. Deux chaînes en simultané (mais pour des matches différents) pour un événement – du jamais vu dans le monde – valent mieux qu'une, tant pis si 5 millions s'évaporent. L'idée du tandem de canaux perdure presque vingt ans après, avec la simultanéité en moins, les millions d'euros en plus : 11 millions d'euros garnissent en 2005 les caisses de la FFT. Roland-Garros est la seule et unique locomotive médiatique du tennis français.

Bien avant Canal+, le grand chambardement du sport à la télé date des années 1970. La très lente évolution, pour des raisons que l'on a expliquées et qui tiennent aux rapports extraordinairement viciés entre les instances sportives et les responsables de chaînes, débouche enfin sur quelque chose. C'est sans surprise le football-roi qui en est le déclencheur. Rappelons qu'aucune image en direct du championnat de D1 n'est visible à la télévision en 1976. À l'exception de trois ou quatre matches par an que ne peuvent recevoir les régions du club hôte, occultation pour remplissage du stade oblige. Le différé n'est pas mieux traité. En dehors des buts d'un seul match à la fin du journal télévisé de 23 heures et de quelques autres lors de l'attendu « Stade 2 » qui débute depuis un an seulement par son fameux générique tous les dimanches soir, les accros accordent leur confiance aux reporters radio ou aux comptes rendus de *L'Équipe* du lendemain et à ceux de *France-Football* du vendredi, soit parfois six jours après les rencontres. Saint-Étienne vient pourtant de glaner son troisième titre de champion de France et de jouer la finale de la coupe d'Europe, exploits qui font des Verts les sportifs, et de loin, les plus populaires du pays. Le président de la Ligue nationale, Jean Sadoul, qui vivait depuis sa prise de pouvoir en 1967 l'une des pires traversées du désert – et il y en a eu à revendre ! – du football français, entend profiter de l'embellie verte. Acoquiné avec le sémillant et décomplexé Jean-Claude Darmon, il vient tâter le pouls des deux chaînes de télévision. Sadoul – idée insensée lorsqu'on connaît la suite – est prêt à payer pour que le foot trouve sa place à la télé, améliore son image et décroche des sponsors. Sadoul et Darmon se tournent en premier lieu vers Robert Chapatte et Roger Couderc à qui ils expliquent qu'ils « donnent » à « Stade 2 » les droits du championnat pour que la deuxième chaîne en sorte un magazine hebdomadaire. L'incontournable Monsieur Rugby, qui a été plus inspiré, esquisse une moue avant de tonner : « Mais Robert, ça n'intéressera personne, tout le monde s'en fout de voir des buts les uns après les autres [170]... » Chapatte donne le coup de sifflet final : « On n'a besoin de rien, on a déjà les droits étrangers avec le Bayern Munich, le Real Madrid[171]... » Plus par envie de piquer quelque chose à la concurrence que par conviction, le patron des sports de TF1 Georges de Caunes va récupérer le bébé. Les frais techniques font peur à sa direction mais de Caunes, personnage à part de la télé de papa, défricheur, séducteur à la faconde de Gascon, Don Quichotte persuasif et naïf, qui a mené en 1966 des activités inconciliables de journaliste avec des activités publicitaires, emporte le morceau. Entretemps, les Verts ont paradé aux Champs-Élysées et les coups francs en feuille morte de Platini sont en train de transporter les Bleus à la Coupe du monde 1978. Sadoul a un peu réfléchi et consulté son alter ego de la Fédération française, Fernand Sastre. Si on veut de nous, doit-il se dire, ne serait-ce que du bout des crampons, on ne paie plus, on se fait payer : de Caunes et TF1 signent avec la Ligue un contrat-test portant sur quinze émissions dominicales allant de septembre à fin décembre 1977 d'un montant global de 200 000 francs. Le frêle nouveau-né « Télé-Foot 1 », vite rebaptisé « Téléfoot », grandit vite. Nourri au sein de la puissante et généreuse TF1, le bébé prend à la fois du muscle et du charme. « Téléfoot », comme on le dit aujourd'hui avec une subtile circonlocution, rencontre son public. La courbe d'intérêt ne cesse de s'élever. Un sur trois, parfois jusqu'à un sur deux des téléspectateurs mâles du dimanche avalent en chaussons leur premier croissant à onze heures du matin et s'abreuvent des paroles de Pierre Cangioni puis de son successeur Thierry Roland. Sur la deuxième chaîne où le cahier des charges ne permet pas de décaler la « vraie » messe du « Jour du Seigneur », on n'essaiera jamais vraiment, si ce n'est par principe congénital de dénigrement entre chaînes, de déloger les petits camarades. Même si l'envie ne manque pas, comme en 1979 avec une offre de 5 millions de francs annuels, que Sadoul ne retient pas car, à l'instar de Chatrier avec la 2 pour le tennis, la qualité et les bonnes habitudes priment sur le volume. Près de trente championnats de division 1 (Ligue 1) plus tard, et en dépit du « Jour de Foot » canalplusien du samedi soir, « Téléfoot » capte toujours 40 % de l'audience nationale à l'heure du petit déjeuner dominical et TF1 verse 18 millions d'euros par an à la Ligue. Jean Sadoul, de son paradis du ballon, doit bien rigoler.

Alors que le septennat de Valéry Giscard d'Estaing va prendre fin et que celui de François Mitterrand se profile, il saute aux yeux des quelques décideurs du PAF d'alors que le sport est en pleine mutation. Toutes les familles disposent maintenant de postes en couleur. Trois olympiades plus tôt, les Jeux d'hiver de Grenoble en 1968 ont fait office de test triomphal sur le plan technique. Sous l'impulsion du général de Gaulle, un dispositif sans précédent dans le pays avait été mis en place : soixante-cinq caméras sur les sites, dont vingt-cinq en couleur. Le coût énorme de l'opération avait été à la hauteur des ambitions du Général. Les Américains, pourtant précurseurs en la matière, avaient été tout esbaudis de la qualité des images réalisées par les petits Français et relayées en direct pour la chaîne ABC par le satellite géostationnaire Early Bird. Notamment lors de la cérémonie d'ouverture où le Général s'était comme à son habitude magistralement mis en scène.

Fin des années 1970, père, fils, et souvent mère, fille et aïeuls s'extasient calés dans leurs fauteuils aux exploits alternatifs des Jean-Pierre Rives, Alain Prost, Yannick Noah et Michel Platini. Les sondages le prouvent, cette génération spontanée de virtuoses de l'effort fait un tabac dans les salons de France. On réclame, on veut, on exige plus de sport à la télévision. C'est le grand tournant. Si elle existe par son nom, la télévision de service public est devenue commerciale, comme ses concurrentes. Il existe désormais un marché complètement libre des diffuseurs par rapport à l'offre du sport.

On entre dans l'ère du sport à acheter et à vendre. La saga des droits de la Formule 1 résume à elle seule l'évolution du sport tout entier dans ce domaine. Un Londonien passionné d'auto-moto et nommé Bernie Ecclestone s'immisce dans le grand sport automobile en rachetant pour une poignée de livres sterling l'écurie Brabham en 1971. Le petit Anglais gagne ses galons rapidement. Il fait prospérer à vitesse de bolide les intérêts de la FOCA (Formula one constructors association), la fédération des constructeurs de F1 dont la mécanique tournait au ralenti. Ecclestone, épaulé par les écuries britanniques et par son séide Max Mosley, négocie les grands prix un par un, redistribue les profits jusque-là réservés aux plus prestigieux, Ferrari en pôle. Dans ce rôle de gérant de fait de la F1, sur le dos d'une fédération internationale complètement dépassée, il fait fortune. En achetant ou louant lui-même des circuits comme à Kyalami, au Nurburgring ou à Zandwoort. Il acquiert en même temps les droits télé de ces grands prix [172]. Il réalise de substantielles plus-values en vendant les épreuves aux sponsors. Quelques légendes naissent dans le paddock qui prêtent à Bernie, l'homme aux sacs de billets, des pratiques financières à l'extrême limite de la légalité. Ecclestone est le vrai patron de la F1. Il en contrôle en tout cas tous les leviers financiers. Jusqu'en 1978 où le Français Jean-Marie Balestre, nouveau président de la Fédération internationale automobile (FIA, qui deviendra FISA), lui dresse chicane sur chicane. Balestre, rôdé aux manœuvres sur terrain glissant par vingt ans de présence à la puissante Fédération française des sports automobiles (FFSA), veut reprendre le pouvoir abandonné par les instances internationales au roquet anglais. Il fait sentir son autorité en se jetant sur les acquis de la FOCA qu'il juge complètement excessifs, voire léonins, et qui surtout échappent en droit à sa principale détentrice. Le rugissant Balestre réussit en apparence à freiner les ambitions de son rival. Les deux parties signent en 1981 l'accord de la Concorde (comme la place éponyme, à Paris, où siège la fédération) qui reconnaît à la FISA la propriété des droits télévisuels sur la F1. Balestre l'a compris, l'enjeu va devenir énorme. Au charismatique Juan Manuel Fangio des années 1950 avaient succédé pendant vingt ans les Jim Clark, Emerson Fittipaldi, Jackie Stewart et Niki Lauda, qui avaient fait de la compétition des monoplaces un centre d'intérêt médiatique. Et un terrain idéal pour les marques, les cigarettiers notamment. L'écurie Lotus avait la première servi de support publicitaire à un fabricant de tabac, Gold Leaf, contre un million de francs l'an. Le contrat avait dépassé les espérances de la société, le retour sur investissement s'étant monté à trois fois la mise initiale. Dans les années 1960, les pilotes de course sont déjà très bien payés, surtout aux États-Unis où les 500 miles d'Indianapolis laissent des fortunes aux vainqueurs. Ecclestone qui copie en quelque sorte avec la F1 le modèle de l'Indycar américain, veut en retirer les mêmes profits avec le Vieux Continent. Et y parvient comme on l'a vu. La guerre de trois ans entre

Balestre et Ecclestone a ensuite un effet inattendu. Les voitures à jupe, les moteurs suralimentés, la superlicence et les grèves de pilotes focalisent l'attention autant que les records du tour de Nelson Piquet, Didier Pironi et Alain Prost. La F1-spectacle naît à la télévision. L'Union européenne de radiodiffusion (UER), qui achète les droits, les vend alors aux chaînes européennes comme TF1, première intéressée dans l'hexagone. Bien lui en prend. Alain Prost démarre sa décennie prodigieuse. La Une profite à très bon marché de l'effet Prost et de ses trois titres de champion du monde en cinq saisons (1985, 1986 et 1989). Les invraisemblables combats que se livrent au volant le « Professeur » et son élève génial Ayrton Senna, son propre coéquipier chez McLaren, se traduisent par des audiences phénoménales (jusqu'à 44 % de part de marché lors des paroxystiques ultimes GP en 1989). Les rentrées publicitaires affluent. Mais La Cinq, éphémère trublion du PAF, rentre dans l'arène en 1990 et bouscule tout sur son passage pour s'accaparer ces si juteuses parts de marché. Robert Hersant, le propriétaire de La Cinq et ami de cinquante ans de Jean-Marie Balestre, fait facilement pencher la balance de son côté lors de l'appel d'offres lancé par la FISA en écartant TF1, qui abusait de toute façon des retransmissions en différé. Le chèque de 6 millions de dollars par an (douze fois ce qu'acquittait TF1) signé par Hersant est une cerise sur le gâteau. C'est l'un des derniers coups de poker de Hersant. Quelques semaines plus tard, il passe la main de principal actionnaire à Jean-Luc Lagardère. Le patron de Matra ne peut que prolonger l'agonie d'un opérateur dont l'aventure fait encore aujourd'hui le régal des étudiants qui se penchent sur les flops économiques. TF1 reprend son bien en 1992. Elle le possède toujours. Et est allée jusqu'à payer 22,5 millions d'euros par an en 2002 pour en diffuser les images.

Des trois exemples précédents découle une foule de réflexions que nous résumerons en une question et quelques tentatives de réponse. Qu'a changé la télévision dans le sport ? Premier élément de réponse dans le constat établi en 1994 par Ignacio Ramonet, journaliste au *Monde diplomatique* : « Le sport a cessé depuis longtemps dans notre société de n'intéresser que les sportifs ; il intéresse aujourd'hui l'ensemble de la société. Et force est de reconnaître que la télévision, en raison de ses progrès technologiques, a une telle capacité à produire un choc émotionnel que la presse écrite s'est mise à sa remorque. » Le sport télévisé moderne a bien eu l'effet d'une bombe. Comme nous éclaire le discours de Reinhardt Koselleck : « Le sport, du moins certains sports envahissent ainsi les écrans au point que son temps réel mondialisé défile devant nous comme une bande dessinée, sans commencement ni fin[173]. » Ce « ni commencement ni fin », les faiseurs de sport en ont développé le sens. Le téléspectateur est la figure centrale. À longueurs d'années, du 1er janvier au 31 décembre, et à travers la totalité des fuseaux horaire, il regarde sur un écran placé dans son champ de vision rapproché, ce qu'on lui organise, ce qu'on lui propose. Nos trois histoires de tennis, foot et F1 ont décrit les schémas de l'évolution qui s'est en fait produite un peu partout dans le monde : les images sportives en noir et blanc des années 1960 qui se voulaient une vulgaire distraction du dimanche se sont muées en feuilletons puis, au fil des progrès techniques et des avancées des réalisations, en films d'action hyper spectaculaires à scénarii imprévisibles. La passion du sport à la télé entraîne dans les années 1980 un bouleversement des attitudes. Les chaînes réalisent leurs meilleures audiences avec le sport. Les sponsors injectent millions sur millions dans le « produit sportif ». Les marques utilisent le sport comme tremplin de leur expansion. Et les petites vedettes d'antan deviennent des stars. Que l'on rétribue, cher, très cher. *L'Équipe Magazine*, le 15 octobre 1988, dévoile pour la première fois ce que les champions gagnent (précisant toutefois que les chiffres publiés sont le résultat d'estimations), un tabou pour l'époque, en Europe du moins. Les lecteurs découvrent que les revenus mensuels d'Alain Prost, de très loin le plus haut perché sur cette pyramide, atteignent 25 millions de francs (tous revenus compris), soit un extravagant total annuel de 300 millions de francs. Que Luis Fernandez, dont la cote à l'argus des stars mondiales du ballon n'est pourtant pas la plus relevée, est rétribué 700 000 francs par mois au Matra Racing de Jean-Luc Lagardère, que son coéquipier Maxime Bossis, préretraité, touche 300 000 francs, que Jean-Pierre Papin le jeune avant-centre – brillant mais sans encore le moindre palmarès – de l'OM est au même niveau, grâce aux bons soins de Bernard

Tapie, que Dominique Dropsy le gardien des Girondins de Bordeaux de Claude Bez émarge à 150 000 francs, ou que l'impérissable attaquant du FC Metz Carmelo Micciche empoche 80 000 francs.

En deux ou trois décennies, l'incroyable intrusion de la télévision sportive dans les foyers a donc changé la donne et fait du spectateur une valeur marchande. Une valeur incomparable puisqu'en 1998, cinq rencontres de la Coupe du monde de football en France (évidemment concernant celle-ci) ont produit les cinq meilleures audiences de l'année, tous programmes confondus, avec le pic des vingt millions cinq cent mille téléspectateurs du 12 juillet pour France-Brésil. Et la valeur des spots publicitaires de grimper en proportion : jusqu'à 1,5 million de francs les trente secondes pour cette finale sur TF1. Les champions dans ce type d'événement fédèrent beaucoup plus que le cercle des « amateurs ordinaires ». Les femmes se passionnent et viennent gonfler les travées des stades et les chiffres de l'Audimat.

On le voit, le sport en quelques années s'est profondément modifié sous l'effet de la télévision. D'abord tétanisé par elle, le sport en a reçu les effets et la boule de neige a roulé sur elle-même. Les stades se sont remplis et les matches de l'élite du football français par exemple recueillent aujourd'hui deux fois plus de spectateurs qu'il y a vingt ans.

Tu corromps ? Je corromps...

Aussi vieille que le football est professionnel, cette tare appelée corruption qui colle à l'espèce humaine depuis Adam et Ève s'incruste dans notre football pro dès l'année de sa création. Le championnat de France de division 1 1932-1933 n'est pas commencé depuis quelques mois que des soupçons pèsent sur le FC Antibes. Les Azuréens qui termineront en tête de leur groupe sont stoppés en pleine course, juste avant la finale qui doit les opposer à l'Olympique lillois, premier de l'autre groupe. Une enquête est ouverte et les faits sont avérés. L'entraîneur M. Valère est radié à vie et le club est déclassé pour une tentative de corruption sur les joueurs du FC Fives lors du dernier match de poule. Antibes est officiellement accusé d'avoir « tenté de fausser les résultats des derniers matches ». Les sanctions s'arrêtent là puisque les Antibois disputeront le championnat suivant. Ce type d'« assurance » antidéfaite se répétera souvent dans le championnat français, en division 1 ou 2. Pendant soixante ans et jusqu'à l'affaire VA-OM les coupables ne seront réellement châtiés qu'une seule fois par les instances sportives, et pas du tout par la justice. Pourquoi se gêner ? La réponse provient essentiellement du fait qu'il est très difficile pour des exogènes de chercher la petite bête dans un milieu fermé et réglementé par lui-même. Pendant plus d'un demi-siècle, les intérêts croisés des présidents, joueurs, dirigeants fédéraux, feront que le linge sale sera lavé en famille. Après tout, un match arrangé profite à tout le monde tant que l'on ne se fait pas prendre – cette devise existe depuis les Grecs – et que le scandale ne paraît pas au grand jour. D'ailleurs, à l'exception d'un seul (et par hasard, car il cumule les fonctions, nous le verrons), aucun magistrat de la République, jusqu'au célèbre juge Beffy et à son encore plus fameux procureur, de Montgolfier, ne sera sollicité dans cette période de trois générations pour fouiller dans la merde. La morale, l'éthique ? Ces concepts bizarres et abscons que l'on enseigne en cours de philosophie en toute fin de scolarité secondaire ne seront pris en compte par la Ligue et la Fédération qu'à l'orée du XXIe siècle.

L'histoire bégaie dix-huit ans après le grain de sable antibois. La saison 1954-1955 du Red Star en division 2 se conclut en boulet de canon. Les Verts de Saint-Ouen accèdent à l'élite. Trop beau. Des rumeurs se multiplient autour de plusieurs victoires faciles du Red Star. Elles viennent aux oreilles du président du Groupement (l'ancêtre de la Ligue), Paul Nicolas, accessoirement juge au tribunal de commerce, qui mène une enquête discrète mais serrée. Un joueur de Besançon, Mille (quel patronyme pour une dénonciation ayant trait à un gros nombre de billets) est à l'origine de tout. Ce Glassmann des années 1950 et ses coéquipiers ont été approchés pour perdre une rencontre. Le témoignage du joueur bisontin devant l'assemblée des clubs professionnels ressemble comme un carbone à celui que fournira le défenseur valenciennois en mai 1993 : « On m'a proposé de l'argent pour laisser gagner le Red Star dans la demi-heure qui précéda le coup d'envoi de Besançon-Red Star. J'ai été indigné, j'ai refusé et je suis rentré aux vestiaires en demandant à mes camarades de tout faire pour battre ces s... [174] » En fait d'union sacrée contre les corrupteurs, c'était une bruyante bagarre pour le partage du magot qui avait éclaté puis – les murs des vestiaires ont souvent des esgourdes – largement transpiré. Un vestiaire de Besançon où ce jour-là, et c'est la raison du degré de violence verbale et physique entre les joueurs, ces derniers avaient aussi discuté de la répartition des primes promises par... un autre club, Montpellier, pour battre... le même Red Star. On comprend mieux l'imbroglio ayant pu régner sous cette tribune d'un stade doubiste si calme habituellement. L'affaire est alors la plus grave de l'histoire du football français. Elle concerne non seulement le Red Star mais d'autres clubs comme Rennes ou Montpellier, justement, dont les preuves à charge ne seront pas suffisantes pour aboutir. On apprendra plus tard, par les suites de l'enquête, que le Red Star avait agi malhonnêtement pendant toute la seconde moitié du championnat, à au moins une dizaine de reprises. Un gardien de but de Toulon avait été par exemple payé 10 000 francs (178 euros d'aujourd'hui !) en espèces pour qu'il émousse ses réflexes lors de Toulon-Red Star (0-4). Une somme identique avait été offerte à l'entraîneur de Grenoble (6-2 pour le Red Star) et, comble de la discrétion, un mandat avait été adressé à l'entraîneur de Montpellier avant Montpellier-Red Star (1-2). Le Red Star est déclassé mais reste en deuxième division, son président Gilbert Zenatti est suspendu trois ans, l'entraîneur Charles Nicolas radié à vie. Ces méthodes, nul ne les ignore depuis longtemps dans le jardin du football y compris dans la presse spécialisée. Dans un éditorial de *L'Équipe*, Jacques Ferran s'indigne et imagine le parti que pourraient tirer ceux qui n'y voient qu'une péripétie : « Nous voyons déjà sourire les petits malins [...] Le Red Star, diront-ils, n'a péché que par maladresse. Il a été pris la main dans le sac là où d'autres savent ne pas se faire prendre. » Le club s'était fait oublier pendant cinq ans, mais revient dans l'actualité à l'issue de la saison 1959-1960, toujours dans la rubrique extra-sportive. Le club de la banlieue parisienne en pâtit une nouvelle fois. Le Groupement, encore mis au parfum d'une irrégularité par un joueur, le gardien hongrois du

FC Nantes Lehel Somlay, exclut le Red Star de la division 2. 20 000 francs proposés par un individu n'ayant pas décliné son identité constituaient cette fois la monnaie d'échange pour que le portier magyar effectue ses envolées dans la direction opposée aux tirs adverses. Somlay n'avait ni plongé dans la combine ni dans le sens souhaité (Nantes-Red Star : cinq buts à un) par l'inconnu à l'enveloppe... qu'il avait par hasard reconnu plus tard dans une tribune et qui n'était autre que le trésorier du Red Star.

Rares sont à vrai dire les « balances » dans le football de haut niveau. Le monde – on allait dire milieu ! – du ballon rond n'échappe pas aux règles communes de toutes les corporations : entraide et silence. Sinon, pas de pitié. La sanction est terrible, on le verra pour Glassmann : carton rouge à vie. Voilà pourquoi les affaires de matches au déroulement bizarre, de joueurs soudain en petite forme, de défenses passoire, d'attaquants aux pieds carrés, franchissent rarement la tribune du stade. Nombre de rencontres de fin de saison étonnent pourtant les spectateurs ou fournissent matière à l'encre acerbe des gazettes.

Ces matches des dernières journées qui mettent aux prises des formations « tranquilles », ou dont le futur sort est scellé, à d'autres qui ont tout à gagner (un titre, une place qualificative) ou à perdre (descente en division inférieure) dégagent une odeur de soufre et surtout des scores inhabituels. Le championnat de D1 1961-1962 est à la surprise générale remporté par Reims. Ce n'est pas le nom du champion qui est surprenant mais la manière avec laquelle il a été acquis. Avant la dernière journée les Rémois sont troisièmes derrière Nîmes et le Racing Club de Paris, même si le trio se tient dans un mouchoir de points et de différence de buts. Lors de la dernière journée, les Gardois sont battus au Parc des Princes par le Stade Français sur un but de leur ancien avant-centre Skiba, les Parisiens gagnent de justesse à Monaco et les Champenois, qui ont besoin de marquer cinq buts, l'emportent... Cinq buts à un devant Strasbourg, entraîné par Robert Jonquet et avec dans ses buts François Remetter, deux ex-Rémois. Personne ne dit rien de cette série de circonstances favorables au double finaliste de la coupe d'Europe mais on ne peut empêcher tout le monde de penser.

Toujours l'ultime journée. En 1974, trois clubs sont en lutte pour rester dans l'élite, Nancy, Troyes et Monaco. À une demi-heure du coup de sifflet final, Nancy a sauvé sa tête en menant 3-0 devant Lyon. Sur les deux autres terrains, Troyes et Monaco se noient en perdant respectivement 5-1 et 4-0 devant Reims et Sedan. Champenois et Monégasques doivent marquer trois buts pour inscrire au moins le point du bonus salvateur. Les deux stades se transforment dans ces dernières trente minutes en formidable stand de tir : Reims bat finalement Monaco 8-4, et Sedan l'emporte devant Troyes 4-3. Troyes et Monaco gagnent le gros lot et leur ticket de survie en division 1. Le président nancéien, Claude Cuny, cocu de la farce, ne croit pas au hasard. Il vise les clubs de Reims et Sedan, dont le sens aigu de l'hospitalité lui tire une phrase lourde de sous entendus : « L'esprit du jeu a été bafoué. » Ses collègues clairement incriminés poussent des cris d'orfraie. Le Groupement, qui enterre l'affaire, les imite. Celui-ci fera à nouveau l'autruche en 1986 à la suite d'une affaire qui aurait eu lieu trois ans auparavant à Toulon lors de la montée du club varois en première division. Une banale dispute entre joueurs, l'un d'entre eux étant Christian Dalger, fait monter le volume du son des vestiaires. La fâcherie déborde et des événements antérieurs sont évoqués puis jetés bruyamment sur le tapis. De l'extérieur, des oreilles bien tendues captent nettement qu'il s'est passé quelque chose de moyennement catholique en mai 1983 pour le match Toulon-Grenoble, décisif pour la montée. Deux dirigeants varois auraient gentiment invité les joueurs grenoblois à ne pas se fatiguer outre mesure (5-1 pour Toulon).

À l'étranger, la première grande bombe [175] éclate en 1980 avec l'affaire des paris truqués du Totonero, le jeu de pronostics clandestins – en parallèle à ceux officiels du Totocalcio – qui fait fureur dans la péninsule, surtout dans les milieux modestes. La vedette montante du Calcio, Paolo Rossi, jeune homme alors bien sous tout rapport, avant-centre de l'équipe d'Italie et de

Pérouse, est accusé d'avoir reçu – avec trois autres joueurs de son équipe – quelques poignées de lires (1,2 million alors qu'il en gagne 500 par an) pour influencer le résultat du match Avellino-Pérouse. Contre lui, les éléments à charge, comme les sommes en question, seront finalement très minces. Ce sont plutôt ses explications hésitantes et alambiquées lors du procès à grand spectacle dans un gymnase de Rome qui feront naître beaucoup de doutes et en formeront un coupable médiatique idéal. Et aussi un coupable tout court puisqu'il purgera quand même deux ans de suspension de toutes compétitions infligés par sa fédération. Rossi sera par contre blanchi par la justice transalpine mais avec un tel poisson dans ses filets, la presse italienne remuera la boue et quelques langues se délieront. Dans *Le Livre d'or du football 1980*, Charles Biétry raconte ce que lui avait dit un de ses vieux confrères d'au-delà des Alpes : « Si j'écrivais tout ce que je sais, je ne sortirais jamais de chez moi. À chaque coin de rue tu peux rencontrer un coupable dans cette affaire. On essaie de faire payer à Rossi ce que d'autres – qu'on ne peut atteindre – ont fait. Je voudrais bien qu'on interroge un ancien président de Lanerossi Vicenza qui a vendu un beau paquet de matches, je voudrais bien que l'on demande au grand Rivera pourquoi il a vidé Albertosi six mois avant que n'éclate le scandale. Je voudrais bien que l'on épluche les comptes du plus grand bookmaker qui doit gagner plus d'1,5 milliard de lires par an et qui jouait tous les soirs aux cartes avec l'un des filous impliqués dans un immense scandale financier qui a entraîné la démission d'un ministre en début d'année 1980. » Contre vents et marées, Rossi connaîtra une fin de carrière assez fabuleuse le menant notamment très vite au titre de champion du monde 1982 et à une pléthore de titres avec la Juventus, où son association avec Michel Platini causera dans toute l'Europe le désarroi de la majorité des défenseurs les plus coriaces. Et à l'évidence, sans trucages.

Alors que les braises de l'affaire stéphanoise fument encore sur les bureaux des juges, des informations sont répercutées par la « Lettre » de *L'Expansion* en 1983 : « De hautes personnalités du football se disent en privé convaincues qu'une partie de la caisse noire du club aurait servi pendant la glorieuse époque de

Saint-Étienne à s'assurer la bienveillance de certains arbitres dont on connaîtrait les noms. » L'article parle de 2 millions de francs ayant été remis à des hommes en noir, certains d'entre eux ayant ensuite abandonné le métier à la vitesse d'un coup de sifflet. Roger Rocher, entre deux bouffées de pipe et dans une de ses insondables réflexions sur la philosophie du monde footballistique, lâchera : « Il y a des choses dont on doit parler en famille, pas sur la place publique. » C'est un peu l'avis de Jacques Georges, avec une nuance de taille. Il n'est pas au courant et demande à se faire transformer en saint Thomas. C'est bien connu, un président comme celui de l'UEFA n'est pourvu ni d'yeux ni d'oreilles : « Je n'y crois pas. Si l'affaire se vérifiait, ce serait la fin du monde. »

La plus grosse affaire de corruption de l'après-guerre éclabousse la Belgique en 1984 avec l'enquête d'un juge sans peur qui s'intéresse de très près à l'argent noir du football. Peut-être prévenu par le président du club rival d'Anderlecht, Guido Bellemans diligente une perquisition le 22 février qui met aussitôt à jour une opération organisée vingt et un mois auparavant par quasiment tous les dirigeants du Standard de Liège. La combine devait assurer le gain du dernier match de la saison 1982-1983 contre Waterschei (que le Standard remporta 3-1), synonyme du titre national. Le juge découvre dans les bureaux du club liégeois que l'opération avait été organisée de manière à « sortir » de l'argent des caisses du Standard afin de soudoyer les joueurs de Waterschei. Des « petits cahiers » prouvant la répréhensible gymnastique comptable sont saisis. Ces feuillets attestent que les primes de match allouées aux joueurs pour la rencontre avaient servi à soudoyer l'équipe adverse, au demeurant peu dangereuse même en temps normal. Comme toujours dans ce type de cloaque, personne ne dira la complète vérité. Les protagonistes bredouilleront des arguments vaseux. Mais pour la première fois quasiment en Europe, une affaire de corruption est avérée car démontrée par des pièces tangibles. Les si naïfs cahiers d'écolier mouillent l'entraîneur Raymond Goethals et tous les joueurs du Standard, comme Preud'homme, Meeuws, Tahamata, Vandersmissen, Plessers et Eric Gerets, vite présenté comme le cerveau de la tricherie. Tous les joueurs seront lourdement condamnés et suspendus, et le football belge tout entier marqué au fer rouge. Roger Petit et Raymond Goethals, épargné par la justice, démissionneront. Le futur entraîneur de l'OM « période Valenciennes » déclarera dans un de ses si succulents monologues qu'il savait beaucoup de choses mais sans les préciser. On en comprendra que le « sorcier » avait agi parce que ses adversaires faisaient de même.

L'Affaire. L'affaire VA-OM, comme on dit l'affaire Dreyfus. L'affaire VA-OM, autrement dit du match Valenciennes-Anzin contre l'Olympique de Marseille le 20 mai 1993, c'est l'enveloppe contenant 247 500 francs en grosses coupures découverte par la police le 24 juin suivant dans le jardin de la tante de l'attaquant de Valenciennes, Christophe Robert. C'est l'affaire du siècle du football, du sport, en France. C'est l'affaire Jacques Glassmann, le défenseur de Valenciennes. C'est l'affaire Tapie, une de plus. C'est l'affaire de corruption par excellence. C'est l'affaire du grand déballage. C'est l'affaire en majuscules. C'est l'affaire Montgolfier, l'affaire Primorac, l'affaire Mellick, l'affaire Eydelie, l'affaire Burruchaga, l'affaire Bernès, l'affaire Krajeski... Quelques jours avant la finale de la coupe d'Europe contre Milan, l'OM doit se ménager en championnat de France dont il est le leader. Les souvenirs de la finale Saint-Étienne-Bayern Munich de 1976 hantent Bernard Tapie. Les Verts avaient perdu sur blessure contre Nîmes deux joueurs clés, Synaeghel et Farison, trois jours avant d'être défaits à Glasgow. Tapie est aussi décidé depuis deux ans à ne plus laisser les « détails » lui pourrir la vie. Il l'a dit au soir de la demi-finale de coupe d'Europe perdue face à Benfica en 1990 sur un « coup » de main du fameux Vata : « Maintenant je sais ce qu'il faut faire. » Ce qu'il faut faire sera fait pendant les jours qui précèdent Valenciennes. Pas de risques. Le match doit être non seulement gagné pour se rapprocher du titre national mais l'adversaire aura le devoir de ne pas se montrer trop méchant à l'égard des tibias marseillais. Dans ce but, le président charge son chien de chasse, le directeur sportif de l'OM et homme à tout faire Jean-Pierre Bernès, de proposer – via un coup de téléphone de Jean-Jacques Eydelie, joueur phocéen et ami personnel de Robert –

300 000 francs d'acompte en espèces à trois joueurs nordistes, Jacques Glassmann, Jorge Burruchaga et Christophe Robert la veille de la rencontre. Une assurance de victoire, qui viendra (1-0 pour l'OM) en quelque sorte avant 300 000 autres francs, qui ne viendront jamais. Tout a été dit sur ces quelques heures si particulières d'une corruption banale. Le procès ne fera qu'en préciser certains contours. Tous les acteurs principaux iront bien plus tard de leur livre confession. Les petites histoires feront la grande. Mais les faits se recouperont assez nettement jusqu'au procès de Valenciennes et au jugement du 15 mai 1995 puis de l'appel à Douai du 28 novembre de la même année. Des procès qui auront l'immense mérite de cerner le système qui gangrenait très certainement le football hexagonal depuis des lustres. Dès l'ouverture du procès en première instance, Jean-Pierre Bernès plante tout d'abord le décor : « Il y a eu tentative de corruption avant le match VA-OM de la part de Jean-Jacques Eydelie et moi-même, sur l'ordre de Bernard Tapie. Tous les joueurs savaient que le match était arrangé, demandez à Desailly ou à Deschamps. » Bernès, encore lui, met les points sur les i le 30 juin 1995. Cette fois dans le cadre de l'affaire des comptes de l'OM, il déclare au juge d'instruction : « Il était nécessaire à l'OM d'avoir de l'argent quelque part au noir qui me permettait de payer des gens sans que cela se sache. Cet argent au noir servait à acheter des matches de football, entre autres. Cela était mon domaine. Ce qui s'est passé pour le match de Valenciennes s'est passé à plusieurs reprises avant ce match. C'est arrivé souvent que des joueurs d'équipes adverses aient reçu des fonds de l'OM lors de matches entre leur équipe et l'OM[176]... » Dans ce sidérant compte rendu d'interrogatoire mené par le juge Philippon qui instruit l'enquête, Bernès détaille surtout les pots de vin versés en coupe d'Europe. Le contexte lui impose en effet de répondre à des questions posées sur la période des intermédiaires Barin et Karageorgis[177] soupçonnés de comploter pour les matches internationaux. L'ancien directeur sportif marseillais, qui a effectué de la prison, est tombé gravement malade et n'en peut plus de garder ses secrets, lâche de plus en plus de lest. Pas seulement sur les rencontres européennes : « Ces sommes revenaient à l'OM pour permettre des opérations occultes concernant notamment des achats de matches puisque cela s'est

fait à l'OM pendant des années. Il y avait chaque saison quatre ou cinq matches de championnat qui étaient achetés [178]. » Dans son livre *Vingt Milliards sous l'OM*, Jean-Michel Verne explique avec force détails comment un entraineur a bien reçu 420 000 francs de la part de l'OM en janvier 1990 sur un compte suisse à Zurich, et que ces fonds ont servi à corrompre des joueurs du championnat français. Verne, qui évoque le cas d'un autre match, affirme qu'un joueur avait bien confirmé que son entraîneur ne distribuait pas que des conseils avant les matches.

Ce qui se faisait, cela s'apprenait vite. Dans le petit monde des quelque centaines de professionnels du football en France, les bruits et surtout les « bonnes manières » se répandent à la vitesse d'un coup franc en lucarne. Les pratiques systématiques d'achat d'arbitres avaient été mises au point au milieu des années 1980 avec le très efficace Ljubomir Barin, impresario favori de Claude Bez. Le Croate qui a ses entrées dans tous les stades balkaniques est la pierre angulaire de la méthode de corruption de l'expert-comptable Bez. Ce sont les arbitres des matches de coupe d'Europe, presque exclusivement à l'occasion de matches joués dans les ex-pays de l'Est (de 1985 à 1988), qui sont le principal objet des générosités girondines. Enregistré à son insu par la justice dans l'enquête menée sur son patron depuis novembre 1990, Barin donne au téléphone une savante leçon de tricherie à Jean-Pierre Bernès : « Parfois, après les matches, les arbitres exigent d'être payés en liquide, alors on leur donne 50 000, 100 000 ou 150 000 francs [179]. » Claude Bez lui-même devant des journalistes en 1990, et avant de connaître les joies des geôles bordelaises, ne fait pas mystère d'ailleurs de détails complémentaires encore plus croustillants au sujet des hommes en noir : « Des hommes qui voulaient baiser. En coupe d'Europe, cela nous est arrivé cinq ou six fois d'agir de la sorte. Ljubo Barin faisait venir les putes de Paris et s'occupait de tout. Du champagne, du règlement. On en faisait toujours venir quatre pour qu'il n'y ait pas de jaloux. Mais c'est comme ça partout [180]... » Le président Bez agira toujours derrière sa somptueuse moustache et la figure tutélaire d'un homme politique, Jacques Chaban-Delmas l'éternel député-maire de Bordeaux.

Comme Tapie se réfugiera dans l'ombre de François Mitterrand, du parti socialiste et de quelques-uns de ses grands pontes, Michel Charasse ou Pierre Bérégovoy. Mais la politique n'a qu'un temps, et les protections finissent toujours par disparaître. Bez et Tapie s'écrouleront au gré des disparitions ou des élections qui font et défont les sièges.

BJ King : Glory, Sex & Money

Ce n'est pas exagérer de le dire, Billie Jean King est au sport féminin ce que Jeanne d'Arc est à l'histoire militaire, Marie Curie à la science, sœur Emmanuelle au bien de l'humanité et la Mère Denis au développement de la machine à laver. Jugez plutôt. En dehors de l'aberrante aventure de Suzanne Lenglen dans la fin des années 1920 ou d'éphémères apparitions au sein de « barnums » commerciaux [181], aucune sportive depuis que le monde existait ne s'était vue régulièrement gratifiée du moindre centime après une course, un match, une descente.

Petit retour dans le temps. La femme depuis la nuit des temps est politiquement quantité négligeable. Seules les femmes qui se comportent en homme survivent socialement. En sport, Pierre de Coubertin voit les dames réellement utiles à l'olympisme uniquement lors des cérémonies de remise de médailles aux messieurs. En dépit de l'effarante étroitesse d'esprit du baron, les Jeux modernes sont féminins dès 1900. Beaucoup s'étonnent en 1905 de l'existence d'une nageuse professionnelle de dix-huit ans, l'Australienne Annette Kellermann, qui traverse la Manche. À Wimbledon pourtant, les ladies foulent l'herbe du temple mondial du tennis en 1884 sept ans seulement après les gentlemen. Les victoires de Suzanne Lenglen dans les années 1920 sont si écrasantes, ses manières si tranchantes avec l'époque, que sa gloire dépasse l'opposition des sexes. « Si le tennis est un art, alors Suzanne Lenglen en est l'expression suprême », s'extasie un jour le journaliste anglais Lance Tingay. Et l'art se paie, on l'a raconté dans le chapitre consacré à la diva. La révolution du tennis de 1968 donne aux femmes la possibilité de jouer autrement que pour leur plaisir. Comme la Française Françoise Durr, et pour quelques poignées de dollars, des joueuses avaient maintenant l'occasion de courir officiellement le cachet. Vu les sommes distribuées, on les appelle les semi-pros ou les « proettes ».

Le big-bang allait avoir lieu en 1971. Une journaliste américaine, Gladys Heldman, en avait été le détonateur. Trois années sont nécessaires à cette sémillante femme d'affaires, armée des colonnes de son journal *World Tennis* pour combattre les préjugés machistes. Éditorial après éditorial, Gladys ébranle, lézarde, puis détruit le mythe d'un *tennis money* réservé aux mollets poilus. Infatigable, cette Rosa Luxembourg du sport dénonce l'inégalité des gains (Rod Laver encaisse 16 000 dollars en gagnant l'US Open 1969, Margaret Court en ramasse 6 000) et surtout l'ostracisme dont font preuve quelques personnages à la phallocratie insupportable. À l'exemple d'un certain Clark Graebner, Daviscupman américain, au fiel d'un autre âge : « Comment peut-on tolérer qu'une femme quitte son foyer durant plusieurs mois pour aller gagner de l'argent en jouant au tennis ? » Ou d'un Jack Kramer, reconverti en organisateur, visionnaire à quantité d'égards mais obtus vis-à-vis des miss en leur octroyant près de dix fois moins en prix que leurs homologues. Une révolte se fomente contre ce dernier qui organise son traditionnel tournoi d'automne, hommes et femmes réunis, à Los Angeles. Kramer, cette année-là, offre un total de 50 000 dollars (12 500 au vainqueur) aux poilus et seulement 7 500 aux jupettes (1 500 à la gagnante). L'ancien champion du monde se croit obligé d'ajouter un alinéa au règlement : si ces vingt demoiselles veulent repartir avec de l'argent, elles devront se montrer rageuses sur le court et atteindre les quarts de finale, sinon pas un dollar. Cela en est trop pour deux des inscrites. Billie Jean King (née Moffitt) déjà grande dame du tennis (cinq Grands Chelems individuels dans son armoire, douze jusqu'en 1975) et Rosemarie Casals qui jouent d'ailleurs souvent et victorieusement en double. Connues, surtout la première, pour leur aisance dans les discussions, leur talent de revendication et leur penchant vers un féminisme (King est désignée personnalité féminine de l'année par *Sports Illustrated* en 1972) non agressif, les deux jeunes femmes songent sérieusement et tranquillement à boycotter l'épreuve. « Parfait, se réjouit presque Kramer, je supprime le simple dames et augmente les prix du simple messieurs. » Gladys Heldman conseille alors à Billie Jean de la jouer plus fine que l'intransigeant Jack. Elle lui tient à peu près ce langage : « Suivez-moi toutes les deux. Je connais bien les dirigeants du Houston Racket Club et le patron de Philip Morris. Ils sont prêts à mettre sur pied là-bas un tournoi parallèle. Ils vous alloueront, à vous et à six autres, un montant global de prix équivalent à celui de Kramer. Vous serez toutes payées même si vous ne gagnez pas un match. » Les ennuis s'amoncellent sur le groupe d'amazones, menaces de suspension par la fédération américaine, lettres, insultes... Le plus comique, ce n'est pas que le tournoi ait bien lieu. C'est que les huit élues, les premières « vraies » joueuses professionnelles[182] de tennis, signent une demi-heure avant cet historique « Virginia Slims Invitation » un contrat pro avec Gladys Heldman d'une valeur d'un dollar et d'une durée d'une semaine ! Pour 8 dollars (et huit chèques que les bénéficiaires brandissent devant les photographes), la rusée Gladys s'est évitée un procès dont les conséquences financières lui auraient invariablement échappé. Ses « girls » ne font de fait plus partie du monde semi-amateur – ou semi-professionnel – mais d'une nouvelle entité : le tennis en jupe courte professionnel et indépendant. D'ailleurs elles sont gommées – du moins les Américaines – des lignes du classement annuel US 1971 et interdites de compétitions par équipes.

Que leur importe les sanctions à ces suffragettes à l'âme bien trempée de pionnières. Elles vont leur chemin, faisant fi des quolibets. Et lancent le World Tennis Women's Pro qui parade à travers les États-Unis. L'argent du P-DG de Philip Morris, Joseph Cullman III, parraine le tour auquel on accole le nom des cigarettes Virginia Slims, marque vedette du fabricant de tabac. Cullman réussit un double coup de maître. Avec le battage obtenu, il parvient à promouvoir non seulement ses paquets de Virginia Slims mais il augmente par ricochet les ventes du groupe tout entier. La fédération américaine, de guerre lasse, lâche les baskets des joueuses qui rejoignent à grosses grappes BJK dans sa fructueuse épopée. Celle-ci, emportée par le vent de cette émancipation qu'elle a grandement participé à faire souffler, enlève tournoi sur tournoi. Elle engrange 117 000 dollars en un an et bat tous les records de gains à chaque étape du circuit. À deux reprises, la première pour sa fondation en 1973, puis encore en 1980, elle sera élue par ses consœurs présidente de l'association des joueuses professionnelles (WTA). L'invraisemblable pari de Mrs King est presque remporté : William Talbert, le président des Internationaux des États-Unis, pourtant sous l'égide de la fédération américaine, place en 1973 les prix du vainqueur du tournoi féminin au niveau de celui des messieurs (l'équivalent de 110 000 francs soit 77 660 euros d'aujourd'hui).

Sa lutte pour les droits des sportives, la Californienne va le mener directement sur le terrain contre... un homme le 22 septembre 1973. Et l'argent va l'y aider. Un ancien champion, Bobby Riggs, se fait depuis longtemps le chantre du machisme. Authentique artiste de la balle – il a été le meilleur joueur mondial amateur en 1939 –, il est passé rapidement dans les rangs professionnels chez Jack Kramer et connaît sur le bout de sa raquette toutes les ficelles du sport-business. On sait de lui qu'il pariait sur lui-même – par sbire interposé – dans les grands tournois, Wimbledon compris, au milieu des matches au gré de la cote des bookmakers. Dans le dernier Wimbledon d'avant-guerre, il avait réussi à miser sur ses chances trois fois de suite, la première avec 100 livres sterling, dans chaque épreuve à laquelle il participait, simple, double et mixte, plaçant tous ses gains précédents sur la suivante : sa dernière levée (à douze contre un chez les bookmakers) lui rapporta un total de 20 000 livres sterling, soit 80 000 dollars (l'équivalent invraisemblable d'1 million 250 000 euros d'aujourd'hui). À son talent de joueur dans tous les sens du terme s'ajoute un sens inné du spectacle et du verbe. Frimeur, flambeur, nombriliste sans aucun complexe, Robert Larmor Riggs se pavane à longueur d'année dans des matches-défi entre has been. Cheveux teints, tenues bigarrées, haut du corps fin mais bedonnant, on le verrait mieux, en retraité nanti, siroter un malibu avec sa rombière dans *La croisière s'amuse*. Il dit en en rajoutant à qui veut l'entendre, et veut le prouver une bonne fois pour toutes, que ces pseudo-manieuses de balle lui procurent des ulcères : « Vraiment, je ne comprends pas pourquoi ces dames se plaignent de ne pas gagner autant d'argent que les hommes. Après tout elles sont nulles. La preuve : même un vieux type de cinquante-cinq ans comme moi peut les battre. » De « dame » il en a en effet battu une (facilement 6-1, 6-2) quelques mois avant de défier BJK. Et pas n'importe laquelle, puisqu'il s'agit d'une des plus fantastiques championnes de l'histoire, Margaret Court. Riggs est tout sauf idiot et sait qu'il a eu affaire à une joueuse au crépuscule de sa carrière. Il lui faut maintenant – pour la suprématie masculine et plus prosaïquement pour garnir son portefeuille – de l'autre côté du filet une joueuse dont on ne puisse contester la valeur, la meilleure, Billie Jean King. Une « femelle » qui lui avait fait l'affront de ne pas répondre une première fois à l'un de ses télégrammes. Margaret Court battue, BJK se sent une fois de plus investie de la charge qu'elle porte depuis trois ans en bandoulière : maintenir haut le drapeau des intérêts et de la dignité de la femme. Tout incline cependant Billie Jean à refuser, une défaite retentirait comme une brisure, un effondrement peut-être des acquis, de la cause. Mais une victoire et ce serait l'avènement. En rentrant dans l'arène de l'Astrodrome de Houston devant trente mille spectateurs en transes et cinquante millions de téléspectateurs, Riggs pérore, affalé dans un caddie de supermarché poussé par... une femme. De l'autre côté du court, King se fait transporter dans une chaise à porteur par une cohorte... d'hommes. L'incroyable foule – la plus imposante de toute l'histoire pour un « match » de tennis – aussi argentée qu'avide de show-business est totalement conditionnée par les organisateurs. Ceux-ci ont repoussé les limites du ridicule en présentant cette rencontre comme la « bataille des sexes ». La pression est plus lourde sur Billie Jean, qui a parfaitement conscience de l'enjeu historique qui pèse sur cette clownerie. Plus sérieuse et appliquée que pour une finale de Wimbledon, BJK fait feu des quatre fers et broie en trois sets (6-4, 6-3, 6-3) son adversaire qu'elle humilie une seconde fois en lui soufflant la bourse de

100 000 dollars promise au vainqueur. Cette fois, le but est atteint. Les misogynes invétérés ne disparaissent pas mais en la personne de Billie Jean toutes les tenniswomen ont gagné le droit au respect et à des chèques décents. Les dotations en prix au circuit féminin doublent en deux ans (1973-1975), décuplent en sept (1973-1977). Les parrains (Sanex en tête) de la WTA ont versé 51,7 millions de dollars en 2002, soit plus de cent soixante sept fois la somme qu'avait alignée Philip Morris en 1971 (309 100 dollars). Ce chiffre frôle celui affiché par l'ATP pour la saison 2002 : 56,2 millions de dollars distribués. Pour les premières fois – la seule – dans un Majeur, à l'Open d'Australie en 1987, le montant du chèque établi à la gagnante du simple dames, Hana Mandlikova, est supérieur à celui du vainqueur des hommes, Stefan Edberg. Et la Yougoslave Monica Seles fait pleurer les misogynes en 1992 : ses gains sur l'année (2 622 352 dollars) dépassent ceux d'Edberg, encore lui, le mieux récompensé chez les « guys ». Avec ce total, elle établit le record absolu – hommes et femmes confondus – jusque-là de toute l'histoire du tennis. Les contrats personnels de sponsoring sont passés en trente ans de zéro à l'infini. Nathalie Tauziat confie dans son livre *Les Dessous du tennis féminin* [183] que les grandes joueuses signent de nos jours des contrats annuels avec des marques allant de 2 à 5 millions de dollars quand leurs devancières plafonnaient à 1 000, parfois 2 000 dollars en 1970. Alors que les 1 966 487 dollars que Billie Jean amassera dans son exceptionnelle carrière (elle jouera jusqu'à près de quarante ans) font pâle figure à côté des 21 895 277 de Steffi Graf, l'Allemande – et beaucoup d'autres [184] – pourrait en toute logique proposer de faire élever une statue à leur aînée. Modeste et un peu taquine, BJK, comme l'avait dit Jean Cocteau, n'aurait qu'une réponse : « Il n'y a pas de précurseurs, il n'y a que des retardataires. »

La longue marche au tiroir-caisse des Bleus

On a peine à le croire aujourd'hui. L'équipe de France de football a été pendant quatre-vingts ans une quantité négligeable dans le concert international. De sa naissance officielle en 1904 à son premier titre de référence au championnat d'Europe 1984, la France fluctue dans une zone qui va de médiocre à quelconque sur l'échelle des valeurs du ballon rond mondial. Le Mondial 1958 en Suède tenant lieu d'exception confirmant la règle. Il lui faut attendre 1912 pour gagner deux rencontres d'affilée, 1926 pour en gagner trois, 1938 pour ne pas perdre durant cinq matches de suite, 1952 pour aligner cinq succès. Ce qui restera un sommet jusqu'au titre glané au Parc des Princes par la bande à Platini, qui termine l'année par neuf succès de rang et prend enfin la place de chef de file du football européen. Avant que les hommes de Jacquet ne décrochent la lune en 1998. Nous allons maintenant essayer d'expliquer par quelles circonstances, en plus de quatre générations, les pauvres internationaux français – et leurs confrères footballeurs sans cape – se sont lentement et laborieusement transformés en milliardaires du sport. Comment les extraordinaires mutations technologiques et médiatiques du XXe siècle en ont été le vecteur. Et la manière par laquelle certains ont construit des fortunes autour du phénomène.

On l'a déjà vu, tout joueur sélectionné dans les temps anciens n'y gagne que célébrité relative sans retour. Nombre d'entre eux font faux bond car ils n'ont pas les moyens de se rendre aux rassemblements. La Fédération française de football association (FFFA) compte facilement ses sous en 1921 : trente-trois mille licenciés dans le pays paient leur cotisation. Elle n'est reconnue d'utilité publique, et donc subventionnée, que l'année suivante. Mais le trésorier de la fédération, Armand Pillaudin, n'en est pas plus prodigue. N'est pas Pierre Chayriguès qui veut et Pillaudin refuse de dédommager les frais des exagérateurs. Jouer en sélection ne rapporte rien ou presque si ce n'est de repartir chez soi avec un short et un maillot neufs à l'image de Lucien Laurent lors de la première Coupe du monde en Uruguay en 1930. Ou, comme décrit plus haut, avec la considération des présidents qui incluent alors des primes d'international au salaire. La Coupe du monde de 1958 est un premier déclencheur même si les joueurs se produisent pour la gloire et sont équipés au minimum vital. Just Fontaine s'amuse encore du traitement appliqué aux futurs héros à la veille de l'épreuve : « Les dirigeants étaient tellement persuadés qu'on se planterait après les trois matches de poule qu'ils n'avaient prévu que trois jeux de maillots ! Le fabricant de maillots s'appelait Somms et ne faisait pas de cadeau. Sur chacun il y avait inscrit le nom et la date des matches. On n'en avait pas d'autres pour la suite, si bien que pour le quart de finale contre l'Irlande on a joué avec les vieux, et ainsi de suite contre le Brésil et l'Allemagne [...] J'ai encore mieux ! Deux jours avant notre premier match, mes chaussures rendent l'âme... Comme il n'y avait aucun sponsor, je me suis retrouvé sans rien. Heureusement Stéphane Bruey, un de nos remplaçants, faisait la même pointure que moi. Il m'a prêté ses chaussures jusqu'à la fin de la compétition. J'ai marqué mes treize buts, et à la fin du dernier match je les lui ai rendues. » Justo insiste sur le quasi bénévolat dont lui et ses équipiers font œuvre : « Je touchais 1 000 francs par mois au Stade de Reims. Pour toute la durée de la Coupe du monde, on n'avait que le remboursement des frais. Aucun salaire, aucune prime. On a négocié avec la Fédé qui a accordé 3 000 francs à chacun des joueurs présents sur le terrain. On a décidé de tout partager avec les remplaçants [185]. »

La demi-finale face au Brésil est retransmise à la télévision. Peu de villes en Suède sont couvertes par le réseau hertzien. Les Tricolores attendent donc leur confrontation à Stockholm le 24 juin face aux futurs champions du monde pour être vus par leurs compatriotes de métropole. On peut parler de confidentialité étant donné le peu de petites lucarnes dans les foyers. Mais l'impact est rapidement important. Ceux qui ont la chance d'admirer à distance les buts de Fontaine et les feintes sautillantes de Kopa en distillent l'écho. Ces garçons peuvent se flatter d'avoir fait passer en quelques mois le parc des postes de télévision de six cent cinquante mille à plus d'un million. L'unique chaîne est publique et l'on ne parle pas encore de droits télé. Il est juste question d'un échange de bons procédés entre la fédération et l'ORTF où la présence d'écrans publicitaires est interdite. Les deux organismes ont cependant du mal à s'entendre. La FFF a enfin décollé en terme de licenciés depuis la fin de la Seconde Guerre mondiale et gère efficacement ses quatre cent cinquante mille adhérents. Pour la fédération, et pour longtemps, se posait le problème de l'incompatibilité entre le déroulement des matches qu'elle organisait et une retransmission télévisée. Raymond Marcillac, créateur et premier chef du service des sports à la télévision, se heurte à un véritable mur dès octobre 1958 : « [...] On me répondit que la retransmission d'un match international gênerait les recettes de toutes les autres rencontres ayant lieu ce jour-là sur tout le territoire, notamment celles des petits clubs. L'argument était de poids. Pourquoi, dis-je, ne pas imiter le rugby et faire disputer les matches internationaux le samedi après-midi ? On leva les bras au ciel et on me répondit que c'était impossible, sans m'expliquer exactement pourquoi. Les choses en restèrent là [186]. » Le conflit avait été ouvert entre Pierre Sabbagh, pionnier du journal télévisé, qui proclamait en 1956 avant un France-URSS : « Un match international joué par l'équipe de France appartient à l'État donc à la télévision nationale. » Un point de vue que ne partageait pas le président de la FFF, M. Pochonet, qui rétorquait que son instance était propriétaire des matches de l'équipe de France, et que contrairement à l'opéra ou aux théâtres, entièrement subventionnés, et non touchés par la télévision, la fédération « avait besoin des recettes pour développer le football en France ». Rappelons que, dans l'Europe anglo-saxonne ou latine, la France est à cette époque le pays où les spectateurs se rendent le plus faiblement dans les stades, avec une moyenne par match de l'élite tournant autour de dix mille. Le gouvernement n'avait pas jugé utile de faire valoir son droit d'« emprunter » les programmes qui lui convenaient pour leur diffusion. Cette guerre larvée non arbitrée allait amener une longue période de désagréments dont le téléspectateur était bien sûr la principale victime.

Vingt ans de traversée du désert. De 1958 à 1978, être appelé en équipe nationale par Georges Verriest, Henri Guérin, Jean Snella, Just Fontaine (sélectionneur cette fois), Louis Dugauguez, Georges Boulogne ou Stefan Kovacs donne des sueurs d'angoisse à tout conscrit. Pendant que leurs homologues du rugby sont à leur zénith, on se gausse des sorties des joueurs aux pieds carrés. Les intéressés en sont conscients. Marcel Aubour, l'inénarrable gardien tropézien, prononce le mot que tout le monde pense tout bas pour décrire la prestation de l'équipe en Coupe du monde 1966, la seule disputée par les Bleus durant cette affligeante double décennie : « On a joué comme des cons ! » Il ne vient à l'idée de personne parmi les joueurs de beaucoup réclamer. On leur octroie en Angleterre trois primes de match de 250 francs (autant d'euros d'aujourd'hui), ils n'en gagnent aucun, et une indemnité journalière de 60 francs. Preuve de l'indigence de notre football, les riches clubs étrangers se gardent bien de venir chercher des renforts dans l'hexagone. Lucien Müller et Nestor Combin sont les seuls à s'expatrier hors de nos frontières.

Dans les années 1960, un homme s'immisce dans les arcanes du football français : Horst Dassler, fils d'Adi Dassler (ADI DASler), inventeur de la chaussure de sport moderne et premier équipementier sponsor du football. En 1954, Adi réalise un coup fumant avec son équipe d'Allemagne qu'il chausse avec des crampons moulés reconnaissables des tribunes et surtout sur les photos ou les films : trois bandes blanches verticales de chaque côté du pied. Premier triomphe d'Adidas, l'Allemagne est championne du monde à la surprise générale. Avec la même technique, Horst prend le relais avec les athlètes aux Jeux olympiques. Comme son père l'avait fait en 1936 avec par exemple Jesse Owens, mais de manière plus aimable encore. Les coureurs, lanceurs ou sauteurs amateurs profitent de la générosité du chausseur qui en échange du port des pointes leur fait envoyer cadeaux et autres avantages sans facture. Horst, qui ne s'entend plus avec lui, se démarque de son frère Rudolph, créateur de Puma. Il s'empare de 20 % de la maison mère et développe, en s'installant en France à Landersheim près de la frontière allemande, une filiale d'Adidas qui va vite devenir plus grosse que sa génitrice. Horst est un sacré malin doublé d'un fieffé flibustier. En 1952 aux Jeux de Melbourne, il avait empêché les arrivages de produits Puma en territoire australien en soudoyant les dockers du port. Une fois que son entente avec le mouvement olympique se dégrade, il prend langue avec les fédérations sportives. Il lorgne plus précisément sur la FIFA, phare du foot international et cœur de sa cible. Dès 1966, la plupart des équipes nationales jouent en crampons Adidas sur les gazons de la World Cup anglaise sans que l'on sache vraiment pour quelles contreparties. Ce que l'on sait c'est que les joueurs n'ont pas le choix. Lors de l'une de ses deux sélections en 1971, Francis Camerini, qui est sous contrat avec un autre fabricant, se voit faire repeindre à son insu ses deux outils de travail.

Juin 1978 : le Mundial argentin a commencé dans une atmosphère plus politique que sportive. Les lignes suivantes, extraites des dossiers du *Canard* (« Les enjeux du stade ») publiés en juin 1982, parlent plus qu'un long discours :

« En mars 1976, une junte militaire s'empare du pouvoir en Argentine. Elle a un programme. Son chef, le général Videla, l'a d'ailleurs formulé sans détour : "Tuer autant de gens qu'il faudra pour rétablir l'ordre." Ils seront 18 000 à mourir : un soldat n'a qu'une parole. [...] Superbe occasion de pub pour les généraux, qui ne perdent pas un instant. Dessaisissant la Fédération argentine de football, la junte confie l'organisation des festivités à l'un de ses membres. Celui-ci, le général Merlo, déclare : "Il s'agit d'une décision politique. La possibilité d'être vus par un milliard et demi de téléspectateurs renforcera notre image." Pour vendre ce Mundial sur mesure, les généraux s'adressent à une grosse société américaine de relations publiques, Burston-Marsteller. En échange de 1 100 000 dollars, ces compréhensifs Yankees pondent un rapport de cent quarante pages exposant les moyens de présenter la junte "de façon extrêmement positive et efficace". [...] On lit notamment dans ce rapport : "[...] nous ferons un travail suivi pour veiller à ce que les journalistes fassent des récits favorables [...] on leur présentera des jeunes filles saines et attirantes, représentatives de la jeunesse argentine qui leur serviront de guides et d'hôtesses." [...] Quelques voix s'élevèrent pour que le onze de France ne prête pas son concours à l'opération de propagande de la junte. Elles furent rapidement couvertes. D'abord par les grands manitous du sport. Par exemple le président de la FFF, Fernand Sastre. [...] Ensuite par le gouvernement. Michel Poniatowski, alors ambassadeur itinérant de Giscard, s'était rendu l'année précédente en Argentine pour apporter à la junte le “salut amical du gouvernement français, solidaire de la lutte contre le terrorisme”. Solidarité d’autant plus ferme que les avoirs des grosses sociétés françaises en Argentine s’élèvent à l’époque à quelque 1,8 milliard de francs et que la France est le second fournisseur d’armes des généraux argentins. »

Dans ce contexte, l’ambiance est lourde à l’Hindu Club de Buenos Aires, hôtel de luxe coupé du monde extérieur où loge la délégation tricolore. Le rendez-vous est d’importance. Depuis bien longtemps, les Bleus désespèrent le bon peuple. La Coupe du monde est régulièrement le tombeau des illusions. Mais avec les Verts qui accomplissent des prodiges et le nouveau « Jeanne d’Arc » venu de sa Lorraine, Michel Platini, l’heure a peut-être sonné de rivaliser avec le Brésil, l’Italie ou l’Allemagne. La trajectoire sportive est idéale. Une qualification contre la Bulgarie arrachée mais belle à faire pleurer le sélectionneur Hidalgo et des millions de chaumières. Dix matches sans défaite et un espoir fou de battre au premier match une Italie que « Platoche » a éberluée quelques mois plus tôt. Ont-ils la tête dans leurs godasses, les Bleus ? Toujours est-il que la première minute passée (but de Lacombe, le plus rapide de l’histoire), ils butent comme depuis soixante ans sur une Squadra Azzura effrayante de réalisme et s’évanouissent dans la pampa (1-2). Contre l’Argentine, le match est beau, magnifique, héroïque, la victoire rôde mais s’enfuit (1-2). Pas de deuxième tour. Déception. Rien n’a vraiment cloché dans les muscles ou la tactique. Le sort, encore le mauvais sort. Un bruit court alors que la tête des joueurs n’était pas à ce qu’ils faisaient. Qu’ils étaient « pompés » par des mauvaises pensées à l’égard de leur équipementier Adidas et son représentant François Remetter. Quelques jours avant le match de l’Italie, les Bleus réclament en effet un supplément aux 1 500 francs par match que leur verse la marque pour porter les souliers avec des bandes plus blanches que blanches. On semble s’entendre sur un compromis : 5 000 francs pour les trois premiers matches plus une prime en cas de qualification. Mais la veille de l’affrontement contre les Azzuri, l’accord verbal capote. Remetter fait l’autruche et certains, comme Jean-Marc

Guillou, font les ânes en changeant la peinture blanche en cirage noir. Christian Lopez, l'arrière stéphanois remplaçant, prend des photos de la scène qui s'étalent dans un journal généraliste quelques jours après. Le quotidien légende impitoyablement les images : « Vingt millions de téléspectateurs tremblaient pour l'équipe de France et celle-ci, pendant ce temps, tremblait pour son portefeuille. » Ils sont un peu furieux nos Bleus parce que le temps est au sport-business et qu'ils voudraient que eux, les premiers intéressés, en recueillent les retombées. Ils ont péniblement arraché à la fédération un pécule de 20 000 francs par tête, doublé en cas de participation au tour suivant. Côté « outil de travail », les bons comptes ne font pas les bons amis. La FFF reçoit, par exemple, d'Adidas un million de francs par an pour soi-disant équiper les jeunes et pas pour récompenser les « grands », qui considèrent que leur travail de première ligne n'est pas suffisamment gratifié. L'histoire est gonflée par une presse en manque d'explications objectives à l'échec. Elle est révélatrice d'un changement de cap. Les Bleus sont conscients de leur valeur marchande. Vingt millions de téléspectateurs, un record absolu dans le sport français, ont donc vu les deux premiers matches et les écrans publicitaires se sont vendus à prix respectable. On leur parle encore d'une explosion en France des ventes de téléviseurs, de journaux aux tirages grimpant en flèche et des produits en tous genres à leur effigie qui s'arrachent dans les linéaires. Guillou, meneur présumé de la fronde, est l'un des seuls à parler tout haut en pleine agitation : « Qui pourrait nous interdire de négocier comme on l'entend nos contrats publicitaires ? » D'autant que les stars étrangères, Cruyff ou Beckenbauer, ont su dans les dernières années tirer le maximum de leur notoriété. Au Weltmeisterschaft de 1974 en Allemagne, Kaiser Franz avait signé pour 300 000 marks (600 000 francs[187]) de contrats publicitaires. Johan Ier pour deux fois plus, rien qu'avec Philips. En équipe de France, la situation avait déjà changé depuis quelque temps. Adidas, au lieu de se focaliser préférentiellement sur les vedettes (une dizaine de contrats individuels par an, comme Georges Bereta dans la fin des années 1960 ou Marius Trésor et Henri Michel au début des années 1970, chacun des deux empochant 500 francs par mois), avait opportunément pris la décision de jouer plus collectif et de répartir sa manne sur la trentaine d'internationaux composant le groupe tous les ans.

S'il fallait dater le grand tournant dans l'histoire de l'argent et des Bleus, on pointerait volontiers du doigt le calendrier de l'année 1981 et l'installation durable dans le système de Jean-Claude Darmon. Certes, le personnage n'est pour rien dans le fantastique développement technique et de masse de la télévision. Mais ce trublion totalement dénué de complexes face à l'argent comprend tout et plus vite que tout le monde. Et d'abord que ce medium est certainement le meilleur ami financier du football. Jean-Claude Zahoui, pied-noir né en Algérie à Oran en 1942, devient Jean-Claude Darmon à son arrivée en France. De sensibilité politique nettement à droite, mû par une énergie atomique, il mène son premier combat contre les censeurs (la presse dite de gauche représentée par *Miroir du football* idéologiquement opposée à la présence de marques sur les poitrails) en 1969 à Nantes. Il harcèle et persuade le président, Louis Fonteneau, que la publicité sur les maillots, vue partout et évidemment à la télé, peut accroître démesurément les rentrées publicitaires du club. Darmon n'a pas menti et les rentrées des Canaris dans ce domaine montent de 6 000 francs (versés par Crozatier Meubles alors que le club va disputer la coupe de l'UEFA, deuxième coupe européenne en prestige derrière la grande Coupe des champions) à 500 000 par an quelques années plus tard. D'un orteil il passe un pied dans le milieu et sa société, devenue Groupe Jean-Claude Darmon, s'incruste à Nîmes, Reims et Sochaux. La télé boycotte parfois les matches car cette « réclame » clandestine n'est toujours pas franchement réglementée et le football français n'a pas le poids suffisant pour imposer sa loi. Mais Darmon fonce et l'on peut de moins en moins le contourner ; en quinze ans il multipliera à lui seul les revenus publicitaires du football français par trois cent [188] ! Il participe en 1974 au tour de table financier de la première émission régulière de football en France « Télé-Foot 1 », déverse ses panneaux derrière les buts, organise un peu partout des rassemblements de VIP pour les matches importants et se fait voir à tout bout de champ. Quand la porte de la fédération se ferme avec Fernand

Sastre, il entre par la fenêtre entrouverte au bout de longues années par la ligue de Jean Sadoul. Mis à l'épreuve par le vieux Cévenol bougon, il se tire des pièges que lui tend volontairement ce dernier et gagne sa confiance : « Il y a eu notamment le match Italie-France dont je me suis occupé en février 1978. Il croyait que j'allais tout garder et je lui ai envoyé un chèque comme si nous avions passé un accord. » L'acharnement paie et Sadoul, qui se méfie pourtant, en façade, viscéralement de l'argent, « source de tous les maux » dans son sport, fait, après l'avoir laissé neuf ans dans l'antichambre, officiellement accéder son protégé dans sa maison comme directeur national de la promotion. Autant dire un pont-levis baissé et la voie dégagée vers le trésor du château. Quelques mois avant l'ouverture du Mundial 1982, pour lequel la France s'est qualifiée une deuxième fois consécutive en éliminant le double finaliste hollandais, sa société, conjointement avec Bernard Genestar (l'agent de Platini) et Philippe Piat, le président de l'Union nationale des footballeurs professionnels (UNFP), met enfin, après un échec en 1978, la main sur Promofoot. Cette « coopérative » gère chichement les intérêts de l'équipe de France de football. Le principe – une répartition des revenus publicitaires engendrés par les Bleus vers les quatre cent cinquante professionnels français et la FFF – est conservé à une nuance près : la nouvelle structure, la SARL Football-France-Promotion, s'accapare 30 % du chiffre d'affaires global. L'artisanat laisse la place au « professionnalisme », dixit Darmon lui-même. Bref, à un pur marketing copié sur la formule gagnante des stades hexagonaux. Les chiffres ne sont pas longs à démontrer les dires de celui que l'on commence à qualifier de grand argentier du foot français : 12 750 000 francs de CA pour la Coupe du monde 1982, contre 3 500 000 francs en 1978. Une pluie de contrats s'empile sur le bureau de Darmon qui oblige les internationaux à s'habiller en dehors du terrain avec les costumes Monsieur de Fursac, à lire l'heure sur leur montre Kiplé, à s'assurer chez AGF, voyager avec des malles Samsonite, se chausser André, boire Vittel, etc. En conséquence, les comptes des vingt-deux sélectionnés pour Españà 1982 enflent significativement par rapport à Argentina 1978. La délégation tricolore, une trentaine de personnes, se partage le gâteau

Football-France-Promotion : environ 4 millions de francs à l'issue de l'épreuve qu'elle termine dans le premier carré. S'y ajoutent les primes FFF-Adidas distribuées aux joueurs (près de 300 000 francs chacun). Tout compris, les tricolores du Mundial ibérique empocheront 620 000 francs par tête.

Il faut dire que l'on peut maintenant parler de gigantisme au sujet de l'épreuve créée par Jules Rimet et de son organisation : deux milliards de téléspectateurs cumulés pendant un mois, une FIFA qui chapeaute cent cinquante fédérations nationales et impose sa loi sportive sur vingt-cinq millions de bipèdes, une même FIFA qui commercialise aux télévisions son tournoi désormais disputé par vingt-quatre pays pour 39 millions de dollars (soit 200 millions de francs, ou 45 millions d'euros d'aujourd'hui). Avec de telles sommes et de tels intérêts mis en jeu, il n'est pas étonnant que les acteurs principaux du film ne cherchent à monnayer leur premier rôle. En Allemagne, au faîte de sa puissance économique, Karl-Heinz Rummenigge a fait fructifier son capital de 2,5 millions de marks (6 500 000 francs) en contrats de pub avant la Coupe du monde. Pour l'anecdote, son collègue du Bayern Munich, l'éternel barbu Paul Breitner, a sacrifié – contre 400 000 francs – la pilosité de son menton et de ses joues dans un spot télé encourageant les bienfaits d'une lotion après-rasage. Dans son livre *Coup de sifflet*[189], Harald Schumacher le bourreau de Patrick Battiston à Séville révèle que tout international de renom outre-Rhin consolide alors ses revenus annuels d'un minimum de 100 000 marks, payés par le seul Adidas pour porter les célèbres chaussures ou survêtements du numéro un mondial du marché du sport.

On le verra dans un autre chapitre, Adidas et son sachem Horst Dassler mènent la danse dans le business du football mondial. Dassler codirige en fait la FIFA de Joao Havelange, à qui il a amené sur un plateau d'argent le sponsor Coca-Cola, ses hommes (Blatter) et ses moyens. La société West Nally commercialise par l'intermédiaire de sa filiale CMT (Consortium mondial des télévisions) les droits des Coupes du monde depuis 1978. Havelange et Dassler ont enfanté un événement qui n'a plus rien à voir avec ce qu'il était. Pelé, puis Cruyff et Beckenbauer, et enfin Maradona sont passés au prisme magique de la télévision. Ces joueurs hors catégorie, comme l'étaient avant eux, mais sans le satellite, Schiaffino, Matthews, Nilton Santos, Leonidas ou Etienne Mattler, impriment leurs gestes sur les écrans de plus en plus nombreux. Les finales de la Coupe du monde sont suivies à partir des années 1970 par un nombre de spectateurs à dix chiffres, soit probablement plus que les spectateurs ayant jamais assisté à des centaines de milliers de matches dans tous les stades du monde pendant les dix ans précédents. Ce n'est plus de l'impact, c'est une déflagration. Le foot a pris une dimension monstrueuse, contrôlable seulement par morceaux. Dans ce maelström, les petits Français veulent dire leur mot. Ils ne sont somme toute plus si petits que ça. Le Mundial espagnol est passé par là. En 1986, avant le coup d'envoi de la Coupe, le prince des coups francs, Platini, est considéré par la presse comme le meilleur joueur du monde, à égalité avec Diego Maradona. Le Juventino est entouré par un impresario avisé, Bernard Genestar, bien décidé à ne pas laisser sa perle dans son écrin. Les Bleus connaissent leur « prix » depuis huit ans. Au Mexique où l'équipe de France est favorite au même titre que le Brésil, l'Italie ou l'Allemagne, ils ont réglé leur calculette depuis plusieurs mois. Le temps n'est plus au barbouillage de chaussures dans les vestiaires. Platini et l'intransigeant Jean Tigana sont sûrs de leur fait et de leur valeur, même en cas de bide. Ils n'ont pas reculé et ont envisagé à froid, depuis plusieurs mois, avec les dirigeants et les sponsors tous les cas de figure pour eux et l'ensemble des joueurs. Par bonheur, ils repartiront troisièmes de l'épreuve et plus riches de 546 146 francs – 220 000 en prime de résultats de la fédération, 124 000 francs d'Adidas sous forme d'honoraires d'équipement, 202 146 francs de quote-part sur les opérations commerciales. L'engouement médiatique qui les entoure leur a procuré un cadeau supplémentaire. La Cinq, télévision sortie miraculeusement du PAF quelques mois plus tôt – et qui en sortira aussi subrepticement – souhaite faire un coup avec la légion mexicaine d'Henri Michel. La chaîne française, entretenue par Berlusconi, ne peut retransmettre aucun match officiel mais un flou artistique et juridique entoure les matches d'entraînement. Un banco est tenté à la va-vite sur les trois matches de rodage contre des équipes de faire-valoir qui se jouent à Tlaxcala en préliminaire des matches du premier tour. Tigana, soutenu par son capitaine, monte en première ligne, dénonce les conditions de ce coup fumant : « Des forces extérieures, en l'occurrence des publicitaires de haut niveau, nous imposent de jouer à midi... Le football devrait rester aux footballeurs... » Un coup de gueule gagnant. La Cinq, qui n'a que son argent à opposer aux stars bleues, se saigne afin de mettre un pied dans l'engrenage. 5 millions de francs pour trois parodies de ballon, disputées sous un soleil brûlant, décalage horaire exige. Les joueurs demandent et obtiennent dédommagement : plus de 800 000 francs au total. Pour échapper aux impôts, ce seront des montres Cartier offertes à chacun des joueurs. La magouille sera repérée deux ans plus tard par la Cour des comptes, qui adressera son rituel avertissement aux méchants contrevenants[190].

Deux fois demi-finalistes en quatre ans, les Bleus sont starisés, en bloc. Curieusement, en dehors de leur diamant Platini, ils forment plus un collectif qu'une somme de vedettes. Et l'on ne les demande toujours pas à l'étranger. C'est d'ailleurs au Mexique le crépuscule des dieux. Une nouvelle longue période de vaches maigres s'annonce. Mais les marchands du temple ne voient pas dans le marc de café et un pli a été pris, celui d'une équipe de France porte-drapeau du sport national. Jean-Claude Darmon, plus renard que jamais, fait rentrer Canal+ dans le cercle bleu : 12,4 millions de francs par an dans les caisses de la fédération contre les tenues d'entraînement tricolores couvertes du sigle de la chaîne cryptée. Les éditions 1990 et 1994 se jouent sans les Bleus. Les deux derniers matches qualificatifs à la Coupe du monde américaine sont un véritable désastre sportif. Au plan des finances, Darmon s'étrangle lorsque les Israéliens puis les Bulgares poignardent deux fois la France en quelques jours. 50 millions de francs, le budget de soutien aux Bleus en cas de qualification, s'envolent dans le ciel du Parc des Princes où les deux drames se sont noués. En conséquence, le galon d'international français à cette époque fait un peu tache. Comme au vieux temps des raclées internationales, le métier de sélectionneur de l'équipe de France, Platini excepté, n'intéresse que les masochistes. La coupe d'Europe sourit bizarrement aux clubs de l'hexagone alors que l'équipe de France vit une parenthèse. Bordeaux, Marseille, le PSG et même Monaco ou Auxerre se font remarquer, parfois brillamment. Les Tapie, Bez, Lescure & Cie ne jurent plus que par la C1, C2 ou C3 (Coupe des champions, Coupe des coupes, coupe de l'UEFA), sans les gagner (sauf Marseille et le PSG). Pour des raisons microéconomiques décrites ailleurs (patrons mégalos, télévision...) le ballon hexagonal produit lui-même son inflation. Mais les puissants clubs étrangers, italiens, allemands, espagnols ou anglais ne sont pas impressionnés pour deux sous, eux qui engrangent les trophées depuis que les coupes existent. En 1993, neuf Français seulement sont intégrés dans des formations de haut niveau hors de notre sol. Le cas Cantona s'inscrit comme une singularité. La tête la plus dure du football national s'exile en Angleterre où le « Frenchie » s'impose avec un inimitable brio. En disant « merde » à Henri Michel et à l'équipe de France, King Eric coupe la chaîne du boulet. Il reste exactement le même mais on l'acclame à Old Trafford pour ses frasques quand on l'outrageait pour les mêmes excès à Auxerre, Marseille ou chez les Bleus. Cantona séduit si fort les petites anglaises et les fans qu'il en tire une force nouvelle. Les buts, les exploits et les phrases qui n'appartiennent qu'à lui s'empilent et la presse britannique n'a plus de colonnes assez larges pour les répercuter. Nike ou Bic exploitent le filon et se lancent dans un genre nouveau, la publicité négative, où les travers du sujet vedette doivent exciter les neurones acheteurs du consommateur. Éric prend sa retraite en 1997, fortune et gloire faites. David Ginola a emboîté le pas à Canto. L'ancien Parisien suit exactement la même méthode : « No » à l'équipe de France, goals à gogo et pubs en chaîne. Dans le sillage de Bel Canto et Nice Gino, et avec l'argument de l'impôt anglais qui allège considérablement les déclarations fiscales, la mode française est lancée. La compagnie des « Froggies » double son effectif outre-Manche l'année suivante (dix-neuf contre neuf), ils seront trente lors de la saison 1999-2000 et l'équivalent de cinq équipes complètes de Premier League en 2002-2003.

L'événement que l'on attendait plus se produit en l'an de grâce 1998. La patrie des Lumières, de la Révolution, des droits de l'homme, des cerveaux les plus féconds de l'humanité, la

France des idées, a aussi des pieds, qui ne sont plus « bots ». Zidane, Henry, Petit, Blanc, Thuram, Barthez, Vieira, Deschamps ou Pires soulèvent la Coupe du monde le 12 juillet. Des milliards de gens en audience, des millions d'euros en prime. Le marché bleu, place subalterne de la finance du foot mondial, est reclassé en l'espace de sept matches. C'est Wall Street-sur-Seine. L'action du mollet tricolore passe de la valeur de bas de tableau au Dow Jones. L'affaire avait été il est vrai bien préparée. Depuis précisément le mois de juillet 1992 où l'organisation du Mondial avait été confiée à la France. Et les annonceurs s'étaient bousculés avec un risque maximum. À ce jeu de la roulette, Adidas avait misé sur le numéro gagnant : « La victoire est en eux. »

Alors que pas une ligne ne leur avait été consacrée ailleurs que dans les pages de *L'Équipe*, les journaux économiques égaient leurs pages des contrats en or passés par les stars du cuir. Il y a de quoi. Les champions du monde ont défilé aux Champs-Élysées le 13 juillet devant une foule comparable à celle du jour de la libération de Paris en août 1944. Le président Chirac enfile un maillot bleu. L'indice de confiance des Français – le baromètre de leur humeur –, qui ne quitte pas la zone de dépression depuis plus de vingt-cinq ans, n'a jamais été aussi haut. En cet été 1998 le gouvernement de Lionel Jospin voit comme dans un rêve la consommation reprendre, les chiffres du chômage baisser et la croissance friser les 3 % l'an. Le ministre des Finances lui-même, Dominique Strauss-Kahn, entonne une sorte de Marseillaise des comptes publics. Les hommes politiques, le monde des affaires se prosternent et ont pour une fois le courage de dire qu'un facteur exogène agit positivement sur leurs actions. On ne lésine pas sur le dithyrambe. Dans *Sud-Ouest*, c'est le stade de la glorification : « Les Bleus, par le biais d'une alchimie qui recèle encore une part de mystère, sont devenus nos meilleurs ambassadeurs, la parfaite illustration de l'excellence nationale, ils sont tout à la fois notre paquebot *France*, notre Concorde, notre fusée Ariane, nos grands crus classés. » À l'étranger, le magazine *Time* applaudit la « renaissance française ». Zizou et ses potes n'ont plus de rivaux médiatiques, balayés par la victoire des héros devant le Brésil. La fédération règle la première ce qu'elle avait promis : 305 000 euros par tête pour prime de victoire. Un acompte. Comme à l'accoutumée, Darmon[191] avait poussé les sponsors au col : record battu avec cinquante parraineurs et 120 millions de francs dans la corbeille de la Fédé. La marque aux trois bandes, équipementier depuis quarante ans et bienfaitrice en chef du groupe, ne s'était pas montrée pingre non plus. En ricochet les habituelles parts sur le gâteau. Les premiers intéressés, les joueurs, les remplaçants et l'entraîneur, mais aussi le médecin, les adjoints, les préparateurs physiques, au total une quarantaine de personnes repartent chacune de Clairefontaine avec un chèque de 4 millions de francs.

En plus, ils sont sympas les petits gars d'Aimé Jacquet. Ils plaisent à tout le monde. On a découvert lors du quart de finale France-Italie, dans une étude marketing très poussée, que le public français était constitué d'hommes et... de femmes. Ce qui fait trente millions de consommatrices potentielles en plus. De surcroît, comme leur entraîneur, les Bleus passent facilement têtes et chevilles dans les portes. La simplicité est un argument de personnalité indéniable pour faciliter le travail des publicitaires ou agents. Le crâne en forme de genou de Fabien Barthez est d'ailleurs le premier à briller et à passer à la caisse. McDonald's lui verse 213 400 euros, quelques jours après le triomphe du Stade de France, pour faire la promotion des fameux hamburgers à la télé et sur affiche. L'opération fonctionne si bien qu'elle est réitérée, le chauve qui peut tout touchera 1,5 million d'euros pour l'ensemble de la campagne. Emmanuel Petit et Lilian Thuram signent peu après un contrat avec Opel (61 000 euros chacun). Les journées de l'occasion du constructeur font subitement le plein. Franck Lebœuf jouera avec son patronyme et on le bombardera ambassadeur de la viande française dans un spot télé aussi rémunérateur pour le chauve en second des Bleus que sans espoir pour les oscars de la pub. Tous ces messieurs sont si sollicités que leurs agents, tels des postiers professionnels, trient les demandes les plus folles, matin, midi et soir. À vrai dire plus en fonction de la somme que du produit à promouvoir. En moyenne, les chiffres de contrats soumis aux impresarii des champions du monde ont augmenté de 30 à 40 % par rapport à l'avant-juillet 1998. Zidane, le roi Zidane, pour ne plus être dérangé par un minimum de deux annonceurs par jour, fixe son seuil : il ne saurait être question pour son agent de « descendre en dessous de 12 millions de francs pour une campagne internationale ». Ce qui ne rebute pas Adidas, CanalSatellite, Ford, Volvic, Lego, etc. Zizou rejoint et supplante l'abbé Pierre au firmament des personnalités françaises les plus appréciées douze ans de suite. L'aura du numéro 10 de l'équipe de France et de la Juventus se confond avec celle d'un demi-dieu. Les Tricolores, que l'Angleterre (Henry, Deschamps, Desailly, Petit, Pires, Barthez), l'Allemagne (Lizarazu), l'Italie (Thuram, Zidane, Trezeguet, Candela) et l'Espagne (Zidane, Makelele) nous ont arraché ou vont garder comme des trésors, font monter le jackpot. Ils s'adjugent un deuxième trophée majeur en 2000, le championnat d'Europe. La finale est suivie par vingt-cinq millions de téléspectateurs français, record tous temps et toutes catégories. Avec un Zidane plus Zorro que jamais, plus personne ne bat la dream team. Il prendra le numéro 5 au Real Madrid pour un montant de transfert – toujours record – de 75 millions d'euros, le prix d'un Airbus A 321 [192]. Il est à ce titre considéré, en France du moins, comme un personnage hors catégorie. À Madrid, son salaire de 500 000 euros par mois en fait le footballeur à la plus grosse fiche de paie des cinq continents [193]. Et l'homme de l'hexagone le plus doré par les contrats. L'opérateur de téléphonie Orange, au désespoir de son concurrent SFR qui a fait signer tous ses autres coéquipiers, lui octroie 3 millions d'euros en sus. La seule concession financière du Galactique, comme on le nomme avec les quatre autres stars madrilènes, est incluse dans son contrat de travail, ou plutôt dans ses annexes. Le joueur cède 30 % de ses droits d'image à son employeur, une clause que le Real Madrid ne regrettera pas. Et alors que les champions du monde finissent en 2002 leur cycle victorieux, et par là même leur histoire d'amour avec les sponsors, Zidane n'est pas touché par la disgrâce. Il est bien le premier et le dernier des héros, dans la victoire ou la défaite, parce que les Français considèrent que l'homme est encore plus grand que le joueur, ce qui n'est pas peu dire. Tous ses grands « partenaires », comme Ford, CanalSatellite ou Orange, lui renouvellent leur confiance, un million d'euros par an au minimum chacun, sans rogner d'un centime le contrat précédent. Le partenariat qui le lie à Danone en 2004, et pendant onze ans, est d'une teneur nouvelle qui préfigure peut-être ce que les marques entendent tirer dans l'avenir des champions. Car, pour la première fois en France, une firme s'attelle à un sportif en lui proposant d'être son « ambassadeur mondial permanent ». Peut-être pas innocemment. Le groupe de Frank Riboud a sûrement à se faire pardonner les licenciements de sa filiale LU.

De 1904 à 2004, le statut des Tricolores a pris un siècle. De Chayrigues à Kopa, et de Platini à Zidane. Cent ans d'épopée. De primes dérisoires, de déroutes, de contrats mirifiques, de joies démentes et de chaussures cirées en noir. Mais d'entre toutes ces aventures de Bleus plus ou moins argentés, et à l'heure où les montagnes d'euros s'amoncellent sous (ou dans) les godasses de nos princes du ballon, on aime décidément bien celle, en 1958, de Just Fontaine et sa paire de souliers craqués... Bleus de France, vous trouverez toujours chaussure à votre pied.

Borg : dieu sur terre, zéro en affaires

De juillet 1976 à juillet 1981, soit cinq années de règne, Björn Borg est l'invincible seigneur de la terre du tennis. Sur sol naturel, poussière ocre ou gazon, aucun joueur ne le fait tomber en Grand Chelem. Deuxième plus grand sportif européen du XXe siècle après Eddy Merckx (classement effectué en 1999 par *L'Équipe Magazine*), ce Suédois impassible et impassable propulse, un jour de fin de printemps 1974, le tennis dans une autre ère. Celle du business. Il ne le sait pas encore, mais en soulevant la coupe des Mousquetaires pour la première fois porte d'Auteuil le 16 juin, Borg met le monde de la balle jaune en ébullition. Sur le court central et en quelques dizaines de passing-shots qui filent sous le nez de Manuel Orantes, une mystérieuse alchimie se produit qui change la face d'un jeu. Car Borg, téléguidé par Mark McCormack [194], va bel et bien révolutionner l'organisation du tennis tout entier et aiguiser les appétits. Avant Borg, pas de télévision ou presque, pas de sponsors ou presque, pas de marques sur les manches de chemise, pas de matches en nocturne, un nombre confidentiel de licenciés. À Wimbledon, dès l'année 1975 où il perd en quart de finale, c'est l'hystérie chez les jeunes filles qui soit s'évanouissent sur le passage du dieu viking aux longs cheveux blonds, soit lui lancent leur soutien-gorge. Un phénomène inouï de mimétisme et d'identification s'empare d'une population de sportifs de sept à soixante-dix-sept ans à travers la planète. Ce qui n'échappe évidemment pas aux *merchandisers*. Jamais auparavant un homme n'avait provoqué un tel raz de marée publicitaire.

Le bandeau (de marque Björn Borg ou Colgate), les poignets en mousse, la chemisette rayée (Fila), la raquette (Donnay) reconnaissable à son long manche (pour le revers à deux mains), les chaussures (Diadora ou Tretorn) et jusqu'aux boyaux de cordage (VS), les accessoires utilisés par le champion s'arrachent dans tous les magasins de sport du monde civilisé. Ses adversaires eux-mêmes (Vilas, McEnroe) copient la tenue de celui qu'Ilie Nastase appelle l'extraterrestre. En dix ans, les fabricants d'articles de tennis ou les firmes de toutes sortes, près de cent soixante, se jetteront aux pieds de l'homme-lift. Dès son premier titre à Paris, Donnay fait signer un contrat assurant à Borg des dividendes de 420 000 francs sur cinq ans. L'accord est renouvelé avant terme en 1979, laissant à la signature 17 500 000 francs de plus au tennisman et 0,70 franc par raquette vendue. Donnay, qui sera repris plus tard par Bernard Tapie, y gagne encore beaucoup. En France, les ventes de l'outil magique sont doublées en deux ans (320 000 en 1979, 700 000 en 1981, prix moyen à l'unité : 600 francs). Tout le reste est à l'avenant. Ici (presque partout), c'est Fila qui débourse 3 millions de francs tous les trois cent soixante-cinq jours au nouveau Ploutos pour qu'il joue avec ses shorts et ses chemises, et là (en Suède) c'est Jockey qui ajoute un million l'an. Une tenue plus décontractée, le survêtement Tretorn, lui ramène un bon million supplémentaire. Borg voit beaucoup mieux son relevé de compte lorsqu'il chausse les lunettes Sirocco (2,5 millions). JVC, Atsaver, Suntan, Loïs... et une interminable flopée de volontaires complètent la liste. En l'air, les voyages très nombreux du prodige sont gratuits, réglés par la compagnie d'aviation suédoise SAS qui rajoute 60 000 dollars dans l'escarcelle contre le port du logo sur l'épaule de son plus prestigieux VRP. Sur terre, les déplacements ne posent pas plus problème. Tout véhicule à quatre roues étant mis à disposition, à lui, ses parents ou sa femme, par le constructeur Saab. Borg affole les tableaux de bord financiers du tennis. La télévision qui ne retransmettait, en Europe du moins, qu'un seul match par an, la finale de Wimbledon, va par exemple couvrir la totalité du tournoi de Roland-Garros à partir de la fin des années 1970. Le seul Borg attire des millions de téléspectateurs devant le petit écran. Et avec lui des revenus publicitaires inespérés pour un sport qui restait confiné à quelques dizaines de milliers de pratiquants.

Et Borg n'en finit plus de gagner. Des coupes (soixante-deux en neuf ans) et des millions de couronnes, de dollars (220 000 par sa fédération – son budget annuel – pour jouer la coupe Davis en 1978-1979), de yens, de francs ou de livres sterling. En conséquence, rien qu'en 1979, l'une des trois saisons ou il fait le doublé Roland Garros-Wimbledon, il alourdit son compte en banque de 7,25 millions de dollars, essentiellement en revenus hors tournois [195]. Borg se permet de faire des pieds de nez aux tournois du Grand Chelem qui ont fait sa gloire. Il signe en 1977 un contrat de 350 000 dollars avec l'ineffable WTT (World Team Tennis) de Sol Berg et de Larry King, le mari de Billie Jean. Ce circuit créé en 1974 ressemble à une sorte de foire du trône. Il rassemble des équipes représentant des villes – on le nommera « Intervilles », comme les jeux télévisés de Guy Lux, c'est dire sa crédibilité sportive – qui s'affrontent à droite et à gauche aux États-Unis. Les hommes et les femmes sont mêlés, les remplacements en cours de match sont autorisés, le comptage des points est modifié, le bruit est autorisé dans les tribunes, les matches durent un set... Un véritable cirque ambulant auquel B. B., après Jimmy Connors (« un vrai mercenaire du tennis, selon McEnroe, il ne voulait rien faire qui ne lui apporte un bénéfice direct [196] »), se prêtera sans vergogne une ou deux saisons. Les deux chercheurs d'or se sanctionnaient eux-mêmes puisque l'intransigeant Philippe Chatrier, président de la Fédération internationale, leur avait dit sa façon de penser en ne les invitant pas à Paris pour Roland-Garros. Le calcul s'était peut-être révélé à courte vue pour les deux stars qui sont, qui sait, passées à côté d'un Grand Chelem ces années-là – surtout en

1974 pour Connors qui avait remporté les trois autres épreuves majeures et qui intentera sans succès un procès à la FILT, lui réclamant des centaines de milliers de dollars en dommages et intérêts. On n'ose imaginer la valeur marchande du Suédois ou de l'Américain avec à leur palmarès déjà si fourni le fameux quadruplé.

Son agent, Mark McCormack, encore et toujours lui – il s'occupera des voyages du pape Jean-Paul II, sans prendre de commissions, dit-on, mais en soignant sa publicité – ne sait plus où donner de la tête. Il entretient six personnes chargées de gérer le portefeuille boursier de « Golden Borg ». Fin mai 1981 (avant le dernier titre à Roland-Garros), B. B. se fait rétribuer 3 000 francs la minute (350 000 francs au total des deux heures) pour taper des balles avec des gosses tétanisés de ravissement sur un court monté au sommet de l'immeuble des Galeries Lafayette. À cette époque, ce sont au minimum 30 000 dollars, et 60 000 si l'on veut approcher de la vérité, qu'un organisateur de matches-exhibition doit compter dans la ligne de son budget « bourse Borg » pour se payer l'idole. Le sommet est certainement atteint en mars 1981 pour une série de trois matches entre Borg et McEnroe à Sydney et Melbourne. L'aîné (Borg, vingt-quatre ans) sort victorieux de son cadet (McEnroe, vingt-deux ans) deux victoires à une et 500 000 dollars contre 300 000 ! McEnroe avoue dans son autobiographie *Vous êtes sérieux ?* [197] que, sans son refus lié à la politique de l'apartheid, une proposition venue en 1980 d'un homme d'affaires sud-africain pour une journée de tennis avec Borg dans un casino d'une ville du pays, Sun City, lui aurait ramené 750 000 dollars plus 250 000 en cas de victoire et bien évidemment les mêmes conditions pour son adversaire.

Il n'avait pas fallu longtemps à l'entourage de Borg, et notamment à son entraîneur-manager-confident Lennart Bergelin, pour comprendre que les percepteurs nordiques veulent plus de mal que de bien à son poulain aux œufs d'or : « L'État suédois prélevait 80 % de mes revenus sous forme d'impôts », avoue Borg dans son livre *Revers...* paru en 1992. Fin 1974, ayant à peine fêté son dix-huitième anniversaire, Borg, avec famille et amis, fuit saunas et vautours pour Société des bains de mer et oiseaux de bonne compagnie dans la douce Principauté de Monaco où la déclaration d'impôts n'est qu'un vilain gros mot.

Dans son ouvrage autobiographique, Borg donne son sentiment sur l'évolution de sa liaison avec l'argent : « À l'époque de mon installation à Monte-Carlo, je commençais à me rendre compte que je pouvais gagner beaucoup d'argent grâce au tennis et j'avais bien l'intention de profiter de l'aubaine. [...] Lorsque j'avais quinze ou seize ans, je pensais surtout à m'imposer sur le circuit et à prouver la qualité de mon jeu. J'adorais le tennis et, sur ce plan au moins, rien n'avait changé. Mais je voulais aussi gagner le plus d'argent possible. Ce qui ne signifie pas pour autant qu'en entrant sur un court je calculais la somme que j'allais empocher en cas de victoire. [...] Pendant un match, je ne pensais jamais à l'argent, mais seulement à la victoire [198]. » L'énergie dépensée par Borg pour parvenir à ses fins sur le terrain plaide plutôt pour la vérité de sa démonstration, tout du moins en début de carrière. Une énergie, trop surhumaine peut-être, qui le quitte soudain, dit-il, en 1982. En fait dès 1981 où un certain John McEnroe met fin à une série record de quarante et un matches sans défaite de Borg à Wimbledon. Car Borg, qui conserve une bonne marge de sécurité sur les autres, ne parvient plus à battre le « sale gosse ». L'explication de sa « retraite » à vingt-six ans tient plus sûrement de ce fait que de sa séparation, pas encore officielle, avec sa femme Mariana Simionescu [199] ou de sa démotivation sur les courts. Il le dira beaucoup plus tard, un jour de spleen, à McEnroe avec qui il conservera d'excellentes relations : « Être numéro 1, c'est la seule chose qui importe, John. Tu le sais aussi bien que moi. Que tu sois numéro 2, ou 3 ou 4, c'est la même chose, tu n'es rien. » Retraite, donc. Retrait, en vérité. Car Borg va véritablement inventer un nouveau genre de vie sportive professionnelle. D'abord durant une année entière après son échec à Flushing Meadows de 1981, toujours devant McEnroe, il décline soudainement tous ses engagements et engage un bras de fer avec les organisateurs de tournois. Voulant décider de son propre calendrier, il prévient qu'il ne jouera pas le minimum des dix épreuves requises par le Grand Prix et qu'il ne disputera pas les qualifications puisque le règlement l'y oblige et qu'il ne peut plus accéder aux grands tableaux. Borg refuse même aux dirigeants de Wimbledon un *gentleman agreement* qui lui permettrait de jouer à Londres sans l'humiliation des qualifications mais avec la promesse de prolonger sa saison dans d'autres tournois. Beaucoup voient alors dans cet entêtement une stratégie menée par McCormack : un Borg qui ne briguerait que la place de dauphin vaut financièrement moins qu'un Borg en exil sur son île ou sur son Rocher.

De 1982 à 1993, le plus jeune has been de l'histoire du tennis va effectuer sur le circuit ATP une demi-douzaine de come-back. Retours desquels il tirera une publicité telle que ses exhibitions lui ramèneront des fortunes, englouties d'ailleurs dans ses affaires extra-sportives. Le plus connu des résidents monégasques du monde va d'abord réapparaître, comme un hasard très calculé, deux fois à Monte-Carlo en 1982 et 1983, sous l'œil de centaines de journalistes internationaux. Il fait deux fois honorable figure à l'aide de son physique inaltérable. L'attention médiatique joue comme une formidable publicité. À Stuttgart en 1984, le sponsor du tournoi, Mercedes, pousse Borg à se présenter sur le court où il encaisse une garantie inversement proportionnelle au temps passé par Henri Leconte pour lui infliger, dès le premier tour, la plus rapide et sévère correction de sa carrière (quarante-neuf minutes). Le match est de loin le plus suivi du tournoi qui n'avait jamais accueilli autant de spectateurs ni de télévisions. Pendant sept ans, avant son dernier retour malheureux sur le circuit officiel en 1993, Borg va s'aventurer dans le monde des affaires.

Car une nouvelle envie démange celui auquel la vie n'avait rien refusé : « À l'âge de vingt-six ans, j'ai senti que j'étais arrivé à un virage brutal. Peu tenté par une retraite oisive, je me suis jeté tête baissée dans les affaires, avec l'enthousiasme du néophyte décidé à relever ce nouveau défi. Et c'est là qu'ont débuté tous mes ennuis[200]... » En effet, tous les coups que le cerveau-ordinateur de Borg avait sus si bien lire chez ses opposants dans le jeu, il ne les verra jamais venir à l'avance de la part des requins des affaires.

« Tout a commencé par une pure coïncidence, raconte Borg, sur un terrain de golf en Suède en 1984. Le P-DG de la petite société Romella, un certain Jack Rothschild, faisait un parcours lorsqu'il a rencontré par hasard Lars Skarke, qui allait devenir mon associé. Rothschild a demandé à Skarke s'il avait déjà envisagé la création d'une ligne de cosmétiques pour hommes portant mon nom[201]. » Une deuxième vie commence. Le tennisman, s'il a abandonné la compétition, demeure la référence absolue du champion sportif. Il est retourné dans son pays natal, sans abandonner son attache fiscale monégasque, pour les beaux yeux de sa nouvelle compagne, Jannike Bjoerling. Borg, ou plutôt McCormack, gère ses intérêts placés en grande partie dans une société – Björn Borg Enterprise – domiciliée sur l'île de Jersey où le fisc n'est pas bien méchant. Skarke convainc Borg de créer en Suède une autre société – Björn Borg Invest – à objet de promotion immobilière. Borg, qui en est le seul garant bancaire, y engloutit personnellement 10 millions de francs. Dans son livre, Borg ose à peine écrire que les folies financières de son associé et compatriote Skarke le conduisent à prendre sa raquette comme une bouée de sauvetage chaque fois que les banquiers exigent de boucher les trous. Le sextuple vainqueur de Roland-Garros court alors la planète et le cachet, entre deux rendez-vous où on lui présente des comptes aux déficits de plus en plus abyssaux. En 1989, c'est l'hallali, Björn Borg Invest est en cessation de paiement et le champion ne peut compter sur Skarke. Au moment même où l'ancien sportif aux nerfs d'acier est aux prises avec la presse dans une affaire de pseudo-suicide. En six mois, de juillet 1989 à janvier 1990, Borg racle ses fonds de tiroir (6,7 millions de dollars), ce qui ne suffit pas à combler les 15 millions nécessaires au rétablissement. B. B. est poursuivi en justice et sa maison est saisie.

Des déboires qui expliquent l'ultime retour de 1991-1992-1993. Douze tournois, douze premiers tours, douze défaites ! Mais encore de la publicité gratuite. Et l'opportunité d'écumer le nouveau circuit du Senior Tour que Connors vient de créer et dont la rentabilité permet aux jeunes papis Vilas, Clerc, Bahrami, Noah, McEnroe, et consorts d'entretenir de bien jolies pensions de retraite.

Dans les années 1960, le cyclisme international est toujours « théoriquement » sous la coupe de l'Union cycliste internationale. Ce sont en réalité les organisateurs de grandes courses qui tirent les ficelles. Ceux du Tour de France cèdent néanmoins en 1962, devant la pression du lobby des marques regroupées depuis quatre ans en Association française des constructeurs et associés sportifs. Les équipes nationales disparaissent au profit de formations sponsorisées. L'argent s'infiltre et les champions gagnent confortablement leur vie. Quelques leaders dictent leur loi dans tout le peloton. Le verdict de la forme est souvent le plus fort. Pas toujours.

Les championnats du monde sur route, courses d'un jour, organisés en fin de saison constituent le point d'orgue d'une année de cyclisme professionnel. Contrairement aux autres épreuves du calendrier, les meilleurs cyclistes de la planète courent sous le maillot de leur pays. Exceptionnellement, chaque nation, plus exactement chaque fédération, est à ce titre « propriétaire » des intérêts de ses coureurs. Dès 1960, le Belge Rick Van Looy ne néglige rien pour s'adjuger le titre. Étant incontestablement le plus fort, il n'utilise pourtant pas le million de francs belges dont il dispose (provenant pour moitié de son équipe Faema et pour l'autre de... son compte personnel) pour calmer les esprits belliqueux. À la veille de l'édition 1966, à Adenau sur le circuit du Nurburgring, une réunion secrète rassemble trois hommes : le champion allemand Rudi Altig et deux Français, Jacques Anquetil, devenu son ami après de longues années de frictions, et Lucien Aimar, son coéquipier le reste de l'année dans l'équipe Ford-France-Geminiani-Hutchinson. Chez lui, Altig souhaite enfin remporter le titre et convainc sans peine ses interlocuteurs de le laisser gagner. Une rondelette somme d'argent leur est versée à l'issue de l'entretien. Le lendemain, Altig s'impose « logiquement » de quelques longueurs devant Jacques Anquetil[202] qui ne deviendra jamais champion du monde. Déjà quintuple vainqueur du Tour de France, le Normand a effectué sa « mission » avec application. De son légendaire coup de pédale, il a fait en fin de course obstacle, en les marquant de près, aux hommes de tête qu'il a écœurés. À l'arrière, Lucien Aimar, qui s'est d'abord contenté de « surveiller » toutes les velléités d'attaque, a ensuite « aspiré » Altig vers son Graal de « Weltmeister ». Dans un article à sensation publié en août 1967 dans *France-Dimanche*, celui qu'Antoine Blondin qualifiera de « gérant de la route » sera fidèle à sa légende de franchise : « Oui, je me suis dopé, oui, j'ai acheté des coureurs... » Même s'il mettra par la suite un léger bémol à ses révélations, sans les renier sur le fond, le champion met le doigt là ou cela fait mal. Le scandale, énorme sur l'instant, fait long feu. Le cyclisme comme les autres sports sait se faire hérisson.

Ce type d'arrangement, qui précède le début d'une course, demeurera rarissime. En l'espèce, celui du Nurburgring avait été conclu entre deux hommes, Altig et Anquetil, qui s'appréciaient et dont le second pouvait se permettre, au vu de son palmarès, de favoriser le premier. Ce ne sera pas le cas de plusieurs championnats du monde où les transactions s'effectueront dans le vif du sujet, sélection faite, c'est-à-dire dans les ultimes kilomètres. Comme dans trois des éditions des années 1970, chronologiquement en Amérique du Nord, en Amérique du Sud et dans un pays fleuri d'Europe. Chaque fois, les vainqueurs respectifs, armés le plus souvent du soutien financier de leur fédération, trouveront les « arguments » pour que certains de leurs concurrents-amis du jour collaborent, appuient opportunément sur les freins ou découragent l'adversité trop zélée. Les années 1980 débuteront par le même style de procédé avec à la clé le triomphe tant attendu, chez lui, d'un coureur à l'une des personnalités les plus marquantes de la fin de siècle, comme le surnom qui lui était accolé en a si souvent fait foi. Pour parvenir à décourager – s'il en était besoin, vu son haut degré de forme – définitivement son dernier rival qui lui colle à la selle, son directeur sportif présent sur le bord du circuit imagine d'employer la technique bien connue du milieu, celle de l'« aboiement ». En conversant par radio avec le patron de l'équipe nationale qui est à bord de la voiture roulant derrière le duo de leaders, le premier persuade définitivement l'adoption de cette démarche peu orthodoxe au deuxième qui, en direction de son coureur, s'écrie enfin : « Aboie... Aboie... Tu as 5 000... » L'intéressé ne se le fait pas dire deux fois, ouvre à peine mais distinctement la bouche du côté où se trouve son suceur de roues, qui, pas chien pour un sou, comprend et accepte les termes du marché, en un temps plus court qu'il n'en faut pour accomplir un tour de pédalier. L'aboyeur n'est plus en laisse et s'envole seul vers la ligne.

À un journaliste qui l'interrogeait en « off » sur la question de savoir si tout s'achetait dans le vélo, Jean-Pierre Danguillaume, connaisseur s'il en est de la Grande Boucle avec ses sept victoires d'étape, avait du tac au tac fait la réponse suivante : « Oui, tout s'achète, même le Tour. » Un double vainqueur de la Grande Boucle, toujours dans les années 1970, ne s'est pas privé de faire sien ce principe cardinal du capitalisme. Et s'il ne l'a pas « acheté » au sens propre du terme – on ne peut quand même pas s'offrir la plus grande épreuve cycliste du monde sans aucun don ni volonté hors série – il s'est du moins procuré l'assurance de ne pas le perdre lors de sa seconde victoire. Maillot jaune à quelques encablures de Paris, mais nanti d'une avance comptée seulement en secondes et en proie à un sérieux doute existentiel sur sa capacité à le conserver jusqu'au bout, il fait appel à un de ses vieux amis du peloton qu'il rétribue en espèces pour calmer l'opposition dans les ultimes étapes. Ce dont ce dernier, sans motivation sportive puisque relégué loin au classement général, se charge sans aucun état d'âme, animé par l'amitié et cette seule nouvelle « motivation ». Si consciencieusement que le Tour est bel et bien joué.

« Et croyez-moi, si on pouvait acheter, c'est qu'il y avait toujours des hommes à vendre : vendre un service, une victoire, même un maillot[203]. » Dans son livre *Tour de vices*, Bruno Roussel dit la vérité, sa vérité, sur les dérives du cyclisme. Et Roussel est exécuté. Par la justice, qui le condamne à l'issue du procès dit Festina à un an de prison avec sursis (et onze jours d'enfermement préventif) et 50 000 francs d'amende. Et par le milieu, qui ne lui a pas pardonné d'avoir « balancé ». Roussel raconte tout sur la Grande Boucle 1997. Un « Tour de magie », selon lui, dans un premier chapitre version rose. Celui que le public a vu à la télévision ou sur le bord des routes. Un Tour où lui, le directeur sportif de la meilleure équipe française, voit ses coureurs écraser la concurrence à l'exception de l'intouchable Jan Ullrich. Mais un « Tour de passe-passe » version noire dans le chapitre suivant, celui dans lequel ses garçons échappent progressivement à sa tutelle et passent sous la coupe de leur leader de course, Richard Virenque. Un Virenque, à tel point obsédé par la victoire que ses coéquipiers, pour l'épauler dans sa quête, sombrent comme lui dans les pires excès du dopage. Un Virenque hallucinant dans la montagne et halluciné par l'effet redoublé des corticoïdes (« rien ni personne n'aurait pu l'arrêter »). À deux reprises, dans ce Tour 1997, le porteur du maillot à pois traite en pleine course avec ses adversaires. La première pour gagner l'étape mythique de Courchevel. Dans l'ultime montée, Virenque et Ullrich ont anéanti la concurrence et volent en duo vers l'arrivée. L'Allemand est le maillot jaune incontesté. Virenque est son second mais ne peut plus raisonnablement combler son retard au classement général. Il lui reste comme ultime consolation à passer la ligne blanche en vainqueur. Ullrich le colle comme une sangsue. Virenque entame un bref dialogue rapporté par Roussel à qui il en confiera la teneur le soir même :

« Tu me laisses gagner, OK ?

(D'un signe furtif, deux doigts et le pouce qui se frottent, il donna sa réponse à Richard.)

— Combien ? »

Le Français et l'Allemand se sont compris. Sur l'intention, pas sur la somme. « Ullrich avait réclamé de l'argent, ce n'était pas une surprise, mais un doute subsistait[204]. » Celui du chiffre précis de la transaction. Il est fixé sur un parking, le lendemain, entre Roussel et un proche d'Ullrich qui annonce :

« C'est 100 000... »

Roussel poursuit : « 100 000 francs, c'était... honnête. J'allai tout de même consulter Richard pour avoir son avis ».

— Pas de problème, je le paierai. »

Et Roussel de conclure : « Pour la seconde fois j'avais été informé d'une transaction somme toute banale. La première remontait à l'été précédent. Sur le Tour 1996, Laurent Dufaux m'avait raconté comment il avait négocié sa victoire d'étape à Pampelune avec Bjarne Riis. Échappés dans le final, les deux hommes étaient tombés d'accord. [...] Pour trente mille francs,

Dufaux avait devancé Riis sur la ligne. Les arrangements se pratiquaient sur parole. [...] Les intéressés ne trahissaient jamais leur pacte. Les occasions de se revoir ne manquaient pas[205]. »

Quelques jours plus tard, Ullrich, que personne n'imagine pouvoir dilapider à la régulière ses quelque six minutes d'avance sur Virenque, est victime d'une défaillance dans plusieurs lacets des Vosges, qu'il passerait normalement en sifflotant. Un coup de théâtre tellement inattendu que la réaction des Festina va se perdre dans l'affolement. Le premier réflexe de Virenque est de parler à Marco Pantani. Les deux hommes sont une minute devant Ullrich. L'Italien refuse 10 000 francs pour collaborer. La voiture de Roussel s'est portée à la hauteur de son leader : « Dix mille balles pour rouler ? Mais tu plaisantes ? On ne propose pas dix mille balles à Pantani ! Avec ça tu ne trouveras personne pour te donner un coup de main ! »

Il est déjà trop tard. Le maillot jaune se cale dans le peloton et retrouve ses forces. Bruno Roussel réchafaude le scénario qui pouvait changer la face du Tour :

« [...] Il fallait payer pour réussir et cette transaction avait un prix, 50 000 francs pour un équipier, 100 000 francs pour un leader s'il acceptait d'entrer dans la danse. Les bonnes pointures présentes dans l'échappée auraient pu, conscientes de la situation, faire monter le budget de l'opération à 500 000 francs en cas de participation générale. Dans une tout autre mesure, ce genre de transactions avait déjà eu lieu, pour remporter cinq mois plus tôt l'Étoile de Bessèges avec le tout jeune Patrice Halgand, par exemple. Une équipe française avait été embauchée selon le "tarif syndical", 5 000 francs par journée de boulot[206]. »

LECLERC, ROCHER, BEZ, TAPIE, LES MÉGALOS JOUENT DE LA GROSSE CAISSE !

Le monde du ballon rond français professionnel va très mal tourner pendant trente ans. Ou plutôt régulièrement tomber de haut. De 1965 à 1995, quatre personnages à l'ego démesuré emploieront toutes les méthodes pour assouvir leur obsédante ambition : emmener les clubs qu'ils dirigent vers la plus haute marche continentale, la coupe d'Europe des clubs champions.

Un seul d'entre eux parviendra à son but. Il le regrettera encore plus amèrement que les autres qui ne finiront pourtant pas mieux que lui, rejetés, sous les verrous ou, rongés par leur propre folie, en périront tristement. Marcel Leclerc, Roger Rocher, Claude Bez et Bernard Tapie auront pour point commun de fabriquer des machines incontrôlables par d'autres qu'eux-mêmes et les pousseront à la sortie de route. Rattrapés par leurs excès, un inexorable retour de bâton les frappera tous en pleine face, impitoyablement. Leurs trajectoires sont similaires. Ils s'installent dans leur fauteuil de président, à Marseille, Saint-Étienne, Bordeaux et à nouveau Marseille, puis érigent plus ou moins vite un système de fonctionnement basé exclusivement sur un pouvoir de droit divin et sur l'argent.

Dans l'ordre chronologique, c'est le brillant Marcel Leclerc, propriétaire du florissant[207], et par-là dérangeant, journal *Télé-magazine*, qui en juillet 1965 atterrit à Marseille, sans passé fort dans ce club dont il a seulement fait partie naguère de la section amateur, pour redonner vie à un Olympique moribond. Les créanciers, dont la mairie, se disputent le cadavre agonisant. Le trésorier Paul Martinelli affirme au docteur-miracle : « Si tu peux donner 2 millions [20 000 francs], nous pourrons passer la fin de juillet... Après on verra[208]. » Dans son livre *7 ans à l'OM*, paru en 1973 bien avant son procès, Leclerc précise comment son premier geste a déclenché les événements : « Le 26 juillet, je verse les 2 millions salvateurs. J'ai mis le doigt dans l'implacable engrenage. [...] Les caisses sont plus que vides. On m'avait annoncé un passif de 30 à 40 millions. Au total, tout compte fait, tous créanciers, clubs et joueurs payés, les anciens dirigeants remboursés de leurs "avances", la note s'élève à 140 millions. » Mais Leclerc est alors profondément convaincu que le club ne peut pas mourir. Car si l'OM ne peut plus dans de telles conditions survivre financièrement, il est ancré dans les cœurs des supporters. Ce n'est pas rien, c'est même presque tout selon lui, quand bien même ils n'ont plus l'envie de venir au stade. La saison 1964-1965 s'est achevée par une seizième place en championnat – quatre cent trente-quatre spectateurs payants contre Forbach – et l'OM est rétrogradé en division 2. Il faut repartir sur de nouvelles bases. Élément fondamental, ranimer les énergies du côté du boulevard Michelet. En affichant « de suite » sa détermination à l'endroit du maire de la ville. Et affirmer dans deux lettres ouvertes à Gaston Defferre, publiées dans la presse locale, que tout peut repartir avec une vision saine des comptes. C'est un bras de fer public dont l'enjeu est d'abord d'arracher une baisse des taxes exorbitantes (12 % sur les recettes à ramener à 3 %) que règle le club à la municipalité pour la location du Stade vélodrome. Comble de l'arrogance, il est également exigé un remboursement du trop perçu sur ce pourcentage, à multiplier par le nombre d'années payées. Et, pour couronner le tout, une demande de subvention municipale de 100 millions, à mettre en parallèle avec l'Opéra de Marseille soutenu par une subvention de 400 millions de francs (4 millions de nouveaux francs). Avant une quelconque réponse, Leclerc fait jouer son équipe sur un stade oublié et désaffecté, l'Huveaune, plus petit et moins cher à la location que le Vélodrome et que l'on rénove en quelques jours avant le coup d'envoi de la saison de D2. Le public mord à l'hameçon. La petite enceinte fait le plein de monde et d'ambiance, et l'équipe de résultats. Defferre est pris au piège. La mairie octroie d'un coup une subvention qui se monte à 3 millions sur quatre ans et s'engage à soutenir financièrement le club au moins sur sept. Leclerc est sommé de ramener un titre, championnat ou coupe, d'ici quatre saisons. Transferts spectaculaires, venue d'entraîneurs à poigne, primes stimulantes[209], l'OM retrouve son lustre sur le terrain. Le pari de faire du club un nouvel « Européen » est gagné dans les délais annoncés. La coupe de France revient sur la Canebière en 1969 puis le championnat vingt-quatre mois plus tard. Et les deux de pair pour l'apothéose sportive du printemps-été 1972 qui sera, ironie du sort, celui de la mise hors-jeu de Leclerc. L'aventure européenne est de courte mais de mémorable durée. Dès les huitièmes de finale de l'édition 1971-1972, l'OM, qui porte pourtant beau avec ses joyaux Skoblar et Magnusson, a le malheur de croiser la route de la plus sensationnelle machine à jouer de l'histoire des clubs, l'Ajax d'Amsterdam et son moteur à injection, Johan Cruyff. Les millions du président sont inutiles devant la vague orange (rouge et blanc plutôt) qui submerge le Vieux-Port. Il faudra patienter deux décades pour que les « minots » des années 1980 laissent place aux mercenaires de la Tapie

Connexion et que la coupe tant rêvée puisse briller dans l'armoire aux trophées. Leclerc est un chef d'orchestre atypique. Quelle différence avec les notables d'antan comme Henri Germain à Reims. Il fait relayer ses actions dans son nouveau journal, l'hebdomadaire *But*, créé en septembre 1969, et motive ses joueurs à sa façon : quand les primes de victoire, qui crépitent à chaque succès, ne suffisent plus, il descend sur le terrain pour mettre la pression. En pleine saison 1968-1969, le président enfile un short et des crampons et, sifflet à la bouche, dirige pendant deux jours les séances d'entraînement après s'être séparé de Robert Domergue. Et Georges Carnus doit encore avoir en mémoire le souvenir de son président venant en plein match se poster derrière ses filets pour l'exhorter à repousser les tirs adverses. Mais le stentor a la voix trop forte. Ses détracteurs l'entendent de tous les coins de la cité phocéenne. Le bruit du stade arrive aux oreilles du fisc marseillais qui inflige un redressement d'impôts à l'OM de 10 millions de francs et de fortes amendes à beaucoup de joueurs. Son ton acerbe et hautain irrite ceux qu'il faudrait surtout caresser dans le sens du poil. Comme les irascibles Jean Sadoul et Roger Rocher.

Le premier, président de la Ligue, est prodigieusement agacé par ce maquignon bien gênant. D'abord quand celui-ci s'intéresse, en juin 1972, à un joueur hongrois évoluant en Allemagne mais également convoité par Nîmes, l'un des clubs « protégés » par le Cévenol. Zoltan Varga a pour qualité un talent inné du dribble et pour défaut d'avoir été cité dans une sombre affaire de matches truqués en Allemagne. La venue de Varga serait presque tolérée à Nîmes (« Bien de ceux qui connaissent les très subtils arcanes de notre football, écrit ironiquement Leclerc, affirment que, s'il avait opté pour Nîmes, les choses auraient été toutes différentes[210]... ») mais à Marseille, pas question. Elle ne sera pas entérinée par le Groupement que Sadoul met un point d'honneur à rallier à son opinion. Pour un trente-deuxième de finale de la coupe, le groupement désigne le terrain d'Alès, trop voisin de Nîmes au goût de Leclerc, pour un Nîmes-Marseille. De ce choix, Leclerc aura son opinion sans mâcher ses mots : « M. Sadoul, qui a conduit l'Olympique d'Alès à la débâcle – avant de devenir président du Groupement – paie, en quelque sorte, ses dettes. Grâce à ce match, il fait rentrer une dizaine de millions dans les caisses du club auquel... il doit tant ! Moralement parlant, bien sûr[211] ! »

Le second, son alter ego et pire ennemi du Forez, lui souffle méchamment dans les bronches, le taxant de malhonnêteté, un comble si l'on songe à la suite de l'histoire des Verts, au moment où le Marseillais lui « vole » en pleine saison deux de ses plus éminents fleurons, Carnus et Bosquier. Cette affaire empoisonne les relations stéphano-marseillaises et laissera un goût amer aux deux transfuges. Au bout de sept ans de règne sans partage, Marcel Leclerc a remué trop d'argent et suscité trop de rancunes au sein du club. À l'issue d'un interminable et volcanique conseil d'administration, la fameuse « nuit des longs couteaux », il est « démissionné » par son comité directeur le 19 juillet 1972. Leclerc dira plus tard laisser 280 millions (2,8 millions de nouveaux francs) dans les caisses du club. Les membres du comité directeur, dont le futur président Gallian, diront eux que Leclerc a utilisé les fonds de l'OM pour renflouer ses journaux. Dans son livre *L'Olympique de Marseille, dossiers secrets*[212], René Voléry, journaliste au *Méridional*, égrène quelques-uns des « oublis » comptables de Leclerc : une option d'achat de terrain réglée 500 000 francs par l'OM et non recréditée dans le journal des entrées-sorties lors de l'annulation ; deux transferts d'un total de 2 millions de francs vers le compte d'une association dont l'adresse à Neuilly-sur-Seine était étonnamment la même que celle des journaux du président de *Télémagazine* et *But* ; des chèques d'un total de plus d'1,3 million de francs établis par cette même association directement au nom de Marcel Leclerc. Les explications de Marcel Leclerc ne convaincront ni son comité directeur ni ses juges. Il sera condamné en première instance par la justice à dix-huit mois de prison avec sursis et 3,2 millions de francs de dommages et intérêts pour abus de confiance. Avant l'appel en 1976, Leclerc fait devant l'accusation à la fois son propre procès et celui des mœurs du milieu : « Le football français en entier repose sur des dissimulations. Je n'ai rien inventé dans le domaine : cela se pratiquait avant mon arrivée et cela continue vraisemblablement[213]. » Le procureur de la cour d'appel d'Aix-en-Provence, M. Viala, s'était écrié :

« Après avoir entendu ce que j'ai entendu, je n'irai plus jamais dans un stade[214]. » Leclerc survivra quelques saisons à cette folle période avant de s'éteindre en 1983, oublié de tous et emporté par une inexorable maladie. Trois ans avant un certain Bernard Tapie qui, comme lui, débarquera de la capitale avec « ses » millions et ses idées de grandeur.

Dans la région stéphanoise, depuis la nuit des temps, le charbon noircit le paysage et les esprits. On va à la mine de père en fils sans trop se demander pourquoi. On a du vague à l'âme et un grand patron local, M. Geoffroy Guichard, a l'idée de mettre enfin un peu de baume au cœur de ses ouailles. Il implique en 1920 sa société dans un club sportif, l'Association Sportive du Casino, du nom de son enseigne qui détient plus de six cents magasins ou concessions pratiquant le commerce de l'épicerie. Son fils Pierre Guichard prend le pli familial, pose la première pierre du stade qui porte le nom de son père, et crée l'Association sportive de Saint-Étienne dont la section football intègre le professionnalisme en 1933. Pierre Guichard n'avait entre-temps pas dérogé aux « usages » en vigueur c'est-à-dire d'attirer les joueurs par la bonne vieille carotte : primes sous la table, salaires déguisés, etc. L'équipe rejoint l'élite de la première division dès 1938. Année après année, elle monte en grade et cueille enfin le titre national en 1957. Le football rassure, réchauffe tant les âmes, qu'il va les enflammer. Les patrons d'usine doivent se résoudre pour la première fois, le temps d'un match de coupe d'Europe en 1958, à stopper quelques heures la chaîne des trois huit. L'importance des impératifs de production cède devant l'obligation de fournir au stade Geoffroy-Guichard le plus fort contingent possible de supporters. L'heure de « l'homme à la pipe » sonne en 1961, quand le président-fondateur Pierre Guichard appelle à sa succession ce prometteur gestionnaire de quarante et un ans qu'est alors Roger Rocher. Le nouveau président a été lauréat du Challenge Jean-Potin, récompensant le meilleur dirigeant sportif de France en 1957, en animant depuis 1946 l'Association sportive des petites mines, un club rassemblant les salariés des petites exploitations minières du chef-lieu du département de la Loire. Il est au demeurant devenu très jeune (vingt-six ans), à la suite de son père, le P-DG d'une belle affaire de travaux publics, la

Société forézienne de travaux publics (SFTP), employant huit cents personnes. Dans la presse, les joueurs stéphanois deviennent communément « Les Verts » au milieu des années 1960. Les palmes s'entassent, quatre championnats d'affilée et trois coupes de France. Les joueurs veulent leur part du gâteau. Quand ils réclament une augmentation de salaire en 1968, de grosses piques poussent sur le chéquier du président. Roger Rocher promet d'afficher les feuilles de paie des insolents à la bourse du travail s'ils ne ravalent leurs prétentions. Cette sombre perspective remet vite les choses en place. La génération suivante – 1974-1976 – ajoute trois championnats et deux coupes mais surpasse en gloire la précédente en accomplissant des miracles lors de trois campagnes européennes qui déclenchent dans l'hexagone un phénomène inédit d'extase collective. Rocher, par qui tout passe, se fait courtiser par les télévisions, toujours dépendantes de l'État. TF1, l'une des trois chaînes publiques, passe même outre les usages en signant en septembre 1975[215] un contrat qui prévoit, sans occultation locale, la retransmission de quatre matches de championnat des Verts en 1975-1976. Pour 400 000 francs le lot, les hommes de Jean-Michel Larqué (tiens, déjà !) doivent arborer un logo de la chaîne en complément de leur sponsor habituel Manufrance. Un panneau TF1 figure en bonne place derrière chaque but, et enfin le patron-commentateur des sports de TF1, Georges de Caunes, a pour mission de ne pas oublier l'annonce à l'antenne du prochain match des Verts à domicile. Rocher tient particulièrement à un garnissage maximum de Geoffroy-Guichard.

Les grandes entreprises de la région se lèchent les babines. Manufrance, premier fabricant français d'armes de chasse, dont, on l'a dit, le nom figure sur le poitrail des Verts (en championnat de France puisque la publicité est interdite en coupes d'Europe), ne sponsorise pas « officiellement » le club. Par un réjouissant détour de langage, son président, M. André Blanc, expose la situation en 1976 : « Nous n'aidons pas l'AS Saint-Étienne ; nous ne lui allouons aucune subvention, et n'avons rien à voir avec sa gestion. En revanche, la somme de 500 000 francs que nous lui versons annuellement est tout simplement la contribution normale de ce qu'elle représente comme support à notre activité commerciale et industrielle. » La célébrité des joueurs sert même les intérêts de leur ville. Le maire, et ministre du Travail Michel Durafour, est stupéfait en 1974-1975 de la vitesse à laquelle est couvert un emprunt municipal contracté en... Suisse. Les banquiers helvétiques expliquent à un Durafour hébété mais fier que cette ruée est d'abord due à « la réputation de sérieux dont bénéficie sa cité dans le monde et non, en dernier lieu, aux performances de son équipe de football ». À l'orée des années 1980, malgré des prouesses plus intermittentes, l'ASSE est encore le club-phare, la référence. Roger Rocher est largement cité en exemple pour une réussite dont il s'arroge personnellement le mérite en toute circonstance. Il est dans son club bénévole depuis vingt ans et ce désintéressement « l'honore » d'autant plus. Armé d'un sens absolu de la provocation ou plus certainement agité par un simple sentiment prémonitoire, un journaliste de *L'Équipe* l'avait pourtant titillé en 1978 : « Dissimulez-vous quelque chose, M. le président, des recettes, des salaires, des dessous de table [216] ? » « Votre question est stupide, elle touche l'indécence », réplique Rocher en grognant, ajoutant que cette insinuation ne « mérite qu'une réponse que nous vous donnons de la manière plus formelle : à Saint-Étienne, il n'a jamais existé et n'existera jamais sous notre direction de pratique délictuelle susceptible de léser soit le Trésor public, soit la direction du football, soit les autres clubs [217]. » À la minute où il débite ce mensonge aussi imposant que l'armoire à trophées de son club, Rocher a déjà édifié le gros œuvre des délits qui lui seront reprochés plus tard. Ses déclarations aux enquêteurs et l'écheveau de carambouilles mis à jour, d'abord par l'opposition interne puis par la justice, permettront de lever une grande partie du voile sur ce qui va constituer le scandale de la « caisse noire » de l'ASSE. Rappelons que le club vit, comme tous les autres, sous le cadre de la poussiéreuse loi sur les associations de 1901. Il ne peut faire de bénéfices ni employer un président rémunéré. Dommage, très dommage, car les occasions de remplir les caisses sont extraordinaires à cette époque de folie verte. À Geoffroy-Guichard, mais dans tous les coins de France, et souvent bien au-delà des frontières, la demande en maillots, écharpes et autres babioles à l'effigie des idoles est inouïe [218]. Avec trois autres dirigeants du club, Rocher crée en 1976 ASSE-

Promotion, une société commerciale celle-là (SARL), qui va exploiter le filon. Ce n'est pas encore illégal mais cela va bientôt le devenir. Rocher se fait rémunérer (15 000 francs par mois) par ASSE-Promotion sans que le conseil d'administration de l'ASSE ne l'apprenne. Les magouilles s'amplifient. Un siphonnage organisé s'opère sur cette société ainsi que sur tous les autres satellites. Toutes les rentrées en espèces sont minorées au minimum d'un cinquième (jusqu'à 40 %) et la différence alimente immédiatement la caisse noire, gérée au centime près par l'un des deux vice-présidents et son épouse. Il ressortira de l'enquête du SRPJ et des déclarations de Rocher que 17 millions de francs, clairement répertoriés, ont été détournés entre 1976 et 1981. Mais d'évidence les sommes qui ont circulé sous le manteau sont de loin plus conséquentes, car M. Rocher l'avouera, il a brûlé les documents concernés dès que les policiers se sont approchés du butin[219] ! Un an avant le scandale, Rocher reconnaît à demi-mots la situation de gouffre sans fin dans laquelle il a engagé son club. Dans cette période marquée par les suites du deuxième choc pétrolier et où les salaires des joueurs sont indécents, particulièrement à Saint-Étienne, ville au taux de chômage important, il expose une situation qui n'est plus qu'un pétard à retardement : « Maintenant la situation sociale est à la crise. Je ne peux nier que le problème est grave. Alors que devrais-je faire pour mon club ? Diminuer les salaires ? Impossible ! Abandonner ? Ce serait la révolte dans la ville. Ce que veut le Stéphanois ? C'est avoir la meilleure équipe possible[220]. »

À quoi a servi l'argent détourné ? En grande partie à « finaliser » les transferts exorbitants, à arroser gaiement entraîneur et joueurs[221] (et peut-être des arbitres, *cf.* chapitre sur la corruption) et à faciliter quantité de corruptions jugées indispensables. Pour la survie du club qui ne peut à aucun prix entamer un déclin. Pour ne pas subir l'affront d'être simplement le deuxième en France. On l'a découvert quelques chapitres plus haut avec l'exemple du prêt de François Heutte, Roger Rocher n'a jamais trop apprécié les règles comptables officielles. En 1974, Georges Bereta, enfant chéri du public de Geoffroy-Guichard, s'était vu personnellement menacé par Rocher de la divulgation d'une convention occulte liant le joueur au club. Pour les venues à l'ASSE de Jacques Zimako (1977) et Michel Platini (1979), les enveloppes de billets volent. Entre le président stéphanois et ses homologues à Bastia et Nancy, on s'arrange entre amis. Et on se sent beaucoup mieux après les signatures publiques des contrats, une fois que seront « versés » en liquide 1 600 000 francs à l'un et 370 000 francs à l'autre. Les comptes des matches amicaux font également souvent défaut dans les bilans de fin d'année (au moins 2 millions de francs disparus en 1980). Et pour organiser ou être à l'origine de ces rencontres, l'un des « hommes de confiance » de Rocher gonfle ainsi son bas de laine de 600 000 francs. Quelques centaines de milliers de francs s'évaporent aussi dans les circuits de la politique locale. Rocher, qui tient à verrouiller les hommes-clés, se montre d'une grande générosité lors des campagnes de quelques caciques.

Tout ceci n'aurait pas été mis au jour si, en 1982, le ver n'avait mangé le fruit de l'intérieur. Deux avocats qui siègent au conseil d'administration, Me Buffard et Me Fiéloux, dénoncent pêle-mêle l'hégémonie, la mauvaise foi, la gestion suicidaire et toutes sortes de manœuvres qu'ils jugent insupportables. Ce qu'aucun « manant » n'avait osé durant vingt ans. Le rouge monte au front du sieur visé qui ne se laisse pas faire et tente maladroitement d'étouffer la bombe dans l'œuf. Il démissionne cependant le 16 mai 1982, rejetant toutes les fautes sur les méchants conspirateurs ou les vautours rôdant autour des odeurs de profit. Le scandale s'étale sur la place publique après plusieurs règlements de compte sordides et de mystérieuses lettres de corbeau arrivées sur le bureau du procureur de la République qui finit par inculper M. Rocher : abus de confiance, abus de biens sociaux, faux et usage de faux, présentations de faux bilans et autres petits manquements aux Codes pénal et de commerce, sont les chefs d'inculpation retenus. Fin 1983, Roger Rocher subit l'humiliation d'une incarcération de quatre mois puis recouvre la liberté contre une caution de 100 000 francs. Retiré dans sa maison de la banlieue stéphanoise, le vieux guerrier ne sortira pas d'un mutisme dédaigneux. Gardant pour lui une bonne part de ses secrets, il ne reviendra pas en public sur l'affaire jusqu'à sa mort en mars 1997. Il ne réagit pas en 1987 à sa condamnation par le tribunal de grande instance de Lyon à une peine de quatre ans de prison (trente mois avec sursis). Pas plus qu'il ne sourcille, en 1991, à la peine révisée à la baisse (trois ans d'emprisonnement et trente-deux mois avec sursis) de la cour d'appel. Ni à la grâce de François Mitterrand, beau cadeau (pas le seul dit-on, selon Benjamin Danet dans son *Football et Politique*, puisque le premier personnage de l'État serait largement intervenu pour que la dette de Rocher soit au moins en partie effacée) que le Président réitérera, sous la forme d'une bénédiction télévisuelle, à l'endroit de Bernard Tapie. Dans sa chute, Rocher entraîne un monde fou, joueurs, entraîneurs, directeurs, tous bien sûr bénéficiaires de coups de pouce divers, de primes en liquide ou de surpaiements salariaux en espèces. Côté terrain, Larios, Lopez, Lacombe, Janvion, Piazza, Platini, le coach Robert Herbin, et côté bureaux, plusieurs membres de son ancien staff, dont Louis Arnaud, sont punis de manière exemplaire (prison pour Arnaud, prison avec sursis et amendes allant jusqu'à 300 000 francs). La justice est passée. Pas les manières légères du football professionnel. « Cela a toujours existé, cela existera toujours », déclare François Heutte à l'auteur en 2002. Surprenantes, voire incompréhensibles, sont durant cette affaire les attitudes des responsables politiques, de ceux du football, de certains intervenants de la machine judiciaire ou, on l'a constaté, de la plus haute autorité de l'État. André Buffard écrit dans *Le Scandale vert* : « [...] Piégés ou complices, force est de constater que la fédération et la ligue[222] n'ont pas rempli leur rôle dans les événements qui se sont déroulés à Saint-Étienne [...] les responsables du football français ne pouvaient plus depuis 1977 ne pas se douter de quelque chose. Ils ont su mais ils ont fermé les yeux[223]. » Buffard s'interroge, sans prouver, sur l'attentisme de la mairie[224], sur la lenteur surprenante du Parquet provoquée par des « pressions multiples ». Ce qui est sûr en tout cas, c'est que la leçon ne sera pas retenue. L'ASSE, jusqu'à aujourd'hui, ne connaîtra plus jamais la paix financière. Les présidents successifs se perdent dans l'abîme creusé par Rocher. D'autres scandales refleurissent comme la mauvaise herbe, au fil des saisons, des vrais faux repreneurs, des retours d'anciens, des maires généreux ou avares. Comme pour le général de Gaulle, les Verts n'auront eu qu'un seul adversaire plus grand qu'eux : l'argent.

Horst Dassler et ses bandes organisées

Plus de cent vingt pays adhèrent au mouvement à la veille des Jeux de Moscou en 1980 contre treize en 1896. D'une sorte de longue et grandiose pièce de théâtre à ciel ouvert à Athènes les Jeux sont devenus le plus grand événement se déroulant sur terre. Les présidents du CIO ont tant bien que mal maintenu un certain cap, celui de leur grand timonier, beaucoup plus grand mort que vivant, Pierre de Coubertin. Et l'olympisme a navigué sur l'eau du temps, au gré des vents et courants les plus fous, parvenant parfois à bon port mais se fourvoyant souvent. Comme à Paris en 1900, où personne ne se souvenait avoir croisé un athlète. Comme à Berlin en 1936, où les Jeux et l'humanité tout entière se seraient perdus si un homme aussi simple qu'admirable, Jesse Owens, n'avait humilié en quelques foulées prodigieuses le plus détestable et monstrueux spécimen de l'histoire de la race humaine, Adolf Hitler.

On pensait donc avoir tout vu et tout entendu en presque un siècle d'olympisme moderne. Les villes organisatrices s'étaient tous les quatre ans chaque fois dépassées. Des nations entières s'étaient impliquées pour des motifs politiques ou commerciaux aux antipodes de l'esprit affiché. Le rénovateur lui-même avait flanché. Cédé parfois, comme on l'a vu, aux sirènes de l'argent. Coubertin était allé jusqu'à se renier, pas vraiment dans les faits, mais dans ses écrits. Le sport n'était plus une religion. Le professionnalisme n'était plus un mal absolu. Mais aux Jeux, force restait à l'évangile de la Charte. Avery Brundage, le millionnaire à la pensée unique, le hurle inlassablement cinq olympiades durant. Il applique sans faillir son principe. On pensait avoir tout vu et tout entendu...

L'olympisme moderne est donc déjà une vieille et respectable dame quand Juan Antonio Samaranch en prend la tutelle. Cet Espagnol honorable sous tous rapports devient le septième président du CIO le 16 juillet 1980. Honorable pour le grand public qui ne le connaît pas. Simple membre du CIO – ainsi que longtemps son responsable de presse puis son discret vice-président de la commission exécutive – depuis 1966, Samaranch n'a pour lettres de noblesse sportive que son statut d'international espagnol de rink-hockey (hockey à roulettes) puis d'organisateur, en 1954, des championnats du monde de cette discipline confidentielle et des Jeux méditerranéens un an plus tard. C'est un parfait inconnu sur la scène mondiale du sport en 1980. Effacé par nature, ce Catalan pure souche ne crie pas son passé sur les toits. Il n'y a aucun intérêt. Il faudra plus de dix ans pour que quelques curieux découvrent que sa biographie officielle, montée de toutes pièces par le CIO, avait délibérément oublié ses accointances avec le pouvoir franquiste. Et omis de mentionner ses gras jetons de présence au sein de sociétés et de banques prospères de la péninsule ibérique. Encore moins de préciser que son nom avait été cité dans un scandale financier entre l'Espagne et la Suisse au début des années 1960 sans entraîner de condamnation. Sans aucun charisme, sans véritables références internationales, quelle force mystérieuse pousse cet homme ordinaire sur le trône du CIO au congrès de Moscou ?

Deux personnages tirent en fait magistralement les ficelles pour l'ex-phalangiste, qui a pour qualités essentielles de connaître parfaitement les rouages de la machine olympique et de savoir renvoyer les ascenseurs. Alors qu'il est l'ambassadeur d'Espagne en URSS depuis trois ans, Samaranch est élu au premier tour de scrutin, quasiment à domicile, dans la capitale soviétique. Joao Havelange et Horst Dassler lui ont facilité la tâche en apportant les voix respectives du camp sud-américain et de celui des pays de l'Est. Le Brésilien Havelange, président de la seigneuriale FIFA, a compté sur le petit marquis lorsque la Coupe du monde de football était passée miraculeusement de seize à vingt-quatre participants en Espagne. L'autre « parrain », Dassler, qui a déjà mis Havelange sur orbite par des dépenses qui auraient avoisiné 800 millions de dollars, veut que son empire Adidas s'étende toujours plus. Adidas est de très loin le plus gros fabricant d'articles sportifs depuis le début des années

1970. On ne parle pas encore de marketing sportif. Dassler, lui, y pense. Un homme d'« affaires », André Guelfi, au bagout inimitable et peu regardant sur la doctrine du droit commercial, lui procure l'occasion de faire naître et fructifier ce concept mal connu. Ce Tapie de l'ombre – les deux hommes, qui auront eu Adidas pour point commun, se découvriront curieusement vingt ans plus tard entre quatre murs à la prison de la Santé – rachète en 1977 la société Le Coq sportif, peu rentable, mais qui détient un atout, les droits de la marque Adidas en France. Guelfi rencontre Dassler et le duo va créer une nouvelle entreprise, ISL, International Sports & Leisure.

Dassler charge « Dédé la sardine » d'aller convaincre derrière le rideau de fer les membres récalcitrants du CIO à l'élection de Samaranch. Facile. Tous les sportifs des pays du pacte de Varsovie sont soudain abreuvés de chaussures, shorts et maillots du Coq sportif. Au passage, Guelfi entame une campagne de Russie à sa manière et se gave de commissions comme intermédiaire d'opérations pétrolières internationales. Le duo Dassler-Guelfi porte Samaranch sur le fauteuil de cuir du bureau de lord Killanin, son prédécesseur irlandais au château de Vidy, maison mère du CIO à Lausanne.

Dassler, on l'a vu dans les chapitres précédents, a basé l'essentiel de sa stratégie sur les deux plus grands événements sportifs, la Coupe du monde de football et les Jeux olympiques. Tout ce qui touche au commerce de l'équipement sportif de ces deux compétitions est méthodiquement étudié puis exploité par Dassler. Dans leur livre *Main basse sur les JO*[225], Vyv Simson et Andrew Jennings démontent parfaitement le mécanisme de la machine mise en place. Depuis que le fils d'Adi Dassler a conquis son indépendance aux dépens de son oncle, Rudolph, créateur de Puma, et en s'émancipant du groupe familial par le lancement d'Adidas France, la stratégie s'était améliorée de manière pragmatique. Horst s'était en premier lieu évertué à « fournir » les athlètes en équipements aux trois bandes contre monnaie pour que ceux-ci en fassent la promotion la plus visible possible. Ce système un peu trop « voyant » lui avait valu les foudres mêmes du CIO et il avait progressivement changé sa façon d'agir comme l'expose Patrick Nally, ex-bras droit et associé de Dassler : « Horst avait été élevé dans l'univers du sport et des JO, et connaissait l'importance des fédérations. Les fédérations étaient à la base de sa vision de l'avenir. Il était assez intelligent pour voir que les fédérations évoluaient rapidement. Elles allaient bénéficier des retombées des droits de retransmission des JO. C'était elles qui décideraient de l'équipement des athlètes, et s'il parvenait à les manipuler, tout le monde porterait ses produits. Il voulait être en position d'utiliser ces changements pour son profit personnel. » Le dispositif se met en marche, dit Nally[226], à partir du milieu des années 1970. Dassler organise ses entrevues avec les boss du sport dans le restaurant privé au sous-sol de son magasin chic de la rue du Louvre à Paris. Une « équipe politique » est chargée « d'établir le contact avec les fédérations et les politiciens du sport pour influer sur le cours des événements[227] ». Nally poursuit : « Chaque membre de l'équipe était responsable d'une partie du monde. L'Asie était le domaine réservé du professeur Anvar Chowdry [...] L'Afrique anglophone et les médias revenaient au journaliste Bobby Naidoo, à la tête de l'Association internationale de la presse sportive, qui entretient des liens étroits avec le CIO [...] En charge de l'Afrique francophone, on trouvait le colonel Hassine Hamouda de Tunisie, qui avait fait partie de l'équipe de France aux JO de Berlin en 1936 et dirigeait de Paris une revue bilingue intitulée *Champion d'Afrique* [...] Le marché africain intéressait très peu d'entreprises. Mais politiquement c'était important pour Horst parce que l'Afrique représentait un nombre important de fédérations, c'est-à-dire de votes [...] Dassler équipa le bureau d'Hamouda et contribua au financement du magazine qui, d'après *La Revue du CIO*, entendait aider les athlètes africains à se développer et à s'améliorer [...] Il créa aussi quelques récompenses factices en payant les banquets [...] Horst a fourni beaucoup d'équipements aux Africains qui étaient pauvres, ce qui lui donnait un moyen d'action par le biais de la fourniture d'équipements gratuits. C'était important, pas parce que les Africains allaient se mettre à acheter des chaussures Adidas en masse mais pour s'assurer le soutien des fédérations les plus importantes [...][228]. »

Mais, selon Simson et Jennings, le grand dessein de Dassler était encore ailleurs : « La Russie et les pays de l'Est étaient le domaine réservé d'un Français nommé Christian Janette qui avait été adjoint au chef du protocole aux Jeux de Munich en 1972. Après 1972, il occupait deux fonctions, attaché auprès du Comité national olympique français et employé d'Adidas [...][229]. » Le sieur Janette ne ménage pas son énergie et voyage à soixante-deux reprises au-delà du rideau de fer, terres où selon le patron d'Adidas l'avenir était en marche. Janette parvient à introduire Dassler dans cette *terra incognita* qu'il couvre de ses bienfaits, cadeaux, chaussures, vêtements, ballons, voyages payés aux dignitaires « habitués à la grisaille de l'Est ». On l'a vu plus haut, et parce que le jeu en vaut la chandelle dans l'optique du vote moscovite, un deuxième homme, André Guelfi, abattra une seconde couche de travail colossale pour Dassler – et puisqu'il y est, pour son compte personnel – au-delà du Mur et en Afrique. Guelfi en révélera les dessous dans son autobiographie après que la justice s'est « intéressée » à lui dans l'affaire Elf, l'immense scandale de corruption des années 1990 : « J'en ai fait des heures de vol pour convaincre les responsables nationaux de *bien voter*. Avec Le Coq sportif, on décidait de tout. On avait toutes les portes ouvertes au plus haut niveau. Comme je connaissais presque tous les membres du Comité olympique et que Horst connaissait les rares que je ne connaissais pas, les Américains n'ont rien pu faire contre nous, quand on a voulu que les Jeux se déroulent à Moscou. » Dans le sprint pour le vote décisif du fauteuil de président du CIO, Dassler pousse tous ses pions dans le sens de « son » candidat Samaranch. Guelfi va verrouiller le plan : « Marc Hodler, autre candidat, en avait appelé au soutien de Horst. Hodler avait dit à Dassler : “Si tu joues ma carte, le CIO sera tien.” Ce que Hodler ignorait, c'est que Horst avait fait son choix. Hodler avait fait l'erreur de confier à Dassler la liste des noms de ceux qui lui avaient promis leur soutien. Dassler m'a transmis la liste et j'ai réussi aisément à faire changer d'opinion la plupart d'entre eux. [...] J'ai consenti [...] à faire équiper gracieusement les athlètes des pays concernés par ma firme, Le Coq sportif. Ça m'a coûté les yeux de la tête mais je me suis rattrapé financièrement par les ventes dopées dès la fin des JO[230]. » L'ancien délégué national aux sports de Franco, Juan Antonio Samaranch, est élu à une écrasante majorité.

Le couronnement de Samaranch avait en fait été une drôle de revanche personnelle. Son propre pays devenu démocratique l'avait mis à l'index en l'éloignant pour se « débarrasser » de cet ex-dévot du Gaudillo. En lui attribuant en 1977 le peu recherché poste d'ambassadeur à Moscou, Samaranch avait pendant trois ans ruminé sur cet affront. Il avait préparé dans un pays aux méthodes ressemblant à celles qu'il employait jadis sous Franco un retour triomphal sur le devant de la scène. Sa présence dans les lieux même du conclave, l'apport incommensurable de Dassler et de Guelfi l'avaient déposé sur le trône que personne ne lui aurait promis quelques années auparavant. Dans le livre instructif[231] que lui consacrent les trois premiers journalistes à s'être enquis de son passé trouble, l'histoire suivante est contée : « Lui téléphonant un jour pour le féliciter de ses succès, un vieil ami lui déclare tout à trac : "J'ai deux choses à te dire. Une chose agréable et une désagréable [...] La première, bravo, car tu es devenu l'un des hommes les plus importants de la planète. La deuxième, jamais je n'aurais pensé qu'un tel miracle fût possible[232] !" »

Revenons une dernière fois en arrière pour que l'on comprenne comment une bonne recette de cuisine se mitonne et fait florès. En 1974, Dassler avait lors de l'élection du président de la FIFA misé sur le titulaire en exercice, le très british Sir Stanley Rous, pur et dur représentant de l'ancienne école de dirigeants. Ses manœuvres souterraines avaient échoué. Le nouveau président Joao Havelange, beau joueur, avait pourtant reconnu le talent de battant de Dassler et préféré l'avoir avec lui que contre. Horst s'était rapproché comme à son habitude du vainqueur, homme d'affaires décidé et à l'approche très politicienne des choses. Les deux hommes formaient rapidement un duo de choc. Pour être élu, le Brésilien avait fait le tour du monde, et promis partout des oboles pour « remercier » les votants. Afin de tenir ses engagements, il lui fallait des moyens, Dassler tombait à pic. Havelange réclamait beaucoup, trop même pour le grand manitou d'Adidas. Mais le marché exclusif du football mondial s'ouvrait à lui en cas de succès. Dassler imaginait alors de se tourner vers un tiers, riche, qui financerait le programme d'Havelange. La firme Coca-Cola répondait favorablement aux offres d'intermédiaire de Dassler, et en un temps record rentrait dans le cercle des nouveaux soutiens du sport. Coca sponsorisait les championnats du monde juniors puis la « vraie » Coupe du monde en Argentine en 1978 avec 8 millions de dollars directement dans les caisses de la FIFA d'Havelange. Horst adjoint à celui-ci au poste de secrétaire général, en remplacement du déphasé Dr Käser, le virevoltant Joseph Blatter[233], alors en poste chez Swiss Timing. Le Suisse, polyglotte et au culot d'enfer, a effectué au siège de Landersheim une sorte de période d'entraînement avant de s'installer à Genève au côté d'Havelange comme courroie idéale de transmission entre la fédération et Adidas. Avec Coca, Havelange roulait maintenant en carrosse. Grâce aux débouchés du football, la célèbre petite bouteille pulvérise, si c'est possible, ses records mondiaux de vente. Et ne se privait plus d'irriguer la FIFA de ses dollars. Patrick Nally, qui avait monté toute l'opération avec le géant du soda, ne revenait pas lui-même des bienfaits qu'elle produisait : « C'était Horst en dernier ressort qui bénéficiait de l'investissement de Coca, à la fois politiquement et commercialement. Il travaillait main dans la main avec la nouvelle fédération que nous avions créée (sic), et veillait à rester très proche de Havelange. Les contrats refluaient massivement en direction d'Adidas[234]. » Le modus operandi était trouvé. Dassler va l'appliquer aux autres fédérations. Nally le dépeint : « À mesure que Havelange s'enrichissait et devenait plus puissant, tout le monde voulait devenir président de fédération. C'était synonyme de voyages de luxe, d'image et de prestige. [...] Horst a commencé à négocier pour faire élire ceux d'entre eux qu'il voulait voir aux commandes[235]. »

Les « négociations » s'opérèrent avec un but prioritaire. Mettre la main sur les Jeux. Un organisme aux membres engourdis, l'Assemblée générale des fédérations sportives internationales (AGFSI) créée en 1967, allait servir d'instrument. L'AGFSI est revitalisée en 1977. Avec l'aide princière de Rainier de Monaco, Dassler n'a aucun mal à établir le siège de l'association sur le Rocher et encore moins à convaincre les patrons de fédérations à venir y séjourner le plus souvent possible pour enfin discuter gros sous. Les télévisions, américaines en priorité, s'agrègent aux réunions et font les yeux doux aux ministres du sport mondial. En un clin d'œil, la natation, l'athlétisme et la gymnastique qui n'étaient vus qu'une fois tous les quatre ans instaurent enfin leurs propres championnats du monde et s'aménagent une indépendance, source inestimable de profits.

Dassler, au coup de sifflet final de la Coupe du monde de football 1982, est le chef de l'orchestre du sport. Obéissent à sa baguette absolument tous les décideurs : au CIO, à la FIFA, dans les fédérations plus modestes comme l'IAAF (Athlétisme) où il a manœuvré comme jamais pour y caser Primo Nebiolo, un Italien cupide et assoiffé de pouvoir, Coca-Cola le bailleur de fonds chez qui le *deus ex machina* Nally est constamment terré... Mais il reste une ultime marche : le contrôle absolu des finances de l'olympisme, le dernier totem sur terre qui n'a pas encore été « vendu ». Le Vatican se sucre bien en écoulant des milliards de bondieuseries en toc, pourquoi ne ferait-on pas de même avec les images du 100 m et de la descente des Jeux ? Dassler parle de « la marque la moins exploitée au monde ». Une société, ISL, va faire sauter un verrou qui cadenassait les JO dans un carcan d'épicier. Car la Charte olympique interdit encore les profits. Voire. On ne peut commercialiser les JO ? On peut s'arranger pour les louer. ISL sort du néant en 1982, et l'on se propose derechef d'aller voir Samaranch pour qu'il accepte de saucissonner les Jeux en tranches et de commercialiser les cinq anneaux ici et là à Coca, Brother, Visa, Federal Express... Samaranch, qui, on le sait, est pour le moins redevable à Dassler de sa situation de châtelain du CIO, approuve sans réserves ce beau projet. L'air de rien, le Catalan offre le contrat exclusif d'intermédiaire à ISL jusqu'en 2000, sans même consulter d'autres concurrents (comme IMG) : « Dassler a été proche du CIO, mais je ne vois pas où est le problème. » Le président de l'ACNO (Association des comités nationaux olympiques) Mario Vasquez Rana, plus grosse fortune du Mexique et qui rentrera dans le grand cénacle du CIO en 1991, œuvre grandement à l'assemblage. En quelques mois l'argent afflue. Le TOP (c'est le nom du programme, en anglais The Olympic Program) réunira plus de 100 millions de dollars pour les Jeux de Séoul en 1988. Les plus grosses entreprises du monde entrent pour la première fois dans des Jeux que Coubertin avait juré de ne jamais sacrifier aux marchands. Ce qui avait pourtant été fait en 1984 à Los Angeles par le directeur du comité d'organisation, Peter Ueberroth, premier organisateur de Jeux « privés » (500 millions de dollars d'apports des entreprises, 215 millions de bénéfices). À ces mêmes Jeux, l'amateurisme avait disparu du vocabulaire olympique.

Dassler disparaît brutalement en 1987. Sans son timonier, Adidas traversera des tempêtes mais retrouvera le calme et la flamme financière après l'épisode Tapie. ISL prospérera un temps. Artificiellement. En acquérant tout et n'importe quoi, comme le championnat de football chinois acheté pour 1,8 milliard de francs, et en s'adjugeant le titre de championne du monde des droits sportifs. La valorisation de cette entreprise aux comptes opaques à un prix de 12 milliards de francs en 1998 lui vaudra des commentaires acerbes d'experts financiers. La valeur sera finalement ramenée à zéro. La faillite du groupe ISMM (International Sports Media & Marketing) – avec ce nom les choses étaient encore plus claires ! –, auquel ISL avait été rattachée, sera prononcée en 2001.

L'olympisme, lui, se porte bizarrement. En une quinzaine d'années, de 1984 à 2000, la richesse du CIO s'est accrue démesurément et les chiffres que personne ne connaît vraiment ne parlent même plus aux oreilles des spécialistes. Dans le même temps, les transactions autour des désignations de villes organisatrices sont devenues problématiques. Juan Antonio Samaranch ne dérogera jamais aux mauvaises habitudes de son passé. En vingt ans de pouvoir, il métamorphosera le CIO en une sordide pompe à oseille. Avec quelques attentions surmédiatisées pour le sport et les sportifs. Faire la liste des scandales, irrégularités, manipulations et malversations ayant jalonné l'ère Samaranch est une gageure. Les pots de vin de Salt Lake City n'en seront que l'écume. Les enjeux financiers aux JO, générés par les audiences de la télévision qui en font l'événement le plus suivi au monde, accroîtront les fringales des sportifs et de leurs fréquentations, plus mafieuses au fil des ans. Et le dopage n'en sera que la conséquence... Toujours plus vite, plus haut, plus fort.

Tapie entre dans le jeu

Il n'y a que les montagnes qui ne se rencontrent jamais, dit-on. À la fin de l'été 1985, un club-volcan, l'OM, et un homme-Gargantua, Bernard Tapie, font connaissance. Le club phocéen ne s'est jamais vraiment remis de la période Leclerc et de ses successeurs. Entre autres épisodes typiquement marseillais, celui, inouï, d'un chèque émis en bolivars d'un équivalent de 3 millions de francs remis au président Christian Carlini par des faisans corses et qui devait sauver le club. Le malheureux Carlini, qui devra se remettre de cette violente hausse de tension en clinique psychiatrique, avait même fait le déplacement au Venezuela pour constater que le bolivar ne valait pas le dollar. Sur le terrain, une seule coupe de France en 1976, un déclin régulier en championnat qui conduit à l'humiliation de la division 2 en 1980. Pas à la hauteur d'une ville à la passion footballistique hors norme. Les finances, une énième fois, sont exsangues. Gaston Defferre, le maire socialiste hiératique de la cité phocéenne, ne sait plus trop quoi faire pour stopper l'hémorragie. Le club est au bord de la descente. Le hasard, ou un hasard organisé, met en relation Edmonde Charles-Roux, la seconde épouse de Defferre, et le sémillant patron. Il lui fait part au débotté de son intention de jeter son dévolu sur un club de foot, comme ça ! « Auxerre, Nancy, Saint-Étienne... » « Et pourquoi pas l'OM ? », lui lâche, faussement naïve, Edmonde Charles-Roux.

Bernard Tapie, à la veille de déboulonner de son siège, avec l'aval et le concours de Defferre, le président marseillais Jean Carrieu, le 13 mars 1986, a tout réussi. Ou plutôt tout surmonté. Car rarement les casseroles qui poursuivent un homme public auront si peu égratigné celui qui en est à l'origine. Tapie sait trouver des protections, les plus haut placées si possible. Au passage, il se découvre très tôt une âme et un destin politiques en pensant à la candidature suprême qui pourrait se dessiner en 1988. En attendant, son incroyable énergie le porte à se faire connaître, encore et encore. À jouer et rejouer des coups, quoiqu'il advienne. Tapie dispose d'un appétit surnaturel des affaires. Et d'un goût prononcé pour la « revivification » des structures malades, de taille petite ou moyenne et très souvent sclérosées par des dissensions familiales. Vite, très vite, en tondant la bête encore plus à ras, par la magie de la législation des règlements judiciaires (dettes annulées, licenciements sans frais), et en l'entourant d'un maximum de bruit et de publicité. Ses promesses de Gascon et son baratin font merveille auprès des salariés apeurés et des banquiers éberlués par l'artiste. L'essentiel est de promouvoir la marque Tapie. À la conclusion, quelques jolis bénéfices ponctuels lors des reventes d'entreprises : Look, en 1989, pourtant en perte de 300 millions de francs, lui rapportera personnellement plus de 200 millions de francs, Wonder 70 – sur les 470 millions de cette vente, 430 rentrent dans les caisses de Bernard Tapie Finance, l'une des deux sociétés en nom collectif détenues par Tapie. Les autres, comme Testut, serviront de grenier à blé pour renflouer, avant qu'il ne crève, le vaisseau amiral : l'OM[236].

En sport, le « coup » réalisé avec Bernard Hinault a été un coup de maître. Tapie, le prolétaire du Bourget n'a jamais renié ses racines populaires. Il n'a pas besoin d'études de marché pour savoir que le cyclisme, qu'il pratique (contrairement au handball ou à l'automobile qu'il a déjà utilisés dans des biographies discutables pour promouvoir une éphémère carrière de chanteur yéyé ou dans des plaquettes de présentation de son groupe), est le sport « populo » par excellence. Et qu'il est potentiellement doré mais alors géré de manière étriquée, et pour tout dire par des amateurs. C'est le produit Hinault qui intéresse l'ogre. Le « Blaireau » n'a plus la côte fin 1983. Peu importe. Tapie vient de reprendre en juillet la société Look, à la demande du Premier ministre Pierre Bérégovoy, qui lui donnera un gros coup de main pour un second achat dans une firme sportive cinq ans après, celui du fabricant belge de raquettes Donnay. Look, qui fabrique à Nevers des skis et des fixations, et dont l'état de santé comptable est proche du stade terminal. Le paradant et médiatique patron a posé presque involontairement un pied dans le monde du sport. Tapie ressort de l'armoire à brevets de Look une pédale de cycliste révolutionnaire, bat des pieds et des mains dans les journaux et les studios de télévision pour annoncer la bonne nouvelle et se met à la recherche d'un porte-drapeau. Ce sera Bernard Hinault. Un quadruple vainqueur du Tour, hyperpopulaire mais chancelant, l'un de ses genoux donnant des sueurs froides aux orthopédistes. L'articulation du Normand ranimée par la chirurgie, une rencontre avec le nouveau président de Look, et c'est une nouvelle équipe, La Vie claire, qui prend vie. Le dessin du nouveau maillot, tiré d'un tableau d'art concret du peintre hollandais Mondrian, affiche les noms de trois entreprises du boss : Wonder, Terraillon, La Vie claire. Point commun de ce trio : règlement judiciaire généralisé ! La justice est aphone. On ne touche pas au protégé du gouvernement. Et les banques, comme la SDBO, filiale du Crédit Lyonnais nationalisé, assument. Le bonimenteur est un génie. Lors de la présentation de la nouvelle formation, dont le budget annuel annoncé crève les plafonds (10 millions de francs), le magicien Tapie escamote les problèmes devant une presse record de deux cents journalistes qui ne voient que du feu et qui de toute manière ne peuvent rien contre le phénomène du moment. Quant à Hinault, présent mais sans réaction, comme sonné par l'aplomb de son ineffable patron, il est rabaissé au rang de logiciel utilitaire : « Ça n'a pas d'importance qu'Hinault coure ou non, qu'il gagne ou pas [puisqu'il est] un élément moteur pour faire connaître nos produits et donc les faire vendre, et en plus de les améliorer. Hinault est crédible. Je compte sur lui pour nous (sic) gagner de l'argent. Ma vérité est de gagner le plus possible d'argent. C'est le seul critère de la réussite[237]. » Hinault est battu dans le Tour 1984 par Laurent Fignon mais, aux yeux du public, devient plus grand dans la défaite. L'équipe est bien lancée et l'énergie des coureurs revitalisée, pas celle du gestionnaire Philippe Crépel : « Tous les membres de l'équipe ont toujours été payés mais chaque mois il fallait trouver de l'argent. Je devais voir Bernard Tapie pour obtenir un chèque. Chaque fois il était furieux et répétait qu'on avait promis de lui trouver de l'argent ailleurs. » Revers de la médaille, une équipe estampillée Tapie modère les envies de ceux qui souhaiteraient s'y accoler, le repreneur le plus connu du pays absorbant toute la lumière. En dehors de la chaîne de distribution Radar, il n'y aura pas de sponsor supplémentaire et les difficultés de trésorerie ne cesseront donc pas. La Grande Boucle 1985 est marquée par le duel fratricide entre le Blaireau et le très prometteur Greg Lemond, que Tapie a « piqué » à son ennemi Cyrille Guimard et à Renault-Gitanes. L'Américain est embauché par contrat de trois ans pour le faramineux salaire annuel de 2 millions de francs[238], ce qui en fait largement le cycliste le plus riche du monde et qui n'est pas, on s'en doute, pour plaire à Hinault qui se « contente » de 800 000 francs. C'est une des raisons qui redonne des forces au Breton. Il s'impose de justesse une cinquième et dernière fois aux Champs-Élysées. Tapie ne veut pas que Lemond gagne, l'opinion et le marché français priment. En deux ans, le bateleur, qui ne manque aucune occasion d'apparaître à la télévision lors de chaque grande étape du Tour ou du Giro, fait exploser le monde du deux-roues à pédales. Sponsoring galopant, marché du VTT qui s'envole, salaires en montée exponentielle. D'après l'ancien Michel Laurent (cité dans le livre de Christophe Bouchet *L'Aventure Tapie – Enquête sur un citoyen modèle*[239]), qui a participé de l'intérieur à l'aventure, on assiste bien au niveau des coureurs à une inflation phénoménale : « Tous les plafonds ont explosé. Un vent de folie a soufflé, on proposait des contrats de 40 000 à 50 000 francs à des jeunes types surfaits qui valaient moins de 10 000 francs l'année précédente[240]. »

Revenons à l'été 1985. Tapie est la coqueluche des médias qui l'encensent. Il peut tout se permettre et ne se gène pas, puisqu'on lui laisse tout dire sans jamais le contredire, ni prêter attention aux propos de quelques gémissants salariés syndiqués de ses entreprises. Pas plus qu'aux bruits qui commencent à écorner la gestion si particulière de ses affaires. Les jeunes, étudiants ou cadres, sont fascinés par ce nouveau condottiere version Gavroche. Tapie s'affiche, Tapie conseille, Tapie profère. À la télévision, devant les intervieweurs les plus réputés, il fait merveille. Une bonne formule, une mini leçon de morale, un petit cours sur la microéconomie, quelques gros mots pour appuyer le sens, un sourire charmeur et le tour est joué. À Marseille, on l'a dit, pour Defferre la situation s'est singulièrement envenimée depuis que l'OM a été réanimé in extremis lors de la saison 1980-1981. Deux médecins d'urgence sont intervenus en dehors de la mairie elle-même (un million de francs) après que le tribunal de commerce a prononcé la liquidation judiciaire du club en avril. La Ligue et son président Jean Sadoul (1,5 million de francs) et l'incontournable Jean-Claude Darmon qui s'est engagé pour de futures recettes (1,3 million de francs). Le remède est efficace. Le nouveau président Jean Carrieu arrive un peu par hasard et beaucoup avec l'aide de Darmon et Sadoul. Le président Sadoul permet, grâce à ses lieutenants de la Ligue méditerranéenne, que la liquidation se mue en règlement judiciaire avec un concordat. Carrieu investit à bon compte sur les jeunes (les Minots) et réaménage les dettes en douceur. L'OM retrouve l'élite mais pas la folie du temps de Leclerc ou des frasques de Paulo Cesar et Jairzinho[241]. Le public du Vélodrome réclame des stars, des dribbles dingues et une pelouse en feu. En 1984-1985, on ronfle presque dans les tribunes et le classement (dix-septième) fait grincer les dents. Revoilà le spectre de la descente et de la disparition.

Et sans l'OM, ou avec un OM trop chahuté, la mairie pourrait passer dans le camp politique opposé ou tout bêtement dans l'autre coin de la cour du camarade socialiste Michel Pezet. François Mitterrand donne son accord et la venue de Tapie est avalisée. Une opération médiatique remarquablement montée (*Le Provençal* de Defferre étale avec bienveillance sa « Tapie-philie ») la facilite car il faut « légalement » débarquer Jean Carrieu de sa présidence et surtout du comité de gestion qui a la haute main sur les finances. Avec ses yeux de panthère affamée dont il use en cas de besoin, Tapie miaule autour de Carrieu. Pour mieux amadouer un président en butte à l'hostilité de beaucoup, mais qu'on ne peut publiquement dénigrer puisqu'il a su sauver l'essentiel depuis son arrivée. Mais surtout pour décocher un coup de patte mortel qui lui amènerait le contrôle absolu du club, une manœuvre que Carrieu ne soupçonne toujours pas. Ce Pyrénéen entrepreneur de travaux publics ne se doute en effet nullement de ce qui va lui être réservé pour l'éloigner, voire le déstabiliser totalement. Des contrats (un gros chantier en particulier) promis à sa société se volatiliseront, sa banque (qui finance également Wonder) le lâchera. Avant cette impitoyable mise à l'écart, Tapie a endormi sa proie (« Je ne serai pas président de l'OM, j'ai d'autres envies ») et s'est approché de l'homme-football Michel Hidalgo[242]. Le 19 février 1986, un protocole d'accord sur cinq ans entre Tapie, Hidalgo et Jean Carrieu, et qui stipule qu'une nouvelle société en participations va prendre les rênes économiques de l'OM (transformé en SOS, Société à objet sportif, issue de la toute nouvelle loi Avice), est signé en grandes pompes. Michel Hidalgo est nommé président de cette société en participations détenue à 90 % par le Groupe Bernard Tapie, les 10 % restants par l'OM. Comme il le lui a été juré, Jean Carrieu reste le patron sportif du club. De son côté la mairie s'est engagée, aux forceps manipulés par Tapie, à rénover le Stade vélodrome, à créer un centre de formation et à moderniser le camp d'entraînement, toutes choses qui conditionnent l'accord final et qui bien sûr constituent d'énormes dépenses (50 millions de francs). On assiste encore une fois à un show Tapie : « Dans toute entreprise, il y a des risques, mais il s'agit ici de risques calculés, pour deux raisons : nous avons les compétences sportives et financières [...] Ni Michel ni moi ne recherchons la notoriété [...] Aujourd'hui, beaucoup de gens pensent que les joueurs sont uniquement intéressés par l'argent : il y a pourtant une chose qui ne s'achète pas, c'est la fierté [...] Notre politique sera axée sur la formation[243]. » Des propos qui feront bien rire les uns ou pleurer les autres le jour où la justice aura rattrapé son auteur.

En attendant et sous l'immense pression, Carrieu va démissionner. Les Minots, qui craignent pour leur avenir, sont désarmés sur le terrain et le classement du club empire jusqu'à un possible ascenseur vers la D2. Tapie apparaît alors sous son vrai jour : « Hidalgo et moi n'acceptons pas un pouvoir partagé, nous voulons gérer le risque financier. » Usé, Carrieu, malgré une dernière tentative maladroite et déjouée par le bras droit de Tapie, Marc Fratani, abandonne ses fonctions lors de l'assemblée générale du club le 12 avril. Il mettra fin à ses jours deux ans plus tard. Tapie est désormais le maître du club. Il lui reste à hisser le fanion en haut du mât. Il attaque bille en tête l'omniprésent Jean-Claude Darmon dont il éjecte les panneaux publicitaires du Stade vélodrome. Il n'y aura maintenant qu'un annonceur par match et ce sera lui, Tapie, qui en décidera. Comme en cyclisme, le football a ses gloires de placard. Michel Hidalgo, à l'époque l'entraîneur des Bleus le plus titré de l'histoire, avait été tiré par la manche de sa semi-retraite à la direction technique nationale du football français. Le pont d'or de Tapie (250 000 francs par mois[244]) le séduit très rapidement et l'ancien ailier de la campagne de 1958 est bombardé manager général du club. Un poste médiatiquement important mais sportivement nul puisque la composition de l'équipe sera réservée aux entraîneurs ou... à Tapie. Un nouvel élan populaire et la baraka portent l'OM en finale de la coupe de France 1986[245]. On peut commencer le gros œuvre de reconstruction. Pour la saison 1986-1987, l'emblème Hidalgo est bien utile pour faire venir stars et talents en herbe. Le chéquier du boss crépite. Entre autres grands noms qui signent leur nouveau contrat, le menhir allemand Karl-Heinz Förster pour une somme inconnue mais, dit-on, aussi imposante que son volume défensif, le génial Yougoslave Blaz Sliskovic, et deux Français, le toujours jeune Alain Giresse, et le très prometteur canonnier Jean-Pierre Papin, sont arrachés à Bordeaux et à Bruges sans que l'on finasse sur les prix d'achat. Le transfert de « Gigi », qui n'avait jamais connu d'autre club, d'Aquitaine en Canebière fait couler beaucoup d'encre et surtout de salive. L'argent de Tapie irrite au plus haut point le président girondin Claude Bez. L'homme aux bacchantes fulmine contre son rival qui commence à marcher sur ses plates-bandes, à les écraser en fait. Il renie son ancien joueur-lige dans une diatribe dont il a le secret : « Giresse a cru devoir justifier son escroquerie morale en mettant en cause le club des Girondins [...] Alain Giresse est parti pour de l'argent. Est-ce une tare ? Sûrement pas quand cela se fait honnêtement... [...] Giresse est mort pour les Girondins. Je le méprise profondément[246]. » Quant à Tapie, Bez lui réserve un traitement spécial. Pour un peu plus tard, lorsque Bordeaux fait saisir les parts de recettes olympiennes de Lens-OM et OM-PSG. Bez considère que deux transferts (Martinez et Audrain) ne lui ont pas été réglés entièrement. Il obtient le 1,35 million de francs réclamé et ajoute en commentaire que l'OM est en virtuelle faillite par la seule faute de la gestion abracadabrante de son président. C'est le début d'une longue période d'amabilités entre les deux hommes qui se détestent et passent leur temps à dénigrer les méthodes de l'autre. Essentiellement au sujet du fric. Marseille finit le championnat deuxième derrière Bordeaux, dispute une autre finale de coupe perdue devant... Bordeaux, et porte à lui seul l'affluence générale des spectateurs de D1 à un niveau record (dont trente et un mille cinq cent cinquante-quatre en moyenne à domicile, le double de l'année précédente). Mais Tapie est content, l'aventure peut commencer, l'OM va disputer une compétition européenne. L'Europe le fait rêver et il le fait clamer par son entraîneur Gérard Banide : « Pour l'OM, la priorité des priorités c'est l'Europe. » Il est vrai que pour égaler, imiter au moins, Silvio Berlusconi et son superbe Milan AC, la réussite dans la grande compétition continentale est indispensable. Les recettes y sont beaucoup plus copieuses – une bonne place est vendue 300 francs au Stade vélodrome dès la première campagne 1987-1988 – et les droits télévisés internationaux peuvent être multipliés. Pour une première sous l'ère Tapie, ce n'est que la Coupe des coupes, petite sœur de la Coupe des champions, qui se présente mais une demi-finale est au rendez-vous, encore contre l'Ajax d'Amsterdam. La défaite contre le triple champion d'Europe, si elle est encore une fois sévère (0-3, 2-1), n'est pas humiliante, même si le chef a poussé quelques cris de reproche à ses joueurs. Un Ghanéen méconnu et hypertalentueux, Abedi Pelé, a été recruté à moindres frais et les caisses sont pleines : la campagne européenne a ramené 17 millions de francs par tour en moyenne. Tapie prend quelques mois plus tard son envol politique avec une accession à la députation comme représentant des Bouches-du-Rhône. Le banlieusard est devenu un notable. Le titre d'un éditorial du *Nouvel Observateur* est évocateur : « Le pétroleur de Marseille ». Jacques Julliard dépeint sa cible : « Bernard Tapie incarne avec éclat les deux religions du monde moderne : l'argent et le spectacle. » Le Stade vélodrome devient le plus bel étendard de Tapie. Tout le gratin politique, journalistique ou du show-business y afflue par le jet privé du président de l'OM. Le spectacle est autant sur la pelouse où les bleu et blanc brillent – ils retrouvent, dix-sept ans après, le titre de champion de France en 1988-1989 –, que dans les tribunes VIP où se battent les personnalités pour capter les gros plans des caméras. Un championnat (la coupe de France en prime), puis un deuxième l'année suivante, d'entrée une demi-finale de coupe d'Europe des clubs champions en 1990, c'en est trop pour beaucoup de monde. Tapie était sympa avec ses manières de beauf et son langage de charretier, mais là, il gagne et nargue les nantis. Il faut, sinon l'abattre, au moins le déstabiliser. C'est le début de la fin.

Tapie sort du jeu : l'OM l'a tué

Deux énormes affaires vont successivement ébranler le sport français, toutes deux concernent le club phocéen, toutes deux vont accabler puis atomiser Bernard Tapie. Ce sont les affaires dites des « comptes de l'OM » et de « VA-OM ». On est à l'apogée de la guerre entre Claude Bez et Bernard Tapie. Le premier ne supporte définitivement plus l'ombre dans laquelle le laisse le deuxième et qu'il traite dans le texte de « charognard[247] », ce qui dans sa langue est presque une amabilité. Bez a déjà pourtant un pied en touche à la suite d'un pavé de l'hebdomadaire *L'Express*, au début 1989, qui a révélé un redressement fiscal de 10 millions de francs frappant les Girondins. Mais aussi, et c'est le plus grave, une malodorante cuisine comptable de récupérations illicites de TVA (54 millions de francs) sur des biens – dont le majestueux centre du Haillan – qui ne sont pas la propriété du club bordelais ! Les ennuis de son petit camarade mettent le patron de l'OM en extase. Dans *L'Équipe Magazine* du 2 février 1989, il exécute un numéro de très haute volée, un festival à repasser dans toutes les écoles : « Bez [est] un employé municipal et ça va mal finir pour Chaban. Alors j'entendais que le truc c'était Elf, les vins de Bordeaux, cinquante explications ! C'était tout simplement les découverts à la banque. Et M. le maire, il disait au directeur de la banque Machin : "Allez, allez-y !" Et on y va, on y va ! Et après c'est l'escalade. Mais à Bordeaux, ça devait se terminer comme ça. Quand on file à un joueur 500 000 francs nets d'impôts, regardez ce que ça représente. Le sport-business, quand il est dirigé par un affairiste (sic), il a toutes les chances de réussir. S'il est entre les mains d'un dirigeant qui nous explique qu'il sait gérer parce qu'il a un cabinet d'expertise comptable, c'est exactement comme si le masseur disait : "Je sais opérer, parce que moi, je connais les muscles !" [...] Moi, j'ai une possibilité, c'est qu'à la limite, s'il manque cinquante millions dans les caisses, je peux faire un chèque sans rien demander à personne. [...] Ce n'est pas la trésorerie qui compte, c'est ce qu'on a dans les caisses, de réalisable et de disponible. Alors c'est pas la fin du business-foot, parce qu'il y en a un qui gère comme un pied ! » Claude Bez est au bord de la crise de nerfs. La bave à la moustache, il fulmine, éructe, contre tout et tout le monde, et pourquoi pas à l'endroit de Jean Sadoul, le président de la Ligue, à qui il fait savoir qu'il pourrait divulguer publiquement l'utilisation récurrente de notes de frais proportionnelles à sa corpulence.

En mars 1990, un bonne âme va dénoncer le monde du football au ministère du Budget tenu par le terrible Michel Charasse, apôtre sans états d'âme de la Mitterrandie. Le dénonciateur déballe son sac, balance purement et simplement tout ce qui lui est revenu aux oreilles depuis qu'il fréquente le monde du football : corruption de matches, fausses factures, enrichissements personnels à tous les échelons. Pas de noms mais des pistes, des filières, bref de quoi faciliter la tâche d'enquêteurs un tant soi peu scrupuleux. Charasse écoute puis déploie tranquillement ses tentacules. C'est son boulot et Chaban est en fin de course. Claude Bez sera exécuté. Seize des vingt clubs de D1 sont la proie des brigades de policiers financiers. En octobre, un obscur intermédiaire du Sporting Club de Toulon est dans la mire du fisc pour des revenus qui ne collent pas avec son statut de modeste retraité d'EDF. Les transferts de trois joueurs toulonnais, Bernard Pardo, Bernard Casoni et Pascal Olmeta, vers Marseille lui ont manifestement rapporté gros, trop gros. L'enquête du juge d'instruction Zanotto ne prouvera pas grand-chose si ce n'est que l'intermédiaire est au service de son vieil ami Rolland Courbis, l'entraîneur du club. Par le relais d'un compte monégasque, l'homme reversait régulièrement de grosses sommes à Courbis[248] – auparavant relaxé dans le bruyant dossier de baronnage des casinos de la Côte d'Azur – qui sera inculpé puis condamné à une petite peine avec sursis dans cette affaire toulonnaise aux conséquences bientôt gigantesques. C'est l'OM qui intéresse maintenant beaucoup plus le juge Zanotto. Les déclarations des trois joueurs en cause ont pour effet immédiat une descente de police dans les bureaux du club. La pêche est miraculeuse. Un bien curieux et substantiel versement (455 136 francs suisses) à un certain Spyros Karageorgis nourrit, au milieu d'autres, l'objet de la curiosité des trois policiers. Tapie n'est pas présent, il est au Japon. Il autorise par téléphone – par suffisance, inconscience ou certitude de sa protection éternelle – aux pandores de rafler les documents de sa comptabilité qui leur semblent « intéressants ». Ce sésame constitue une erreur grave. Ce 19 novembre 1990, Bernard Tapie siffle lui-même le coup d'envoi de son match le plus dangereux, celui de sa propre descente aux enfers.

Avec les documents, les hommes de la brigade financière de Marseille ont embarqué à l'Évêché (le commissariat central) Jean-Pierre Bernès, le directeur général, et Alain Laroche, le directeur financier. Plus que les explications, ce sont surtout les silences des deux sbires de Tapie qui éveillent l'attention. L'ouverture de l'instruction judiciaire mettra quinze mois à se lancer, mais les investigations avancent. Dix ans après, c'est Saint-Étienne qui recommence. Dix ans et dix fois plus d'argent car ce seront plus de 100 millions de francs qui au total auront été détournés. Sans entrer dans les méandres d'une enquête qui se révélera longue – quatre ans – et parsemée d'embûches, il est rapidement mis en évidence, au sein du sommet de la hiérarchie du club, un système de fonctionnement qui s'écarte pour le moins des usages communs. Tapie, dans sa soif maladive d'autojustice (ou d'autojustification) immanente, avait déjà averti le peuple. Quelques minutes après la défaite devant le Benfica de Lisbonne au printemps 1990, en demi-finale de la C1 (le but de la main du Portugais Vata avait été vu par l'Europe entière sauf par l'arbitre belge), il avait déclaré à l'adresse de tous ceux qui voulaient entendre ses sous-entendus : « J'ai compris pourquoi nous sommes un petit club. L'an prochain, nous saurons comment aborder une coupe d'Europe. On n'y gagne pas seulement avec les joueurs. Il faut savoir gérer l'environnement. »

Gérer l'environnement, c'est déjà fait ou soigneusement envisagé. La venue l'année précédente, alors que Tapie vient de reprendre Adidas (coïncidence ?), de Franz Beckenbauer, l'emblématique munichois champion du monde avec l'Allemagne comme joueur et entraîneur, aux commandes de l'équipe – comme directeur technique général, encore un titre qui veut tout et rien dire en même temps – participait à cette stratégie d'intimidation de l'adversaire dès avant les matchs. Kaiser Franz n'avait pas accepté longtemps la tutelle de son patron[249] et retournera vite dans sa Bavière natale. L'embauche du transfuge bordelais (tiens, tiens !) Raymond Goethals, vieux baroudeur des pelouses européennes, procède d'une méthode plus efficace, celle du « savoir-faire ». Sur le terrain, Goethals possède une autorité certaine sur ses ouailles qu'il mène souvent au succès. Autour, il renifle imparablement les failles mentales chez l'adversaire. Le sorcier belge avait été très sérieusement inquiété en 1984 pour une affaire de... corruption de joueurs. Il avait été avéré que son équipe du Standard de Liège s'était rendue coupable d'avoir « acheté » l'équipe de Waterschei, pour s'assurer définitivement le championnat de Belgique 1981-1982 et un relatif repos avant un match de coupe d'Europe[250]. Comme la phrase qui conclue certains films, « toute ressemblance avec des faits similaires ne serait que pure coïncidence ».

L'instruction sur les comptes de l'OM débouche, en décembre 1995, sur un rapport du parquet qui est transmis au Palais-Bourbon. Ce document[251], signé par le procureur général Mérand de la cour d'appel d'Aix-en-Provence, contient le plus lourd réquisitoire jamais produit par la justice sur un dirigeant sportif français. À ce moment, BT est déjà un roi déchu. Pris et repris qu'il est dans le tourbillon de ses démêlés avec la justice à propos de Testut (levée de son immunité parlementaire après une mise en examen pour abus de biens sociaux et complicité) et de son bateau le *Phocéa* (deuxième demande de levée d'immunité demandée par le juge Eva Joly pour fraude fiscale). Toujours en décembre, le tribunal de commerce de Marseille constate la cessation de paiement du club et sa mise en redressement judiciaire. La dette de l'OM se monte alors à 250 millions de francs. L'État, c'est-à-dire vous et moi, s'assied sur 120 millions (fisc + URSSAF), TF1 et Canal+ font leur deuil de 50 millions chacun. Deux clubs italiens, Naples et la Reggiana, réclament 20 millions pour des faux prêts (Boghosian et Futre). Mais le pire est que le monde du football l'a fait tomber plus bas que terre. En 1994, le club cinq fois champion de France d'affilée se voit retirer son dernier sceptre. L'OM est rétrogradé en division 2 par les instances nationales, qui interdisent quelques mois plus tard à son président d'exercer toute fonction officielle pendant deux ans. Deux coups de hache du milieu venant sanctionner le triste épisode de VA-OM. Dans le même temps et après un combat délirant mené dans les plus grands médias pour sauver la participation du club aux épreuves européennes (coupe de l'UEFA et Super Coupe) et mondiale, l'UEFA puis la FIFA sont sans pitié : suspension ! Bilan : plus de championnat de D1, plus de coupes d'Europe, plus de coupe intercontinentale et par voie de conséquence adieu aux rentrées d'argent. Adidas, racheté en 1990, et qui devait faire de Tapie l'argentier planétaire du sport, a été revendu en urgence à Robert-Louis Dreyfus. L'affaire était trop grosse pour lui. Il lui était en outre impossible, selon la loi allemande, de tirer sur les cordons de la bourse du géant d'outre-Rhin, une liberté laissée au seul président du directoire. Le titi du Bourget, devenu prince de Marseille et champion du Vieux Continent le 26 mai 1993, n'est plus rien. Il est mis, suprême humiliation, en faillite personnelle le 14 décembre de l'année 1994, son *annus horribilis*, même s'il obtient un score surprenant aux élections européennes.

Des investigations opérées par la justice et synthétisées dans le rapport précité, il ressort une liste de faits délictueux, commis de 1987 à 1993, accablants. Cinq chapitres et sous-chapitres devançant une conclusion implacable y égrènent les faits reprochés : prêts et licenciements fictifs, indemnités occultes versées lors de transferts, paiements sans justificatif, ou avec des justificatifs fictifs à des intermédiaires du football, fournitures de fausses factures et de sociétés écrans par Karageorgis, corruption des milieux sportifs. On retient que chaque étape décisive de la vie du club est entachée d'irrégularités. Dès qu'un joueur de renom est embauché, le transfert et/ou la rétribution de la vedette s'accompagne de surpaiements invisibles à l'œil nu. Les prêts personnels accordés à Förster (8 millions de francs), Giresse (1 million) et Vercruysse (3 millions), Delamontagne et Tigana (17 millions à eux cinq) n'ont pas été remboursés par les intéressés. Lors de son interrogatoire, Philippe Vercruysse parlera de « primes déguisées ». Pour Mozer, Waddle et quelques autres, les sommes officielles des transferts sont soupçonnées de former la partie émergée de l'iceberg. Chacun d'entre eux aurait reçu directement ou indirectement un surplus. Par des accords souterrains, les deux premiers auraient obtenu respectivement plus de 10 et 20 millions de francs supplémentaires reversés à des proches, agents ou sociétés écrans offshore. L'enquête met le doigt sur le recours par le club à des intermédiaires étrangers connus du monde du football pour leur entregent actif mais très secret. Aptes à débloquer des situations partout dans le monde, par leurs connaissances ou influences locales, on confie à ces personnages de l'ombre des missions excellemment rétribuées. La bonne vieille valise remplie d'espèces est utilisée. Les services du Portugais Manuel Barbosa et du Belgo-Croate Ljubomir Barin sont ainsi « remerciés ». Barbosa, suite au transfert de Carlos Mozer et de ses offices (vains) pour convaincre le champion du monde Bebeto de porter le maillot blanc, encaissera 15 millions de francs de commissions, dont une partie en billets de banque (700 000 francs en une fois en 1989). Pour Barin, le passe muraille international qui travaille surtout pour... Claude Bez, on emploie presque exclusivement les enveloppes. Et pour cause, le bougre a la très délicate charge d'acheter les arbitres en coupe d'Europe : encaissement, par exemple le 19 mars 1990 (deux jours avant la rencontre), de 500 000 francs pour rendre « agréable » le séjour à Marseille du directeur de jeu hongrois lors du quart de finale retour OM-Sofia (3-1 et qualification phocéenne aisée après le 1-0 de l'aller). En cette occasion, comme à d'autres (match contre Athènes), bons restaurants, chambre dans le meilleur hôtel et soirées en compagnie de demoiselles à hauts talons et basse vertu, tout était réglé par Barin. Le rapport du procureur indique que « 5 millions de francs étaient consacrés annuellement à l'achat de matches du championnat de France et de coupe d'Europe soit, pour les saisons 1989 à 1993 (quatre saisons), 20 millions de francs. L'arbitre de nationalité autrichienne, aujourd'hui décédé, a reçu des fonds versés par Barin.

En outre, les arbitres étaient mis en condition et recevaient notamment des cadeaux pour ne pas être hostiles à l'OM ». Le procureur poursuit avec une liste de récipiendaires sans scrupule ni le plus souvent véritable adresse. Leurs factures ne correspondent à strictement rien ou si peu que tout saute aux yeux. À l'époque de la demi-finale contre le Spartak Moscou, l'OM a réglé directement et pour un total de plus d'un million de dollars US les sociétés ou fournisseurs fantômes Ainos 57 (Moscou) et Baxanes Investment Est (Liechstenstein). Or, par le truchement de RMGP, la société de marketing et de publicité de l'OM, des prestations identiques ont été payées à Unipack (100 000 dollars), une firme en cessation de paiements, et Spartak Football Club (500 000 dollars). L'avant-dernier volet du rapport met en lumière l'un des versants les plus fous de l'organisation. Le dénommé Spyros Karageorgis en est le rouage de base. D'origine grecque – famille réputée, études supérieures et bonnes manières –, il n'est pas dépourvu de rouerie ni d'esprit. Le compte qu'il détient à la banque Rothschild de Genève, et sur lequel ont transité beaucoup de mouvements, s'appelle « Poète ». « Le Gros », comme on le surnomme, surgit de partout et nulle part pour faire fonctionner la caisse noire de l'OM à plein régime en 1989 et 1990. 10 millions de francs en espèces atterrissent dans ses poches, via des comptes divers et variés. Ces millions reviennent vite dans les coffres secrets du club et, échange de bons procédés, Karageorgis « facture » l'OM à mort. Une parfaite machine à laver inversée. L'argent propre est transformé en monnaie sale destinée aux opérations de corruption. Corruption dont nous avons parlé plus haut et qui constitue, avec les détournements de fonds (facture de 310 000 francs réglée à Barin pour des matches amicaux non disputés ; match amical OM-Roumanie avec fausse facture à Barin de 900 000 francs ayant servi à la caisse noire et non à l'association pour l'enfance roumaine malheureuse) le dernier chapitre de l'accusation.

En conclusion, le rapport ne fait pas dans le détail : « L'ensemble de ces constatations et considérations font nettement apparaître en l'état de l'information, tant sur le plan national qu'à l'étranger [...] des présomptions graves de détournements ou d'utilisation frauduleuse de fonds pour un montant très supérieur à 100 millions de francs au préjudice du club. » Le principal instigateur est désigné sans ambages : Bernard Tapie « était le véritable maître, le concepteur, l'organisateur. Personne ne résistait à son charisme ».

Premier élément pour tenter de comprendre la situation : la personnalité du principal inculpé est ainsi décrite par le juge Philipon, auteur de l'ordonnance de renvoi lue d'entrée au procès des comptes de l'OM qui s'ouvre à Marseille le 12 mai 1997 : « président omnipotent et omniprésent, quasi-dictateur de l'OM » qui utilise le club au « bénéfice de sa propre image » et détourne l'argent « pour éviter ou atténuer l'aléa que comporte nécessairement tout match de football ». Le deuxième élément d'explication sort de la bouche de Tapie et ressemble à s'y méprendre aux défenses de Leclerc, Rocher ou Bez à leurs propres procès et peut se résumer à ce qu'il déclare à *L'Équipe* le 20 mai : « [...] On a vu que je n'ai pas fait un seul truc qui ne se fasse ailleurs. Je n'ai rien inventé, ni pour les commissions aux impresarios [...], ni pour la façon de payer les joueurs. » Ben voyons ! Autrement dit : « Le foot il est pourri mes amis, tout le monde fait pareil, j'vois pas pourquoi j'aurais pas fait comme les autres. J'comprends pas c'qu'on me veut ! » D'ailleurs, durant les audiences, il distille, comme pour se dédouaner, les périphrases assassines dénonçant qui emploie un joueur international français pourtant résident italien (Amoros à Monaco), qui d'autre règle le loyer de son agent (le PSG à Manuel Barbosa), qui enfin a bénéficié d'un contrat d'image pour adoucir les charges de son employeur (Platini et la FFF). Déstabilisé par son sort – il purge sa peine de prison pour l'affaire VA-OM et souffre de problèmes cardiaques [252] –, Tapie se mélange souvent dans ses explications mais n'en fait pas moins, on vient de le voir, feu de tous bois. Avec son langage « imagé » (« Je n'ai fait que mon devoir de président pour ne pas être baisé, c'est normal. [...] Alors je me suis arrangé après Benfica pour ne pas me faire baiser [253] »), Tapie se justifie maladroitement. Il est vrai qu'un homme entre quatre murs condamné pour corruption et qui affirme le 21 mai : « Il ne faut pas confondre entre corrompre et mettre tous les atouts de son côté, c'est-à-dire régaler les arbitres le midi, les régaler le soir, les régaler plus encore, ce qui se fait partout y compris en équipe de France. On n'est pas allé au-delà » a tendance à faire sourire, la justice au premier chef. Karageorgis, qui a pris soin de ne pas se présenter au procès, représente pour tous les prévenus un parfait bouc émissaire. Jean-Pierre Bernès puis Tapie le qualifient d'« escroc ». Bernès, qui ne « se souvient plus très bien » où sont parties certaines sommes, se remémore parfaitement que « le Grec » lui avait dit qu'il « pouvait approcher les joueurs [de l'AEK Athènes] ».

La conclusion, si l'on peut parler de conclusion dans un tel bourbier, est apportée par Mme Kitanoff, la procureur de la République, au début de la douzième journée d'audience. La magistrate est sans pitié pour celui qu'elle considère comme le grand ordonnateur : « Si ce procès est d'abord une affaire financière, c'est aussi le procès d'un homme à la recherche d'un pouvoir personnel et qui n'a pas hésité à user de moyens frauduleux pour arriver à ses fins. » Et Mme Kitanoff d'insister, de fondre sur sa proie, de l'étouffer entre ses griffes en lui prêtant l'OM comme « le vecteur de son ascension politique ». Et par une « méthode autoritaire, voire tyrannique », l'accusé s'est constamment tendu vers son objectif final, la coupe d'Europe, en utilisant des « moyens relevant davantage de l'affairisme que de l'idéal sportif[254] ». Mme Kitanoff met un point final à son réquisitoire. Elle assène son impitoyable vérité qui ne fait pas de Tapie un véritable novateur de la magouille mais une sorte de cinq étoiles de la cuisine sportive qui a pourtant vu passer des plats de « qualité » dans ce domaine : « M. Tapie n'a pas créé le système, il l'a exploité à son paroxysme, l'a perverti par des pratiques quasi institutionnelles. » À l'image d'un Fouquier-Tinville au féminin des temps modernes, la procureur désigne Tapie comme quelqu'un qui « s'est cru invulnérable, au-dessus des lois de la République », et énumère ses méfaits : « Faux, sociétés offshore, comptes codés et numérotés, appel à des intermédiaires, sorties de fonds occultes ». Comme Tapie n'est ni Dieu ni Diable, il lui faut bien des porte-plats, Bernès, Laroche, Fellous, Hidalgo, Ghidalia ou Levreau, qui ne passent pas à travers les mailles du filet de griefs de Mme Kitanoff. Tapie, s'il écope comme les treize autres coprévenus de peines plus légères que celles requises (pas d'amende initialement demandée de 2 millions de francs ni de privation de droits), est le plus lourdement sanctionné (trois ans d'emprisonnement dont dix-huit mois avec sursis), le 4 juillet 1997, à l'énoncé des verdicts. Tous les délits poursuivis, à l'exception de l'abus de biens sociaux concernant la RMGP, ont été retenus : faux et usage de faux, recels de faux, complicité d'abus de confiance et d'abus de biens sociaux, recels d'abus de confiance et d'abus de biens sociaux. En 1998, à l'issue du procès en appel, Tapie est condamné à trois ans de prison avec sursis et à 300 000 francs d'amende. Étonnamment, les magistrats ne lui infligent pas sa part de dommages et intérêts (88 millions de francs) à régler au club. L'administrateur a bêtement laissé passer le délai légal pour inscrire le nom de Bernard Tapie sur la liste des créanciers de l'OM.

Le pitoyable épilogue de l'ère Tapie à Marseille laisse une plaie béante. Financière plus que morale. Aucun supporter phocéen ne retient, ou ne veut retenir, le désastre comptable. L'OM, comme tous les grands clubs de France ou du monde, ne disparaît pas de la carte. Le football est une composante trop forte de la vie d'un quartier, d'une ville, d'une région ou d'un pays. S'il est certain que le trou engendré par la « gestion » de Tapie est quelque part comblé, au moins en partie, par le contribuable, ce dernier n'a aucune intention de voir la réalité qui s'inscrit là où tout finit par se solder, l'avis de règlement de l'impôt. À Marseille le supporter n'aurait d'ailleurs cure de tels détails. L'OM a gagné la seule vraie coupe d'Europe française. Et cela suffit largement à la félicité éternelle des fans de « l'Ohème » qui accueilleront leur fils « chéri maudit » à bras ouverts sept ans plus tard sans lui tenir rigueur de quoi que ce soit. Leclerc et Tapie étaient fous d'ambition. Un fou – fada – de la flambe, Robert Louis-Dreyfus, débarque en 1996 à la présidence. Personnage atypique, secret, sentimental, joueur, se reconnaissant volontiers dilettante, riche de milliards accumulés par sa propre réussite et le produit de trois générations d'hommes d'affaires. « RLD » agit avec l'OM comme un père avec un enfant gâté. De loin, sans vrais coups de gueule, par à-coups, en adressant les chèques qui bouchent les trous creusés par les racketteurs de toutes sortes. Les exemples fourmillent de ces flots insensés d'argent utilisés en pure perte par le premier homme à posséder, littéralement, en son nom propre, un club de football en France. Ils forment un gâchis sans exemple dans l'histoire du sport français. La saison 2001-2002, avec Tapie aux commandes du secteur sportif, voit une gabegie de transferts – cinquante-huit – pendant laquelle des commissionnaires se gaveront à satiété sur des mouvements de joueurs n'ayant même jamais mis les pieds au Vélodrome. Pour faire plaisir au bon peuple et parce qu'il a gardé un sentiment de pitié envers celui qu'il a floué dans la reprise d'Adidas[255], il rappelle Tapie au club dans un rôle officiel de directeur sportif mais en réalité sans attribution précise. Sans aucun résultat sur le terrain cette fois, mais avec tout autant de frasques, de valse des entraîneurs, de transferts insensés, d'agents de joueurs improbes. Mises en examen, en juin 2004, de RLD lui-même pour abus de biens sociaux, de Rolland Courbis venu entraîner le club entre 1997 et 1999, pour recel et complicités d'abus de biens sociaux, et d'une pléiade d'autres dirigeants de l'OM et de personnages douteux gravitant autour de la mine d'or RLD. Les faits reprochés sont à quelques virgules près les mêmes que ceux qui avaient valu leur déchéance à Leclerc et Tapie : détournements de fonds, surfacturations lors de quatorze transferts, commissions occultes, faux en écriture... et tutti quanti. Les malversations supposées portent sur 16 millions d'euros. Tous les intéressés sont présumés innocents. À Marseille, plus qu'ailleurs, l'Histoire, éternel recommencement, est, comme le dit un homme politique oublié, le total des choses qui auraient pu être évitées.

L'argent personnel de Dreyfus, véritable fontaine, se déverse depuis neuf ans dans les puits sans fond du club. Les 150 – ou 200, ou davantage – millions d'euros gaspillés dans cette période par celui qui a repris Adidas à Tapie font penser à cette phrase de Tristan Bernard : « L'avarice et la prodigalité sont deux défauts analogues. L'avare surestime l'argent. Le prodigue en méconnaît la valeur. »

Michel Platini : Dix gagnant

Humilié sur la scène internationale, avec ses clubs ou avec l'équipe de France, le football tricolore connaît une longue traversée du désert depuis l'épopée de la Coupe du monde en 1958 (demi-finale) et la fin de la grande époque du Stade de Reims (finales de la coupe d'Europe en 1956 et 1959). Les Stéphanois y mettent un terme en s'illustrant trois années de suite en C1 de 1975 à 1977 (dont la finale malheureuse de 1976 à Glasgow : défaite 0-1 devant le Bayern Munich). Alors que Saint-Étienne enflamme le pays, un jeune attaquant de vingt ans, Michel Platini, évoluant au sein de la modeste AS Nancy-Lorraine, fait à lui seul de l'ombre aux Verts. Aucun joueur en France, y compris Raymond Kopa, n'avait présenté de telles qualités : vision du jeu, génie du contrôle et de la frappe de balle, des deux pieds ou de la tête, sens du but, réussite sans égal sur coups de pied arrêtés. Le prodige entraîne son club à un niveau qu'il serait incapable d'atteindre sans lui (victoire en coupe de France 1978). Mais c'est en équipe de France que Platini affirme un exceptionnel talent qu'il ne va pas tarder à faire fructifier.

Platini est le premier sportif – après Marielle Goitschel – à apparaître dans des spots de pub à la télévision. Alors que le joueur porte encore le maillot nancéien, Evian lui offre 250 000 francs pour vanter les mérites de sa boisson Fruité. Le virtuose a qualifié les Bleus pour le Mundial argentin de 1978 par quelques coups de patte mémorables que la petite lucarne a évidemment sublimés. L'image de Platini est idéale pour les annonceurs. Chef de bande, cheveux au vent, gouailleur, plutôt fort en gueule, parfait exemple d'intégration d'une famille d'immigrés italiens, il incarne, avec son alter ego stéphanois Dominique Rocheteau, toute une génération et, de plus, plaît aux mamies qui le désignent comme gendre idéal. Les contrats publicitaires se succèdent, Le Coq sportif : 600 000 francs, Olympia : 600 000 francs, Baby-Foot Charton : 500 000 francs, etc. Des revenus qui compensent certainement le manque à gagner des faibles salaires (6 250 francs par mois en 1977-1978 en tant qu'aspirant professionnel ; le président de l'ASNL, Claude Cuny, « saque » son poulain ne supportant pas le précontrat signé par Platini en faveur de l'Inter de Milan pour 100 000 francs par mois) versés par un club qu'il ne consent toujours pas à quitter, retenu par les sentiments (son père est entraîneur) et une ambiance de « Lycée-Papillon ».

Mais les sirènes de l'argent et le parfum glorieux de Geoffroy-Guichard font pencher la balance en 1979. Le président Roger Rocher, qui veut s'attirer le meilleur joueur français pour redorer le blason de son club éloigné des sommets depuis trois ans, casse ses tirelires ! Pour accéder aux exigences du futur ballon d'or (« Je veux un million net par an et que la moitié de mes impôts soient payés par le club[256] »), M. Rocher devra chaque fin de mois opérer en deux temps. Signer un chèque de salaire officiel de 83 000 francs puis tendre dans la foulée à Platini ce qui correspond au vœu exprimé par ce dernier et destiné à son agent du fisc. Avec enfin un numéro 10, les Verts, avant le scandale de la caisse noire décrit plus haut, s'offrent leur chant du cygne en glanant un dixième titre de champion (1981) et en disputant deux finales de coupe de France (1981 et 1982). Un bilan somme toute mi-figue mi-raisin pour la star Platini, qui ne brille pas autant qu'attendu dans le Forez mais dont la cote sportive et financière ne fléchit pas. Car, par à-coups, le génie jaillit des crampons, surtout en coupe d'Europe, comme à Hambourg ou contre le PSV Eindhoven. Les revenus du stratège ne sont pas remis en cause (6 millions au total en 1981). D'autant que les prouesses en équipe de France du Bambino d'Oro, comme le surnomme déjà la presse transalpine, épatée par le plus italien des Français, propulsent les Bleus vers une deuxième participation consécutive à la Coupe du monde.

Cette fois, les plus grands clubs européens font les yeux doux au roi du coup franc. En dehors de Raymond Kopa, aucun très grand joueur français n'a alors franchi les frontières. Au terme d'âpres négociations qu'il mènera lui-même, en compagnie de son agent Bernard Genestar, la Juventus de Turin emporte finalement le morceau sur Arsenal à la veille du rendez-vous mondial de 1982 en Espagne. Le propriétaire de la Juve et des automobiles Fiat, l'« Avvocato » Giovanni Agnelli, maître tout-puissant de l'industrie italienne dont la fortune personnelle est estimée à

15 milliards de francs (par le mensuel américain *Forbes*), double le salaire annuel (400 millions de lires, 2 millions de francs[257]) d'Il Francese. « Nous avons acheté Michel pour un morceau de pain. Mais un morceau de pain avec beaucoup de caviar dessus[258] ! », avouera Agnelli en 1997 avant d'ajouter : « Conserver Platini, c'est comme conserver sur soi une carte de crédit[259]. » À vingt-sept ans, Platini, connaissant mieux que quiconque ses limites physiques, sait qu'il vient d'assurer financièrement ses trois ou quatre dernières années sur un terrain. En outre, il a déjà assimilé les leçons de business de Genestar, également impresario de Michel Sardou, Coluche et Bob Dylan. Et dès 1981, il avait mis un pied dans le monde impitoyable de l'industrie en créant la société de vêtements de sport 10 Platini, dont le logo commercial avait été dessiné par le couturier ex-président du PSG Daniel Hechter. Et comme l'instinct le menant vers les filets, celui de l'homme d'affaires transmis par Genestar va lui faire déjouer la plupart des pièges tendus. À chaque ralentissement ou revers dans sa période « affairiste », Platini saura dribbler ou passer en retrait afin de ne pas subir le tacle assassin.

Après une bonne première année avec 10 Platini (15 millions de chiffre d'affaires), la suite est moins faste et les ventes chutent d'un tiers. Le patron Platini confie la fabrication à des « licenciés ». Il s'associera en 1983 à Patrick, concurrent féroce du numéro 1 mondial Adidas sur le marché des articles de sport, pour lancer des chaussures et des ballons siglés Platini. Chaque paire de crampons vendue (objectif deux millions la première année) ramène 2 francs au numéro 10. Avec une autre affaire, Grand Stade, le joueur se livre, avec des associés, au rôle d'actionnaire et de VRP de luxe depuis 1979. Pour doper les adhésions à ce complexe sportif des Pyrénées situé à Saint-Cyprien, Platini ne compte pas son temps. Il profite des journées de relâche à la Juve pour visiter et vanter le site sous les objectifs des caméras et devant les micros. Les difficultés de gestion du centre, totalement indépendantes de son implication personnelle, ne le rebuteront pas. Il appelle lui-même en renfort la société Thomson, qui injecte de l'argent frais dans les caisses et assure du même coup au joueur un joli pactole de 18 millions sur trois ans qui a, en contrepartie, l'obligation d'effectuer des tournées de promotion. Insuffisant. En mai 1988, Grand Stade perd son label de centre du football pour celui du tennis. Platini sort discrètement de l'affaire pour la laisser complètement à son propriétaire, la Caisse des dépôts et consignations.

Intelligemment, Platini gère son image à long terme et pas forcément là où on l'attend : « Ceux qui viennent me voir, déclare-t-il dans les années 1980, que mon nom intéresse, sont des gens pressés, qui cherchent à faire des coups [...]. De la pub dans le monde entier, d'accord. En France, non. Je raisonne un peu comme Delon et Deneuve. En Italie, il y a des pubs de Deneuve pour des voitures, pas en France[260]. » Soucieux de son indépendance, il privilégie sa vision des choses et fait fi des offres de gestionnaires d'intérêts, même les plus prestigieux comme IMG McCormack : « Il roule pour vous, vous assiste. Or je tiens à être partie prenante. Pas simplement pour l'argent. Pour le plaisir. Pour créer. Exister[261]. »

Au Stadio Comunale, Platini, qui a mis quelques mois à s'acclimater, prend progressivement les commandes du jeu de la « Vieille Dame » qui retrouve ses habitudes triomphales (Scudetto 1984 et 1986, coupe d'Italie 1983, coupe d'Europe des vainqueurs de coupe 1984, coupe d'Europe des clubs champions 1985). Au point d'en devenir le pion indispensable. Et par ricochet de voir céder à tous ses « caprices » Don Giovanni qui ne passe pas pour un ange[262]. Officiellement, Platini reçoit 800 000 millions de lires – soit 320 000 francs par mois – en 1985-1986, si l'on se fie au contrat que la Juve transmet à la Ligue italienne de football. Mais l'« Avvocato » avait déjà très vraisemblablement fait grimper les appointements annuels de son « Michel » à beaucoup plus. Ingénieusement, Platini fait planer l'incertitude à quelques mois de la fin de son contrat dans le Piémont. Il est même un temps question de signer avec les modestes mais coffrés Suisses du Servette de Genève. Les enchères montent d'elles-mêmes et Genestar laisse filtrer d'éventuels contacts avec plusieurs intéressés. Dans l'ordre décroissant de la folie, Berlusconi, le milliardaire de la télévision alors tenté par le Milan AC, aurait fait miroiter un phénoménal pactole sur deux ans (50 millions de francs de salaire annuel),

Naples se serait proposée pour la moitié, et Marseille (par Michel Hidalgo) pour un « comique » cinquième. Finalement, Platini restera un an de plus avec le club qui l'a consacré. Agnelli et le président de la Juve, Boniperti, convaincront le joueur que toute autre expérience ne serait qu'une ultime pige en or, sans panache. Ils lui assurent une dernière année sportive dans le meilleur club du monde et, tout de même, 7 millions de francs (1,5 milliard de lires) de revenu pour les douze mois à venir. Il est sur le podium des footballeurs les mieux payés du monde avec Maradona et... Luis Fernandez. Intraitable envers ses employeurs, Platini ne l'est pas moins avec le sentiment patriotique. Il continue à payer ses impôts au trésor public français alors que la loi l'autoriserait, au bout de deux ans, à profiter d'un régime plus favorable de l'autre côté des Alpes : « J'ai des scrupules. Je suis un bon Français[263]. » Sur la vague de la réussite balle au pied de son associé (ballon d'or du meilleur joueur européen 1983, 1984, puis un troisième en 1985), Genestar le lance en 1984 devant les caméras. Coproduite par Antenne 2 et la RAI et sponsorisée par Thomson, l'émission appelée également « 10 Platini » est diffusée en France et en Italie dans l'une et l'autre langue. La présence à l'antenne du meilleur buteur du championnat d'Italie et du récent championnat d'Europe des Nations transformé en animateur, et dont le compte en banque est au passage crédité de 3 millions de francs, ne provoque pourtant pas l'audience espérée et l'émission doit s'arrêter. Cette désillusion n'entame pas l'appétit médiatique du nouveau présentateur. Il rempile dans un schéma identique avec le duo Télé-Monte-Carlo/RAI, puis encore avec celui constitué par Canal+ et la chaîne commerciale italienne de Silvio Berlusconi, La Cinq. Cette dernière expérience s'avère extrêmement « enrichissante » et pas seulement dans le domaine de l'apprentissage audiovisuel : 200 000 francs par unité dans le portefeuille du footballeur.

Dans ces années de gloire sportive et de défi permanent, la force de Platini est tout entière résumée dans ce choix : « C'est en faisant beaucoup de choses à l'extérieur du football que je parviens à échapper à la pression », explique-t-il. Et d'ajouter que le hasard n'est pas pour grand-chose dans la réussite, en football comme dans le business : « Je prends soin de mes affaires. Je ne suis pas un patron potiche. » Ce que confirme Genestar, presque irrité : « C'est un pinailleur, il aime bien tout voir, suggérer, modifier. »

Un moteur usé (« Je n'avais plus d'essence dans le réservoir »), une lassitude générale (drame du Heysel) lui inspirent de prendre la tangente une après-midi de pluie au Stadio Comunale, le 17 mai 1987, à un peu moins de trente-deux ans.

Cette retraite, prématurée par rapport à beaucoup de très grands joueurs, coûte certainement très cher à Platini. Le président Agnelli, un peu réticent quand même, était prêt à prolonger son contrat de 5 millions de francs annuels. Un coup d'État fomenté par Claude Bez du côté de la fédération va le reconduire au terrain, seulement dix-huit mois plus tard, comme sélectionneur de l'équipe de France. Car les Bleus d'Henri Michel sont à ce moment (novembre 1988) en fâcheuse posture en vue du Mondiale italien 1990. La qualification est compromise et les sponsors sont très inquiets après s'être régalés en 1982 et 1986. Bez prend prétexte de la débandade sportive pour décréter, avant un Yougoslavie-France de la dernière chance, une sorte d'union sacrée autour du groupe. L'idée maîtresse : le retour de Platini, suprême recours, en entraîneur sauveur. Bez, qui vole de la sorte la vedette à Tapie, s'autoproclame super-intendant des Bleus – il ne le restera pas longtemps –, et promet une gestion « à la bordelaise ». Un coup de poker car on commence à jaser en Gironde. Le club décline en championnat, les frasques et les dépenses somptuaires du président agacent. Derrière cette attitude de façade (« je viens pour servir »), le moustachu place ses wagons, Platini en locomotive, et impose ses vues, ou plutôt ses jetons. Par exemple, son agence de voyages Mach 2 comme transporteur officiel des Tricolores. Ou encore le renfort de Jean-Claude Darmon, directeur national de la promotion de la ligue et de la fédération, dans le but de trouver chez les sponsors de quoi rémunérer... Platini. Il est envisagé – les caisses de l'avenue d'Iéna clignotent sur la réserve – de salarier chichement l'ancien numéro 10 et de lui attribuer – « discrètement » si possible et en fin de contrat – celui de fournisseur officiel de l'équipe de France via sa nouvelle ligne de vêtements. Finalement, la venue de Platini coûtera 600 000 francs par mois à la fédération. Pas négligeable comme différentiel : les 100 000 francs mensuels de Henri Michel faisaient nettement moins mal. Mais à la bourse des sélectionneurs, un Platini vaut apparemment six Michel...

Platini, Bez, Darmon et consorts se plantent sur le pré le 19 novembre 1988. Ces maudits Yougoslaves sans le sou sont impitoyables et le « traître » Susic (qui joue en club au PSG) enfonce les Bleus à cinq minutes de la fin (3-2). Adieu à la Coupe du monde où l'ex-Juventino aurait pourtant fait sensation dans son deuxième pays. Mais l'effet Platini n'a pas fait perdre Darmon qui a vendu ses panneaux publicitaires 1,8 million de francs. Ni TF1 qui s'est frotté les mains à la lecture de l'Audimat : plus de seize millions de téléspectateurs et 55,6 % de part de marché.

Platini plie mais ne rompt point, regonfle ses gars et la France connaît la plus belle série de son histoire : presque trois ans sans défaite. Trop beau, trop vite, un énorme coup de pompe en fin de course laisse l'équipc de Papin et Cantona sur le flanc au premier tour du championnat d'Europe des nations 1992. L'orgueil de Platini est atteint. Pas son prestige. Il se retire avant qu'on le salisse. La porte s'ouvre de nouveau à Canal+. La chaîne cryptée, enfin florissante, détient une part des droits de retransmission des Jeux olympiques de 1992 et l'exclusivité du championnat de France de football. L'essai de Barcelone est concluant. Les commentaires de Platini sont appréciés, y compris sur des sports dont il n'est pas spécialiste, tennis, basket ou judo. Charles Biétry a un nouveau consultant pour son fleuron : la D1 de football. Le contrat est signé sur la base d'1,5 million de francs pour quelques dizaines d'interventions par an au micro. Dès cette période, Platini a d'autres ambitions que de sillonner les stades de l'hexagone. Il lorgne sur la Coupe du monde 1998 que la FIFA a attribué à la France. Le génial numéro 10, qui voyait tout avant les autres, est aussi habile dans la manigance. Un stratagème médiatique monté avec l'aide du journaliste de France-Inter, l'influent Jacques Vendroux, remet Platini en lumière : les Français, interrogés par sondage, veulent l'ancien génie du ballon à la tête du comité d'organisation où le seul Fernand Sastre, malgré ses compétences, ne jouit pas d'une aura internationale suffisante. Comme Killy-Barnier à Albertville, le ticket Platini-Sastre est entériné aux manettes de France 98 par le gouvernement. Encore un duo de bénévoles. Sastre, l'homme du sérail, et Platini – c'est bien pratique –, l'homme que tout le monde reconnaît, reçoit, laisse entrer. Un jour, une réunion du comité bute sur une question : les chiffres financiers précis de la Coupe du monde 1990 manquent cruellement, le président du comité d'organisation de l'époque, Luca di Montezemolo, faisant de l'obstruction pour les communiquer. Platini intervient presque d'autorité : « Comment ça, vous n'arrivez pas à obtenir les chiffres italiens, je peux utiliser votre téléphone ?... Luca ! *come vai*[264]. » Quarante-huit heures après, Platini et Sastre sont reçus à Rome par di Montezemolo et repartent avec le dossier financier du Mondiale.

Le calcul de Platini est excellent. La Coupe du monde en France se passe aussi magnifiquement dans son organisation que dans sa finalité. À l'exception de la triste disparition en plein tournoi de Fernand Sastre. Ce que Platini n'a pu réussir sur le terrain, soulever le trophée, il l'obtient un peu par son action de couloir et par procuration dans le triomphe du capitaine Deschamps et de ses hommes. Juste avant l'historique 12 juillet, il n'oublie pas de s'associer en soutien de Joseph Blatter, qui est élu président de la FIFA. Le Suisse lui confère immédiatement le titre de conseiller spécial du président avec deux missions, la réforme du calendrier international et l'aide aux fédérations les plus démunies (projet « Goal »). Il s'acquitte de son rôle même s'il sait que Blatter ne l'a pas placé là pour rien. « Platini s'est lancé avec beaucoup de cœur dans toutes ces opérations vers le tiers-monde, mais quand il s'est rendu compte qu'elles servaient aussi et parfois même à acheter des voix pour l'élection de 2002 [Sepp Blatter à été réélu] il a pris du recul sans pour autant rien dénoncer[265]. » Platini voyage beaucoup et assure son gagne-pain en demeurant le consultant le plus choyé de Canal+. Il reste, à cinquante ans – il est né le 21 juin 1955 – en France l'homme-football, en ayant l'œil à tout (vice-président de la FFF représentant les sportifs d'élite) et sans qu'aucune grande décision ne soit prise sans au moins un début de son avis. Certainement rattrapé par le train-train, il s'est porté candidat en mars 2005 à la présidence de l'UEFA, devançant tous les autres prétendants. Sa position du moment, ses visions du milieu, ses ambitions pour un sport qui doit rester du sport, il les « brosse » au fil des années, toujours dans une droite ligne : « Je suis par exemple contre l'entrée en bourse, car pour moi les clubs ne seront jamais des entreprises[266]. » « J'ai toujours été un précurseur. J'ai été le premier à faire de la télévision, de la publicité, du journalisme, à marquer beaucoup de buts, à devenir coprésident du comité d'organisation de la Coupe du monde ou vice-président de la Fédération française [...] Ce qui me pousse à briguer la présidence de l'UEFA ? Je l'ai dit : la passion. Est-ce que j'ai besoin de ça pour vivre ? Non. Qu'est-ce que ça me rapportera de plus en notoriété ? Rien. En argent ? Moins qu'aujourd'hui [...] Aujourd'hui la coupe d'Europe est faite pour que Milan rencontre la Juve en finale, je ne suis pas d'accord. [...] Faisons attention aux dérives. Je ne sais pas si je réussirai mais j'essaierai de faire quelque chose. [...] Je ne suis pas contre le fait que les joueurs gagnent beaucoup d'argent. Je suis contre ceux qui n'ont pas d'argent et qui paient cher les joueurs[267]. »

Celui que Marguerite Duras avait couronné du nom de « l'Ange bleu » n'en est plus un. On lui accolerait plus justement la réflexion du chroniqueur québécois Jean Dion : « Dans le sport professionnel actuel, il est deux certitudes : sans fric, on ne va nulle part, mais avec du fric, on ne va pas nécessairement quelque part[268]. »

LES GRANDS ARGENTIERS DÉJANTENT : LAGARDÈRE ET LES INFLATIONNISTES

Selon la théorie moderne, mais déjà remise en cause en ce début de troisième millénaire, et baptisée ironiquement « big-bang » par l'astrophysicien britannique Fred Hoyle, l'univers serait né il y a quinze milliards d'années dans une explosion intersidérale colossale. Condamnée par Hoyle lui-même, qui croit à l'évolution d'un monde en régulière expansion, il nous est plaisant de faire revivre cette thèse en l'appliquant à la déflagration du sport des années 1980. Et en particulier au football qui, en comparaison des températures volcaniques d'aujourd'hui, vivait sans le savoir son ère glaciaire. L'élément évolutif du réchauffement s'appelle Jean-Luc Lagardère. Dans le football, personne ne l'attend ni même le demande. L'homme s'est certes fait connaître dans le sport automobile deux décennies plus tôt en créant l'écurie Matra Sports, servant de vitrine sexy à l'entreprise d'aéronautique et de missiles Matra, austère et inconnue du grand public, dont il est le directeur. Le succès a été au rendez-vous avec des lauriers de prestige comme les 24 heures du Mans (trois fois) et même un titre de champion du monde de Formule 1 en 1969. L'aventure victorieuse et la renommée ayant produit sur la maison mère de beaux retours financiers, Lagardère se range en 1974 des voitures. Des objets pour qui, dit-on, il ne nourrit pas une passion vibrante, contrairement à celle des chevaux[269] auxquels il consacrera de véritables fortunes.

Lagardère revient au sport en 1982. Il est entre-temps devenu le grand patron de Matra qu'il a élevé au rang le plus haut dans l'industrie spatiale mondiale. Le Gascon a pris Paris. Et l'entreprise s'est étoffée d'une ribambelle de satellites, entre autres dans l'édition avec Hachette ou les médias avec Europe 1. On parle à cette époque de l'empire Matra qui deviendra plus tard Matra-Hachette. Alors, après tout, pourquoi pas le football qui peut s'avérer d'une grande utilité dans un monde des affaires qui lui ressemble dans sa dimension d'universalité. Puisqu'il ne détient aucun intérêt dans le secteur, il lui faut partir de quelque chose, et Lagardère lance ses têtes chercheuses électroniques sur une cible toute faite en réveillant le légendaire Racing de Paris, endormi depuis des années et qui végète en division 2. En quelques manœuvres hardies impossibles à d'autres que lui, Lagardère avale les structures et les joueurs du Paris FC qu'il verse dans un tout nouveau Racing Paris 1. Pour faire du neuf, rien de tel que du vieux. Et Colombes, plus vieille antiquité des stades français, est remis au goût du jour, ainsi que le célèbre maillot bleu et blanc. En deux saisons, l'élite est atteinte. Mais alors que le Racing a opté pour le plus fonctionnel et rentable Parc des Princes, l'équipe termine la saison 1984-1985 à une humiliante dernière place et retrouve la D2. Trois ans pour revenir au point de départ ! Un camouflet qui entraîne chez le grand capitaine une réaction d'orgueil. D'autant plus violente que dans cette période le rival voisin, le PSG, respire la santé en championnat, dont il ne quitte plus les places d'honneur, en coupe de France avec deux victoires et une finale en quatre ans, et même en coupe d'Europe où il titille les grands comme la Juventus de Platini.

Juin 1985, JLL prend donc une décision qui sera lourde de conséquences pour l'économie du ballon rond tricolore. Maxime Bossis est l'arrière gauche ou libero de Nantes et de l'équipe de France. D'une qualité sportive incontestable et d'un professionnalisme exemplaire. L'homme est toutefois réservé et n'est pas connu pour ses talents de meneur. Il est pourtant choisi par le grand patron pour remettre le train du Racing sur les rails. Avec à la clé, pour l'arracher à son club de toujours, le plus gros contrat de l'histoire du football français. Le grand Max, qui va évoluer pour la première fois de sa carrière dans une formation de division inférieure, s'engage au Racing pour une durée de quatre ans, contre un salaire mensuel de 300 000 francs et des promesses écrites de mirifique reconversion dans le groupe ! Le milieu, vite au courant de cette explosion fiduciaire, est en émoi. Les chiffres vont s'envoler. À peine un an plus tard, Jacques Thébault, l'administrateur de la Ligue du football professionnel, s'attristera : « En fait, tout le monde a recalculé son salaire en fonction de l'information nouvelle. S'il touche tant, moi je dois bien pouvoir demander ça[270]. » Toutes proportions gardées, compte tenu que son équipe va jouer en division 2, Bossis devient le footballeur français – peut-être même du monde – le mieux rémunéré de tous les temps. Platini, qui lui porte à la Juventus le maillot de la plus prestigieuse équipe du monde, touchera en 1985-1986 à peu près la même somme que son collègue des Bleus, égaré dans un club dont la cote sportive est probablement inférieure à cinq cents autres, rien qu'en Europe. Lagardère ne s'arrête pas là. Le Racing reprend l'ascenseur dans le bon sens l'année suivante et une cohorte de vedettes internationales sont invitées à rejoindre le wagon d'or. Avec une politique d'entreprise tout à fait nouvelle. Chaque joueur étranger embauché doit correspondre avec un pays ou un continent pour lequel des contrats de Matra sont en jeu. Avec des salaires eux aussi en ascension verticale dignes d'engins lancés par Matra, Littbarski (Allemagne), ou Francescoli et Ruben Paz (Uruguay) prennent ainsi, en 1986-1987, le chemin du Parc des Princes, où s'alternent les rencontres du Racing et du PSG. Mais, en point d'orgue de cette année déjà chargée, une fusée interplanétaire décolle de la base d'envol. Luis Fernandez, le milieu de terrain du PSG néo-champion de France, est annoncé au futur Matra-Racing, c'est en effet ainsi que le club est désormais baptisé. Encore une nouveauté que l'on ne reverra d'ailleurs jamais plus en football. Aucun organe de contrôle ne viendra jamais contrer cette dénomination ouvertement commerciale. Fernandez crève tous les plafonds. Sa fiche de paie fait état de rentrées mensuelles de 700 000 francs. Seul sur la planète, Diego Armando Maradona, la superstar argentine aux pieds magiques qui fait tourner la tête de Naples, de l'Italie, de l'Europe, de l'Argentine et du monde entier, peut prétendre rivaliser en terme d'émoluments. Jean-Louis Piette, le directeur général du Matra-Racing qui exécute sans broncher les ordres de son maître, et qui en prend systématiquement la voix, justifie la démesure : « Nous investissons, et le football reste le meilleur et le moins cher moyen de se faire de la publicité institutionnelle. Nous voulons nous en servir pour améliorer notre notoriété, pour vendre nos produits et améliorer nos résultats. Nous allons faire aussi bien que la Juventus et Barcelone et nous devons être régulièrement parmi les favoris de la coupe d'Europe. » Les résultats sur le terrain restent décevants même avec l'arrivée d'un « investissement » supplémentaire, Artur Jorge, l'entraîneur portugais des nouveaux champions d'Europe du FC Porto. De 1987 à 1990, le Matra de Lagardère ne connaîtra en championnat que de très rares embellies, toujours suivies de chutes brutales au classement : 13e, 7e, 17e et 19e. La coupe d'Europe restera à l'état du pur fantasme. Bossis donnera des explications de cette mauvaise mayonnaise dans une interview-vérité en 1989[271] : « On ne s'est jamais identifiés ni au Racing, ni au Matra. On n'était que des employés. Unis malgré tout par un projet : bâtir un grand club, mais de manière artificielle. » Quant aux motivations profondes du pieux chevalier Lagardère, comme l'appelle Jacques Goddet dans son *Équipée belle*[272], l'ancien patron du Tour de France et de

L'Équipe pendant soixante ans et qui ne pouvait pas être taxé d'inexpérience dans ce domaine, en perdait son latin : « Mais pourquoi se lancer dans ce satané football où il perdit et son âme et son fric ? J'avoue que je me suis moi-même beaucoup interrogé sur les raisons si coûteuses (pas de fausses factures ni de sociétés écran, ni de subvention municipale !) et les finalités de pareille intervention. La passion selon Jean-Luc ! » Mais Goddet, intime du couple Lagardère, fournit en 1991 des éléments d'explication : « En fait, mon astucieux Jean-Luc se servait de ses ouvriers du ballon rond pour vendre son matériel de transport [en l'occurrence le VAL, le tramway automatique ; Goddet évoque la discussion dont il a été témoin entre le patron du Matra-Racing et Pierre Mauroy, le maire de Lille, dans les tribunes du Parc des Princes lors d'un match Racing-Lille]. Il se mettait en état de prétendre que, budgétairement, il y gagnait[273]. »

Après cette aventure de sept ans sans exemple, Matra – et donc Lagardère – jette l'éponge en 1990. Le bilan est terrifiant. Pour l'entreprise, au premier chef, qui dans l'histoire s'est délestée sans le moindre retour de 500 à 600 millions de francs. Le contribuable au moins n'a pas été lésé, chose unique dans les annales du football professionnel aux quelques faillites retentissantes. À mettre donc au crédit de JLL, qui n'a jamais sollicité le moindre sou de la mairie de Paris ni des gouvernements en place. À qui il aurait pu, au vu de ses amitiés gaullistes historiques, quémander, comme nombre de ses collègues du football, des subventions à la pelle. Autre bon point, l'absence de casseroles ou d'irrégularités dans la gestion, et des comptes à rendre aux seuls actionnaires. La seconde conséquence est à l'échelle macroéconomique, du football s'entend. La « Lagard'ère », c'est-à-dire la période courant de 1982 à 1989, entraîne une inflation sans pareille du salaire moyen des joueurs professionnels qui passe de 23 000 à 80 000 francs. La masse salariale du foot pro saute de 233 à 545 millions de francs. Les spectateurs ne viennent pas plus nombreux dans les stades, avec cette fameuse moyenne de dix mille par match de D1 qui ne varie pas depuis des dizaines d'années. Et malgré les rentrées publicitaires (+ 100 millions) et la manne télévisuelle (+ 195 millions essentiellement grâce à l'arrivée de Canal+) le déficit global explose en toute logique, montant de 90 à 260 millions de francs. Le cercle infernal ne s'arrêtera plus jusqu'à aujourd'hui. Les déconfitures les plus tapageuses du Matra-Racing, de Bordeaux puis de Marseille, avec les extraordinaires dérives mafieuses de ces deux derniers, seront des détonateurs de la création de la DNCG (Direction nationale du contrôle de gestion) en 1990. L'organisme dépendant de la FFF ne pourra pas grand-chose contre les folies des dirigeants mais aura le mérite de limiter la casse.

Si Jean-Luc Lagardère n'est pas le premier industriel à s'essayer dans le sport, la technique date de la nuit des temps, il est le seul à avoir misé autant sur un numéro à la roulette. D'autres, comme Giovanni Agnelli en Italie, avaient compris que l'empressement ne servait pas le résultat, que patience et longueur de temps faisaient plus que force et que rage. Il est vrai que le patron de Fiat avait été plongé beaucoup plus tôt dans le bain du ballon que son malheureux collègue.

Dans la roue de Lagardère, se profile en Europe une grappe d'industriels qui veulent, eux, réussir. Le plus en vue, le plus haï aussi d'Italie, Silvio Berlusconi, rachète en 1986 le grand Milan AC. Le bas de laine du club lombard est décrépi et sa réputation s'est singulièrement défraîchie, en 1981, lors du procès des matches truqués du Totonero. La méthode s'appuie sur des recettes semblables à celles du capitaine français, les deux hommes se croiseront dans la consternante épopée de la chaîne La Cinq. À la différence que Berlusconi s'implique lui-même de très près dans le fonctionnement du club. Depuis 1976 et un arrêt de la Cour de cassation italienne, dans lequel il s'est rué, Berlusconi s'est forgé un empire télévisuel privé – une télévision à paillettes pour ses adversaires – visant à détrôner la publique RAI. Son holding Fininvest, qui surplombe un fatras de sociétés pas toujours très apparentes, lui octroie en tout cas des garanties bancaires sans limites et des milliards de lires à crédit. Infiniment mieux que Tapie, en tout cas beaucoup plus longtemps, il incarnera, selon l'expression de Jean-Pierre Le Goff, cette si trouble « idéologie managériale ». Sua Emittenza (jeu de mots qui signifie Son Emetteur, au lieu de Sua Eminenza, Son Éminence) embauche à grands frais les vedettes néerlandaises Gullit, Van Basten et Rijkaard. Ruud Gullit sera le plus choyé, avec un renouvellement de contrat en 1988 lui assurant 2 millions de francs par mois pendant quatre ans et une prime supplémentaire de 40 millions. Van Basten, un tout petit peu plus tard, fera l'objet de largesses au moins équivalentes. Berlusconi, quand on lui demande alors si des bornes aux salaires des étoiles du football ne seraient pas salutaires, s'indigne : « La limite, c'est la réalité du marché et l'adéquation avec la logique de l'entreprise. Je ne comprends pas les moralistes. Trop d'argent ? Mais par rapport à quoi [274] ? » Ce trio précédera un flot ininterrompu de transferts plus clinquants les uns que les autres. À tous points de vue, l'ère Berlusconi est à peu près sans comparaison dans le football planétaire. Les dix-sept ans (de 1986 à 2004) qu'il passera à la tête du Milan feront du club rossoneri le plus titré dans le monde sur cette période. Avec son joyau milanais, la série A italienne concentrera l'attention cathodique de dizaines de pays et attirera une source phénoménale d'argent en droits télévisuels. Sur lesquels il prendra une part royale avec son trust de chaînes Mediaset. Mais la personnalité à l'abord bonhomme du Cavaliere cache un impitoyable Citizen Kane sacré par le mensuel *Forbes* l'homme le plus riche de la botte, et la troisième personnalité la plus influente du monde. Berlusconi ne s'embarrasse pas de principes. Ou de manière plus générale à s'allier aux partis néofascistes pour conquérir le pouvoir suprême, politique celui-là, d'abord de manière éphémère en 1994, avant de s'écrouler sous les scandales, puis plus solidement en 2001. Un pouvoir que beaucoup verront comme la seule échappatoire à la chute, tant le passé risquait de lui retomber sur le dos dans le cas contraire. L'auto-amnistie de 2001 sera « l'acte fondateur » du Premier ministre Berlusconi. Puis, pour ne pas complètement prendre les contribuables italiens pour des imbéciles, le Premier ministre cédera, nominativement s'entend, sa place de président du Milan AC à son homme de confiance, Adriano Galli. La marionnette du Cavaliere sera même promue, dans un affligeant mélange des genres, numéro 1 de la Ligue professionnelle italienne. Avec Berlusconi, ses prodigalités, sa soif de reconnaissance et ses combinazione, le foot-business a gagné chèrement ses galons. Et récolté ses plus gros ennuis. Le football italien est aujourd'hui le plus malade du monde, cumulant les déficits les plus abyssaux.

Au jeu des milliardaires à la recherche de l'Eldorado du sport, les gains sont rarissimes. Au fur et à mesure des échecs des uns, les suivants veulent se prouver qu'ils sont enfin en mesure de toucher le gros lot. Les années 1990 seront pourtant et encore une grande foire aux illusions. Les raisons qui poussent ces personnages très au-dessus de l'ordinaire à venir se frotter au populo sont aussi mystérieuses que lumineuses. Un consultant en marketing, Michel Desbordes, éclaire le jeu : « C'est une des caractéristiques du sport. Il fascine les chefs d'entreprise qui veulent être présents sur les terrains. Sauf que les milliardaires, eux, ne se contentent pas de le sponsoriser, ils l'achètent. » Et pourquoi le sport et pas la politique ? « Le sport leur offre une immense reconnaissance populaire, peu soumise à la contestation, ce qui n'est par essence jamais le cas de l'engagement politique[275]. » Voire. À l'aube du XXIe siècle, nombre de tycoons propriétaires de clubs évitent les tribunes qui leur appartiennent et où le risque d'être copieusement sifflés après un match fade de leurs ouailles est si grand.

À l'époque où, quand ils sont – souvent – tonitruants, les résultats boursiers sont brandis en lauriers, on ne connaît que peu d'industriels ou magnats qui se soient glorifiés dans les vingt dernières années de tels exploits dans le sport. En injectant des pans de leur fortune dans le football, le football américain, le base-ball, le hockey ou ailleurs, les magnats ont pris le bouillon. Aux États-Unis, Paul G. Allen, cofondateur avec Bill Gates de Microsoft, et à peine plus léger en dollars (20 milliards) que son pote de bureau, déverse des sommes jamais vues (probablement autour d'un milliard de dollars) dans la NBA (Portland Trail Blazers en 1988), puis dans la NFL (Seattle Seahawks en 1997) et la voile (coupe de l'America, pour le défi America One en 2003). Autant de naufrages comptables. Si, outre-Atlantique, quelques grands hommes d'affaires plus avisés qu'Allen, comme le pétrolier Malcolm Glazer (rachat en NFL, en 1995, des Tampa Bas, d'une valeur trois fois supérieure en 2003, participation en Europe de 16 % dans Manchester United, seul club de football du monde à avoir réussi son entrée en bourse) ou le dirigeant de sociétés aéronautiques George Steinbrenner (son holding YankeeNets est valorisé à un milliard de dollars en 2003, trente ans après avoir misé 10 millions de dollars sur le club de base-ball des New York Yankees) retombent sans fêlures sur leurs pattes, un tombereau de malheureux big boss s'éparpille en Europe sur des voies de garage. En Angleterre, Mohamed Al-Fayed, le propriétaire égyptien des grands magasins Harrod's, à la recherche obstinée de la nationalité britannique et d'une respectabilité, poursuit désespérément depuis 1997 sa première livre sterling de bénéfice (150 millions d'euros investis dans le club de football de Fulham, 50 millions d'euros de déficit). En Italie, les fabuleuses ressources de Massimo Moratti, acquises dans le pétrole, se dissolvent depuis 1995 à l'Inter Milan à travers des transferts de joueurs plus innombrables et démentiels chaque année, 600 millions d'euros partent en fumée. Son collègue Sergio Cragnotti, prince de l'agroalimentaire, fait dans un premier temps de la Lazio de Rome un concurrent sérieux à la Juventus et au Milan AC, introduit son club en Bourse puis finit en prison pour banqueroute. Chez nous, les François Pinault (groupe PPR à Rennes), Robert Louis-Dreyfus (à Marseille), Yves de Chaisemartin (Socpresse à Nantes), Jean-Marie Messier (Vivendi au PSG), pour n'en citer que quelques-uns, ont brûlé leurs ailes. L'environnement du football français des années 1990 jusqu'à aujourd'hui a, il est vrai, compté des motifs de s'y intéresser de près. Marché en développement exponentiel des droits télévisuels, Coupe du monde 1998 et son effet dopant sur la publicité, courbes en croissance des spectateurs dans les stades, arrêt Bosman et ouverture illimitée du marché des joueurs, opportunité – encore bloquée – de la capitalisation boursière, droit éventuel de commercialisation du droit d'image individuel des clubs, produits dérivés, arrivée du numérique et de l'Internet... Les trois premiers facteurs ont le plus pesé dans l'immersion des grands patrons hexagonaux dans le football. Pourquoi ces grands patrons, pas si fous et si bêtes dans leurs activités de base, se sont-ils si somptueusement plantés ? Pourquoi, en disposant d'un pactole si confortable (pour simplifier, le chiffre d'affaires du football professionnel français était de 160 millions d'euros en 1996 et de 2,867 milliards d'euros en 2002, soit un rapport de un à dix-huit en six ans !), ces hommes si avisés continuent avec une telle régularité à contribuer au déficit sans fin (300 millions d'euros en 2002). Mais pourquoi ces hommes, « à peine aux commandes d'un club, [...] semblent perdre toute notion d'équilibre comptable et de juste allocation des ressources dès lors qu'il s'agit de s'offrir l'attaquant vedette de la Juventus ou l'avant-centre du Real Madrid[276] ? » On serait tenté d'aspirer, comme le pense le producteur Michel Seydoux qui s'est lui aussi coupé un doigt de pied dans le football – au LOSC en 2002 – en y dépensant 40 millions de francs, à ce que l'on puisse « gagner de l'argent dans le foot puisque l'on connaît ses recettes en début de saison. Le reste n'est que mégalomanie et dérapages[277]. » Mais non, ces messieurs s'entêtent à longueur d'années. Ils font appel, le plus souvent, à leurs conseils d'administration qui leur accordent des rallonges continuelles, aux fins de payer des salaires, dont la proportion par rapport aux budgets s'accroît chaque année (60 % du total en 2001, contre moins de 50 % en 1988) et de satisfaire la vox populi par des dépenses en transferts confinant à la folie.

Pour terminer, lisons presque en intégralité, même s'il y existe quelques longueurs, le paragraphe titré « Les "investisseurs à fonds perdus", source de déséquilibres » du rapport sénatorial du 17 juin 2004, intitulé curieusement *Quels arbitrages pour le football professionnel français ? Les problèmes liés au développement économique du football professionnel* :

« Les investisseurs, quant à eux, présentent une grande diversité de profils. De nombreux intervenants, les plus puissants, ne se plient pas pleinement aux règles usuelles du jeu économique. On n'évoque pas ici les dérives avérées qui constituent la pathologie d'un football aujourd'hui insuffisamment encadré, mais plutôt le constat que les stratégies des investisseurs y sont fréquemment singulières. En particulier, l'objectif et la contrainte de rentabilité, qui sont de règle dans la vie économique, ne sont souvent pas primordiaux. Quand les investisseurs ne sont pas purement et simplement animés par des motivations extra-économiques, de prestige notamment, ils peuvent considérer leur présence dans un club comme un investissement au service d'autres objectifs économiques.

L'analyse des participations au capital des plus grands clubs français, qui montrent la surreprésentation de groupes de communication ou de distribution, suggère qu'elles répondent souvent à une stratégie de communication plus globale où les retours financiers attendus dépassent largement le seul club concerné, quand il ne s'agit pas d'obtenir un pouvoir d'influence sur des décisions prises par les instances du football dans le cadre de stratégies concernant des secteurs économiques tiers. On fait ici allusion aux organismes intervenant dans le domaine audiovisuel.

En dehors des conflits d'intérêts, qu'il faut toujours envisager, le comportement économique des acteurs du football professionnel, dont l'engagement n'est pas limité par la contrainte financière d'un retour sur investissement, perçu à travers les retombées commerciales directes du football, est un élément majeur de perturbations sur le plan commercial, économique, financier et sportif, qu'il est du devoir d'un régulateur de corriger.

L'intervention de mécènes, de "magnats" ou, pour employer un concept plus économique, d'"investisseurs à fonds perdus" dans un secteur économique représente un problème important. Cette affirmation peut sembler paradoxale puisque, on l'a indiqué, l'équilibre financier du football, et plus encore celui des clubs les plus engagés financièrement, sont étroitement dépendants du soutien financier de tels investisseurs. Ainsi, on peut estimer que ceux-ci, en représentant la clé de voûte du système, contribuent à sa régulation. C'est ainsi d'ailleurs que les organes en charge de cette régulation présentent souvent leur contribution. Ainsi du conseil d'administration de la LFP qui, dans ses commentaires des statistiques financières de différentes saisons, se félicite de façon récurrente de la forte contribution des actionnaires au maintien d'une situation nette positive.

Cette approche, sans doute justifiée d'un point de vue comptable, n'est pas justifiable d'un point de vue économique. Il faut éviter de confondre les opérations de comblement de passifs que traduisent les interventions d'"investisseurs à fonds perdus" et une action de régulation qui devrait précisément se donner, parmi ses objectifs, de prévenir l'existence de pertes systématiques.

Il faut aller au-delà et mettre en évidence les effets pervers, pour le système économique du football, d'interventions financières à fonds perdus. Leur existence traduit un phénomène de mise entre parenthèses de la contrainte financière, qu'on peut illustrer en évoquant la période désormais révolue où les États finançaient leurs déficits par recours à la création monétaire. On sait que, dans une telle situation, les déséquilibres financiers deviennent structurels et que s'enclenchent des spirales inflationnistes.

De tels enchaînements sont à l'œuvre dans le football, dont témoigne la hausse des coûts salariaux.

Pour prolonger la comparaison avec le recours à la "planche à billets" par les États, on doit aussi souligner une caractéristique de tels processus : leur caractère insoutenable à terme. Si, pour les États, une certaine durée peut être nécessaire pour que cette insoutenabilité se révèle, il n'en va pas nécessairement de même pour des investisseurs privés intervenant à fonds perdus dans le football.

[...] Les investissements à fonds perdus sont d'autant moins une solution, et d'autant plus un problème, que leur intervention contamine les autres acteurs, c'est-à-dire ceux pour lesquels la contrainte financière n'est pas absente des décisions d'investissement qu'ils prennent, à travers la hausse des coûts qu'ils subissent et les conséquences financières de l'inéquité sportive associée à de trop grands écarts de position par rapport à la contrainte de rareté économique.

[...] Votre rapporteur estime que cette situation représente une grave distorsion de concurrence, source de déséquilibres compétitifs et économiques qu'il convient de rationaliser.

[...] Sans poursuivre plus avant cette réflexion juridique, force est de souligner que les motifs économiques qui fondent la position des autorités de la concurrence face aux aides d'État devraient conduire de la même manière à souligner les effets pervers des interventions des investisseurs à fonds perdus et à entreprendre de les limiter. »

En décrypté, les mécènes viennent au football pour toutes les raisons, excepté le football. Ils investissent dans le football, mais pas pour son bien. Ils ne font que déréguler un système malade et qu'ils ne font que rendre plus débile encore. Ces sénateurs sont décidément toujours aussi sages et prévenants. Malheureusement, et toujours comme l'écrivait ce bon Jean-Jacques Rousseau : « L'expérience instruit toujours [...] mais elle ne profite que pour l'espace que l'on a devant soi. Est-il temps au moment qu'il faut mourir d'apprendre comment on aurait dû vivre ? »

Années 1990

Les sportifs se paient la planète

Certains sportifs rentrent, dans les années 1990, au sein d'une catégorie nouvelle. Celle de personnes qui vont gagner plus d'argent de leurs activités annexes que de celle qui en a fait des vedettes. À de très rares exceptions près, au XXe siècle, les sportifs ont dû se contenter de gérer leur après-carrière. Carrière finie ou chevauchant leur retraite, les exemples d'un René Lacoste créant un empire dans la chemisette de sport ou un Arnold Palmer amassant des revenus colossaux dans ses nombreuses entreprises et dans la conception de parcours de golf se comptent sur les doigts d'une main. Ces supers champions l'ont été peut-être plus encore dans des domaines extra-sportifs. En tirant des profits extraordinaires de leur deuxième vie où ces hommes exceptionnellement complets se sont épanouis aussi remarquablement que dans la première.

Année 1989. Earvin Johnson, baptisé « Magic » par la presse américaine, est le basketteur le mieux payé des États-Unis. Devant le scoreur infernal Larry Bird et le nouveau phénomène planeur, Michael Jordan. Magic a été traité d'enfant gâté dès ses débuts aux Los Angeles Lakers par son coéquipier Kareem Abdul Jabbar. L'homme au bras roulé incontrable n'avait pas supporté les 2 millions de dollars annuels versés par son club au jeune rookie. Magic est en 1989 sous contrat avec la marque d'articles sportifs Converse.

Aux questions de *L'Équipe Magazine*, le plus génial passeur de toute l'histoire de la NBA répond :

« *Combien te rapporte ton contrat avec Converse ?*

— Je ne sais pas, je ne peux pas te le dire exactement. Mais c'est pas mal. Oui, pas mal...

Autant que ton salaire avec les Lakers ?

— Non, tout de même pas. Michael Jordan est le seul à pouvoir ramasser autant avec ses différents contrats.

À part Converse, qu'as-tu d'autre ?

— Pour le moment, c'est mon seul contrat. »

De cette interview de février 1989 il ressort, comme le ferait une image satellite, la situation météorologique de la planète sport de l'époque. Changement complet de temps, visible seulement à très haute altitude. L'Histoire a basculé. Le contrat publicitaire de Magic passe pour de l'argent de poche. Ceux du super showman Jordan ont inversé les schémas des revenus sportifs depuis 1984, année du tournoi olympique remporté par les USA et son pois sauteur de l'université de North Carolina, Jordan. Les dunks, comme l'on commence à dire, de l'homme volant lui valent de signer cette année-là des contrats publicitaires équivalents à plusieurs millions de dollars annuels pour un salaire de 750 000 aux Chicago Bulls qu'il vient d'intégrer. En 1988, ce sont 7 millions de dollars venus des marques qui tombent dans son panier (d'oseille). Les Jeux de Barcelone donnent, si besoin est, un coup de fouet supplémentaire au marketing du basket NBA. Le trio Jordan-Nike-NBA en sera le grand gagnant. En écrasant le tournoi qu'ils agrémentent de leurs tours de passe-passe et leurs sourires made in USA, les joueurs de l'« équipe de rêve » racolent le chaland. À partir de cet instant, tout ce que touche ou frôle Jordan prend les formes d'une caisse de lingots. Son club, avec qui il truste les titres et les honneurs, pèse en 1995 un milliard de dollars (dix fois plus qu'en 1984), crache un bénéfice net annuel de 30 à 40 millions et fait salle pleine à Chicago depuis 1988, autrement dit vingt mille personnes plus de cinq cents fois d'affilée ! Le plus célèbre des numéros 23, évidemment sportif le plus riche de la planète plusieurs années de suite, déteint sur ses petits camarades de la NBA qui engrangent alors en moyenne 2,5 millions de billets verts par an (quatre fois plus que dix ans plus tôt). David Stern, patron de la NBA qu'il commercialise génialement, peut s'enorgueillir depuis son accession en 1988 d'avoir façonné la plus belle pépite de tous les temps avec son organisme. Une pépite dépendant largement de Jordan, dont le seul écot au marchandisage mondial de la NBA se monte à 40 %. Même la première retraite de l'homme aux mains d'argent, en 1994, ne fait qu'émietter les audiences de la chaîne NBC de Dick Ebersol, qui détient les droits télé du meilleur championnat de la planète (soixante millions de téléspectateurs aux États-Unis lors des play-offs). En pleine gloire, le second retrait des parquets de Jordan, en 1998, laissera, on le comprend, ces messieurs en pleine déprime. Ils se réconforteront en 2001 pour le dernier come-back de MJ aux Washington Wizards, où à trente-huit ans il offrira gratuitement (son salaire sera versé aux victimes du 11 septembre) ses services à une franchise délaissée depuis trente ans par les hommes d'affaires du ballon orange. L'année de Jordan dans la capitale fédérale dopera une dernière fois les audiences de NBC qui grossiront de plus de 40 % grâce à sa seule présence.

Michael Jordan est indissociable de l'histoire de Nike et vice versa. Jamais un sportif n'aura tant influencé une firme. Jamais, et peut-être avant longtemps, une firme n'aura tant misé et gagné sur un sportif. Dans *L'Équipe Magazine* du 9 août 1997, la stratégie du fabricant est résumée : « Dès 1973, avec Ilie Nastase, son premier homme-sandwich, Nike a habilement utilisé ce mélange d'innovation et de communication où le produit devient une star et la star un produit. Pour son premier contrat en 1984, Michael Jordan touche 15 millions de francs sur cinq ans. Mais surtout, à partir de quatre cent mille paires, il accumule les royalties. Deux millions huit cent mille Air Jordan ont été vendues depuis. En 1989, le basketteur signe un nouveau contrat avec Nike pour 120 millions de francs, qui lui garantit que Jordan jouera pour elle jusqu'à la fin de sa carrière. » Au-delà du pur phénomène commercial, Jordan stupéfie les économistes qui n'avaient pas encore déniché un pareil cas. En 1998, le magazine *Fortune* calcule, dans un article titré « L'effet Jordan », l'impact monétaire des exploits du dieu vivant à la langue pendante sur l'économie américaine : 10 milliards de dollars en quatorze ans, dont environ la moitié pour Nike ! Un tel ouragan laisse des dégâts après son passage. Et la NBA ou Nike auront dans les années suivant la retraite de Jordan toutes les peines du monde à garder le même cap dans leurs résultats bilantiels.

Au milieu des années 1990, les quarante sportifs les mieux payés dans le monde touchent à eux seuls 3 milliards de francs, dont le tiers en revenus publicitaires. Quoi de plus normal ? Les pics d'audience du sport sont plus élevés partout dans le monde que le cinéma, le divertissement ou l'information, et les programmes sportifs sont donc le secteur le plus ciblé par les chercheurs de profits. En une quinzaine d'années, de 1980 à 1994, le temps d'antenne consacré au sport en France passe de mille à trois mille heures. En 1993, toujours en France, la télévision paie au football plus que ce que ramènent les recettes aux guichets. Cette même année, dans son rapport *Sport et télévision*, Jacques Ferran n'hésite pas à proclamer que Canal+, qui a accédé au PAF en 1984, est « devenu en peu de temps le cogérant de notre sport ». Là gît en effet le véritable tournant du siècle. Ferran insiste : « [...] Des deux partenaires, celui qui devient l'obligé – et parfois l'otage –, c'est le sport. Puisque la télévision exhibe, magnifie et finance l'événement sportif, comment ne serait-elle pas tentée de l'amender, de le maîtriser, et même de le produire[278] ? » C'est ce qui se passera au début des années 2000. Qui peut aujourd'hui contester que la chaîne cryptée n'est pas la grande prêtresse du foot dans l'hexagone ? Quand elle décide de l'horaire des matches, du calendrier, de la reprise d'un club en faillite. Quand, à longueur d'années, le téléspectateur sous hypnose – les commentateurs de Canal ne cessent d'affirmer que le match retransmis est de bonne qualité et s'esbaudissent des notes attribuées en fin de match par SMS payant – est persuadé que le spectacle continuel des matches de Ligue 1 est le plus superbe qui soit. Alors que tout amateur objectif peut réaliser que le volley-ball féminin, entre des myriades d'exemples, n'a rien à envier au spectacle fourni par les vingt derniers PSG-OM. L'auteur de ces lignes met au défi quiconque de lui prouver que les matches de la Ligue mondiale féminine de volley ne sont pas infiniment plus spectaculaires que la plupart des matches de Ligue des champions ?

Qui peut nier enfin que nombre de champions de ces années 1990 ont été « fabriqués » en vue d'être vendus en spectacle ? En patinage, Surya Bonaly, patineuse athlétique, a été modelée par TF1 en patineuse artistique avant de sombrer dans un tragique oubli. Depuis que le patinage n'attire plus autant d'audience, la plus grosse chaîne européenne n'a pas renouvelé ce genre d'opération, sauf peut-être en soutenant Philippe Candeloro (un million de francs par an), jouet pitoyable entre les mains de ses managers qui par obligation le produisent dans les émissions de Jean-Pierre Foucault ou Patrick Sébastien. Un Candeloro au demeurant très populaire et qui fait vendre. Par le biais d'un nouveau concept, né lui aussi dans ces années : l'image. Terme général qui prend à cette époque un sens commercial. Car l'image du sportif est alors en mutation. Les footballeurs, athlètes, skieurs ou même judokas et escrimeurs lors des Jeux, sont si présents à l'antenne que le téléspectateur les fixe dans son cerveau. Ces visages et silhouettes en deux dimensions sont à la longue si bien identifiés que le public se les approprie. Avec une envie irréfragable de pénétrer plus encore dans leur intimité, découvrir leurs travers, leurs vies privées. Le lecteur, à l'évocation de cette liste de noms, aura compris les différents partis à en tirer : Cantona, Rocheteau, McEnroe, Sampras, Noah, Forget, Jordan, Rodman, Galfione, Pérec... L'image de ces sportifs se monnaye différemment en fonction des caractères, personnalités et même façons de vivre de chacun. Les gestionnaires d'intérêts, les avocats de stars, les directeurs du marketing, bref les nouveaux faiseurs d'image, se jettent sur ces personnages projetés en cascade sur les écrans, les magazines, Internet, les jeux vidéo, et dont les sources de revenus sont multipliées. L'idée est de suggérer à la vedette ses qualités extra-sportives que celle-ci est incapable, à moins du don d'auto-analyse, d'effectuer elle-même. Et de la persuader de s'afficher sur des murs, de représenter une marque, de promouvoir un produit. En 1995, Me Jean-Jacques Bertrand confie : « Un athlète de premier plan dans un sport médiatique, tel que le football, le tennis ou le patinage artistique dispose d'un potentiel publicitaire et sponsoring d'une dizaine de millions de francs par an[279]. »

La fameuse mondialisation, dont on prononce de plus en plus le terme dans ces années 1990, s'applique à quelques phénomènes du sport. Tiger Woods, premier véritable milliardaire du sport en dollars, en est le symbole phare. Le Tigre est « dévoré » par quatre marques principales qui lui versent 600 millions de francs sur cinq ans en 1997. Woods n'est « que » le vainqueur à vingt et un ans d'un grand tournoi, les Masters, mais le plus côté avec le British Open. Son swing à la fois si souple et puissant, et beaucoup plus encore son pedigree fascinent les foules. Nike, Rolex, Titleist (balles et clubs) et American Express débusquent dans l'atavisme si particulier du jeune homme des possibilités élargies de séduction. Les origines thaïlandaises (sa mère) et afro-américaine (son père) de Woods en font un « produit » qui peut toucher au cœur les populations d'Europe, d'Asie, d'Amérique et même d'une Afrique délaissée par les *merchandisers*. Woods préfigure le champion universel et plus généralement l'homme des siècles futurs, issu d'un amalgame multiracial. Ses gènes se répartissent en une mosaïque ethnique : pour un huitième indien d'Amérique, pour un huitième noir, pour un quart blanc, pour un quart chinois et pour un quart thaïlandais. En 2000, à vingt-quatre ans, Woods double en plein virage le pilote allemand Michael Schumacher et accède au rang de sportif le plus riche du monde. Comme Jordan, Woods amasse la majorité de ses gains en dehors des greens. Sans remporter un tournoi majeur en 2003, Woods reste en haut de la pyramide mondiale avec des revenus de 83,3 millions de dollars, soit plus de douze fois ce que ses mérites sur les parcours lui rapportent. En 2004, quatre des cinq footballeurs les plus payés du monde s'enrichissent plus par leurs revenus extra-sportifs que par leur sueur : Beckham (11,4 millions d'euros contre 6,4 millions), Ronaldo (10/6,4), Zidane (7,4/6,4) et Del Piero (5,5/4,2). En tennis, André Agassi et les sœurs Williams se placent dans une semblable tendance. Que dire d'Anna Kournikova, qui n'a jamais soulevé une coupe et dont le compte en banque est mieux garni que la majorité de ses consœurs ?

À quand le jour où un agent dira à l'un de ses poulains : « Arrête-toi de gagner, c'est très mauvais pour ton argent » ?

JEUX INTERDITS, LA SAGA D'UN DESCENDEUR REMONTÉ ET « INCONVENANT »

Par Lamine Guèye

Trois fois participant aux Jeux olympiques d'hiver en ski alpin, en 1984, 1992 et 1994, Lamine Guèye est aujourd'hui un homme en colère depuis que le CIO lui a fermé ses portes. Contre tous les grands principes qu'elle revendique si haut, l'institution olympique a privé ce Sénégalais – et beaucoup d'autres sportifs de « petits pays » – de la fierté de concourir à Salt Lake City en 2002. Ce refus, causé en réalité par de basses raisons financières, a été très officiellement justifié par des motifs encore plus indignes et même déshonorants pour les successeurs de Pierre de Coubertin. Dans ce court récit autobiographique qui pointe aussi les malversations en tout genre du milieu olympique, ce descendeur atypique raconte ses rêves, ses désillusions et son combat pour une vraie rénovation des Jeux.

Le ski et le Sénégal, c'est naturellement antinomique. J'étais un peu turbulent et j'ai été mis en pension dans une station de sports d'hiver en Suisse, Villard-sur-Olon, par mes grands-parents. J'ai donc découvert le ski alpin dont je suis tombé immédiatement amoureux. Sans pouvoir ensuite évidemment le pratiquer comme je le souhaitais, puisque partageant ma vie entre mon pays, le Sénégal, et Paris. À l'âge de dix-huit ans, en 1978, poussé par un instinct que je qualifierais d'aventureux, je prends contact avec la Fédération française et la Fédération internationale, et je mets rapidement au point les statuts de la Fédération sénégalaise de ski. J'en suis évidemment le seul membre, et prends sans opposition la fonction de président.

L'aventure débute par quelques compétitions internationales puis des épreuves de Coupe du monde et enfin par les Jeux olympiques, but ultime de tout compétiteur. Surtout dans l'optique de pouvoir faire participer pour la première fois un pays africain à des Jeux d'hiver. Je débarque à Sarajevo en 1984, armé de ma relative jeunesse (vingt-quatre ans) et d'un moral d'acier. Dans ma candeur, le monde olympique s'ouvrait à moi et à mon continent. Je ne voyais devant moi que les colombes olympiques et un univers du sport angélique. J'étais loin, très loin des réalités et des désillusions qui allaient jalonner mon parcours. Je suis d'ailleurs rentré dans le stade olympique, en raison de l'ordre de l'alphabet serbo-croate, entre les deux plus grosses délégations présentes, celles des États-Unis et de l'URSS. Certainement le plus grand moment de ma vie. Je pleurais à chaudes larmes sans pouvoir me retenir. Littéralement submergé par une émotion absolument indescriptible. Dans un contexte très marqué par la guerre dans la région à cette époque, la trêve olympique prenait un sens. Je paradais, seul, devant les caméras qui envoyaient mon image à des milliards de gens sur toute la planète, à New York, Moscou, Paris et dans quelques villages reculés du Sénégal. Rendez-vous compte : un Noir africain venait pour la première fois de l'histoire s'inviter à des Jeux d'hiver. J'étais saisi de tremblements mais me sentais en même temps comme en dehors de ma propre enveloppe de chair. Une force presque surnaturelle me commandait de porter sans faiblesse ce drapeau national si chargé de symboles. Dix ans après pour mon dernier défilé olympique à Lillehammer, l'émotion avait cédé le pas à la lucidité et au réalisme en ce qui concerne le soi-disant esprit olympique. En Norvège, débutait une décennie de combats et de déboires que je vais vous raconter. Au moment précis de ce troisième défilé olympique, un goût amer m'emplissait la bouche et les veines. Contrairement aux usages, je n'inclinai pas mon drapeau devant la tribune des officiels. Je gardais ma hampe droite et fixai mon regard droit dans les yeux de ces personnages peu dignes selon moi de ce fameux esprit olympique.

Pour aller à Sarajevo, aucune subvention officielle sauf... de ma maman, qui s'était saignée aux quatre veines. Pour le matériel proprement dit, skis, casques, bâtons, je dois dire que les fabricants m'ont toujours aidé. Mais pour les soutiens financiers inhérents aux déplacements ou aux assurances personnelles indispensables, je n'ai jamais rien obtenu. Le discours était toujours le même : « Trop de risques, tu es tout seul. » La solidarité olympique n'existe pas à ce niveau. Pendant que j'ai été un sportif assidu, je n'ai jamais reçu quoi que ce soit de la part du CIO ni de la Fédération internationale. J'ai obtenu officiellement 4 000 euros en 2002 et la même somme en 2004, au bout de plus de vingt ans d'efforts ! Je dois aussi vous dire que mon niveau n'était pas celui des meilleurs. J'avais dans ma tête le secret espoir que les cinq anneaux de l'olympisme représentant les cinq continents pouvaient parfaitement s'appliquer à un sportif comme moi. La FIS m'a toujours répondu que je n'entrais pas dans le cadre de ses budgets d'aide : « Vous n'êtes pas assez bon », puis les années passant : « Vous êtes trop vieux. » Quant au CIO, rien ou quasiment rien. Alors que j'aurais dû entrer dans le cadre des nombreux beaux programmes de la solidarité olympique, qui laissent croire au grand public que l'argent des riches comités doit aussi servir, par une redistribution équitable, au développement des moins favorisés. Un processus qui existe sur le tapis vert. Pas du tout dans la réalité. J'ai en effet à de nombreuses reprises demandé officiellement une aide au CIO. Mais le système est si opaque, si touffu, si hypocrite, si secret, que j'attends encore une réponse. Sachez que pour bénéficier d'une aide ou d'une assistance financière du CIO, une fédération doit lui en faire la demande par le biais de son comité national olympique (CNO) qui, si elle l'obtient, n'est nullement tenu de vous le faire savoir, à vous Fédération, ni contrainte de vous le distribuer ! Un CNO peut donc en toute légalité recevoir des fonds du CIO, initialement destinés en théorie à une fédération, et en disposer à sa guise. Comme mon CNO ne m'a jamais répondu, je n'ai donc jamais su si mes demandes financières avaient reçu un écho favorable ni si l'argent éventuellement débloqué avait servi à autre chose au niveau du comité olympique sénégalais. Jusqu'en fin 1992, j'avais de très bonnes relations avec mon comité et son secrétaire général, dont je savais tout de même qu'il leur était difficile de faire quelque chose de grandiose. L'intéressé, qui s'est toujours acquitté de ses tâches administratives, m'a versé deux fois 1 000 dollars en espèces, à

Sarajevo et à Lillehammer. Il avait quand même fallu auparavant que je force le destin en me plaignant devant quelques journalistes [...]. Après 1992, et surtout à partir de 1994, les choses qui n'étaient déjà pas très claires sont devenues carrément obscures, voire franchement opaques. C'est l'époque où je m'insurge contre le CIO et ses nouveaux règlements sportifs et, comme par hasard, mon CNO est devenu de moins en moins coopérant [...].

Pour les Jeux de Salt Lake City en 2002, où je voulais aller non seulement pour mon pays mais dans l'espoir de me battre pour un idéal que je sentais de plus en plus bafoué, les obstacles se sont succédé le long d'un véritable parcours du combattant. Le CIO m'informe qu'il faut, contrairement aux olympiades précédentes, que je gagne le droit sportif à participer. Ce que je comprends parfaitement. Vous aviez noté avec justesse, j'en suis certain, que l'on n'avait jamais vu jusque-là une épreuve de descente digne de ce nom organisée au Sénégal ou sur le continent noir. Il m'est donc demandé de participer, à mes frais, à des épreuves pré-olympiques en Amérique du Sud. Deux faits ont conduit à la conclusion qui était écrite d'avance. L'un, les exécrables conditions météorologiques ayant annulé beaucoup de courses, fut indéniablement un soutien involontaire mais tombant à pic pour ceux qui voulaient mon élimination. L'autre, plus étudié, fut le produit de l'application d'articles de règlement de la Fédération internationale. Celle-ci se débrouillait pour me faire partir en tant qu'ouvreur et mon temps n'était pas pris en compte. On me faisait savoir en effet que j'étais africain et que je ne pouvais m'élancer dans une course réservée aux Sud-Américains. Des « détails » dont on avait bien pris soin de ne pas me tenir informé avant mon voyage. Contre un tel rouleau compresseur, j'ai été broyé et j'ai logiquement échoué à obtenir mon billet pour Salt Lake City. J'ai menacé, après les Jeux, la Fédération internationale de ski de l'attaquer pour ségrégation, et cette dernière a fini sous la pression par modifier ces règlements stupides de qualification. Depuis cette date, un Africain a maintenant officiellement le droit d'aller chercher son ticket olympique dans des courses organisées en dehors du continent noir.

J'ai alors tenté d'actionner des leviers qui permettraient peut-être de faire évoluer les choses plus efficacement et dans le sens d'une meilleure justice sportive. Pour que l'argent, la notoriété, et même la couleur ou la race ne soient pas les seuls critères de la participation à un événement dont on vantait paradoxalement l'ouverture aux petites nations. L'exemple de l'équipe noire de bob jamaïcaine, qu'un clip du CIO présentait comme sans aucune chance de victoire mais avec un esprit si sportif, me paraissait à cet égard tout à fait éloquent. J'ai encore appris quelques leçons de cynisme. Comme lors d'une conversation téléphonique avec M. Jean-Claude Killy, figure légendaire du sport et de l'olympisme. Notre entretien de trois heures a été tout à fait cordial et je ne pouvais que me féliciter d'entendre celui-ci me faire part de son accord complet avec mes idées. Jean-Claude Killy m'a promis de faire avancer les choses et d'en référer sans délai à M. Gilbert Felli, directeur des sports du CIO. Je n'ai jamais eu de nouvelles ni de l'un ni de l'autre, en dehors de la réponse toute particulière – puis d'un entretien proprement ahurissant – du deuxième, dont je vous parlerai plus explicitement dans quelques instants. Je me dirige alors vers mon compatriote le juge Keba M'Baye, vice-président du CIO. Je prends rendez-vous avec lui à Dakar. M. M'Baye flatte d'abord mon amour-propre en me confessant qu'il était très fier de mon nom à double titre. D'abord parce qu'il était éternellement reconnaissant à mon grand-père – Lamine Guèye, qui tint une place majeure dans la vie politique du Sénégal des années 1930 jusqu'à sa mort en 1968 – de lui avoir permis de décrocher une bourse d'études puis grandement facilité sa carrière de magistrat, et ensuite parce que mes apparitions aux Jeux olympiques l'avaient infiniment ému en tant que citoyen sénégalais. Sur ces paroles attendrissantes, je m'étais permis de solliciter son soutien, qu'il s'engageait sur le champ à m'apporter. La parole d'un juge aurait dû valoir de l'or. Ce n'était que du vent...

J'ai l'impression de m'adresser à des murs. Le CIO et ses satellites forment en réalité un clan, une loge. Personne, je dis bien personne, ne bouge. Aucun des membres du CIO ne tente quelque chose contre un autre membre du CIO. Je pèse mes mots. Je suis intimement convaincu que le CIO est un organisme entièrement avarié de l'intérieur, ou sclérosé si vous préférez.

Avant d'être privé définitivement des Jeux de Salt Lake City par un dernier coup de guillotine que je vais décrire un peu plus loin, je me hasardais quand même à un dernier coup de poker. Je m'adressais, par une lettre ouverte datée du 5 décembre 2001, au président du CIO Jacques Rogge lui-même. J'y dénonçais les « désastreux critères de sélection pour les petits pays comme le Sénégal ». Je recevais le 31 décembre un fax du CIO (département des sports, de la coordination des Jeux olympiques et des relations avec les fédérations internationales) signé de Gilbert Felli : « Tout d'abord, permettez-nous de vous rappeler que les Jeux olympiques d'hiver sont une manifestation quelque peu particulière, étant donné que – pour des raisons tout simplement climatiques et géographiques – ils ne conviennent pas à certains pays du monde, que ce soit au niveau de l'organisation ou de la participation. » Je ne « convenais » pas. Les Jeux d'hiver ne convenaient pas à des pays chauds. Exit les Jeux d'Amérique sur la terre où tout était soi-disant possible. Je cherche à voir M. Felli qui me renvoie dans un premier temps sur un certain M. T.A.G. Sithole, directeur au CIO de la Coopération internationale et du développement (en termes clairs, responsable pour les pays africains) qui a l'affront de me proposer un arrangement : « Bien, vous n'irez pas aux Jeux, mais soyez tranquille, nous allons débloquer des fonds pour vous, remplissez-nous un dossier... » Je n'en revenais pas, maintenant on m'achetait. Je rétorquais sur le ton de l'indignation que je n'acceptais pas ce deal tordu. Que je réclamais le simple respect des engagements du CIO figurant dans la Charte. Je vois enfin M. Felli, avec qui j'ai cru devenir fou. Ce haut personnage de l'olympisme n'a pas dérogé à sa ligne d'action et m'a tout bonnement expliqué qu'il n'était pas possible d'accueillir plus d'athlètes à Salt Lake City car le comité d'organisation ne disposait pas d'assez de chambres d'hôtel !

Estomaqué, sans voix, et plus triste encore pour trois autres de mes compatriotes au rêve brisé, j'ai repris ma plume et adressé une seconde lettre ouverte au président du CIO, Jacques

Rogge : « L'invraisemblable immunité dont vous jouissez et la gigantesque puissance financière du CIO ne vous autorisent pas pour autant à soutenir par vos propos et à valider par vos règlements une telle discrimination. Jusqu'aux Jeux olympiques de 1992 inclus, chaque pays pouvait présenter quatre athlètes par discipline en ski alpin, et nous pouvions nous croire égaux. Ce furent les derniers Jeux olympiques d'hiver. Aujourd'hui les nations les plus riches et les plus puissantes alignent quatre athlètes au départ de cinq courses en ski alpin masculin, soit vingt concurrents, alors que les petits pays n'ont le droit de présenter qu'un seul, voire zéro, concurrent. Aujourd'hui, les hommes ne sont plus égaux devant l'olympisme. Exprimée en pourcentage, la participation des pays aux Jeux d'hiver n'a augmenté que de 1,68 % depuis dix ans, soit 0,42 % par Jeux. Durant la même période, le budget et les bénéfices des Jeux ont explosé, augmentant de plus de 200 %. À l'analyse de ces chiffres, je vous suggère de remplacer dans la Charte olympique le mot d'"universalité" par celui de "rentabilité". Et l'expression hautement symbolique d'"athlètes du monde entier" par celle "d'athlètes occidentaux". »

Je glissais dans mon texte peu avant la formule finale de politesse : « Moi, le skieur sénégalais et africain que je suis et pour lequel, parce qu'il est né au sud du Sahara, les Jeux olympiques "ne conviennent pas". »

Sachez que j'avais terminé soixante-sixième du slalom géant des Jeux d'Albertville en 1992, sur cent trente-trois participants. Je n'étais par conséquent pas le dernier de la classe mondiale même si, encore une fois, je ne tenais pas le haut du pavé (j'ai fini dernier en descente mais, en dehors de moi, seuls des professionnels avaient concouru). À Salt Lake City, il n'était plus question d'aligner un tel nombre de participants. Trop long, pas assez intéressant pour les télés. Le business primait. Vingt-cinq petites nations (et soixante concurrents) avaient été rayés d'un trait de plume, ou plutôt par vingt-cinq fax comme le mien ! Ces vingt-cinq pays n'avaient tout simplement pas les moyens d'acheter des droits TV, ils n'intéressaient pas le CIO. Je persiste et je signe. Les Jeux d'hiver, je ne parle que d'eux, et je me base sur les faits, sont réservés aux pays riches et à ceux qui ont la « chance » de posséder des athlètes à la peau très claire. Je maintiens que les Jeux d'hiver sont une compétition qui ne respecte pas la Charte olympique, contrairement à ce qu'en dit M. Felli. Il n'y a aucune volonté de la part du CIO pour en faire l'égal – au moins symbolique – des Jeux d'été qui, je le reconnais, se sont souvent révélé une vitrine assez acceptable de l'universalité humaine. Je crois pouvoir affirmer que la raison est simple et on en revient à l'argent. Les Jeux d'hiver dégagent beaucoup de profits, plus en proportion que ceux d'été. Avec, en gros, une manne qui provient des pays dits du Nord. Dans ce schéma bien rôdé depuis les premiers Jeux d'hiver il y a quatre-vingts ans, l'instance olympique ne veut surtout pas se départir de ses méthodes établies et elle s'assied sur un trésor récurrent. Mais le calcul de ces messieurs est bien étrange. Contre leur philosophie, il y aura forcément un jour un champion olympique de descente égyptien ou sierra-léonais. Que feront-ils ces messieurs bien-pensants ? Le problème est selon moi insoluble en l'état actuel. Trop d'enjeux financiers dans un manque total de transparence, je crois vous l'avoir prouvé. Cette incroyable immunité (un tout petit peu mise à mal il est vrai depuis le scandale de Salt Lake City) de fait accordée aux membres du CIO conduit aux pires dérives. L'avenir passe par une révolution de palais au CIO, une sorte d'implosion de cet édifice, sinon tout n'ira qu'en empirant.

Je ne prétends pas que le milieu olympique est spécifiquement corrompu ou vicié en tant que tel. Ce que je sais, c'est que sa structure est incompatible avec la bonne marche d'une entreprise qui est de plus censée véhiculer des valeurs humanistes. Comment peut-on continuer à croire que ne pas rendre des comptes à quiconque favorise l'équité ? Au Sénégal, la presse est assez libre et n'est pas tendre avec le Comité national olympique. Tout ce qu'elle dénonce reste la plupart du temps lettre morte. Les binômes CIO-comités nationaux olympiques (il y en a cent quatre-vingts dans le monde) fonctionnent en relation fermée comme je vous l'ai décrit avec des renvois continuels d'ascenseur et sans absolument aucun contrôle. Tout ce que ne peuvent trouver par exemple les CNO africains auprès de leurs gouvernements démunis, ils le trouvent auprès du CIO qui leur octroie des avantages n'ayant rien à voir avec le sport, ou si peu. Le cas de ce pays africain, que je ne nommerai pas, pour qui le CIO avait fait construire un stade flambant neuf de volley-ball est absolument édifiant. Un responsable du volley-ball français avait voulu voir par curiosité ce stade de ses propres yeux. À l'endroit indiqué se trouvait la maison toute neuve du président du CNO en question. On lui montra le stade qui se trouvait juste à côté... trois poteaux et un grillage.

Je ne perds pas la foi. Je vais continuer mon combat contre le CIO. Pour sa rénovation, j'entends. J'ai des projets. Je veux par exemple exploiter les dons physiques de ces extraordinaires jeunes pêcheurs de village au Sénégal. À dix ans, et de par leurs qualités exceptionnelles d'équilibre et de courage physique, ces petits athlètes sont des champions en puissance et mériteraient qu'on leur donne une chance en les formant au ski de compétition. Une discipline qui requiert le même type de qualités. J'estime qu'en tenant compte de leurs dons de base, cette formation bien employée, durant une période qui pourrait être de seulement trois ou quatre ans, porterait formidablement ses fruits. Encore faudrait-il que les aides leur parviennent et que l'on ne les renvoie pas chez eux au terme de ce délai en leur disant que l'on ne veut plus d'eux. Tout dépend encore une fois d'une refonte des institutions olympiques. Je fais le rêve d'un CIO qui soit en phase avec sa politique de communication, aux antipodes de ses actes. J'ai compris une chose : cela ne sert à rien de quémander auprès des gens en place. Ces gens-là ne changeront pas leur politique. À la question d'un journaliste qui lui demandait s'il y aurait des athlètes africains aux Jeux de Salt Lake City, la réponse du président Jacques Rogge a été : « Oui, pourquoi pas, à la limite... » C'est tout dire.

Conclusion

L'argent est-il l'ami du sport ou son ennemi ? À la lecture de l'odyssée contée dans ces pages, il ne pourrait germer d'autre idée que l'effet de l'argent sur le sport est quelque chose comme pernicieux ou diabolique. Le sport a toujours été une distraction. Aujourd'hui comme naguère, des centaines de millions de gens pratiquent dans un esprit purement ludique le football sur des pelouses pelées ou la gymnastique dans des salles désertes. Comme pour n'importe quelle activité humaine, les plus doués ont fait de cette activité corporelle une sorte d'art. Et de spectacle. Que les entrepreneurs ou opportunistes ont tôt fait, dans un monde exclusivement dirigé par des comptables, de régenter. Et de le transformer, comme le dit l'économiste Jean-François Nys, en « activité productrice qui crée des marchés avoisinant 1 % du PIB [280] dans tous les pays développés » au début du troisième millénaire. Ce qui se traduit d'abord par des chiffres, des centaines de milliards d'euros, qui donnent tellement le tournis qu'ils ont finalement du mal à rentrer dans l'imagination. Quelques-uns sont parlants, comme celui des trois cent mille personnes vivant du marché du sport en France. Plus éloquents sont les faits, les comportements, les enjeux ou les questions d'éthique. Pour cette dernière notion, disons-le encore, notre propos n'est pas, comme nous l'avons expliqué en début d'ouvrage, de juger d'une manière péremptoire de la moralité ou non des faits décrits tout du long de ces pages. Il est clair que nous avons pointé du doigt quelques-uns des séismes argentico-sportifs des dernières décennies et que les faits parlent d'eux-mêmes. Ces faits, guidés par des intervenants, ont assez souvent conduit à des catastrophes. Alors ne serait-il pas tout naturel que la conclusion de ce livre fût un sombre constat ? Un lamentable état des lieux signé par des occupants amoraux qui n'auraient été inspirés que par le cynisme, la prévarication ou l'esprit de lucre ?

La réalité, pour répondre à une première partie de la question de la première ligne de cet ultime chapitre, force à affirmer que le sport passionne au plus haut degré une quantité inouïe d'intéressés partout dans le monde. Ce sport, qu'ils suivent pour la plus grande part devant leur écran, les captive à un tel point qu'ils n'ont – sur le moment du moins – pas de récriminations à lui objecter en dehors d'aspects intrinsèques à l'événement. Dès que le spectacle ne correspond plus à l'attente, nous nous écrions tous : « Trop payé(s) ! » L'argent est ici hostile au sport. À vingt ans, le sportif, qui a son avenir assuré jusqu'à la fin de ses jours, ou qui le croit, en touchant un salaire de patron de multinationale et qui a signé un mirobolant contrat de sponsoring avec Nike ou Adidas, ne se sent plus obligé de fournir le minimum d'efforts. Il est « trop payé ». Mais son employeur ou son sponsor ne se sont-ils pas trompés en pariant sur la volonté à long terme de leur protégé ? Chaque époque a eu ses dérèglements. Chaque époque ses ajustements. Tous les rapports, tous les colloques, toutes les chartes, toutes les lois n'y ont en général rien fait. Le sport a suivi son temps. La télévision du sport, née dans les années 1950, n'est pas rentrée dans son âge de raison. Elle a prêché beaucoup de mauvaises valeurs. Par son omniprésence, son omnipotence, la télévision continue à envahir le sport et l'a, à bien des égards, dénaturé, faussé parfois. La télévision, et ses enfants encore moins matures (Internet, téléphones à images), est le plus grand vecteur du sport. L'idée de base consistait à offrir du divertissement. Aujourd'hui les chaînes, toutes à but commercial, même les publiques, sont à la recherche permanente de l'audience. Elles ne peuvent tout simplement plus s'en passer. Quitte, comme Canal+ en 2004, à engager sa propre vie sur les droits du football en acquittant une somme que les dirigeants de la Ligue n'escomptaient même pas dans leurs rêves les plus fous. Ne pouvant produire, c'est-à-dire les posséder, les grands événements qui l'ont précédée, la télévision achète le droit de les diffuser. Jusqu'à quand les propriétaires – fédérations, ligues, CIO... – résisteront-ils ? Pour satisfaire les médias, ils ont d'ailleurs beaucoup cédé sur les calendriers, devenus infernaux, sur la démultiplication des épreuves, sur les règles du jeu et leur découpage (volley-ball, basket, par exemple), sur les horaires – les grandes compétitions, y compris le ski, sont tous désormais disputées en nocturne –, sur la cession de beaucoup de droits commerciaux, etc. Mais le public suit. Sans rechigner parce qu'il y tire, comme dirait l'autre, un bilan globalement positif. Alors ce même public se désintéresse des tares qu'il ne veut pas voir : délocalisation de la production des fabricants dans des pays à main-d'œuvre exploitée, corruption, dopage, financements occultes. Que lui importe qu'un Virenque dérape, qu'un Tapie soudoie Valenciennes ou qu'un Ben Johnson se dope, pourvu qu'il y trouve son plaisir.

Alors, argent ami ou ennemi ? Si le sportif milliardaire est aussi « rentable » pour la firme qui l'emploie qu'un président de grande société ou qu'un produit détergent, l'argent est l'ami des financiers du sport et des spectateurs. Quand on a vu tout au long de ces lignes que certains des plus grands sportifs de l'histoire comme Jesse Owens, et plus tard Mark Spitz, ont mis volontairement un terme à leur carrière amateur pour trouver une compensation matérielle ailleurs, et privé les amoureux de records de leurs exploits, l'argent a bien dépravé le sport. Quand les tycoons comme Ted Turner, Bill Gates ou Rupert Murdoch, ou des empires industriels, financiers ou audiovisuels comme Disney, Kirch ou Canal+, s'intéressent au sport en achetant des équipes, en les mettant en Bourse, en acquérant des droits tous azimuts, en orientant tellement les tendances du consommateur et du téléspectateur que ceux-ci en sont intoxiqués, le sport est largement perverti. Il n'y a pas d'indice de qualité des retransmissions sportives. Nous mettons au défi les programmateurs de chaînes de prouver par un simple sondage d'opinion (encore faudrait-il que l'occasion soit donnée aux téléspectateurs de pouvoir le constater) que les matches de la Ligue féminine mondiale de volley-ball entre la Russie et la Chine ou Cuba et l'Italie, où ces demoiselles allient force, finesse, grâce et envie perpétuelle de gagner, sont un plus mauvais spectacle que les vingt derniers

PSG-OM de L1. Pour corroborer en partie cette assertion, les supporters, ces cochons de payants, de ces deux clubs, donnent de plus en plus la voix pour hurler des revendications qu'on leur accordera certainement dans le futur : une utilisation plus rationnelle de l'argent qu'ils laissent dans les caisses de leur club, même s'il n'en constitue qu'un appoint.

Que les sommes faramineuses injectées ou échangées dans le sport depuis une trentaine d'années aient servi à fertiliser le terreau dans beaucoup de cas est indiscutable. Que les Jeux olympiques aient contribué dans une certaine mesure à l'émergence de sports ou à l'éclosion de sportifs de pays dit petits ne fait pas contradiction. Que l'argent des sponsors ait épaulé maints skieurs, escrimeurs ou judokas en mal de soutiens, et les ait propulsés justement sur le devant de la scène est bien sympathique. Mais que cet argent ait conduit au dopage jamais vraiment combattu, car infiniment gênant pour les organisateurs courant après les performances, qu'il ait réduit la possibilité de remporter la Ligue des champions à une grappe de clubs entretenus par des milliardaires, qu'il ait poussé à corrompre des milliers d'arbitres ou joueurs, qu'il ait uniformisé des disciplines comme le tennis où joueurs (à l'exception, qui confirme la règle, du divin Roger Federer) et joueuses ne font plus que cogner et cogner, qu'il ait nourri des intermédiaires troubles et que les leçons du passé n'en aient pas été tirées (transferts illégaux, agents pourris), qu'il ait assimilé l'athlétisme à une vulgaire course aux lingots, qu'il ait par l'entremise de la télévision – banquier du sport – anéanti tous les sports sans audience, crève les yeux. L'argent, en résumé, rend-il le sport vrai, authentique ? Là est la vraie question.

Le sport n'a jamais été aussi populaire, avons-nous déjà dit, et c'est là que le bât blesse. Les grands sportifs sont admirés mais trop souvent par leurs travers liés à leur agressivité, à leur mépris de l'adversaire qui peut prendre la forme de la haine. Gagner à tout prix. Voilà le condensé à éviter.

Sources

Par thèmes

Athlétisme

La Fabuleuse Histoire de l'athlétisme, Robert Parienté et Alain Billouin, Minerva, 2003.

L'Affaire Ladoumègue. Le débat amateurisme-professionnalisme dans les années 1930, Marianne Lassus, L'Harmattan, 2000.

Joies de l'athlétisme, Hachette réalités, 1978.

La Rage de courir, Michel Bernard, Calmann-Lévy, 1975.

Un champion à la hauteur. Les souvenirs d'un médaillé olympique, Pierre Lewden, Éditions polymédias, 1974.

Histoires d'... athlétisme, Loys Van Lée, Calmann-Lévy, 1965.

Basket

L'Équipe Magazine

11 octobre 1997 : p. 12 « La légende des Chicago Bulls » ; p. 46 « Bienvenue dans le Bulls Flying Circus ».

Mai 1997 : p. 61.

11 février 1989 : p. 46 « Entretien avec Magic Johnson ».

La Tribune, 19 avril 2002 : « Y a-t-il eu un effet Jordan ? ».

Boxe

La Fabuleuse Histoire de la boxe, Pierre Cangioni, Nathan, 1999.

Encyclopédie de la boxe, Claude Droussent, Éditions du sport, Éditions Fontaine, 1996.

Combats pour le sport, Roland Passevant, Messidor, 1989.

Muhammad Ali. Le plus grand, Muhammad Ali et Richard Durham, Gallimard, 1976.

Cassius Clay. Les poings d'Allah, José Torres, Solar, 1973.

Histoires de boxe, Robert Colombini, Calmann-Lévy, 1968.

Mon match avec la vie, Georges Carpentier, Flammarion, 1954.

L'Équipe Magazine

4 janvier 2003 : p. 36 « Entretien avec George Foreman ».

7 juillet 2001 : p. 36 « Muhammad Ali : entrez chez la légende ».

23 août 1997 : p. 10, série « Les combats de Muhammad Ali », chapitre VI : La Maladie.

2 août 1997 : p. 11, série « Les combats de Muhammad Ali », chapitre III : Le Musulman.

26 juillet 1997 : p. 11, série « Les combats de Muhammad Ali », chapitre II : Le Champion.

19 juillet 1997 : p. 15, série « Les combats de Muhammad Ali », chapitre II : Racines.

25 février 1989 : p. 26 « Don King le vrai poids lourd de la boxe ».

23 janvier 1988 : p. 34 « La guerre des quatre étoiles » (Trump, Holmes, King et Tyson).

Business

L'Aventure Tapie. Enquête sur un citoyen modèle, Christophe Bouchet, Seuil, 1993.

L'Histoire en mouvements. Le sport dans la société française XIXe-XXe *siècle*, Ronald Hubscher, Armand Colin, 1992.

Les Dossiers du Canard, juin 1982, « Les enjeux du stade ».

France Football, 4 mai 2004 : p. 4 « Les salaires des stars ».

L'Équipe Magazine
20 mars 2004 : p. 38 « Combien gagnent nos champions ? ».
21 février 2004 : « Planète milliardaires ».
Juin 1998 : p. 121 « Ici l'industrie du spectacle à vous les studios » ; p. 122 « Les dix big boss qui règnent sur la planète ronde ».
Août 1997 : « Sport-business version XXL ».
25 février 1989 : p. 26 « Le vrai poids lourd de la boxe » (interview de Don King).

Le Monde – supplément Coupe du monde, 25 juin 2002 : p. III « Foot business. Les liaisons dangereuses ».

La Tribune, 21 juin 2002 : « Va-t-il y avoir une vraie crise du business dans le sport ? ».

Le Figaro littéraire, 30 mai 2002 : p. 3 « L'argent est-il l'ennemi du sport ? ».

Corruption
Foot et moi la paix, Jacques Glassmann, Calmann-Lévy, 2003.
Passions et Terres de foot, Roland Passevant, Amphora, 1997.

L'Équipe Magazine
10 mai 2003 : p. 47 « VA-OM : retour sur l'affaire ».
10 novembre 2001 : p. 37 « Des affaires et des hommes 1. Les insoumis ».
29 juin 1985 : p. 16, rubrique « Avant-hier ».
20 février 1982 : p. 22 « Paolo Rossi : La joie de vivre d'un "banni" ».

Collection *L'Année du football*.

Le Livre d'or du football 1980, Solar.

Cyclisme
La Fabuleuse Histoire du cyclisme, Pierre Chany, Nathan, 1991.

Tour de vices, Bruno Roussel, Hachette Littératures, 2001.
Secret Défonce. Ma vérité sur le dopage, Erwann Menthéour, JC Lattès, 1999.
La Légende de Jacques Anquetil, Pierre Péllissier, Rageot Éditeur, 1997.
Un siècle de cyclisme, Hervé Paturle et Guillaume Rebière, Calmann-Lévy, 1997.
Joies de la bicyclette, Hachette réalités, 1977.
Histoire du Tour de France, Marcel Diamant-Berger, Gedalge, 1959.

Le Monde, 19 juin 2001 : « Virenque : “Tu me laisses gagner, OK ? Ullrich n’avait pas besoin d’interprète.” »

Formule 1

La Fabuleuse Histoire de la Formule 1, Johnny Rives, Gérard Flocon, Christian Moity, Éditions de la Martinière, 1999.
Les Secrets de la Formule 1, Michael Cooper-Evans, Éditions Gérard & Co, 1967.

L’Équipe Magazine
Novembre 1997 : p. 60 « Les vrais enjeux de la F1 ».
14 juin 1986 : p. 41 « Ecclestone : Le maître du jeu ».

Football

L’Argent secret du foot, Jean-Louis Pierrat et Joël Riveslange, Plon, 2002.
Football et Politique. Les jeux dangereux, Benjamin Danet, Sports 2000, 2001.
Ils ont tué les Verts, Benjamin Danet, Solar, 1997.
Vingt Milliards sous l’OM. Tapie, l’argent, le foot, Jean-Michel Verne, Plein Sud, 1995.
Les Archives du football. Sport et société en France (1880-1980), Alfred Wahl, Gallimard, coll. « Archives », 1989.
Platini. Ma vie comme un match, Patrick Mahé, Robert Laffont, 1987.
Football business, Jean-François Bourg, Olivier Orban, 1986.
Le Scandale vert, André Buffard, Éditions Horvath, 1983.
Le Football britannique, Patrick Blain, Éditions Famot, 1979.

Mon football, Raymond Kopa, Calmann-Lévy, 1972.
100 000 heures de football, Jacques de Ryswick, La Table ronde, 1962.
UNFP, Magazine collector, quarante ans.
Collection *L'Année du football*, Jacques Thibert, Solar et Calmann-Lévy.

L'Équipe
19 février 2003 : p. 3 « Régime sans crème ».
8 novembre 2002 : p. 2 « L'Anglais se paie nos têtes. »
20 avril 2002 : p. 74 « Darmon l'ami financier ».
27 février 1999 : p. 48 « Foot pro : la nouvelle donne ».
18 avril 1998 : p. 18 « Platini : l'homme qui voulait tout gagner ».
23 novembre 1997 : Numéro consacré à l'OM « Oh ! aime ».
15 novembre 1997 : p. 74 « Gianni Agnelli, l'éternel amant de la "Vieille Dame" ».
8 novembre 1997 : « Ont-ils vraiment tué les Verts ? ».
8 décembre 1990 : p. 39 « Beckenbauer : un parcours impérial ».
15 avril 1989 : p. 42 « Pendant les affaires, le business continue » ; p. 60 – « Maxime Bossis : "On n'était que des employés." »
4 février 1989 : p. 50 « Bordeaux : Problèmes de fonds » ; p. 54 « Le retour de Tapie ».
30 novembre 1988 : p. 5 « Le Matra face à son avenir ».
19 novembre 1988 : p. 36 « Platini, Bez, Darmon, Biétry, Le Banco ».
15 octobre 1988 : p. 36 « Pourris, gâtés, choyés, surpayés, le fric peut-il détruire les champions ? ».
5 avril 1988 : p. 40 « Fernandez le grand saut ».
12 décembre 1987 : p. 41 « La revanche de Lagardère ».
31 mai 1986 : p. 53 « Platini l'homme ».
26 avril 1986 : p. 46 « Les trois temps de la valse des zéros ».
8 février 1986 : p. 29 « Ce qui est en jeu ».

Le Monde, 4 mai 2002 : « L'audit de l'Olympique de Marseille est accablant ».

Le Monde – supplément Coupe du monde
25 juin 2002 : « Foot Business – Les Liaisons dangereuses ».
21 juin 2002 : « Billard à trois bandes ».

Le Monde diplomatique
Juin 2002 : « Le cloaque mafieux du football mondial ».
Juin 1994 : « Le football français sous la coupe des marchands ».

La Tribune, 12 juin 2002 : p. 2 « Pour les sponsors c'est la fin de "l'or bleu". Les Bleus chutent, les médias trébuchent. »

Le Figaro entreprises, 3 juin 2002 : « L'argent des Bleus – combien ils gagnent, comment ils investissent. »

Libération, 2 juillet 2002 : « Les grands clubs italiens dans une situation alarmante. »

Capital, Juin 2002 : « Foot-business. Les coulisses de la Coupe du monde » ; p. 64 « La folle surenchère des pays organisateurs » ; p. 70 « Les joueurs les mieux payés de la planète » ; p. 74 « Les contrats mirobolants des Bleus ».

Les Échos, 12 juin 2002 : p. 60 « Le football français va devoir revoir à la baisse son train de vie » ; « Les Bleus ont mieux géré leurs contrats que leur jeu ».

Jeux olympiques

Les Seigneurs des anneaux, Thomas Kistner et Jens Weinreich, Éditions Golias, 2001.

La Face cachée de Jeux olympiques, Andrew Jennings, L'Archipel, 2000.

La Grande Histoire des Jeux olympiques, Henri Charpentier et Euloge Boissonnade, France Empire, 1999.

Main basse sur les JO, Vyv Simson et Andrew Jennings, Flammarion, 1992.

Juan Antonio Samaranch. L'héritage trahi, Jaume Boix, Arcadio Espada et Raymond Pointu, Éditions Romillat, 1991.

La Fabuleuse Histoire des Jeux olympiques, Guy Lagorce, Robert Parienté, Minerva, 2004.
La Fin des Jeux olympiques, Benoît Heimermann, Éditions Garnier frères, 1980.
Le Phénomène olympique, Gaston Meyer, La Table ronde, 1960.

L'Équipe Magazine
Février 1999 : p. 54 « CIO Chronique d'un scandale annoncé ».
Février 1992 : « La Savoie fait ses comptes ».
24 septembre 1988 : « Les maîtres des Jeux ».
10 mai 1986 : p. 71 « Les trublions olympiques ».

Médias

Sport et Télé. Les liaisons secrètes, Éric Maitrot, Flammarion, 1995.
Sport et Télévision, Raymond Marcillac, Albin Michel, 1962.

L'Express, 1er novembre 2004 : « La guerre des droits télé ».

Le Monde
18 novembre 2002 : « Les relations entre TPS et le groupe Canal+ s'enveniment à propos des droits du football. »
14 novembre 2002 : « L'offre record de Canal+ sur les droits du football compromettrait durablement sa rentabilité. »

Le Figaro Économie, 8-9 juin 2002 : p. VI « Match décisif pour TF1 ».

Les Échos, 7-8 juin 2002 : p. 46 « L'action TF1 vit en direct les difficultés des Bleus. »

Le Journal du dimanche, 26 mai 2002 : « Mondial : la peur bleue de TF1 ».

La Tribune, 22 mars 2002 : « Les choix de Canal+ vont bouleverser l'environnement économique du sport. »

L'Équipe Magazine
1er mars 2003 : p. 33 « Sport et télé. La grande illusion ».
Octobre 1998 : p. 72 « Les médias, vrais maîtres du jeu ».
25 février 1989 : p. 58, rubrique « Il y a trente ans » : encart « Un nouveau conflit TV-football » (Jacques Ferran).
21 février 1987 : p. 44 « TV : Le match des matches ».
17 avril 1982 : « Quinze jours de télé-vérité ».
24 février 1970 : p. 12 « La télévision en direct est nuisible au football ».

Omnisports
Du jeu ancien au show sportif, Georges Vigarello, Seuil, 2002.
Le Flambeur, la vraie vie de Bernard Tapie, Valérie Lecasble et Airy Routier, Grasset, 1994.
Les Enjeux du sport, Stefano Pivato, Casterman-Giunti, 1995.
Millionnaires du sport. Sport en or, Renaud de Laborderie, Solar, 1969.

Le Monde diplomatique, juin 2000 : « La loi de la jungle, stade suprême du sport ».

Politique
Football et Politique, Benjamin Danet, Solar, 2001.

Rugby
Rugby pro. Histoires secrètes, Richard Escot, Solar, 1996.
La Fabuleuse Histoire du rugby, Henri Garcia, Minerva, 2004.

Ski alpin
1968. L'année des médailles, Paul Zilbertin, Atlantica, 1997.
Jean-Claude Killy. Biographie, Thierry Dussard, Jean-Claude Lattès, 1991.
Ski vérité, Guy Périllat, Solar, 1969.

L'Humanité, 7 juillet 2001 : « L'héritage d'Albertville ».

L'Expansion, 14 septembre 2000 : « Golden Killy, champion de la reconversion ».

L'Équipe Magazine
Février 2002 : p. 65 « Portrait Jean-Claude Killy ».
13 février 1988 : « Mon retour ? Pas à n'importe quelle condition » (entretien avec Jean-Claude Killy).
17 janvier 1987 : « Le Mont Killy ».
6-7 février 1982 : « Les skieurs français... connais pas ! » (entretien avec Jean-Claude Killy).

Sport féminin
Le Grand Livre du sport féminin, Françoise et Serge Laget et Jean-Paul Mazot, FMT Éditions, 1982.

Tennis
Vous êtes sérieux ?, John McEnroe, Plon, 2003.
ATP Media Guide 2002.
Sanex WTA Tour 2002 Player Guide.
Les Dessous du tennis féminin, Nathalie Tauziat, Plon, 2000.
Borotra de Wimbledon à Vichy, Daniel Amson, Tallandier, 1999.
Revers..., Björn Borg, Michel Lafon, 1992.
La Fabuleuse Histoire du tennis, Christian Quidet, ODIL, 1979.
Court-circuit, Michael Mewshaw, Mazarine, 1984.
Suzanne Lenglen, la diva du tennis, Gianni Clerici, Éditions Rochevignes, 1984.
L'Internationale du tennis, Benoît Heimermann, Ramsay, 1982.
500 ans de tennis, Gianni Clerici, Hatier, 1976.
Aventures d'un joueur de tennis, Antoine Gentien, La Palatine, 1953.

L'Équipe Magazine :
28 mai 1988 : p. 53 « Major de Central » (Portrait Philippe Chatrier).
31 mai 1997 : p. 92 « Vilas, vingt ans déjà... »

Le Figaro Économie, 25-26 mai 2002 : « Roland-Garros : une PME qui cherche à vivre toute l'année ».

Tennis Magazine

Novembre 1982 : « Enquête sur onze citoyens au-dessus de tout soupçon ».

Juillet 1981 : « Le dépit amoureux d'un milliardaire ».

Juin 1981 : « Le tennis menacé ».

Tennis de France

Avril 1982 : « L'ATP s'agite, le tennis pro en crise ».

Octobre 1981 : « Tennis : la grande bouffe ».

Mai 1981 : « 2001 comment je vois le tennis de demain » (Interview de Jack Kramer).

Entretiens

François HEUTTE (ancien joueur professionnel de football entre 1956 et 1970) : septembre 2002.

Lamine GUEYE (skieur sénégalais, trois fois participant aux Jeux olympiques d'hiver en ski alpin de 1984 à 1994) : mai 2004 et décembre 2004.

Notes

1. *La Fabuleuse Histoire des Jeux olympiques*, Guy Lagorce et Robert Parienté, Éditions ODIL, p. 94.

2. *La Fabuleuse Histoire de l'athlétisme*, Robert Parienté, Éditions ODIL, p. 973.

3. *La Fabuleuse Histoire des Jeux olympiques*, *op. cit.*, p. 95.

4. Le Thessalien Eumolpus est le premier qui corrompit, à force d'argent, ceux qui se présentèrent contre lui au combat du ceste. On punit Eumolpus pour avoir donné l'argent, ceux à qui il l'avait donné pour l'avoir reçu, et, du produit de l'amende, les Éléens firent élever, en l'honneur de Jupiter, six statues de bronze. L'une de ces statues portait cette inscription : « Le prix des Jeux olympiques s'acquiert, non par l'argent, mais par la légèreté des pieds et la force du corps. » (cité dans *Œuvres* de Pindare, poète grec né en 520 av. J.-C., traduites par Perrault-Maynand)).

5. « Discours de Monsieur le baron Pierre de Coubertin au Congrès de Paris tenu en Sorbonne du 16 au 23 juin 1894 ».

6. Professeur à l'université Paris-X.

7. *Histoire du sport*, Raymond Thomas, Que sais-je, p. 15.

8. *Sociologie du sport*, (1921) cité par Philippe Liotard dans son cours sur l'histoire du sport en 1999-2000 à la faculté des sports de Montpellier.

9. *Ibid.*

10. *Ibid.*

11. *Encyclopedia Universalis*, Michel Bernard, p. 305, t. xv.

12. *La Fabuleuse Histoire de l'athlétisme*, *op. cit.*, p. 39.

13. *Le Phénomène olympique*, Gaston Meyer, La Table ronde, 1960, p. 25.

14. La première association de joueurs professionnels (National Association of Professional Ball Players) est créée en 1871. Elle ne durera que cinq ans.

15. Spalding forme en 1904 une commission prestigieuse, comprenant notamment deux sénateurs américains, qui conclut trois ans plus tard, sur la foi d'un seul document, un témoignage manuscrit, que le base-ball est né en 1839 sur le sol des États-Unis à l'initiative d'un certain Abner Doubleday,

héros de la guerre de Sécession et « père idéal » de ce sport. La paternité « légitime », en tout cas reconnue par beaucoup, du base-ball reviendra sur le tard à Alexander Joy Cartwright.

16. Contre le Sénégalais « Battling Siki » au stade Buffalo de Paris le 24 septembre 1922, titre mondial des mi-lourds en jeu. Carpentier raconte dans son livre *Mon match avec la vie* (Georges Carpentier, Flammarion, 1954) que son manager François Descamps, le sachant fatigué et hors de forme, avait dans son dos passé un accord avec l'autre camp. Le match devait se conclure par une victoire en quatre reprises, au terme d'un deuxième accord avec une firme cinématographique, et rapporter sans efforts 100 000 francs à son poulain. Descamps met Carpentier au courant et, à contre-cœur, celui-ci accepte de rentrer dans ce triste jeu. Au quatrième round, Siki, pourtant jusque-là très docile, délivre un coup, involontaire et anodin, qui déstabilise Carpentier absolument pas entraîné. L'entraîneur du challenger, alléché par cette perspective inespérée, pousse son poulain à mettre Carpentier définitivement KO. Siki prend la couronne mondiale et finira tragiquement, tué par balles dans les rues de New York en 1925.

17. Ces lignes sont écrites en 1954, *ibid.*

18. D'après la Charte olympique, « les Jeux consacrent une Olympiade, ou période de quatre années consécutives. La première Olympiade des temps modernes a été célébrée à Athènes en 1896. Les Olympiades et les Jeux se comptent à partir de cette date même si, à la date d'une Olympiade, les Jeux n'ont pu avoir lieu ».

19. *Le Phénomène olympique*, *op. cit.*, p. 8.

20. Prononcé pour la première fois aux Jeux d'Anvers en 1920 par l'escrimeur et joueur de water-polo belge Victor Boin : « Au nom de tous les concurrents, je promets que nous nous présentons aux Jeux olympiques en concurrents loyaux respectueux des règlements qui les régissent et désireux d'y participer dans un esprit chevaleresque pour la gloire du sport et l'honneur de nos équipes. »

21. *Le Phénomène olympique*, *op. cit.*, p. 13.

22. *Ibid.*, p. 27.

23. *Ibid.*, p. 26.

24. Dès les premiers mois d'existence du CIO, Coubertin avait préconisé – selon Gaston Meyer, p. 52 – les contours de trois catégories qui devaient en représenter l'essence : *un petit noyau* de membres travailleurs, compétents et convaincus, *une pépinière* de membres de bonne volonté que l'on pourrait progressivement éduquer, une façade de gens titrés, fortunés ou importants, dont la présence donnait satisfaction à certaines prétentions nationales et assurait un apparent prestige à l'assemblée.

25. Bikelas a été de 1894 à 1896 le premier président du Comité international olympique (CIO), désigné par Coubertin.

26. *D'Olympie à Mexico*, Monique Berlioux, Flammarion, 1964, p. 39.

27. *La Fabuleuse Histoire des Jeux olympiques*, *op. cit.*, p. 57.

28. La Louisiane a été vendue par le Premier Consul Bonaparte aux États-Unis en 1803 pour 15 millions de dollars.

29. Nurmi est avec le sprinter et sauteur en longueur américain Carl Lewis le plus grand collectionneur de médailles d'or (neuf) en athlétisme aux Jeux olympiques. Aux Jeux d'été, toutes disciplines confondues, ils partagent ce record avec le nageur américain Mark Spitz et la gymnaste russe Larissa Latynina.

30. 8 510 euros d'aujourd'hui.

31. *La Fabuleuse Histoire du football*, Jean-Philippe Rethacher et Jacques Thibert, Éditions ODIL, p. 166.

32. Soit 1 060 euros d'aujourd'hui. Ces 2 000 francs représentaient en 1932 le double du salaire d'un ouvrier qualifié à Paris.

33. 615 millions d'euros d'aujourd'hui. Cette autorisation de dépense représente près de quarante fois celle du budget précédent !

34. Lors du fameux championnat du monde entre le Noir Jack Johnson et James Jeffries. L'État du libertaire Nevada, dont le gouverneur est un ami de Rickard, autorise finalement le combat dans la ville-champignon de Reno. Johnson accepte de céder les trois quarts de sa bourse et, s'il l'emporte, une invraisemblable somme de 608 000 dollars est promise à Jeffries lors d'une tournée d'après-victoire. C'est le match de la démesure. Jack London, qui couvre l'événement pour le *Herald*, se laisse griser et écrit : « Tout homme sensé aimant la boxe et possédant assez d'argent doit se rendre à Reno. » L'arbitre, Rickard lui-même, officie avec un revolver à la ceinture. On dénombre treize morts dans le pays à l'issue de la victoire du « Nègre » Johnson. Chacun des deux boxeurs encaisse, pour la première fois, plus de cent mille dollars, Rickard fait un bénéfice de 120 000 dollars.

35. Dempsey et Carpentier avec le système du pourcentage auraient touché respectivement 595 000 et 340 000 dollars au lieu de 300 000 et 200 000.

36. *L'Auto-Vélo* avait été créé début 1900 par Adolphe Clément, un fabricant de pneus, avec les concours du comte de Dion, président de l'Automobile Club de France, et d'Edmond Michelin, constructeur de bicyclettes. Clément et de Dion étaient en guerre ouverte avec Pierre Giffard qui pratiquait au goût du premier des tarifs publicitaires trop élevés dans *Le Vélo* et s'opposait au second sur le terrain politique (Giffard s'était engagé franchement et dans les lignes de son journal en faveur du capitaine Alfred Dreyfus). En janvier 1903, Giffard avait obtenu par voie judiciaire que *L'Auto-Vélo* se change en *L'Auto*, trouvant que le titre ressemblait trop au sien.

37. *Le Vélo* est le journal sportif le plus lu du moment avec ses 80 000 exemplaires vendus par jour. *L'Auto-Vélo*, déjà en difficulté financière, ne tire qu'au quart de son concurrent.

38. Victor Goddet, père de Jacques Goddet qui dirigera *L'Équipe* puis le Tour après Desgrange, est l'administrateur de *L'Auto*.

39. *Histoire du Tour de France*, Marcel Diamant-Berger, Éditions Gedalge, 1959, p. 16-17.

40. *Ibid.*, p. 68-69.

41. Un plafond enfoncé en janvier 1922 lors du France-Écosse, toujours à Colombes : trente-sept mille parisiens laissent 250 645 francs (227 335 euros d'aujourd'hui) au trésorier de la FFR.

42. L'ancien ailier international Pierre Failliot écrit en 1924 : « Pour gagner le championnat, il faut avoir une forte équipe, pour posséder celle-ci, de bons joueurs sont indispensables. Les uns et les autres sont sollicités, des avantages sur lesquels je ne veux m'étendre leur sont offerts. Aussi changent-ils de club avec une facilité déconcertante. »

43. Le sauteur en hauteur français Pierre Lewden, troisième aux Jeux de Paris en 1924, s'amuse, dans son livre *Un champion à la hauteur* paru en 1974, à montrer comment et pourquoi il avait délibérément renoncé à remporter un concours de lancer du poids auquel il excellait également : « Les deux premiers prix étaient ce que l'usage faisait appeler *objets d'art* mais le troisième consistait en... deux bouteilles de monbasillach. Le problème était donc délicat : il importait de n'être ni dans les deux premiers ni quatrième. On imagine aisément à quelle merveille de précision je dus faire appel pour me classer troisième ! »

44. *Dans ma foulée*, Jules Ladoumègue, Éditions Aniot-Dumont, 1955.

45. *L'Écho des sports*, 10 mars 1932.

46. Article de Jean Giraudon paru dans *L'Intransigeant*, 14 mars 1932.

47. Un statut qui, outre le fait d'être réservé à la catégorie des Londoniens fortunés ou à un rang supérieur de noblesse, octroiera au fil des décennies et de la célébrité mondiale du tournoi des avantages extraordinaires à ces privilégiés. Michael Mewshaw écrit dans son livre *Court-Circuit* paru en 1982 aux Éditions Mazarine qu'« on ne doit pas oublier que Wimbledon est le seul tournoi du Grand Chelem qui, non seulement a lieu dans un club privé, mais qu'il couvre également les dépenses annuelles de ce club [...] qu'il permet d'offrir à ses membres, pour 17 dollars par an, des repas et des boissons, et de réaliser plus de 2 millions de dollars de bénéfices [3 300 000 euros d'aujourd'hui] [...] L'avantage le plus inestimable est l'accès aux places. Chaque membre reçoit une place gratuite au court central par jour de tournoi et peut en acheter deux autres à des conditions défiant toute concurrence (deux livres sterling). [...] Un coup d'œil aux petites annonces du *Times* [...] et l'on peut trouver des billets à 100 livres ou plus. [...] Wimbledon est une oligarchie héréditaire qui comporte des avantages équivalents, pour un membre, à un héritage de 100 000 livres sterling [312 000 euros d'aujourd'hui]...Estimation en réalité au-dessous des chiffres pour certains membres influents qui se rendent coupables de ce qu'un journaliste britannique a appelé la "corruption mondaine". Avec l'accord d'autres membres, ils se sont arrangés pour que leurs épouses et leurs enfants soient également admis dans le club, leur permettant de truster un nombre impressionnant de billets. »

48. *La Fabuleuse Histoire du tennis*, Christian Quidet, Éditions ODIL, p. 37.

49. *Aventures d'un joueur de tennis*, Antoine Gentien, La Palatine, 1953, p. 161.

50. *Ibid.*, p. 9.

51. *Ibid.*, p. 10.

52. L'expression de Grand Chelem sera pour la première fois employée en 1938 par le journaliste américain Allison Danzig alors que Donald Budge était en route pour gagner les quatre grands tournois de l'année (Australie, Roland-Garros, Wimbledon, Forest-Hills), exploit inédit jusqu'alors et qu'il réalisera.

53. *La Diva du tennis*, Gianni Clerici, Éditions Rocheviques, 1984.

54. *Aventures d'un joueur de tennis*, *op. cit.*, p. 43.

55. *Ibid.*

56. *La Diva du tennis*, *op. cit.*, p. 18.

57. *Ibid.*, p. 29.

58. *Ibid.*, p. 75.

59. *Ibid.*, p. 165.

60. *Ibid.*, p. 160.

61. *Aventures d'un joueur de tennis*, *op. cit.*, p. 52.

62. *Ibid.*, p. 55.

63. René Lacoste décrira plus tard le choc provoqué par le choix de Suzanne Lenglen : « Il faut imaginer l'époque. Pour la première fois un champion passait professionnel pour jouer et non pas pour donner des leçons. À cette époque le professionnalisme sportif en était encore à ses débuts, non seulement en Europe mais même aux États-Unis. Il était à peu près accepté pour les joueurs de base-ball et pour les boxeurs mais restait peu répandu ailleurs, y compris pour le football américain. Pyle, justement, avait fait grande impression en signant un contrat avec Red Grange, l'extraordinaire half-back de l'équipe de football de l'Illinois. »

64. Suzanne craignait en devenant professionnelle de « perdre amis et position sociale ». Pyle ne cessait de lui répondre que « l'argent n'avait jamais nui au standing de quiconque ».

65. *Aventures d'un joueur de tennis*, *op. cit.*, p. 60.

66. L'extraordinaire succès populaire de cette première finale en France est à deux doigts de faire naître une taxe sur le tennis, à l'image de celle qui frappe les spectacles. Le fisc y renonce lorsque le président de la Fédération française jure qu'il ferait alors disputer la coupe Davis en dehors du sol français.

67. *La Fabuleuse Histoire du football*, *op. cit.*, p. 171.

68. *Ibid.*, p. 172.

69. *Ibid.*

70. *France-Football*, 5 mai 1998.

71. *Le Phénomène olympique*, *op. cit.*, p. 27.

72. Selon une étude parue dans *Montréal Matin* du 7 juin 1975.

73. 1 614 euros d'aujourd'hui.

74. 3 808 euros d'aujourd'hui.

75. *Les Archives du football. Sport et société en France (1880-1980)*, Alfred Wahl, Gallimard, 1989, p. 287.

76. *Ibid.*

77. Les deux Lillois Baratte et Strappe touchent 200 000 francs mensuels en 1953 (3 540 euros d'aujourd'hui).

78. *Les Archives du football*, *op. cit.*, p. 276.

79. Entretien avec l'auteur le 14 septembre 2002.

80. *Les Archives du football*, *op. cit.*, p. 277.

81. Dès la saison de reprise en 1946-1947, la Football League attire trente-cinq millions de spectateurs pour des recettes totales de plus de 4 millions de livres. Tous les clubs anglais professionnels sont bénéficiaires. La première saison de la Bundesliga en 1962-1963 amène vingt-cinq mille personnes à chaque match, tandis que lors de la même saison ce sont vingt-deux mille tifosi qui se pressent en moyenne tous les dimanches dans une enceinte de série A. Le chiffre moyen de dix mille spectateurs venant garnir les stades hexagonaux pour les rencontres de l'élite sera grossièrement le même pendant cinquante ans. L'explosion aura lieu au milieu des années 1990.

82. Dans son livre *Mon football* paru en 1972 chez Calmann-Levy, Kopa précise que les primes de match étaient importantes au Real. Elles atteignaient 160 000 francs (soit 2 600 euros d'aujourd'hui) en championnat contre Bilbao ou Barcelone et jusqu'à 300 000 francs pour un match amical international.

83. Soit 4 067 euros d'aujourd'hui.

84. Soit 40 670 euros d'aujourd'hui.

85. Soit 162 700 euros d'aujourd'hui.

86. N'Jo Lea est d'origine camerounaise et porte les couleurs de l'Association sportive de Saint-Étienne. Il est en même temps étudiant en droit et va décrocher un doctorat.

87. Plaquette *40 ans UNFP, 1961-2001*, p. 7.

88. *Ibid.*

89. *Ibid.*

90. *Ibid.*, p. 9.

91. Entretien avec l'auteur.

92. *Ibid.*

93. Le nouveau franc est mis en circulation le 1er janvier 1960. Il vaut cent anciens francs.

94. *100 ans de football en France*, Pierre Delaunay, Jacques de Ryswick et Jean Cornu, Éditions Atlas, 1982, p. 267.

95. *Ibid.*

96. « Je suis un joueur exploité à l'AC Ajaccio. Je n'y jouerai plus et demande à être transféré dans un autre club. En cas de refus, j'abandonnerai le football. »

97. Plaquette *40 ans de l'UNFP*, *op. cit.*

98. *Ibid.*

99. *Ibid.*

100. Deux joueurs à peine passés professionnels, l'Italien Nicolas Pietrangeli et l'Américain Butch Buchholz condamnaient les méthodes du monde qu'ils venaient de quitter. Le premier déclarait : « Je peux me faire jusqu'à

400 dollars par semaine en tournée alors que la coupe Davis ne me rapporte que 20 dollars. » Le second clamait : « Pour la première fois je me sens propre. Maintenant, je n'ai plus à accepter de dessous de table. »

101. Bobby Riggs était réputé lors de sa carrière amateur pour son incroyable propension à parier – ce qui n'était pas interdit – de fortes sommes sur ses victoires ou même sur ses défaites. La légende rapporte qu'il allait jusqu'à faire monter sa cote en cours de match en laissant les premiers jeux ou sets à son adversaire avant de parier sur lui-même puis de l'emporter et ainsi empocher le maximum d'argent.

102. Lettre-circulaire de la commission exécutive du CIO, citée par Sven Ekstrom dans un article de *La Revue olympique*, « Plaidoyer pour Avery Brundage ».

103. En dehors de ses contrats publicitaires, Schranz touche 50 000 dollars par an de la part des grandes marques de ski autrichiennes pour l'essai de skis.

104. À l'occasion des Jeux de Grenoble, Avery Brundage avait donné son sentiment sur ce qu'il considérait comme les dérives du ski alpin : « Sur les photos on n'arrive plus à distinguer le visage des champions dissimulés par les skis, eux-mêmes dissimulés par d'énormes inscriptions publicitaires. Les skieurs touchent beaucoup d'argent, soit des constructeurs, soit d'autres personnes. Nous le savons, mais nous n'avons pas de preuves matérielles. Il n'en reste pas moins que c'est scandaleux et que ça n'a plus rien à voir avec les Jeux olympiques. »

105. *La Fabuleuse Histoire des Jeux olympiques*, *op. cit.*, p. 741.

106. Extraits de la conférence de presse d'Avery Brundage, 28 janvier 1969 à Munich.

107. *Ibid.*

108. Dans le discours d'une réunion du CIO en 1955, Brundage dit : « Nous vivons dans une époque matérialiste, et il n'est pas facile de résister à la tendance de la commercialisation. Le mouvement olympique a été accepté sur les cinq continents en raison de sa pureté, de son honnêteté, et de sa liberté vis-à-vis des intrigues politiques et du dieu dollar. »

109. Dans une interview de 1957 donnée à Harry Robert, il déclare : « Tout le monde peut lire dans la presse que les sommes en jeu sont énormes en ce qui concerne les droits de télévision versés pour le football, la boxe, le base-ball et le basket. » Pour mémoire, la Ligue de base-ball vend ses droits des Worls Series 6 millions de dollars pour la période 1951-1956 puis passe à 15 millions pour les cinq années suivantes, CBS acquiert les droits de la Football League pour plus d'un million de dollars pour la saison 1956. En conclusion, le président du CIO se « demande pourquoi les compagnies ne seraient pas désireuses de payer pour le plus grand spectacle sportif d'entre tous ».

110. Dans *Les Seigneurs des anneaux* (Éditions Golias, 2000), Thomas Kistner et Jens Weinreich, les auteurs, précisent : « Les parts du succulent gâteau font l'objet de tractations sans fin entre ces diverses organisations.

Les CNO, par leur organisation faîtière, l'ACNO (Association des comités nationaux olympiques), tout comme l'ASOIF (Association of Summer Olympics International Federations), qui coiffe les fédérations olympiques des sports d'été, et l'AIWF celle des sports d'hiver, exigent tous une augmentation substantielle de leur part. Les recettes provenant des Jeux constituent pour la plupart des fédérations une ressource vitale, et sont évidemment dépendantes des bonnes volontés du CIO, qui possède là un moyen de pression très subtil. »

111. Dans un article de Stephen R. Wenn, « An Olympic Squabble : the Distribution of Olympic Television Revenue, 1960-1966 » ; « Growing Pain. The Olympic Movement and Television, 1966-1972 » (1995).

112. *La Face cachée des Jeux olympiques*, Andrew Jennings, L'Archipel, 2000, p. 76.

113. *La Fabuleuse Histoire du tennis*, *op. cit.*, p. 413.

114. *Tennis de France, nos trente ans*, hors série n° 14, 1982, p. 145.

115. *Ibid.*

116. *L'Équipe Magazine*, 2 février 2002.

117. Trois victoires, autant de médailles d'or, dans les trois courses programmées en ski alpin, descente, géant et slalom. Un exploit que seul avant lui l'Autrichien Toni Sailer avait réalisé en 1956 aux Jeux de Cortina d'Ampezzo (Italie).

118. 600 euros d'aujourd'hui.

119. 172 210 euros d'aujourd'hui.

120. Celle des faits divers notamment. Lors de l'hiver 1967-1968 pendant les épreuves de Kitzbuhel, un magazine à scandale sort un scoop faisant de Killy le père de l'enfant d'une coiffeuse de la station autrichienne. Par une analyse sanguine, Killy avait déjà prouvé depuis plusieurs années que cette paternité n'était que pure invention mais la mère, certainement encouragée et aidée par les tabloïds autrichiens, s'était obstinée dans ses recours devant la justice pour se faire verser une pension. Il faudra attendre 1971 pour que Killy soit mis définitivement hors de cause. L'histoire est racontée en détails par Thierry Dussard dans *Jean-Claude Killy. Biographie*, JC Lattès, 1991, p. 99-100, 111-112, 143-144.

121. 33 950 euros d'aujourd'hui.

122. En fait Killy a offert ses reliques au musée du Sport mondial peu avant l'attribution des Jeux à Albertville.

123. Le contrat entre les deux hommes traduit leur confiance mutuelle et ne fait que six pages. Il court sur dix ans et l'agent prélève 20 % des gains de Killy jusqu'à 2 millions de dollars et 25 % au-delà.

124. La qualité, pas la quantité, suivant deux critères : 1) McCormack a décrété qu'il fallait limiter les contrats à une grosse quinzaine par an ; 2) Killy, ne voulant pas être associé à des produits qui ne lui correspondraient pas, exclut les marques alimentaires et de cigarettes.

125. Dans les grandes épreuves internationales en 1967-1968, la FFS reverse 10 000 francs (10 130 euros d'aujourd'hui) au Français victorieux,

5 000 au deuxième, 3 000 au troisième. Le système, un « pool », a été mis au point par Honoré Bonnet, le directeur des équipes de France. Une cagnotte regroupe les oboles des fabricants et évite les distributions injustes ou arbitraires.

126. 5 350 euros d'aujourd'hui.

127. *Jean-Claude Killy. Biographie*, Thierry Dussard, JC Lattès, 1991, p. 155.

128. À *L'Équipe Magazine* le 13 février 1988, avant de prendre la coprésidence du COJO, il déclare : « Disons que je suis multimillionnaire en dollars. Que j'ai suffisamment d'argent pour aller jusqu'au bout sans plus jamais rien foutre. Cela dit, je puis certifier qu'il n'y a pas plus de bonheur qu'à l'époque où je ramais pour mettre un peu d'essence dans ma voiture. »

129. Par adoption seulement. Killy est né le 30 août 1943 à Saint-Cloud en région parisienne. La famille Killy, et en tête le père de Jean-Claude, Robert, alsacien d'origine, émigre à Val d'Isère en 1946.

130. *Jean-Claude Killy*, *op. cit.*, p. 235.

131. *Ibid.*

132. Est désignée dans le même temps la ville organisatrice des JO d'été en 1992. Paris échouera devant Barcelone. Quelque temps plus tard, Samaranch, pour des raisons d'étalement, c'est-à-dire financières, décalera de deux ans les deux grands rendez-vous.

133. *Le Monde*, 17 octobre 1986.

134. Propos tenus dans le journal *L'Équipe* le 31 janvier 1987.

135. Comme en témoigne Paul Mourier, alors secrétaire général du COJO, la présence de Killy a été décisive : « Son retour a sauvé les Jeux d'une catastrophe financière. »

136. *L'Équipe Magazine*, 17 janvier 1987.

137. Selon Laurent Boix-Vives, P-DG des skis Rossignol, et membre du Conseil d'administration du COJO : « On peut évaluer l'apport de Jean-Claude Killy à 800 millions de recettes supplémentaires pour les contrats de sponsoring et de télévision. »

138. Dans leur livre *Les Seigneurs des anneaux*, les auteurs Thomas Kistner et Jens Weinreich expliquent qu'il est difficile de taxer de bienveillants à l'égard de quiconque appartenant au cénacle du CIO, classent ses membres en trois catégories : celle dont le « sérieux ne se discute pas », une autre dans laquelle sont ceux « sensibles aux petits avantages » en tous genres (des « petits délinquants ») et une troisième, « des hommes avides de pouvoir, imbus de leur image. » Killy, avec l'Allemand Walter Tröger et le Suisse Marc Hodler, est inclus dans la première.

139. Pour le Tour de France, la progression est encore plus nette. Bruno Roussel, l'ancien directeur sportif de l'équipe cycliste Festina, indique dans son livre *Tour de vices* : « Les secrets sont bien gardés. On sait toutefois que si le chiffre d'affaires de la Société du Tour de France était de 90 millions de francs en 1989, il passait la barre des 260 millions de francs neuf ans plus tard, dont 80 % destinés au Tour. »

140. *Tour de vices*, Bruno Roussel, Hachette Littératures, 2001, p. 126.
141. *L'Humanité*, 3 juillet 2000.
142. *Ibid.*
143. *Ibid.*
144. *Le Plus Grand*, Mohamed Ali et Richard Durham, Gallimard, 1976.
145. Comme le décrit José Torrès dans son livre *Cassius Clay. Les poings d'Allah*, Solar, 1973.
146. *Ibid.*, p. 166.
147. *Ibid.*
148. *Ibid.*
149. Qui sera assassiné le 21 février 1965 par ses propres anciens « frères » des Black Muslims.
150. *Cassius Clay. Les poings d'Allah*, *op. cit.*, p. 180.
151. *Millionnaires du sport*, Renaud de Laborderie, Solar, 1969, p. 44.
152. *Le Plus Grand*, *op. cit.*, p. 254.
153. *Ibid.*, p. 209.
154. *Cassius Clay. Les poings d'Allah*, *op. cit.*, p. 208.
155. *Mohamed Ali Story*, Don Atugo, Felin Denis, Éditions de France, p. 78.
156. *Ibid.*, p. 76.
157. *Encyclopédie de la boxe*, Claude Droussent, Éditions Fontaine Édition du sport, 1996.
158. *Cassius Clay. Les poings d'Allah*, *op. cit.*, p. 206.
159. *Le Plus Grand*, *op. cit.*, p. 295.
160. *Ibid.*, p. 394.
161. Dans *Le Plus Grand*, Ali précise : « La méthode de marchandage de Herbert, qu'il utilise pour chacun de mes combats depuis mon retour, est simple, il se borne à annoncer le prix qu'il vise : basé sur son analyse de ce que le combat peut rapporter, basé sur le passé des protagonistes. Et puis le premier enchérisseur qui se présente avec la somme en bonnes espèces et la dépose à un compte au nom de Muhammad Ali, c'est avec lui que nous traitons. »
162. *Le Plus Grand*, *op. cit.*, p. 407.
163. *Ibid.*
164. *Ibid.*
165. *Cassius Clay. Les poings d'Allah*, *op. cit.*, p. 216.
166. Quand le président de McCann s'interrogera devant Perenchio en imaginant ce championnat du monde n'allant pas au terme des quinze rounds et avec des interruptions publicitaires pré-vendues mais non passées, il lui sera répliqué : « Ali et Frazier sont des commerçants, ils sont trop malins pour ça ! »
167. *Le Plus Grand*, *op. cit.*, p. 408.
168. *Ibid.*
169. « Jimbo » avait disputé pour 100 000 dollars le circuit Intervilles aux États-Unis, jugé folklorique par Chatrier, et s'était attaché les services de

l'avocat français Robert Badinter pour obliger la Fédération française à le laisser entrer dans le stade de la Porte d'Auteuil. Ce que le futur garde des Sceaux de François Mitterrand n'était pas parvenu à faire. Quand Connors sera mis au courant du nouveau statut de son défenseur, il déclarera : « Pas possible, il a dû faire des progrès alors... »

170. *Sport et Télé*, Éric Maitrot, Flammarion, 1995, p. 35.

171. *Ibid.*, p. 36.

172. Dans un article du magazine *L'Expansion* de février 1998, Max Mosley se souvient : « Jusqu'en 1969-1970, le pouvoir était entre les mains des organisateurs de Grands Prix. Chacune des équipes négociait de son côté pour obtenir une modeste prime de départ. »

173. *L'Implication des nouvelles technologies dans le « sport-télé »*, Jean-Bernard-Marie Moles, Jérôme Pruneau et Charles Pigeassou, Presses de l'université du Québec, 2001.

174. *L'Équipe Magazine*, 29 juin 1985, rubrique « Avant-hier ».

175. La dernière en date est celle du football allemand née des révélations d'un jeune arbitre de vingt-cinq ans, Robert Hoyzer. Le jeune homme en noir, qui s'est fait pincer à la suite d'un penalty qu'il n'aurait pas dû siffler dans un match de Coupe d'Allemagne le 21 août 2004, a livré avant et pendant son incarcération en février 2005 à la justice une liste impressionnante d'intermédiaires qui auraient trempé dans cette affaire tentaculaire de paris truqués. Les aveux d'Hoyzer, qui reconnaît avoir touché des dizaines de milliers d'euros pour changer le résultat d'au moins quatre matches, mettent en cause d'autres arbitres – de bien plus grande envergure que lui —, la mafia croate et de nombreux joueurs de Bundesliga. L'affaire, qui met en émoi le pays tout entier jusqu'aux sphères gouvernementales, noircit l'organisation de la Coupe du monde de football en Allemagne en 2006. La candidature allemande avait déjà été entachée lors de la désignation du pays organisateur. L'un des membres votants de la FIFA, le représentant de l'Océanie, aurait à l'époque touché un dessous de table pour influencer son vote en faveur de l'Allemagne, qui l'avait emporté... d'une voix.

176. Cité dans *Vingt Milliards sous l'OM, Tapie, l'argent, le foot*, Jean-Michel Verne, Plein Sud, 1995, p. 245.

177. En juillet 1997, Ljubomir Barin sera condamné dans le procès des « comptes de l'OM » à six mois de prison avec sursis et à 200 000 francs d'amende, Spyros Karageorgis à dix-huit mois de prison (par défaut) et à un million de francs d'amende.

178. *Vingt Milliards sous l'OM*, *op. cit.*, p. 255.

179. Cité dans *L'Équipe*, du 12 avril 1992, article « L'argent en fuite ».

180. Cité dans *Le Flambeur, la vraie vie de Bernard Tapie*, Valérie Lecasble, Airy Routier, Grasset, 1994, p. 254-255.

181. Dans les pas de Suzanne, quelques joueuses se sont essayées au professionnalisme. Comme Alice Marble, à qui le président de la firme Wilson fit signer un contrat de 75 000 dollars en 1940, puis profita des tournées Tilden pour effectuer une belle carrière pro. Ou une autre Américaine Althea

Gibson, première grande joueuse de couleur qui réalisa en 1960 une longue série d'exhibitions dans le sillage des Harlem Globe Trotters où elle toucha au total plus de 100 000 dollars.

182. Billie Jean King, Rosemary Casals, Nancy Richey-Gunther, Judy Dalton, Kerry Melville, Peaches Bratkowicz, Kristie Pidgeon, Valery Ziegenfuss.

183. Plon, 2000.

184. Les sœurs Williams d'abord : en 2002 le magazine *Forbes* prête à Venus et Serena des gains globaux pour l'année de respectivement onze et huit millions de dollars chacune. Le cas d'Anna Kournikova étant purement et simplement stupéfiant. La poupée russe ne joue pratiquement plus et ses revenus, exclusivement publicitaires, se montant à 10 millions de dollars.

185. *France-Football*, 5 mai 1998.

186. *Sport et Télévision*, Albin Michel, 1963, p. 50.

187. 372 000 euros d'aujourd'hui.

188. De 400 000 francs en 1970 à 12 000 000 de francs en 1985.

189. Carrère-Michel Lafon.

190. L'anecdote est rapportée par Éric Maitrot, *Sport et Télé*, *op. cit.*, p. 134.

191. En février 2005, Jean-Claude Darmon, dont plusieurs des sociétés sont perquisitionnées par les enquêteurs de la direction générale de la Concurrence, de la Consommation et de la Répression des fraudes (dépendant du ministère des Finances), est une nouvelle fois mis sur la sellette. L'enquête de Bercy d'une ampleur sans précédent (dix-neuf perquisitions aux sièges de chaînes de télévision, de clubs comme le PSG ou l'OM, de la FFF, de la Ligue, de l'UNFP, de sociétés de marketing...) ressemble à s'y méprendre à celle qui s'était intéressée aux affaires malsaines du foot français en 1990 (*cf.* chapitres Tapie). Darmon en était ressorti blanchi (non-lieu en 1992 après une inculpation pour abus de biens sociaux) mais s'était fait l'ennemi juré de Noël Le Graët et l'avait fait battre pour la présidence de la Ligue. Darmon a créé en 1996 avec Canal+ le groupe JC Darmon, devenu Sportfive, dont il a été éjecté en 2004. Quinze ans après, il semble que les mœurs du football n'aient pas beaucoup changé. Et se soient même dégradées. En plus des dizaines d'affaires troubles de transferts et d'agents sans foi ni loi (PSG notamment), Bercy est intrigué par les avances (160 millions d'euros) de Canal+ versées jusqu'en 2003 à six clubs de L1 du G 14 (Groupement européen des clubs de football, autrement dit les clubs les plus riches d'Europe) pour s'assurer de retransmettre leurs matches futurs en exclusivité, une action à fonds perdus puisque la propriété des droits télé des clubs est restée à la Ligue : Darmon a touché 15 % sur ce contrat.

192. *Capital*, juin 2002.

193. « *Lo caro es barato* » (Ce qui est cher est bon marché) déclare le président du Real Madrid, Florentino Perez, le jour du transfert.

194. L'Australien Rod Laver, deux fois vainqueur du Grand Chelem, l'une en tant qu'amateur en 1962, l'autre en tant que professionnel en 1969, est le premier tennisman à signer chez McCormack en 1968.

195. Les gains officiels de Borg durant sa carrière professionnelle, de 1973 à 1981, se montent à 3 655 761 dollars sur le circuit ATP (soit 25 millions de francs de l'époque – 8,5 millions euros d'aujourd'hui –, source *ATP Media Guide*). Un total qui ne tient toutefois pas compte de revenus subsidiaires comme ceux des tournées Intervilles aux États-Unis, mais qui en ferait un « smicard » du tennis actuel. BB se trouvait au-delà de la soixante-dixième position dans la hiérarchie « tous temps » des gains fin 2002. De 1993 à 1998, Pete Sampras a empoché chaque année plus d'argent « officiel » que Borg dans toute sa carrière.

196. *Vous êtes sérieux ?*, John McEnroe, Plon, 2003, p. 93.

197. *Ibid.*, p. 16.

198. *Revers...*, Bjön Borg, Michel Lafon, 1992, p. 93.

199. Dans son livre incendiaire *Court-Circuit* (publié en 1983 puis réédité notamment en France en 1984), où il revient sur l'année 1982 passée dans les arcanes du tennis professionnel, l'écrivain américain Michael Mewshaw raconte notamment la dernière année de Borg sur le circuit. Beaucoup de joueurs, anonymes ou non, y témoignent de l'intérêt manifeste du sextuple vainqueur de Roland Garros à engranger le maximum de bénéfices avant de se retirer du jeu. Et de celui de sa femme qui ne parle aux journalistes que pour débiter des banalités sur le couple contre monnaie, jusqu'à 5 000 dollars pour un grand magazine.

200. *Revers...*, *op. cit.*, p. 12.

201. *Ibid.*, p. 96.

202. Ce championnat du monde 1966 sera entâché de soupçons un peu plus tard par une décision de l'Union cycliste internationale (UCI) qui déclassera et suspendra les six premiers pour ne s'être pas régulièrement soumis au contrôle antidopage. Ils seront ensuite blanchis, ayant fait valoir, Anquetil en tête, devant la justice française, l'illégalité (abusive et contraire au droit) de la loi antidoping.

203. *Tour de vices*, *op. cit.*

204. *Ibid.*, p. 84.

205. *Ibid.*

206. *Ibid.*, p. 101.

207. *Télémagazine* domine tout seul le marché des programmes télé dès sa création en 1955. Il tire à quatre cent mille exemplaires en 1959 avant l'apparition de *Télé 7 jours* en 1960 qui tentera en vain de le racheter.

208. *7 ans à l'OM*, Marcel Leclerc, coll. « Télémagazine », 1973, p. 36.

209. Dès sa prise de commande, le club est en D2, Leclerc promet à ses joueurs pour les stimuler ce qu'il appelle une « pluie d'or » : le matin d'un match contre Reims, il partage et offre à chacun de ses joueurs le contenu d'une valise pleine de pièces d'or, de dollars, de francs suisses et autres monnaies précieuses. Leclerc commentera : « Joseph et compagnie, fascinés,

tournent et retournent les pièces entre leurs doigts, les font miroiter, les admirent. [...] Je crois que j'ai réussi mon coup. Comme choc psychologique, ce n'est pas mal. [...] L'après-midi nous vaudra (une) belle victoire... » *Ibid.*, p. 85-88.

210. *Ibid.*, p. 289.

211. *Ibid.*, p. 282.

212. Horvath, 1987.

213. *France-Football*, 28 décembre 1976.

214. *Ibid.*

215. L'ASSE vient de signer un deuxième doublé Coupe-championnat consécutif, inédit en France, et est parvenu en demi-finale de la Coupe d'Europe des clubs champions, ce qui n'était plus arrivé de la part d'un club tricolore depuis le Stade de Reims en 1959.

216. *L'Année du football 1983*, Calmann-Lévy, p. 163.

217. *Ibid.*

218. Pour exemples, les demandes de tee-shirts à l'effigie des Verts se montent à sept cents par jour en mai 1976, la Boutique des Verts réalise un chiffre d'affaires de 260 000 francs en une seule soirée le 10 décembre 1981 à l'occasion de Saint-Étienne-Hambourg en huitième de finale retour de la Coupe de l'UEFA.

219. *Ils ont tué les Verts. Histoires secrètes*, Benjamin Danet, Solar, 1997, p. 49.

220. Dans un entretien paru dans *L'Équipe Magazine* du 20 juin 1981.

221. Dans son livre *Ils ont tué les Verts* (Solar, 1997), Benjamin Danet reprend les chiffres qui avaient circulé dans la presse de l'époque : près d'un million de francs versés en espèces à certains.

222. En 1977, Roger Rocher fait déposer, en deux chèques, une somme de 3 391 673,70 francs sur un compte de la FFF. Aux enquêteurs il affirmera vouloir faire fructifier cet excès de trésorerie pouvant également servir à une sorte de fonds de solidarité pour les clubs n'ayant pas la chance de disputer la Coupe d'Europe. Le magot reviendra bien deux ans après dans le Forez, embelli d'ailleurs par de beaux intérêts, mais pas à l'ASSE. C'est sur un compte de la Société générale que la somme est restituée. Rocher s'empressera de la réintégrer dans la comptabilité du club juste avant les perquisitions.

223. *Le Scandale vert*, André Bufford, Horvath, 1983.

224. Qui dira, comme tous les « c'est-pas-moi-c'est-l'autristes », dans *Football et Politique* (Benjamin Danet, Solar, 2001, p. 114) : « Il faut arrêter de baigner dans l'hypocrisie, nous savions tous qu'un grand nombre de clubs avaient déjà des caisses noires. »

225. Flammarion, 1992.

226. Patrick Nally fonde en 1977 la SMPI (Société monégasque de promotion internationale) West Nally, dont le siège est à Monaco. Nally en est majoritaire, Dassler et deux autres dirigeants d'Adidas en possèdent des parts. Le président délégué de cette société est le Français Marceau Crespin, administrateur de la marque aux trois bandes, et directeur d'une filiale de Coca-

Cola France. La SMPI traitera tous les contrats avec la FIFA. La publication de ses comptes est naturellement dépendante de la loi monégasque, moins attachée à la transparence que dans beaucoup d'autres endroits du monde.

227. *Main basse sur les JO*, Vyv Simson, Andrew Jennings, Flammarion, 1992, p. 49.

228. *Ibid.*, p. 49 et suivantes.

229. *Ibid.*, chapitre II.

230. *Les Seigneurs des anneaux*, *op. cit.*, p. 126.

231. Jaume Boix, Arcadio Espada et Raymond Pointu, *Juan Antonio Samaranch, l'héritage trahi*, Éditions Romillat, 1991.

232. *Ibid.*, p. 10-11.

233. Qui deviendra président de la FIFA en 1998, succédant à Joao Havelange. Aucune trace bien sûr sur le curriculum vitae officiel de Blatter à la FIFA de ce « stage » chez Adidas.

234. *Main basse sur les JO*, *op. cit.*, p. 68.

235. *Ibid.*, p. 74.

236. Théorie défendue, chiffres à l'appui, dans le livre *Le Flambeur*, *op.cit*, p. 355.

237. *L'Équipe Magazine.*

238. Soit 420 720 euros d'aujourd'hui.

239. *L'Aventure Tapie – Enquête sur un citoyen modèle*, Christophe Bouchet, Seuil, 1993.

240. *Ibid.*

241. Le duo de champions du monde brésiliens a laissé un souvenir sportif ému de son passage à Marseille. Plus amer est celui du président Fernand Méric qui devra régler la note – digne d'un ministre des Affaires étrangères – de 800 000 francs, soldant les factures téléphoniques de Paulo Cesar vers le Brésil.

242. Dans *Libération* le 23 janvier 1986, Tapie plante le décor : « Il y a un million huit cent mille licenciés au football. Avec la famille et les spectateurs, ce sont sept millions de Français qui tous les dimanches vont se passionner pour Tapie et Hidalgo. »

243. Dans *L'Équipe* du 20 février 1986.

244. Le salaire d'Hidalgo devait être versé en deux parties égales, l'une par l'OM, l'autre par une société publicitaire à créer. Celle-ci ne l'ayant jamais été, l'entraîneur des champions d'Europe 1984 ne touchera que la moitié de ses émoluments promis.

245. Pour rester en D1 et remporter la Coupe, Tapie aurait promis aux joueurs des primes individuelles de 130 000 francs (27 000 euros d'aujourd'hui).

246. Cité dans *L'Année du football 1987*, Jacques Thibert, Calmann-Lévy, p. 151.

247. Cité dans *Le Flambeur*, *op. cit*, p. 259.

248. Rapporté dans *Vingt Milliards sous l'OM*, *op. cit.*, p. 24.

249. Ni ses manières auxquelles l'Allemand n'était pas franchement habitué. Le Kaiser déclare à *L'Équipe* en décembre 1990 qu'il n'a pas encore vu

trace de paiement de son salaire sur son compte (le contrat prévoyait 12 millions de francs annuels en salaire et en primes).

250. Plusieurs sources ont été utilisées sur cette « affaire ». Deux récits principalement : celui relaté sur le site Internet du Standard de Liège Standard liège.com, et celui du journaliste belge Benoît Dupuis sur son site Internet ben.populus.rg.

251. Les principaux extraits du rapport sont cités dans l'article de *L'Express* du 14 décembre 1995, intitulé « Le document qui accable Tapie ».

252. Condamné pour complicité de corruption et subordination de témoin à huit mois ferme dans l'affaire VA-OM, Tapie sera incarcéré le 3 février 1997 puis libéré sous conditionnelle le 25 juillet.

253. *L'Équipe*, le 27 mai 1997.

254. « Idéal sportif », à rapprocher de « morale sportive ». Début 1991, et après enquête de la Commission nationale de la discipline, Bernard Tapie avait été suspendu de fonctions représentatives pour douze mois (dont quatre avec sursis) par les instances nationales du football pour avoir enfreint le règlement de la LNF relatif à la morale sportive. Une sanction en demi-teinte : la plupart des faits reprochés (en grande partie sur dénonciation de Claude Bez qui avait « gentiment » produit des retranscriptions d'écoutes téléphoniques entre, notamment, Tapie et Bernès) n'avaient pas été retenus. Seul le comportement du président de l'OM vis-à-vis de plusieurs arbitres lui avait valu la foudre de la CND. Concernant les accusations de corruption (à l'appui de conversations entre Vercruysse et Sénac, Fournier, Bernès et Barin) la CND avait reconnu l'intention de soudoyer la partie adverse mais pas l'exécution de l'acte.

255. En 2005, les méandres juridico-financiers du rachat d'Adidas n'ont toujours pas pris fin. En substance, Tapie n'a jamais digéré que la vente de la firme aux trois bandes réalisée en urgence en février 1993 pour combler une bonne partie de ses dettes vertigineuses, ait ensuite et en plusieurs étapes profité à tout le monde sauf à lui. Et notamment, et par-dessus tout, à son vieil ami-ennemi intime, le Crédit Lyonnais, qui était initialement un simple intermédiaire. Et qui en aurait été en fait, selon Tapie, le principal intervenant, et même l'acquéreur véritable au moyen de portages illicites et de sociétés-écran via des paradis fiscaux. L'opération aurait rapporté à la banque 2 milliards de francs lors de la revente fin 1994 à... Robert Louis-Dreyfus, puis encore beaucoup plus à ce dernier au moment de l'introduction en bourse d'Adidas en 1995, valorisé pour 8 milliards de francs. Tapie, qui n'a plus rien à perdre puisqu'en faillite personnelle, cherche d'abord à ne pas passer pour le cocu de la farce et pourquoi pas à récupérer par voie de justice ce qu'il a laissé filer par précipitation. La guerre judiciaire entre Tapie et la banque (puis le CDR, l'organisme ayant hérité des contentieux du Lyonnais) se poursuit depuis dix ans. En novembre 2004 le procès a été ajourné suite à une médiation entre les parties proposée par Tapie et acceptée par le ministre des Finances... Nicolas Sarkozy, pas trop chaud pour risquer de possibles dommages et intérêts versés par l'État (et donc les contribuables) à l'ex-

homme d'affaires et qui pourraient se monter à un milliard d'euros ! Le médiateur, Jean-François Bergelin, ayant constaté le 12 avril 2005 que l'on ne pouvait se mettre d'accord à l'amiable, c'est un tribunal, comme à l'accoutumée, que Bernard Tapie sortira vainqueur ou perdant.

256. *Ma vie comme un match*, Michel Platini et Patrick Mahé, Robert Laffont, 1987, p. 100.

257. 452 000 euros d'aujourd'hui.

258. *L'Équipe Magazine*, 15 novembre 1997.

259. *Ibid.*

260. *Football-Business*, Jean-François Bourgue, Olivier Orban, 1986, p. 14.

261. *Ibid.*, p. 15.

262. Fin 1985, Gianni Agnelli écorche Platini dans un journal à la suite de quelques mauvais matches. Le n° 10 réplique gentiment toujours par voie de presse et les deux hommes s'en expliquent. Pas bégueule, Agnelli promet une Ferrari à son meneur de jeu s'il fait tout pour que la Juve se réveille. Et particulièrement en battant le Torino dans le fratricide derby turinois « Le Mole ». Résultat, Platini réalise un triplé contre Bari et marquera sur coup franc le but victorieux face au Torino. Les clés du bolide lui seront déposées à son domicile.

263. Mais Platini avoue ne pas voter. « Je voterai pour celui qui me dira : vous ne paierez plus 70 % d'impôts mais 35 %. » *L'Équipe Magazine*, 31 mai 1986.

264. *L'Équipe Magazine*, le 18 avril 1998, p. 26.

265. *L'Équipe Magazine*, 18 janvier 2003, p. 42.

266. *L'Équipe Magazine*, 18 janvier 2003.

267. *L'Équipe*, 16 mars 2003.

268. Extrait d'un journal québécois, *Le Devoir*, 7 décembre 1999.

269. Ce qui n'est pas le cas de son fils Arnaud, qui, dès le décès de son père en mars 2003, affiche son désir de céder pour 40 millions d'euros les deux haras (deux cent vingt chevaux au total) possédés par Jean-Luc Lagardère.

270. *L'Équipe Magazine* du 26 avril 1986.

271. *L'Équipe Magazine* du 15 avril.

272. *L'Équipée belle*, Jacques Goddet, Robert Laffont/Stock, 1991, p. 413.

273. *Ibid.*, p. 414.

274. *L'Année du football 1989*, Jacques Thibert, Calmann-Lévy, p. 82.

275. *L'Équipe Magazine*, 21 février 2004.

276. *L'Expansion Magazine*, juin 2002.

277. *Ibid.*

278. *Dossier de l'audiovisuel, sport et télévision : vendre ses images sans perdre son image*, INA, juillet-août 1993.

279. *L'Expansion*, 24 juillet 1995.

280. 1,7 % en France en 2004, cité lors d'une conférence le 13 juin 2002 sur l'économie du sport et repris par *Le Monde* du 14 juin 2002.

TABLE

Composition et mise en page

NORD COMPO
multimédia

CET OUVRAGE
A ÉTÉ ACHEVÉ D'IMPRIMER
SUR ROTO-PAGE
PAR L'IMPRIMERIE FLOCH
À MAYENNE EN MAI 2005

N° d'édition : FF881201.
N° d'impression : 63070.
Dépôt légal : mai 2005.

Imprimé en France